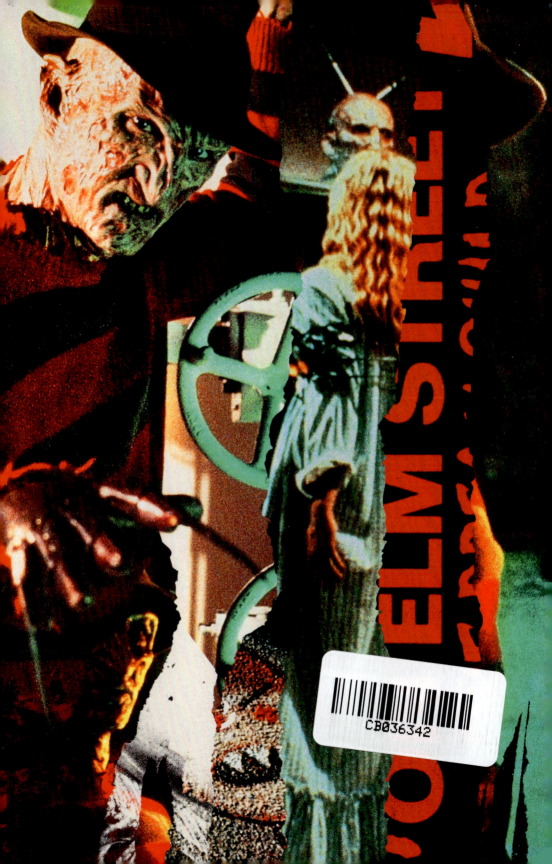

*"Os espíritos malignos feriam
os homens durante o sono, e a isso
eles deram o nome de pesadelo."*
SÃO MIGUEL

NEW
SLE
NEA

"Morrer para dormir; dormir, talvez sonhar."
WILLIAM SHAKESPEARE

THOMMY HUTSON

Apresentação WES CRAVEN

A HORA DO PESADELO
NEVER SLEEP AGAIN

Prefácio
ROBERT SHAYE

Posfácio
HEATHER LANGENKAMP

Tradução
Carlos Primati

DARKSIDE

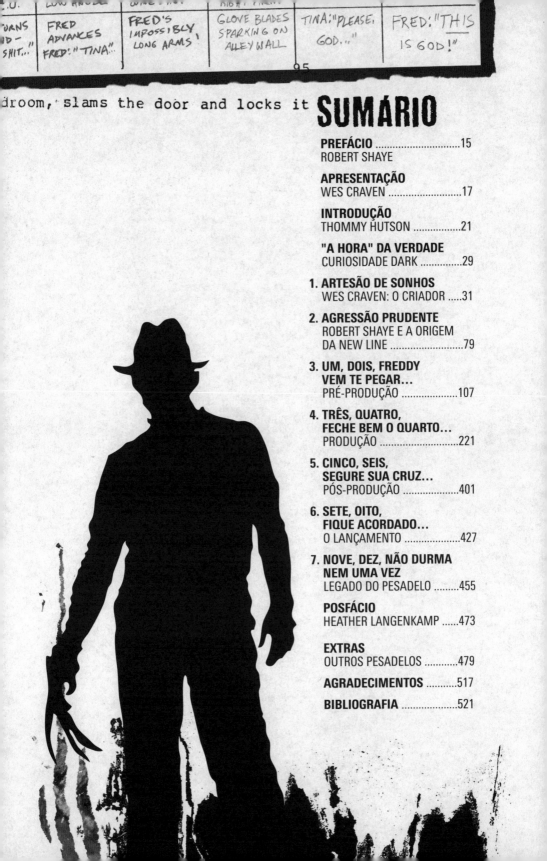

SUMÁRIO

PREFÁCIO 15
ROBERT SHAYE

APRESENTAÇÃO
WES CRAVEN 17

INTRODUÇÃO
THOMMY HUTSON 21

"A HORA" DA VERDADE
CURIOSIDADE DARK 29

1. ARTESÃO DE SONHOS
WES CRAVEN: O CRIADOR 31

2. AGRESSÃO PRUDENTE
ROBERT SHAYE E A ORIGEM
DA NEW LINE 79

**3. UM, DOIS, FREDDY
VEM TE PEGAR…**
PRÉ-PRODUÇÃO 107

**4. TRÊS, QUATRO,
FECHE BEM O QUARTO…**
PRODUÇÃO 221

**5. CINCO, SEIS,
SEGURE SUA CRUZ…**
PÓS-PRODUÇÃO 401

**6. SETE, OITO,
FIQUE ACORDADO…**
O LANÇAMENTO 427

**7. NOVE, DEZ, NÃO DURMA
NEM UMA VEZ**
LEGADO DO PESADELO 455

POSFÁCIO
HEATHER LANGENKAMP 473

EXTRAS
OUTROS PESADELOS 479

AGRADECIMENTOS 517

BIBLIOGRAFIA 521

"O que quer que faça, não pegue no sono."
— Nancy Thompson —

Para Wes

PREFÁCIO

POR ROBERT SHAYE

Você deve achar que fazer esse filme foi fácil. Não foi.

A gestação foi longa e árdua. Wes teve uma ótima ideia, extremamente vendável, única. Mas não conseguia fazer com que algum produtor estabelecido se interessasse por ela. Ele então decidiu mostrar para nós — um pouco menos estabelecidos.

Cinco mil dólares para termos preferência na compra. Wes iria reescrever, o que lhe soou interessante com base em nossas discussões e anotações. Embora nós dois fôssemos extremamente opinativos, conseguimos nos dar razoavelmente bem. O roteiro evoluiu de maneira excelente, assim como a seleção de elenco e a equipe de criação. Tudo o que precisávamos era de financiamento — basicamente a principal coisa que os produtores fazem. E nisso também estávamos abaixo do ideal.

Acordos surgiram, mas não se concretizaram. Nós tínhamos contratado elenco e equipe técnica, e eu precisava começar a pagá-los pessoalmente. Fui comunicado sobre isso. Duas semanas antes de quando deveríamos começar as filmagens, fui convidado para fazer um discurso importante em uma conferência de investimentos tendo como tema "Como financiar produções independentes". Isso foi na mesma semana que a equipe decidiu pedir demissão e fui avisado que a New Line estava prestes a entrar em falência.

De alguma maneira, como às vezes acontece, a coisa toda deu certo. E uma das maiores emoções que um produtor pode experimentar é ver filas dando a volta no quarteirão na noite de estreia. O prelúdio assustador definitivamente aumentou a emoção.

E, como costumam dizer, o resto é história. Mas jamais poderei esquecer a minha gratidão a Wes, Robert, Johnny, Heather e toda a equipe. Foi um trabalho de amor, mais para alguns do que para outros, mas o resultado final reflete muito talento, originalidade, inspiração e coragem. O filme fala por si mesmo.

O seu interesse nessa produção especial é muito apreciado.

(E também os parabéns para Thommy por um trabalho incrível, claramente produzido com amor. Agradeço muito a este livro em nível pessoal.)

12 ARISTA PREMIUM 400 13 ARISTA PREMIUM 400

WESLEY EARL CRAVEN

APRESENTAÇÃO

POR WES CRAVEN

Nota do autor: O texto a seguir apareceu pela primeira vez na edição limitada e em capa dura deste livro, no lançamento original em inglês. Infelizmente, Wes Craven faleceu em 30 de agosto de 2015. Seu prefácio está reproduzido aqui como ele originalmente o escreveu.

Eu tinha pesadelos quando era criança e, depois de uma noite particularmente assustadora, perguntei à minha mãe se ela podia entrar comigo nos meus sonhos para manter o bicho-papão afastado. Ela respondeu o mais gentilmente que foi capaz que o sono era o único lugar no qual todos nós precisávamos ir sozinhos.

Fiquei amedrontado.
Mas aquela constatação iria se tornar a pedra fundamental de *A Hora do Pesadelo*.

Freddy começou como um homem da vida real, que me acordou quando eu tinha cerca de 10 anos de idade. Morávamos em um apartamento no segundo andar de um prédio em Cleveland, e a janela do meu quarto de dormir tinha vista para a rua. Escutei um murmúrio e um barulho de pés arrastando vindos lá de fora, e então fui até a janela olhar o que era. Um homem velho, trajando um casaco comprido e usando um chapéu de feltro na cabeça estava se aproximando lentamente, e, quando chegou embaixo da minha janela, parou subitamente e olhou bem na minha direção. Pulei de volta para as sombras e esperei até que ele fosse embora. Depois do que pareceu ser uma eternidade, olhei de novo. Ele ainda estava lá, e inclinou sua cabeça para a frente, com um olhar de quem diz "Eu estou vendo você", fitando diretamente meus olhos. Então ele começou a caminhar em direção à entrada do nosso prédio, me espiando por cima do ombro o tempo todo.

Corri até a porta do apartamento e fiquei escutando. A porta da rua se abriu. Acordei o meu irmão mais velho e ele correu para a rua empunhando um bastão de beisebol. E o homem tinha ido embora.

Mas ele também havia ficado comigo.

Ao estudar psicologia na faculdade, fiquei fascinado com a exploração dos sonhos feita por Freud e Jung, e comecei a escrever diários relatando os meus próprios sonhos. Não demorou muito para que os sonhos se tornassem tanto uma parte da minha realidade como da minha vida desperta. Depois de alguns anos agindo assim, passei a ficar ciente de que estava sonhando enquanto eu ainda sonhava. E com isso passei a escrever os meus próprios sonhos. A minha vida logo duplicou o escopo.

Assim como fiz anos depois para Nancy.

Depois da faculdade, e agora um cineasta, eu explorava o misticismo oriental e me deparei com os escritos de um místico russo chamado Gurdjieff. Ele escreveu sobre como a consciência é um espectro que se estende desde onde a maioria de nós basicamente caminha como sonâmbulo ao longo de toda a vida até um ápice de consciência absoluta raramente visitado, no qual a pessoa seria capaz de vivenciar a plenitude mental. Poucos chegaram até lá, o místico escreveu, por causa da dor envolvida em ver as coisas tão cruamente. A maioria das pessoas teria saído pela porta àquela altura, de volta à sua dormência de comida, sexo, entorpecentes, trabalho ou o que fosse entre milhares de distrações. Menos aquela pessoa rara, capaz de manter seus olhos abertos, fitando diretamente o âmago da questão: que todos nós morremos, somos violentos uns com os outros e, na condição de pais, muitas vezes escondemos segredos obscuros que mais tarde custarão caro aos nossos filhos; e essa pessoa resistente poderia fazer toda a diferença no mundo. Esses são os heróis. Guerreiros espirituais.

Como Nancy.

Lá pelo quarto longa-metragem em minha carreira como criador de filmes assustadores, casualmente encontrei uma reportagem de jornal sobre um rapaz de Los Angeles que sofria de pesadelos nos quais ele era perseguido por um homem monstruoso cuja intenção era matá-lo. Os sonhos eram tão reais que o garoto decidiu parar de dormir. Ele permaneceu acordado um dia, dois dias, três, quatro — até que sua família começou a se preocupar com sua sanidade. O pai dele, que era médico, deu-lhe pílulas para dormir e, finalmente, certa noite, enquanto assistia à televisão com a família, ele adormeceu. Seu pai o levou para o quarto e o colocou na cama. A família foi dormir achando que a crise finalmente havia acabado. E então, no meio da madrugada, eles o ouviram gritar. Correram para o quarto do rapaz, que se debatia na cama. Antes que pudessem controlá-lo, ele ficou inerte, e então morreu. A necropsia não revelou nenhum problema físico. O pai achou as pílulas para dormir — as quais ele não chegou a ingerir. A mãe encontrou um longo cabo de extensão que levava até uma cafeteira no armário do rapaz, cheia de café preto quente.

Era tudo o que eu precisava. Sentei-me e comecei a escrever.

Haveria uma garota, Nancy. Comum na superfície, mas heroica em sua essência. Ela saberia o que todos os outros estavam negando: que existiu um humano monstruoso, como em um filme de terror. Mas esse homem não se escondia por trás de uma máscara feita de couro ou plástico, mas sim de uma formada por seu próprio rosto, marcado por cicatrizes — a prova daquilo que os pais de Nancy e seus amigos fizeram com ele. Suas roupas? Iguais àquelas que eu vira da janela do apartamento em Cleveland. Sua arma? Uma com-

Wes Craven durante as filmagens de *A Hora do Pesadelo*.

binação da coisa mais milagrosa — a mão humana — e a mais aterrorizante — as garras primitivas do eterno predador. E quanto ao nome dele? O nome do pior valentão que conheci na escola era Freddy. "Hmm", pensei, "isso vai servir muito bem."

E assim nasceu *A Hora do Pesadelo*.
Foi um filme quase desfeito antes mesmo de propriamente ter sido feito. O processo cobrou seu preço de inúmeras maneiras, e, quando olho para trás, lembro como foi difícil, extenuante e, às vezes, exasperante. Por outro lado, fazer o filme também teve suas recompensas: foi tão divertido como desafiador, e mais do que apenas outro filme de terror. Novas amizades foram feitas e os limites da realização cinematográfica encontrados — e, principalmente por necessidade e engenhosidade, violados.

Sempre na esperança de ser capaz de dizer algo interessante com meus filmes, esse foi um projeto que me permitiu fazer exatamente isso, de maneira que pude (caso tenha feito bem o meu trabalho) oferecer aos espectadores uma nova forma de encarar o terror — mesmo quando eles fechassem os olhos.

Criar o que alguns chamaram de ícone do gênero foi apenas a cobertura do bolo.
Em última análise, pode-se dizer que tudo em *A Hora do Pesadelo* funcionou da maneira que deveria. Para o melhor ou para o pior, em momentos bons e ruins.
E esta é sua história.

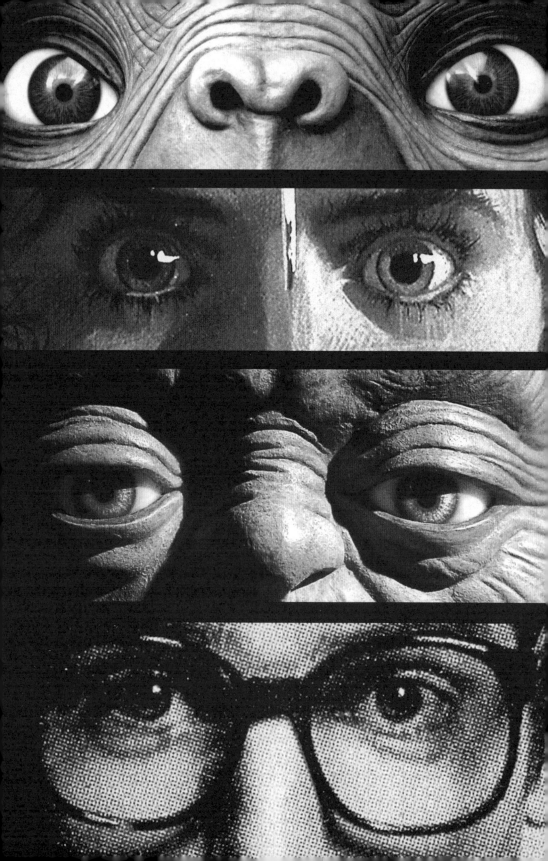

Eu buscava aventura, romance, musicais, drama, ficção científica e animação. Filmes, filmes, filmes. Por mais estranho que pareça para mim agora, especialmente neste momento, o que eu não procurava era horror.

INTRODUÇÃO

Enquanto escrevo estas linhas, paro frequentemente para observar a vista da montanha pela janela do escritório em meu rancho na Califórnia. O sol está brilhando, os pássaros estão cantando e ocasionalmente dá até para avistar um lince movendo-se furtivamente à procura do coelho que se escondeu na moita perto de um conjunto de sempre-vivas.

Por mais estranha que seja essa vista, o que mais me chama atenção é que, apesar de estar trabalhando em um livro sobre um filme estrelado por um peculiar demônio dos sonhos de mão enluvada com lâminas de navalha nas pontas dos dedos, o pensamento recorrente, quase inacreditável, que me sacode de volta à tarefa em questão é este: é mesmo verdade que encontrei o inimitável Freddy Krueger três décadas atrás? Eles dizem que você sempre se lembra da sua primeira vez e, deixe-me lhes dizer isso, eles (quem quer que sejam "eles") não estavam mentindo.

Pensando em retrospectiva, não vi uma quantidade muito grande de filmes no cinema quando era criança (situação que iria mudar enfim), mas eu parecia devorar filmes na televisão na velocidade em que iam ao ar. Muitas dessas experiências iniciais ficaram comigo ao longo dos anos:

Superman, o Filme (1978) — Um filme ao qual assisti com os olhos maravilhados. Um herói inesquecível, uma mocinha muito esperta e um vilão diabólico. E Christopher Reeve realmente me fez acreditar que o homem pode voar.

Nos Tempos da Brilhantina (1978) — Nos anos seguintes, acreditava firmemente que começar a entoar uma canção a qualquer momento para expressar os meus sentimentos não era apenas apropriado, mas também necessário.

O Mundo Mágico dos Muppets (1979) — As lições deste filme sobre amizade e permanecer sincero consigo mesmo são tão reais e importantes hoje como na primeira vez que as aprendi.

E.T.: o Extraterrestre (1982) — Eu tinha certeza de que havia o meu próprio alienígena esperando por mim no celeiro.

Thommy Hutson (centro), Heather Langenkamp e Robert Englund visitam uma locação bastante conhecida de todos os fãs de *A Hora do Pesadelo*: a casa de Nancy Thompson, em "Elm Street", Los Angeles, Califórnia.

O cinema Lincoln de uma tela em Buffalo, Nova York. "Por um único dólar, morri de medo 'assistindo' a *Um Lobisomem Americano em Londres*." Infelizmente, o prédio foi destruído pelo fogo nos anos 1990.

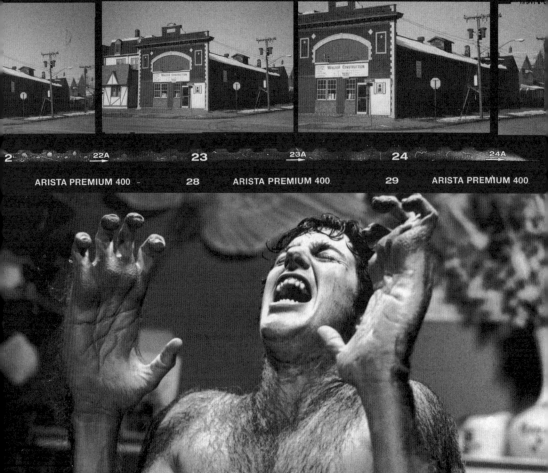

E, claro, a trilogia de *Star Wars* (1977-1983) — Por algum tempo, o que eu admito que foi muito longo, eu acreditava ser Luke Skywalker — e não ligava para os ewoks. Então, por favor, parem de me julgar.

Simplificando as coisas, eu adorava ver filmes.

Eu buscava aventura, romance, musicais, drama, ficção científica e animação. Filmes, filmes, filmes. Por mais estranho que pareça para mim agora, especialmente neste momento, o que eu não procurava era horror. Era um gênero de filme que eu não via, nem sequer sabia que existia, até que, literalmente, foi empurrado para cima de mim.

Era o início da década de 1980 e tudo começou com a mãe — como diria o agora indiscutivelmente mais famoso "filhinho da mamãe" da história, Norman Bates. Bem, com a minha avó, para ser mais exato. Sim, a nutridora materna do lado da minha mãe, aquela que meus pais confiaram para cuidar de mim, me manter seguro e garantir que eu ficasse grande, forte e estável quando crescesse... me obrigou a assistir a *Os Vampiros de Salem* (1979) com ela.

Sim, ela me *obrigou*. Meu primo levara para a minha casa uma coisa chamada vcr, a vovó enfiou naquela coisa um negócio chamado fita de vídeo, e o terror, de alguma maneira gravado de uma transmissão de televisão, se revelou diante de mim. Fiquei assustado, e acredito firmemente que quando o menino vampírico Glick flutuou na tela mostrando as presas, envolto em névoa, e arranhou a janela do quarto, eu também fiquei marcado. De qualquer forma, foi um momento decisivo para mim, porque, embora estivesse aterrorizado e tentasse não olhar, eu olhei, de fato.

Depois disso, eu *queria* ver, então ficava em casa, em vez de ir à escola primária, fingindo estar doente, para que pudesse absorver a enorme abundância de festivais de susto que a tv a cabo oferecia. (Desculpe por matar as aulas, papai, para assistir a *Motel Diabólico*, de 1980, na hbo, mas obrigado por me levar o livro de colorir *Jedi* para me animar quando eu estava... "doente".)

Depois de tudo isso, ainda aconteceriam muitos outros momentos nos quais eu cobria os olhos, em casa, com a família e meus amigos. Eu ficava ansioso para sentir a emoção de me aterrorizar, de temer o que espreitava a cada canto, mas sempre sabendo que ao final do filme eu estaria a salvo. Foi nesse momento que, de alguma forma, fiquei fascinado com a ideia de ver um filme de terror no cinema; poderia ser tão aterrorizante quanto a experiência de assistir na segurança da minha sala de estar, embaixo do meu cobertor favorito e cercado pela minha família?

Descobri a resposta muito rapidamente quando o meu irmão mais velho e seus amigos (é neste ponto que eu deveria colocar a culpa na minha família pelo meu gosto por filmes) fizeram uma caminhada até um velho e esquecido cinema na esquina das ruas Titus e Broadway, em Buffalo, Nova York, para ver um filme de lobisomem. Isso foi em 1981. Eu ainda era criança e o filme era, é claro, a clássica comédia de horror de John Landis, *Um Lobisomem Americano em Londres*.

"Você não pode vir conosco", resmungou meu irmão, mencionando uma lista de razões que até aos meus olhos de criança pareceram fajutas: eu era muito pequeno (isso nunca impediu ninguém antes), jamais passaria pela mulher da bilheteria (todo mundo passava pela mulher da bilheteria) e, o principal, o filme era assustador demais (ah, fala sério!). Tá brincando comigo? Lembro-me de olhar para ele nos olhos e dizer, com toda a seriedade e fúria infantil que eu conseguia demonstrar: "Pode acreditar, eu sou capaz de lidar com um filme assustador!". E então lá fomos nós.

Não consigo me lembrar de um momento em que me senti mais aterrorizado. Os meus olhinhos mal tinham visto um fotograma do filme, depois do momento em que o primeiro uivo soou pelos pântanos, e um barulho filtrou-se em estéreo através dos alto-falantes do cinema antes de penetrar bem fundo na minha alma. Fechei os olhos o mais apertado que pude e tapei meus ouvidos. Era mais do que eu poderia suportar. De vez em quando, eu espiava meu irmão e seus amigos, e eles estavam rindo. Rindo! Eu não sabia ao certo o que eles estavam vendo, mas não era nada engraçado para mim. (Anos mais tarde seria.)

Decidi que ficaria apenas com os filmes de terror da TV, muito obrigado. E assim foi, e continuei vendo qualquer filme de terror que pudesse encontrar — os canais WPIX, da cidade de Nova York, e WWOR, de Secaucus, Nova Jersey, eram particularmente bons para saciar a minha sede pelo gênero. Uma sequência de *Sexta-Feira 13* aqui, um filme tipo *Halloween, a Noite do Terror* acolá, até que certa noite, enquanto eu assistia à série *V* (1984-1985), passou na televisão o comercial de um filme de terror que conseguiu me assustar mais do que tudo que a minha avó, o meu primo, o meu irmão ou a televisão havia me mostrado antes. Meu coração disparou enquanto eu via as imagens cintilando na tela. Como um rosto poderia ser pressionado através de uma parede? Aquilo era uma garra? Quem é esse homem com os braços que não param de esticar!? Saí correndo da sala, sem ao menos saber qual era o título daquele filme, mas tinha certeza de duas coisas: nunca havia sentido tanto medo, e eu *precisava* ver aquilo. Sabia que estava preparado para o grande momento.

Ao longo dos dias seguintes, fiquei ao mesmo tempo encantado e aterrorizado com a ideia de que aquele trailer podia passar de novo na televisão. Finalmente criei coragem de perguntar ao meu pai se ele me levaria para ver aquele filme. Políticas à parte, ele disse, com razão, que eu era muito jovem.

Mas eu também era persistente. Continuei insistindo com ele, fazendo de tudo para conseguir ver aquela mistura fantasmagórica de terror, mistério e sangue. E ele continuou dizendo "não". Mas a minha hora chegaria quando ele me espiou olhando a seção de entretenimento do jornal de sexta-feira. Eu estava recortando o pequeno anúncio do filme, o qual eu havia descoberto se chamar *A Nightmare on Elm Street* [*Um Pesadelo na Elm Street*, traduzido como *A Hora do Pesadelo*, no Brasil] (que título assustador, tão real!) pronto para colá-lo na parede do meu quarto, quando ele chegou perto de mim, rendido. "Você realmente quer ver essa coisa?", ele perguntou, certamente indo contra o seu bom senso. "Que se dane o bom senso", era o meu pensamento de criança, "isto é o que os adultos chamam de momento de descoberta!"

"Sim, por favor, vamos, será ótimo, você vai gostar!", exclamei, empolgado. Não sei se foi a minha patética tentativa de convencê-lo de que era uma boa ideia ele assistir ao filme comigo, ou apenas a minha provável aparência lastimável, mas ele concordou. Nós fomos naquela mesma tarde, dirigindo para o centro da cidade até o General Cinema.

O que aconteceu depois ficaria enraizado na minha memória para sempre. Fiquei petrificado praticamente desde o primeiro momento. Resolvi que iria assistir, apesar de temer que o meu coração estourasse de tão rápido que estava batendo. E quando aquele homem, aquele monstro, apareceu atrás daquela moça linda e loura no pesadelo, na sala da caldeira, fiquei paralisado de medo. A plateia gritou. Eu comecei a chorar. Talvez eu ainda não estivesse preparado, afinal de contas.

E, quando implorei para irmos embora, meu pai fez o que qualquer pai responsável teria feito para ensinar uma lição ao filho obcecado por filmes. Ele se virou para mim e disse: "Você queria ver isso, então vamos ficar aqui e assistir até o fim!" E foi exatamente o que fizemos.

Não posso culpá-lo. Ele tinha razão: eu queria muito ver aquilo. E então, durante os noventa e um minutos seguintes, espiei por entre os dedos que cobriam os meus olhos semicerrados uma tela repleta de gritos, destruição e mortes. E, embora eu não tenha visto tudo, foi mais do que na minha tentativa anterior com um filme de terror no cinema, e vi coisas que ficariam gravadas para sempre nas mentes de todos os espectadores que estavam lá comigo.

Um chapéu marrom sujo, um suéter vermelho e verde imundo; um homem horrivelmente queimado. E algo que se tornaria tão marcante e icônico como o chuveiro de *Psicose* ou o facão de *Sexta-Feira 13*: eu vi aqueles dedos ornados com lâminas, o aço afiado e pontiagudo que brilhava na luz e arranhava o metal com um ruído agudo. Eu vi Freddy Krueger. E a minha vida nunca mais seria a mesma. Felizmente para mim, eu não estava sozinho.

Freddy Krueger e *A Hora do Pesadelo* desde então passaram a ser uma parte importante não somente da minha vida, e da vida de incontáveis fãs, mas da cultura popular do mundo inteiro. O que começou como um filme que ninguém queria fazer — e cujo diretor e roteirista Wes Craven precisava desesperadamente de dinheiro enquanto ainda tentava vender o projeto —, transformou-se em uma fonte abundante de entretenimento. Ao longo de oito filmes originais, uma série de televisão, uma refilmagem para o cinema e uma quantidade incalculável de produtos derivados, Freddy Krueger tornou-se um símbolo de sua época.

A questão persistente nas mentes de muitos é simplesmente esta: "Por quê?" Por que um maníaco assassino de crianças, com o rosto gravemente queimado e que mata as pessoas em seus próprios sonhos pode ser tão fascinante, tão cativante? A resposta pode estar na própria pergunta — sonhos, pesadelos. Foi um conceito brilhante que conquistou os espectadores de cinema: a ideia de que nesse filme existe um vilão que pode romper o limite tênue entre a realidade e a ilusão. Um vilão capaz de erradicar a tão desejada linha entre o que é seguro e o que não é. Como seria possível você sobreviver quando o mal que o persegue está, em essência, dentro da sua própria mente?

Além disso, a primeira linha de defesa para muita gente é se deitar na cama, puxar as cobertas por cima da cabeça, fechar os olhos e esperar o terror ir embora. Mas em Elm Street, uma boa noite de sono pode muito bem ser a sua última. Essa noção era algo atraente para os aficionados por filmes de terror. Numa época em que a maioria dos filmes desse gênero estava esquartejando braços e pernas, e arrancando as tripas em retiros afastados no meio do mato, Freddy Krueger ia nos pegar onde moramos. *A Hora do Pesadelo* estava comprovando que os bairros residenciais podiam ser tão assustadores como os acampamentos, e que a garota pudica da casa ao lado era tão vulnerável quanto aquela mais atrevida que ficava na esquina. O filme entregou ao público uma oportunidade de dar um tempo dos assassinos mascarados e desmiolados que saíam à caça de adolescentes doidos por uma transa.

Mas Freddy Krueger, que evoluiria de um terror que surgia das sombras para o vilão piadista, filho bastardo de uma centena de maníacos, não precisava de máscara. O seu modo de agir era mostrar o próprio rosto, para depois olhar cada vítima nos olhos enquanto absorvia a única coisa que alimentava sua raiva: o medo. Medo da morte, medo do abandono — e, para alguns, medo da própria vida.

O que torna *A Hora do Pesadelo* tão interessante é que Freddy Krueger não sai retalhando de maneira aleatória qualquer pessoa que atravesse seu caminho. Em vez disso, ele cria uma sinfonia de terror — tanto psicológica como visceral — enraizada em um dos mais antigos conceitos humanos: a vingança. É um tema que comprova que Freddy Krueger tem um plano, um motivo. O fato de essa vingança declarada ter sido gerada pelos pecados dos pais faz com que as vítimas adolescentes na tela já se sintam derrotadas por um mundo que deveria protegê-las. Consequentemente, suas mortes se tornam um escárnio de suas vidas: Tina Gray, a garota que é considerada fácil, morre seminua na cama. Rod Lane, o rapaz rebelde e encrenqueiro, morre em uma cela na delegacia de polícia. Glen, o atleta, pega no sono em vez de ajudar sua namorada, e desaparece em uma fonte de sangue.

Mas tem também Nancy Thompson, representando tudo de bom que os jovens podem fazer e devem ser. Um ponto de esperança singular, ela finalmente descobre uma maneira de desfazer o mal que foi empurrado sobre ela. E essa noção de assumir o comando, de resistir e revidar, e de enfrentar o seu medo, é o que faz o pesadelo completar seu ciclo; pois, embora os pecados do passado talvez jamais sejam perdoados, eles podem ser ao menos retificados. E o bicho-papão pode finalmente ser colocado em seu devido lugar. (Pelo menos até a continuação.) O filme e seu vilão me fizeram perceber que os espetáculos na tela grande muitas vezes eram mais assustadores e mais potentes do que aqueles que eu via na pequena tv que tínhamos na sala de estar. Quando eu saí do cinema, aquelas imagens grandiosas permaneceram profundas em minha mente por muito mais tempo do que quando eu simplesmente me levantava e saía da sala. Quando cresci, os filmes da série *A Hora do Pesadelo* e Freddy Krueger cresceram comigo — e, devo admitir, acabaram sendo uma parte maior da minha vida, de uma maneira ou de outra, do que eu seria capaz de imaginar quando criança.

A lembrança muito poderosa de quando vi o filme pela primeira vez me ajudou a conseguir um emprego como guia no parque dos Estúdios Universal, quando cheguei a Los Angeles seguindo os meus sonhos. (Eles nos deram um minuto para falar à vontade, e me pediram para descrever um filme que tivesse me causado impacto; rapaz, como eu tive sorte!) A imaginação e a criação de Wes Craven me deram a força de acreditar que eu também poderia um dia deixar a minha marca na sempre inquieta indústria do entretenimento, quando eu estava pensando em arrumar as malas e voltar para a minha terra natal. Acreditem ou não, pedi por um sinal que me dissesse que eu deveria ficar ou partir, e um dia eu o recebi: enquanto tomava um caminho para casa que eu normalmente não tomava, reparei na marquise do Galaxy Theater — que agora não existe mais — em Hollywood Boulevard anunciando o filme mais recente do diretor Wes Craven, *O Novo Pesadelo: O Retorno de Freddy Krueger* (1994). Desci do carro, vi o filme e, bem, suponho que vocês saibam qual decisão tomei.

Portanto, estou sentado aqui, agora, o céu um pouquinho mais escuro, os pássaros em silêncio — e, sim, o coelho a esta altura está comendo capim pela raiz —, e fico me recordando das três décadas de história do filme que começou tudo isso. Fico me lembrando do trabalho árduo, da dedicação e criatividade de cada pessoa associada ao filme, da magia que foi imaginada e concretizada; o início de carreira de muitas pessoas talentosas que deixariam a sua própria marca indelével em Hollywood. E, o mais pessoal de tudo, como tive o privilégio de conhecer muitos deles, e mais sorte ainda de poder dizer que vários são agora meus bons amigos.

Como muitos viajantes sabem, todas as cidades dos Estados Unidos parecem ter uma Elm Street, e, embora tenha sido um caminho longo e sinuoso para chegar ao que foi sonhado por Wes Craven, é um lugar onde todos os envolvidos amadureceram, de certa forma. E agora, o criador, o elenco e a equipe técnica deste filme seminal e original se reuniram para contar suas histórias sobre *A Hora do Pesadelo*. Dramáticos, arrebatadores, engraçados, mordazes e sempre sinceros, aqui estão os relatos daqueles que vivenciaram tudo isso. E, assim como eles, eu entrei na sala escura de cinema, sobrevivi ao pesadelo e emergi na luz do dia um pouco diferente. Alguém mais forte, mais capacitado e mais sábio. Pronto para enfrentar meus pesadelos e alcançar meus sonhos.

Então apague as luzes, cubra-se bem e prepare-se para uma história de ninar como nenhuma outra. É a saga de um pequeno filme que prometia — e cumpriu. *A Hora do Pesadelo*, em todo o seu terror inventivo, e Freddy Krueger, em toda a sua glória perversa, serão revelados de uma maneira que irá demonstrar como ambos fascinaram uma geração inteira de cinéfilos — e mais um pouco.

Bons sonhos...
Thommy Hutson

"A HORA"
DA VERDADE
CURIOSIDADE DARK

O filme que lançou a figura icônica de Freddy Krueger como um monstro digno de entrar na galeria dos grandes personagens do cinema de horror, espalhando medo e pavor ao penetrar no pesadelo dos jovens moradores de Elm Street (e redondezas), recebeu no Brasil um título que imediatamente se tornou clássico — mas que merece ser discutido.

A Hora do Pesadelo é imediatamente reconhecido como o nome de um dos filmes de terror de maior sucesso dos anos 1980, mas poderíamos perguntar: afinal, qual é "a hora" de ter pesadelos? A julgar pelos destinos trágicos dos dorminhocos do filme, qualquer hora do dia ou da noite pode ser propícia a um cochilo — e um convite ao pesadelo.

A verdadeira explicação para o título está em um filme anterior, responsável por uma onda de grandes fenômenos populares no terror: A Hora do Espanto. Originalmente intitulado Fright Night, tem Roddy McDowall no papel de Peter Vincent, um apresentador de sessões de clássicos do terror na TV — e seu programa se chama, justamente, "A Hora do Espanto". O sucesso do filme, que teve sua pré-estreia no Brasil em fevereiro de 1986, sendo lançado comercialmente três meses depois, foi tão grande que a crítica passou a chamar esse fenômeno do horror redivivo de "espantomania", e a analisar os lançamentos seguintes tendo como parâmetro esse terror cômico com vampiros.

Não demorou para outros filmes pegarem carona nessa popularidade: apenas dois meses depois, em julho de 1986, Silver Bullet, baseado em um livro de Stephen King, foi anunciado como A Hora do Lobisomem em pré-estreia. O próximo da lista foi justamente A Nightmare on Elm Street, ou A Hora do Pesadelo, lançado em 27 de novembro de 1986 em São Paulo, e em 15 de janeiro de 1987 no Rio de Janeiro.

A demanda por mais banhos de sangue era tamanha que até mesmo um exemplar nacional foi realizado para aproveitar a onda. O terror paulista A Hora do Medo, dirigido por Francisco Cavalcanti, com ajuda de José Mojica Marins, o Zé do Caixão, foi lançado em fevereiro de 1987. No mesmo ano, outros filmes se juntariam ao ciclo: Re-Animator se tornou A Hora dos Mortos-Vivos, em setembro, seguido pelo filme The Dead Zone, outro baseado na obra de Stephen King, que chegou às telas brasileiras como A Hora da Zona Morta, em outubro; no mês seguinte, foi a vez dos monstrinhos interplanetários do filme Critters, com o título A Hora das Criaturas.

A Hora do Pesadelo prosseguiu nos anos seguintes, com pelo menos mais cinco continuações numeradas, mantendo a tradução brasileira, além de uma série de televisão e uma refilmagem moderna em 2010. Seu sucesso enterrou qualquer desconfiança em relação ao título, chegando quase a nos fazer esquecer que tudo começou com um nome oportunista para tirar proveito de um êxito alheio.

O tradutor

PLAIN DEALER.

G, APRIL 15, NUMBER 88.

CLEVELAND PLAIN DEALER — FINAL
CLEVELAND, SATURDAY MORNING, OCTOBER 21, 1939 — 22 PAGES — FOUR CENTS

> "Falhei em encontrar Jesus, em encontrar a redenção. Achava que a culpa era minha. Eu tinha uma visão muito obscura a meu respeito."

1

ARTESÃO DE SONHOS

WES CRAVEN: O CRIADOR

Mil novecentos e setenta e dois.

A Atari inaugurou a primeira geração dos jogos eletrônicos com o lançamento da versão de gabinete do jogo *Pong*. O presidente em exercício, Richard Nixon, ganhou a reeleição com a maioria dos votos. As últimas unidades terrestres dos EUA começaram a sair do Vietnã. O dirigível da Goodyear foi mandado aos céus para o seu primeiríssimo voo. O FBI começou a aceitar oficiais do sexo feminino. O mundo do cinema viu *O Poderoso Chefão*, *O Destino do Poseidon* e *Essa Pequena é uma Parada* no topo das bilheterias. E no contexto do Tempo Universal Coordenado, foi o ano mais longo de todos os tempos, já que foi adicionado um salto de dois segundos a um calendário de 366 dias. Um acontecimento que não se repetiu desde então.

Por todos esses fatores, foi um ano notável de inícios e marcos. Mas houve outro evento, irrelevante na vida de muitas pessoas comuns, saudado por fãs radicais do cinema de horror: o lançamento de *Aniversário Macabro*, um filme de estupro e vingança, hipnótico e brutal, que marcou o auspicioso debute nas telas de um diretor e roteirista de 30 anos chamado Wes Craven.

Nascido em 2 de agosto de 1939, em Cleveland, Ohio, Craven foi criado no que agora poderia ser considerado um lar batista sediado nas chamas do inferno. Os princípios de sua educação eram tão poderosamente aplicados quanto podem parecer clichê: nada de filmes, nada de cigarros, nada de bebidas, nada de jogos de cartas. Embora essa "proteção" dos horrores do mundo possa ter funcionado para algumas pessoas, as sombras se esconderam por vários cantos da vida de Craven: seus pais se separaram quando ele tinha apenas 4 anos e, na véspera de seu sexto aniversário, ele ficou sabendo que o pai tinha morrido de um ataque cardíaco. Admitindo não compartilhar das visões religiosas daqueles ao seu redor, ele declarou: "Falhei em encontrar Jesus, em encontrar a redenção. Achava que a culpa era minha. Eu tinha uma visão muito obscura a meu respeito".

Mesmo com essa escuridão precoce, que ele admitiu ter um impacto duradouro em sua vida e arte, Craven nunca sonhou que um dia seria considerado um mestre do horror e do suspense. "Não assisti a muitos filmes quando era jovem, porque minha família me proibia", disse ele. "Com exceção dos filmes de Walt Disney, substancialmente seguros, os produtos de Hollywood eram considerados obra do diabo."

Mas quando Craven era jovem, logo depois de seu pai ter morrido, ele pôde experimentar a vida real nas telas na forma de noticiários que o pai de seu melhor amigo lhe mostrava. "Este homem nos levava ao Telenews no final da Segunda Guerra Mundial, e nós víamos todos aqueles noticiários", lembrou ele. "Portanto, eu via filmes, mas via coisas reais. Aquilo meio que grudou na minha mente."

Embora o mundo real filmado estivesse enterrado profundamente em sua memória, foi apenas longe de casa, na faculdade, que Craven começou a realmente experimentar e, enfim, a se apaixonar pelo cinema. "Os filmes de Buñuel, Fellini, Bergman, Cocteau. Fui imediatamente atraído por essas visões fantásticas de coisas oníricas", disse ele. Enquanto Craven descobria algo que seria a sua paixão, a vida real não podia ser ignorada.

Da metade para o final dos anos 1960, enquanto o resto da América tinha sido apanhado em um redemoinho de amor livre, mudanças radicais e drogas recreativas, Craven estava imerso nas complexidades da vida familiar e da carreira. Com uma nova esposa, Bonnie, dois filhos, Jonathan e Jessica, e amparado por sua formação em ensino e com seu mestrado em Escrita e Filosofia pela Universidade Johns Hopkins, Craven encontrou-se lidando de forma criativa com o colegiado, lecionando na área de humanas na Faculdade de Clarkson, em Potsdam, Nova York. Mesmo assim, o até então professor não podia deixar de satisfazer a vontade do cineasta que crescia em sua própria mente.

Equipado com uma câmera de 16 mm (uma Revere que ele havia comprado) e um punhado de ansiosos estudantes do clube de teatro, Craven participou da criação de um filme de quarenta e cinco minutos intitulado *Pandora Experimentia* (1968), uma paródia do extremamente popular programa de televisão *Os Vingadores* (1961-1969). Filmado por Craven e feito com a irrisória quantia de trezentos dólares, ele próprio recordou: "Nenhum de nós entendia de som, nenhum de nós entedia de edição, nenhum de nós entendia de cinema. Era algo como 'Vamos cometer todos os erros possíveis e ver o que acontece'".

O projeto, que tinha membros do clube fazendo apostas sobre como o filme iria se sair em suas duas exibições, talvez não tenha causado um grande impacto no público em geral, mas teve efeito sobre Craven. Ele rapidamente percebeu que, embora ainda tivesse algumas coisas para aprender sobre o verdadeiro ofício de fazer filmes, estava empenhado e determinado a encontrar uma maneira de sair de uma respeitável docência e entrar no tumultuado mundo cinematográfico. "Eu acabei percebendo que estava profundamente entediado e deslocado", admitiu o escritor e diretor.

Esse tédio ficou também bastante palpável quando o chefe do departamento de Craven o confrontou, dizendo que ele precisava parar de brincar com a câmera de cinema. Não demorou para o cineasta receber um ultimato do seu superior, que lhe ordenou: "Quero que você obtenha seu doutorado, ou então será demitido".

Claramente ciente de suas opções, Craven sabia o que tinha de fazer: pediu demissão na mesma hora. "Não tinha a ver comigo, então dei um daqueles grandes saltos", relembrou. "Eu disse 'Vou tentar fazer algo de que realmente goste', pedi demissão e parti para Nova York."

Esse salto de fé mudaria a vida de Craven — para pior e para melhor. Mesmo precisando dirigir um táxi por metade de um ano para poder se sustentar (e sofrido dois assaltos), sua doutrinação no mundo do cinema profissional começou ao trabalhar como mensageiro do então cineasta (que depois se tornaria cantor e compositor de música folk) Harry Chapin.

Sobre o período em que trabalhou e observou Chapin e sua equipe — cujo documentário *The Legendary Champions* (1968), que detalha as façanhas de boxeadores norte-americanos, foi indicado ao Oscar da categoria —, Craven disse: "Foi uma oportunidade única, porque aconteceu dentro de uma estrutura muito ampla de pessoas que faziam documentários, filmes pequenos, industriais, tudo. Eu estava exposto a uma quantidade muito grande de técnica". Apesar de Craven ter aprendido a editar filmes, não era isso que ele imaginava para si mesmo, então seguiu em frente e fez tantas conexões na comunidade cinematográfica de Nova York quanto pôde, além de aceitar todos os empregos que era capaz de encontrar. "Eu trabalhava o dia inteiro, indo de um serviço para o outro", lembrou ele. Foi esse intenso período de trabalho que, embora criativamente interessante e mais satisfatório do que lecionar, cobrou o seu preço. Craven ficou esgotado fisicamente e destruído emocionalmente, chegando a pesar menos de sessenta quilos e vendo seu casamento naufragar. "Meu relacionamento desmoronou. Eu não tinha praticamente nada", lembrou. "Foi um verdadeiro balde de água fria na minha vida. Eu havia largado tudo, estava usando drogas e entrando para o cinema."

Wes Craven, o homem que criaria um dos maiores ícones do cinema de horror, na infância e posando para a foto do colégio.

The Potsdam Underground Surfaces

With

Pandora

Experimentia

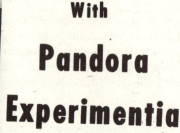

The P

On Friday and Saturday nights, May 10 and 11, The Clarkson Drama Club prepares to hoist itself out of the depths of oblivion with its cinematographic presentation of "Pandora Experimentia." This ultimate movie experience, written and directed by John F. Heneage and Kenneth D. Lyon, and photographed by Wes Craven, will be shown along with several short experimental films in Damon Hall, Room 101, at 7, 8, and 9 o'clock.

Shot on location in Potsdam with the cooperation of many local businesses, "Pandora Experimentia" hopes to attain an equal rating with such great films as "the Dragon Lilies of Kazunga" and "Gidget Goes Berserk." With a cast of over sixty, Otto Muttner, underground movie guru without whom the entire movie could not have been possible, is able to conquer the wide screen in naked color, Ultra-Vision, and Vision-Vision. Interviewed at his Spring retreat in the Bahamas, Muttner was quoted as saying, "Not once did my directors use any common knowledge or sense of decency, therefore I will be using them for all my films in the near future."

While filming, the entire technical crew was arrested, fourteen belly dancers disappeared from Raja Maja's harem, and the two directors appeared on the F. B. L's missing persons list.

Body

Hun dreds of people were unawar that they were being filmed b hidden cameras as the "Pandor Experimentia" crew swept ove Potsdam like a case of acut ingrown toenail. Even innocen little children fell under the grea cogwheels of the budding Clark son film industry. Everyone wa amazed how the directors coul cram so much excitement, sus pense, sex, mystery, intrigue sex, and spaghetti into forty min utes of film.

To encourage a big turnout thi weekend for the chance of lifetime to view an experimen tal film in which "you migh be one of the cast," an awar will be given to the film critic who can determine beforehand the exact number of splices tha will break in the film during the two days of showing.

The directors being booked for **Censored**

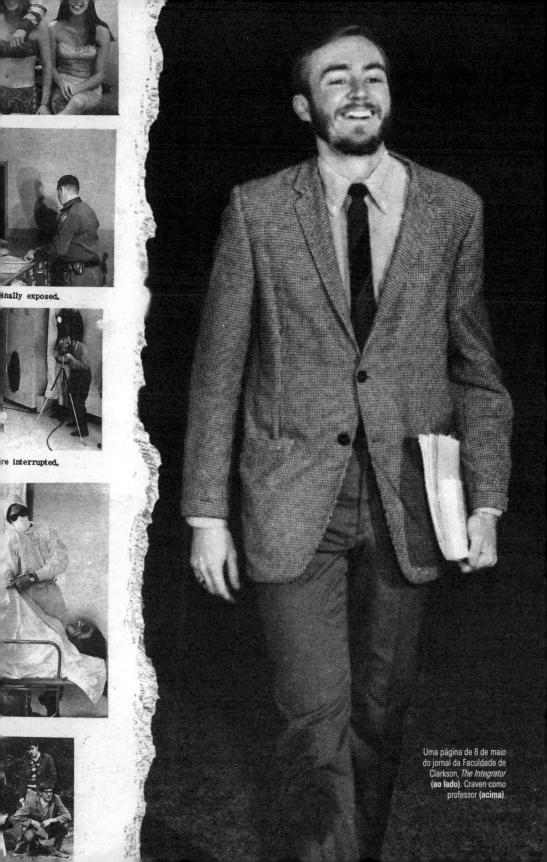

Uma página de 8 de maio do jornal da Faculdade de Clarkson, *The Integrator* **(ao lado)**. Craven como professor **(acima)**.

Wes Craven no local de filmagem de *Aniversário Macabro*, com os filhos Jonathan e Jessica.

Mari Collingwood (Sandra Cassell) rejeita Junior Stillo (Marc Sheffler);

Craven trabalha na preparação da atriz Lucy Grantham (que interpreta Phyllis) para uma cena de perseguição. "A razão pela qual as pessoas continuam falando desse filme é por ele ter sido o primeiro desse tipo", declara Sheffler. "Era exatamente o que Wes tinha em mente: tirar a violência cinematográfica do pano de fundo, onde as pessoas são baleadas e simplesmente caem no chão e não se vê nada, e colocá-la em destaque na cena."

É APENAS UM FILME

Foi esse processo de entrada no cinema que o levou a ter um encontro casual com o promissor produtor e diretor Sean S. Cunningham. Em questão de semanas, Craven ficou contente quando se deu conta que suas habilidades como montador seriam colocadas em prática ao ser encarregado de sincronizar as diárias do segundo longa-metragem de Cunningham, *Together* (1971), o primeiro filme erótico estrelado por Marilyn Chambers. "Era por volta de 1970 ou 1971, e estávamos em um momento em que tudo parecia possível", relembra Cunningham. "Wes e eu éramos dois sujeitos que não sabiam como fazer filmes, mas tentamos descobrir como fazê-los fora do sistema."

O filme foi o primeiro longa-metragem em que Craven trabalhou. "Eu entrei para sincronizar os *dailies*[1] de dois dias de filmagem, então era para ser um trabalho muito curto", disse ele. Esse serviço breve levou Craven a continuar como editor assistente de Roger Murphy, o qual acabou abandonando o filme, dando a Craven a oportunidade de expandir seus deveres. "Restamos juntos Sean e eu, e tínhamos idades muito próximas, tínhamos filhos de idades próximas", afirmou Wes. "Nós nos relacionávamos com muita facilidade e basicamente acabei me tornando o montador, cuidando do filme até a fase de sonorização com Sean. Nós realmente criamos um laço, ficando acordados até tarde e tudo mais."

A experiência manteve Craven em primeiro lugar na mente de Cunningham quando este teve a oportunidade de produzir um novo — e assustador — filme. Dessa vez Craven participaria do projeto desde o início. "Foi um grande passo para mim", admitiu. "No decorrer de um ano, passei de um cara que sincronizava os *dailies* a alguém que estava prestes a ter um longa-metragem colocado em seu colo."

Craven acabou tendo a oportunidade de fazer o que sempre quis. "Por causa dos resultados de *Together*, ofereceram a Sean noventa mil dólares como orçamento total para fazer um filme assustador", lembrou. "Ele me perguntou se eu queria escrever, dirigir e editar. Eu disse: 'Claro', mesmo nunca tendo pensado antes em escrever um filme assustador. Então perguntei: 'Certo, o que é um filme de terror?'"

A resposta foi um ousado filme de vingança, vagamente baseado em um clássico de Ingmar Bergman. Originalmente intitulado *Sex Crime of the Century*[2] e em seguida tendo o nome trocado para *Night of Vengeance*,[3] o filme logo ficaria conhecido por um mundo desavisado como *The Last House on the Left*.[4] "Quando vi *A Fonte da Donzela*,

---

1   Sincronizar os *dailies* — também chamado de *rushes* — é uma tarefa de organização do material bruto coletado ao longo do dia. Geralmente realizada pelo assistente de edição, essa atividade visa sincronizar áudio e vídeo da diária de filmagem para que o diretor possa assistir e fazer seus apontamentos e direcionamentos posteriormente. [NE]

2   Em tradução literal do inglês, *O Crime Sexual do Século*. [NT]

3   Em tradução literal do inglês, *Noite de Vingança*. [NT]

4   Em tradução literal do inglês, *A Última Casa à Esquerda*. O filme permaneceu inédito nos cinemas brasileiros, mas foi lançado pela pequena distribuidora ArgoFilms em VHS como *Aniversário Macabro*. [NT]

```
SEX CRIME OF THE CENTURY
a film script


copyright 1971 by
Wes Craven
```

(FIRST DRAFT)

Sex Crime of the Century ("O Crime Sexual do Século"), o
título original de *Aniversário Macabro*, aparece na capa
da primeira versão do roteiro e no folheto de publicidade.
Seu nome definitivo é mostrado no pôster que traz a
pergunta "Pode um filme ir tão longe?".

CUNNINGHAM FILMS presents

SEX CRIME OF THE CENTURY

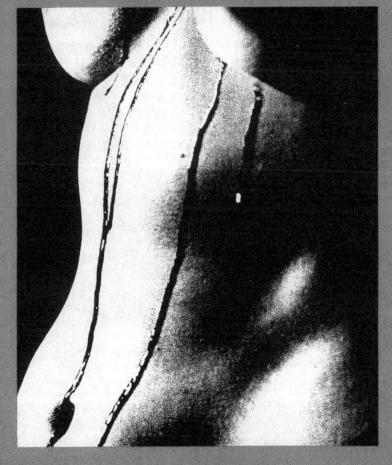

Produced by Sean S. Cunningham
Written and Directed by Wes Craven
Original Score by David A. Hess

Starring David Hess, Jeramie Rain, Fred Lincoln,
Marc Sheffler, Sandra Cassell, Lucy Grantham
with Marshall Anker, Martin Kove, Cynthia Carr,
Gaylord St. James, Ray Edwards
and introducing Ada Washington

de Bergman, pensei: 'Que história incrível'. Simplesmente achei que seria ótimo atualizar aquilo para algo completamente bizarro", refletiu Craven.

A abordagem quase documental, em estilo "cinema-verdade", da violência brutal na história de duas jovens garotas que são capturadas, estupradas e mortas, e mais tarde vingadas pelos pais de uma delas, foi tão bem-sucedida quanto polarizadora. A sinergia da educação protecionista de Craven, o trabalho anterior como professor e os muitos estilos de fazer cinema uniram-se de uma maneira que levou o público ao que parecia ser o limite da loucura.

Anos depois, Craven passou a filosofar sobre a empreitada: "O meu sentimento como acadêmico — e eu realmente usei uma abordagem acadêmica em alguns aspectos — era que, enquanto não arrancar as vísceras de um corpo humano e ver a bagunça que tem lá dentro, você não chegou à essência da matéria, que é a mortalidade absoluta e o grotesco dos nossos corpos isentos de mente e espírito", revelou. "E então senti que era importante chegar a esse nível."

David Hess, que interpretou o pavoroso e aterrador vilão principal, Krug, concordava. "Não era um filme mundano, foi criado por algum outro tipo de força. Era como se fôssemos ferramentas de outra coisa", lembrou ele. "Nunca houve outro filme como esse, nem haverá."

E caso Craven, diretor e roteirista iniciante, tenha se proposto a dar um testemunho sobre a sociedade, sem dúvida ele conseguiu. "Vejo *Aniversário Macabro* como um filme de protesto", disse ele. "Eu quis, além de fazer um filme popular e controverso, tentar mostrar a violência como eu e o produtor achávamos que ela realmente era." E a violência era, na época, algo que estava em evidência na América, frequentemente exibida para todos verem através dos horrores da guerra do Vietnã. "Não que eu queira colocar um ponto final no assunto, mas fui muito influenciado — e acho que todo o país estava meio que em estado de choque — ao ver, pela primeira vez, o horror e a crueldade da guerra", afirmou Craven. "Filmagens recentes em 16 mm estavam chegando e sendo exibidas na televisão imediatamente, então havia pouca censura no que era mostrado, e eram coisas simplesmente terríveis."

Quem compreendia esses conceitos e influências não era outra senão uma das intérpretes de mulheres em perigo do filme, Lucy Grantham, cuja personagem compartilhava muitos momentos horríveis e aterrorizantes antes de sua evisceração final — quase excessivamente realista — nas mãos de seus agressores. "Quando você situa *Aniversário Macabro* em seu momento específico, ele é impressionante, é ousado, e tem uma maravilhosa combinação de humor e horror", afirma a atriz. "Eu sei que Wes se orgulhava de ser capaz de fazer isso, e muitas pessoas tentaram e falharam."

O colega de elenco Marc Sheffler, em seu primeiro papel no cinema, interpretando o nada entusiasmado com a violência Junior Stillo, acredita que a mistura de horror e humor não apenas funcionou como era necessária. "Se você analisar o filme ou desconstruí-lo, verá que depois de cada cena terrível e violenta existe uma queda. Tem uma leveza", observa ele. "Em um filme tão intensamente violento e tão intensamente emocional, você precisa dar ao público um tempo para recuperar o fôlego."

E, por incrível que possa parecer agora, o crítico Roger Ebert, conhecido por condenar quase todos os filmes do gênero horror, concordava com isso. Em sua crítica original, ele fez comentários favoráveis sobre o diretor e roteirista: "A direção de Wes Craven nunca nos deixa sair de uma tensão dramática quase insuportável". O rígido crítico deu então outro passo inesperado e elogiou um filme que muitos consideraram imperdoável, escrevendo: "*Aniversário Macabro* é um filme surpreendente, cruel e amargo, umas quatro vezes melhor do que se esperaria. Tem uma narrativa poderosa, contada de forma tão forte e direta que o público (que em sua maioria não esperava assistir a nada além de um bom e velho filme de *exploitation*)[5] ficou se sentindo sem chão".

Foram críticas como a de Ebert, associadas a uma campanha publicitária simples, mas memorável ("Para evitar desmaios, fique repetindo: é apenas um filme... é apenas um filme... é apenas um filme..."), que fizeram o público formar filas para assistir àquele que rapidamente se tornaria um dos filmes mais notórios de todos os tempos. "A razão pela qual as pessoas ainda falam desse filme é por ele ter sido o primeiro desse tipo", sugere Sheffler. "Era exatamente o que Wes tinha em mente: tirar a violência cinematográfica do pano de fundo, onde as pessoas são baleadas e simplesmente caem no chão e não se vê nada, e colocá-la em destaque na cena", declara o ator.

Por mais infame que o filme possa ser, por sua violência desenfreada, Sheffler revela que as atitudes grotescas mostradas na tela não condiziam com o que acontecia nos bastidores. "O espaço entre a brutalidade dentro da tela e a frivolidade fora dela era tão grande como o Grand Canyon. Éramos um bando de jovens malucos, correndo pelo bosque em Connecticut com uma câmera, e criando efeitos especiais grosseiros e primitivos", diz ele. "Mas eles obviamente funcionaram."

O filme continua encontrando novos espectadores e análises nos corredores de Hollywood, mesmo em tempos recentes, como em 2009, quando o produtor e roteirista James Schamus exibiu o filme para o diretor Ang Lee, o vencedor do Oscar por *O Segredo de Brokeback Mountain* (2005). Schamus teria dito a Lee que *Aniversário Macabro* era um dos melhores filmes de todos os tempos, ao que Lee respondeu: "Você está certo, James, é um dos melhores filmes de todos os tempos. E, agora que eu o vi, acho que deveria ser banido".

Esse tipo de reação visceral ao filme não era incomum e, segundo Sheffler, "permitiu que as pessoas se conectassem com esse lado bastante sombrio da obra e não ficassem apenas assistindo à distância, mas também sentindo-a de verdade. Tornou-se um filme fundamental naquela seara em particular". Nada mal para a estreia de Craven como diretor e

---

5 Refere-se aos filmes que exploram temáticas sensacionalistas, libidinosas, bizarras e oportunistas. Antes de ser associada à esses significados nos anos 1950, era uma forma de citar a exploração da publicidade em torno de um filme ou de um público específico ao qual ele era direcionado, como mulheres, crianças etc. [NE]

Na cadeira de diretor para um faroeste de zumbis estrelado por Allen Pasternak (que interpreta um caubói redivivo), Craven trabalhou com Roy Frumkes na antologia *Tales That Will Tear Your Heart Out*. Apesar de Craven (que também faz uma breve aparição) ter concluído seu segmento, o filme em sua totalidade permanece incompleto. "Achei que seria divertido tentar juntar dinheiro suficiente para realizar um filme em 16 mm", explica Frumkes. "E começou a dar certo. Foi simplesmente inacreditável. E dá muita pena que não tenha sido concluído."

roteirista, com um filme que, na época, deixou o produtor Cunningham se perguntando: "É possível filmar e montar isso de maneira que pareça um filme?"

De fato, era possível, e o poder de *Aniversário Macabro* é algo que parece inegável. É um filme ao mesmo tempo admirado e abominado, respeitado e vilipendiado. Compreendendo os muitos pontos de vista, Craven olhou para trás e afirmou: "Ainda é um filme agressivo, ainda é um filme completamente intransigente e que não permite que você se sinta confortável". Ele prosseguiu, acrescentando: "Nesse sentido, ele tinha um propósito verdadeiro, e acredito que carregava uma força artística autêntica".

SEGUINDO EM FRENTE

Tendo deixado o que muitos consideraram uma primeira impressão indelével no mundo do cinema, Craven tentou investir esse poder artístico em vários novos projetos, abordando a questão das atrocidades norte-americanas no Vietnã em uma releitura do aterrorizante conto de fadas *João e Maria*. Embora contasse com o sucesso financeiro de *Aniversário Macabro*, os projetos não obtiveram financiamento. "O filme seria feito com Sean Cunningham, e o conceito era criar uma espécie de versão adulta de *João e Maria* que fosse realmente assustadora", disse Craven. "Foi um dos muitos roteiros em que trabalhamos juntos e para o qual não conseguimos encontrar financiamento."

Havia outros projetos que Craven escreveu na época, esperando que ele e Cunningham pudessem levá-los para as telas, incluindo *American Beauty*, uma comédia sobre concursos de beleza. "Também não conseguimos dinheiro para isso", relatou Craven. Outro roteiro que não chegou a ser filmado foi *Mustang*, que contava a história do coronel Anthony Herbert, mais conhecido pelas afirmações de que testemunhou crimes de guerra no Vietnã, embora seu comandante tenha se recusado a investigá-los. "Ninguém teve o menor interesse nisso também, então foram pelo menos esses três que eu me lembro de ter feito todo o processo do roteiro com Sean, mas sem render nada", afirmou Craven. "Trabalhei em muitos roteiros ao longo dos anos; isso tudo deve estar engavetado em algum lugar."

> "WES FICOU ENCANTADO POR ENTRAR NESSA,
> PENSAR NO ROTEIRO E DIRIGIR ESSE NEGÓCIO."
> **— Roy Frumkes, sobre *Tales That Will Tear Your Heart Out***

Com o trabalho parado, Craven encontrou serviço novamente nas trincheiras que lhe foram apresentadas em *Together*, ou seja, em um setor do cinema mais direcionado ao público adulto. Dessa vez ele estaria sob a tutela do diretor e produtor Peter Locke. "Eu conheci Wes no número 56 da West 45th Street, onde ambos estávamos trabalhando em filmes", recorda-se Locke. "Eu estava fazendo um negócio chamado *You Gotta Walk It Like You Talk It or You'll Lose That Beat*, que foi o meu primeiro filme. Não tenho muita certeza do que ele estava fazendo, mas depois daquilo ele fez *Aniversário Macabro* e foi tudo feito no mesmo lugar. Nós nos conhecíamos daquela região."

Quando estava cuidando de seu segundo filme, *It Happened in Hollywood* (1973), Locke decidiu recrutar Craven (que tinha viajado para a Califórnia quando seu *Aniversário Macabro* estava estreando nos cinemas) para ajudá-lo a contar a história de uma mulher, Felicity Split, que deseja conquistar o estrelato na Cidade dos Sonhos — o diferencial no conto é que ela faz isso no mundo do cinema adulto. O projeto, que fazia uma caricatura subversiva do clichê de perseguir a fama e a fortuna em Hollywood, era indicado "somente para o público adulto", com humor grosseiro e alguns encontros sexuais. Craven aparece creditado três vezes: como montador, assistente de direção e ator (é quase impossível identificá-lo; ele surge em cena mascarado, como um dos carregadores da cadeira do rei, e não estava sozinho — o próprio Locke também fez uma aparição, justamente no papel do rei).

A parceria foi uma experiência suficientemente boa para que Craven montasse o próximo longa-metragem de Locke, a comédia erótica *Kitty Can't Help It*, de 1975, também conhecida como *The Carhops*. O filme retrata as inclinações sexuais de garçonetes patinadoras, particularmente de uma moça chamada Kitty, que está enfrentando dificuldades para perder a virgindade. "Era uma comédia proibida para menores de idade que filmamos na Califórnia e nos arredores de Hollywood", lembra Locke.

"Foi uma fase muito curta em que havia trabalho, o que era interessante, mas certamente não o que eu pretendia fazer", disse Craven com entusiasmo sobre seu período nos filmes mencionados. "Fiz a minha passagem por isso e caí fora rapidinho."

Ao sair de sua breve incursão pelas comédias eróticas dos anos 1970, Craven em seguida ocupou a cadeira de diretor para fazer um segmento de uma antologia de horror. O projeto foi criado pelo cineasta independente Roy Frumkes, diretor do cultuado *Document of the Dead* (1985) e roteirista de *Street Trash* (1987), que iniciou uma amizade com Craven depois de ter visto seu filme inaugural.

"Fui até Manhattan para ver *Aniversário Macabro*, sem saber nada a respeito. Mas, na época, quem sabia? E fui com dois bons amigos, um colega chamado Bob Winston, com quem eu escrevi alguns roteiros, e também Robert A. Harris, o principal responsável pela restauração de *Um Corpo que Cai* (1958), *Spartacus* (1960) e *Lawrence da Arábia* (1962)", conta Frumkes. "Harris saiu da sala; ele não conseguiu suportar. Bob permaneceu durante toda a exibição, mas considerou aquele o único filme que já vira que deveria ser censurado."

E quanto a Frumkes? "Eu adorei", admite ele. "Eu era o esquisito lá e percebi, enquanto estava assistindo, que foi filmado em 16 mm, e também deu para sentir que era o primeiro filme do diretor. Fiquei realmente impressionado com o excelente trabalho que ele fez."

Frumkes anotou o nome da companhia produtora responsável pelo filme e mandou uma carta para Craven. "Eu escrevi 'Se este foi o seu primeiro filme, eu diria que você realizou um excelente trabalho e lhe desejaria muita sorte no futuro'. E, duas semanas depois, chegou uma enorme caixa com todas as cenas excluídas, com várias versões do roteiro com diferentes títulos e um bilhete onde se lia: 'Se gostou tanto dele, pode ficar com isso'", relembra Frumkes. "O bilhete também dizia: 'A minha equipe, durante a exibição do filme, cuspiu em mim e saiu da sala'. E daí nasceu um bom relacionamento."

Essa conexão levou Frumkes, que lecionava cursos de cinema na SUNY (Universidade Estadual de Nova York), em Purchase, a convidar Craven para participar de seu projeto, intitulado *Tales That Will Tear Your Heart Out* (1976). "Eu acho que eram sete histórias. Tudo o que fiz foi dar para cada diretor ou roteirista uma pequena orientação: tudo deveria se passar em apenas uma noite, com cadáveres surgindo e a missão de descobrir o que estavam fazendo quando morreram", explica Frumkes. "Mas o que eles estavam *tentando* fazer quando morreram foi deixado para os cineastas desenvolverem."

Abordando escritores e diretores que não estavam muito ocupados naquele momento, Frumkes conseguiu obter nomes interessantes para participar do projeto, como Ernest Tidyman, roteirista de *Operação França* (1971), Al Kilgore, criador das histórias em quadrinhos de *Alceu e Dentinho* (1962-1965), e DeWitt Bodeen, roteirista de *Sangue de Pantera* (1942). E, é claro, Wes Craven.

"Àquela altura, Wes e eu já éramos amigos e perguntei a ele se gostaria de dirigir um episódio do filme. Ele não queria escrever, mas queria dirigir", lembra Frumkes. "Um amigo meu chamado Allen Pasternak escreveu um faroeste ambientado cerca de cem anos atrás. Wes ficou encantado simplesmente por fazer parte daquilo, pensar no roteiro e dirigir esse negócio."

Infelizmente, a falta de recursos financeiros fez o projeto desmoronar. "Esse foi o meu erro", confessa Frumkes. "Eu estava produzindo e todos queriam começar simultaneamente, e eu não conseguia negar. Então eles pegaram todo o equipamento disponível na escola, se mandaram e todo o dinheiro se esgotou completamente nas primeiras semanas. E, para falar a verdade, as sequências mais sangrentas, as que de fato venderiam o filme, não chegaram a ser concluídas. Então fiquei com quarenta ou quarenta e cinco minutos de filmagens inutilizáveis."

Craven, no entanto, conseguiu concluir seu segmento, utilizando tudo o que havia sobrado com o melhor que suas habilidades permitiam, algo pelo qual o diretor recebeu muitos elogios de Frumkes. "Quando os outros foram buscar o equipamento, eles simplesmente se mandaram e Wes ficou lá, coçando a cabeça", diz ele. "Havia restado apenas três luzes e ele deveria filmar um faroeste. Nós havíamos providenciado celeiros e uns cenários enormes. Wes pegou todas as coisas e projetou luzes cruzadas como as de uma catedral; luzes subindo na diagonal para projetar na escuridão. Ele fez com que funcionasse, e acho que se divertiu um bocado fazendo isso."

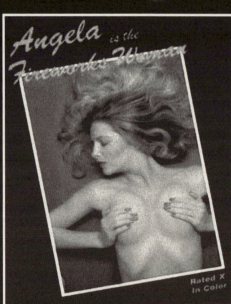

CURIOSIDADE DARK
OS FILMES ADULTOS DE WES CRAVEN

O envolvimento de Wes Craven com o mercado de filmes adultos não se limitou às funções técnicas que desempenhou no filme *It Happened in Hollywood* e na montagem de *Kitty Can't Help It*, ao contrário do que ele deu a entender com seu depoimento. Enfrentando percalços em sua carreira ainda incipiente e com dificuldade para emplacar novos projetos que dessem prosseguimento à sua estreia no gênero horror com *Aniversário Macabro*, em 1972, Craven realizou — como diretor — um filme pornográfico, em 1975, chamado *Fireworks Woman* (posteriormente relançado em vídeo como *w*).

Seguindo uma prática que era comum na época entre os profissionais do cinema que aderiam a filmes baratos de sexo explícito para ganhar dinheiro fácil e rápido, Wes Craven assinou o filme sob pseudônimo: ele é creditado como "Abe Snake" nas funções de diretor e montador, e também como roteirista — em parceria de um tal de Hørst Badörties (certamente algum colega de Craven usando um nome de guerra); além disso, ele aparece como ator, no papel de um homem misterioso, sempre fumando um charuto, que surge em cena às vezes para aconselhar a protagonista. A produção é de Peter Locke (diretor de *It Happened in Hollywood* e *Kitty Can't Help It*, aqui creditado como "Carmen Rodriguez"), o mesmo que nos anos seguintes produziria as duas partes de *Quadrilha de Sádicos*, consolidando Craven como um nome referencial no cinema de horror.

Fireworks Woman (que poderia ser traduzido como "Mulher-foguetório") conta a história de Angela (interpretada por Sarah Nicholson, mais conhecida como Jennifer Jordan, uma bonita e talentosa atriz pornô que fez cerca de trinta filmes em sua curta carreira, entre 1974 e 1981), uma moça desinibida que é apaixonada pelo próprio irmão, Peter (Eric Edwards), que se tornou padre e faz o possível para resistir às tentações carnais (nem sempre conseguindo). Rodado no litoral de Connecticut, na Costa Leste, o filme investe em tópicos polêmicos, como incesto e religião, e todo tipo de prática sexual, como sadomasoquismo, lesbianismo, sodomia, orgias e uma impressionante cena de estupro que evoca um clima de violência e angústia comparável com a de *Aniversário Macabro*, demonstrando que, mesmo quando filmava sexo, Craven mantinha seu interesse por situações densas, agressivas e chocantes.

O tradutor

SC 1   EXT.   DESERT.   LATE MORNING.

     CLOSE ON A HAND-PAINTED SIGN ATOP A RUSTED
PILLAR:

                    LAST CHANCE GAS
                 (No-Mo for 200 miles)

     WIND RUNS THROUGH THE RUSTED BULLET HOLES
RIDDLING THE 'O'S.

     CRANE DOWN AND OVER AN ENDLESS SWEEP OF DESERT
BISECTED BY TWO-LANE BLACKTOP TO AN ANCIENT STATION,
DUST-WHITE, ITS WOOD FRAME DRIED AND BOWED BY THE
FURNACE SUN. A SCREEN SLAPS OUT BACK AND FRED, AN
OLD DESERT RAT, LUGS A HEAVY CARTON INTO THE SUN.
HE SLIDES IT INTO THE BACK OF HIS PICKUP AGAINST
OTHERS ALREADY THERE. ALL ARE SEALED.

     THERE'S A SMALL PIG ALREADY LOADED ABOARD
AS WELL, LOCKED IN A WIRE CAGE.

                    Fred
                 (to the pig)

          Get out while th gettins good --
          no tellin what happens next --
          Aww!

     THE WHISKEY HE'S PULLED FROM HIS BACK POCKET
IS DISAPPOINTINGLY LOW. HE SWALLOWS WHAT'S LEFT AND
HANGS THE BOTTLE ON A NEARBY BRANCH. THE LOW TREE
ALREADY HAS A DOZEN OR SO OTHERS ON IT, BLEACHING
IN THE SUN. ALL AROUND THE OLD MAN IS AN INCREDIBLE
COLLECTION OF BONES, JUNK, RUSTED TREASURES AND
BROKEN FURNITURE, ARRANGED IN GARDENS, ON FENCE
POSTS, IN HEAPS AND ROWS. HE SCANS IT ALL LIKE A
DEPOSED KING REVIEWING HIS DOMAIN FOR THE LAST TIME.

     THEN HE LOOKS BEYOND, TO THE DESERT ITSELF,
AND HIS FACE ALTERS.

Uma página do roteiro de *Quadrilha de Sádicos*. Sobre a filmagem, Craven
relembrou: "Não podíamos pagar uma equipe sindicalizada e estávamos pagando
o mínimo aos atores. Nós filmamos em Victorville, nos arredores de Los Angeles,
onde o clima alternava entre calor excessivo e frio de doer os ossos."

RELAÇÕES SANGUÍNEAS

Com o tempo passando e nenhuma escrita nova ou tarefas para o mercado tradicional, Craven voltou a unir forças com Locke. Bastante familiarizado com o trabalho que o diretor realizou, Locke repetidamente pediu que ele criasse algo parecido com *Aniversário Macabro*. "O filme dele era muito assustador, e consegui um relativo sucesso com o meu primeiro filme, portanto tinha algum dinheiro guardado, então falei 'Vamos fazer outro filme de terror'", conta ele. "Eu não sabia nada sobre filmes de terror, eu sabia apenas o quanto Wes era bom."

Mesmo assim, como diretor e roteirista novato que claramente tinha talento para criar cenas chocantes, Craven queria se aventurar em um território que não fosse o horror, na esperança de escapar do que ele via como um gênero limitador. Foi então que ele se deparou com a dura realidade da realização cinematográfica: quando não surgiram outros bons projetos, e os problemas financeiros retornaram, ele acabou cedendo, mas com um pensamento em mente. "Desejava fazer algo mais sofisticado do que *Aniversário Macabro*. Não queria me sentir desconfortável de novo fazendo uma declaração sobre a depravação humana", disse ele.

Ao elaborar o que ele esperava que fosse uma versão refinada de um tema muito explorado anteriormente, Craven foi parar na Biblioteca Pública de Nova York. "Ele encontrou algumas coisas terríveis, e tivemos de fazer uma escolha entre duas coisas terríveis", lembra Locke. "Escolhemos algo da antiga história escocesa."

Craven foi rapidamente absorvido por um livro que contava uma história grotesca. "Havia um capítulo situado no século XVI sobre uma tribo selvagem conhecida como a Família Sawney Bean", lembrou ele. "Eles se tornaram selvagens havia diversas gerações, moravam em uma caverna marinha e atacavam e devoravam viajantes entre Londres e Edimburgo. Não foram descobertos por muitos anos, e a região onde eles caçavam era considerada assombrada, porque os viajantes entravam e nunca mais eram vistos novamente." A lendária família eventualmente foi capturada, julgada e condenada, com castigos mortais envolvendo enforcamento e desmembramento.

Embora a veracidade da existência do clã Bean e de sua consequente punição tenha sido questionada, aquilo foi suficiente para Craven conceber uma nova abordagem de violência e terror absolutos. Ele explicou: "Fiquei impressionado com o fato de, por um lado, ter essa família selvagem que está matando pessoas para devorá-las, mas, se você parar para pensar, o que eles fizeram não é muito diferente daquilo que a civilização fez quando os pegou."

Foi essa violenta ironia, ainda presente em Craven, que o levou a explorar, junto com Locke, de forma cinematográfica, como os mais civilizados podem se tornar os mais selvagens e os mais selvagens podem se tornar os mais civilizados. "Isso foi a base para *Quadrilha de Sádicos* (1977)", recorda-se Locke.

Com um orçamento de trezentos e vinte e cinco mil dólares e filmando com negativos de 16 mm, Craven e sua equipe viajaram para o deserto, onde seu mais recente roteiro seria encenado. Ele conta a história da família Carter, prototípica e feliz, que sai de férias a bordo de uma confortável *motor-home*. O veículo enguiça no meio do caminho e os membros da família passam por atrocidades nas mãos de uma gangue de canibais congênitos que vivem no deserto.

"Wes pegou uma típica família norte-americana que tomou o caminho errado através de um atalho no deserto, onde o pai cabeça-dura diz 'Eu sei o que estou fazendo', e eles acabam encrencados", explica Locke. "Ele criou uma história ótima, com excelentes personagens extremamente interessantes, e fez com que os momentos aterrorizantes acontecessem ao longo de todo o filme."

Originalmente intitulado *Blood Relations*, à verdadeira moda de Craven, quando as coisas ficam complicadas, começam a surgir as vítimas. Sobre a presa virando o jogo para cima de seus agressores, cometendo o que muitos viram como atos tão horríveis (ou até mais) do que os de seus antagonistas, o diretor e roteirista afirmou: "A minha proposta era que as duas famílias em *Quadrilha de Sádicos* fossem imagens espelhadas uma da outra, para que eu pudesse explorar os diferentes lados da personalidade humana". Dessa vez, no entanto, Craven tomou decisões conscientes sobre o que filmaria e o que não filmaria. Ele brincou: "Havia uma frase que rolava entre o elenco e a equipe: 'Se você matar o bebê, nós vamos embora!'". Olhando em retrospecto, pode parecer divertido, mas certamente foi um sentimento que teve validade. Michael Berryman, que interpretou Pluto, um membro da família de mutantes, lembra: "Não poderíamos matar o bebê. Não seria uma decisão inteligente, de modo algum". Dee Wallace, intérprete de um dos membros da família Carter que não teve sorte suficiente para sobreviver, concorda: "Bem, especialmente naquela época, havia uma linha que não deveria ser ultrapassada. Não deveríamos machucar crianças nem animais. Era uma regra tácita", afirma. "Então eu disse: 'Pessoal, vocês não podem pedir às pessoas que vejam o que estão mostrando sem uma vitória no final. Eles vão odiá-los'".

A atriz, que defendeu que o bebê sobrevivesse (e, sim, ele sobrevive), admite que às vezes é difícil se preparar para dar vida ao filme como está descrito no papel. "Uma coisa é ler o que está no roteiro, mas outra coisa totalmente diferente é quando você está lá, no meio da poeira e da fuligem, sujo de suor e sangue", diz Wallace. "Nós realmente não sabíamos em que estávamos nos envolvendo em termos de energia ou criatividade, não até chegarmos lá."

> "DESEJAVA FAZER ALGO MAIS SOFISTICADO DO QUE ANIVERSÁRIO MACABRO. NÃO QUERIA ME SENTIR DESCONFORTÁVEL NOVAMENTE AO FAZER UM COMENTÁRIO SOBRE A DEPRAVAÇÃO HUMANA."
> — **Wes Craven, sobre** *Quadrilha de Sádicos*

"Não podíamos pagar uma equipe sindicalizada e pagamos o mínimo aos atores", revelou Craven. "Nós filmamos em Victorville, nos arredores de Los Angeles, onde o clima alternava entre calor excessivo e frio de doer os ossos." No entanto, com tudo o que foi dito e feito, Wallace ficou satisfeita com o resultado dos esforços do elenco e da equipe técnica: "Eu fiquei horrorizada!", ela ri. "De uma maneira boa. Foi mais do que assustador para mim. Eu pensei 'Ah, meu Deus! Não posso deixar a minha mãe ver isso!'. Mas é claro que acabei deixando."

Até mesmo Janus Blythe, que fez o papel de Ruby, a selvagem que se transforma em salvadora, precisou perguntar-se sobre seu diretor com formação acadêmica e sua habilidade aparentemente estranha de criar um filme com tamanho impacto imagético. "Eu adorei, mas falei para Wes 'Você é tão quieto e reservado, como é capaz de fazer esses filmes violentos?'", ela lembra. "E ele respondeu: 'Eu preciso me sustentar'."

Como o público reagiria ao sustento de Craven vir de um filme desse tipo, no entanto, era a questão mais importante. E, quando chegou a hora de lançar o projeto, o filme dos mutantes no deserto parece ter encontrado seu caminho. "Fizemos registros em muitos dos lugares em que exibimos o filme", lembrou Craven. "Ele se saiu extraordinariamente bem."

Em seu segundo aceno positivo, a crítica da *Variety* — uma tradicional revista que cobre o mercado de Hollywood — escreveu favoravelmente sobre o filme e Craven: "Os aspectos gratificantes são o planejamento comercial de Craven e o corte compassado, somado a um roteiro que se preocupa mais do que o necessário com os personagens de ação". Essas notícias foram muito bem recebidas, mas ainda assim — no que poderia ser visto como um aval para os negócios cinematográficos dos dias de hoje — os números de estreia precisavam ser fortes, pois o pequeno filme de Craven e Locke estava prestes a enfrentar uma grande estrela. Na semana seguinte, *Quadrilha de Sádicos* teve sua bilheteria superada pela de *Agarra-me se Puderes* (1977), uma comédia estrelada por Burt Reynolds com Sally Field.

O filme eventualmente teve um bom desempenho como a segunda empreitada de Craven como diretor e roteirista, para a felicidade do produtor Locke. "Não foi um tremendo sucesso, mas não foi um fracasso. Ele se saiu bem", diz ele. "É um clássico cult", afirma Wallace. "Quantos filmes como esse duraram tanto como *Quadrilha de Sádicos*? Eu certamente acredito que Wes fez bem o seu trabalho."

Satisfeito com o filme, Locke concorda. "Nós tínhamos um ótimo elenco, Wes era um excelente diretor, e as coisas se juntaram", diz ele, derramando elogios a Craven: "Ele tinha uma enorme capacidade para assustar as pessoas e entendia exatamente como fazê-lo. Era realmente brilhante em relação a isso, e entendia onde as peças estavam e o que ia precisar para fazer algo se tornar terrivelmente assustador". Craven também via sua experiência no deserto como algo positivo. "Aquilo chamou para mim muita atenção", disse ele. "Creio que depois daquilo as pessoas viram que havia um cineasta em ação, de alguma maneira. Não era apenas 'Ah, vamos cortar um monte de gargantas e assim teremos um filme de terror muito bom'. Estávamos falando sobre algo."

Arte da capa do lançamento em vídeo do filme que Craven fez para a televisão, *Verão do Medo*, baseado no livro de mesmo nome escrito por Lois Duncan.

TERROR TELEVISIVO

Chamar atenção como cineasta e falar sobre questões relevantes foram duas coisas que Craven demonstrou ser capaz de fazer. Felizmente, o período de seca de trabalhos que enfrentou entre *Aniversário Macabro* e *Quadrilha de Sádicos* não durou tanto tempo dessa vez. Em seguida, ele fez um serviço muito breve no sexto filme de Cunningham, *Here Come the Tigers* (1978), uma comédia sobre jovens esportistas. A experiência de fazer esse filme foi, segundo Cunningham, "boa e ruim, frustrante e empolgante. Eu adorei".

A participação de Craven foi pequena, mas decididamente mais orientada para a ação do que suas colaborações anteriores com o produtor de seu *Aniversário Macabro*. "Cheguei ao local de filmagem um dia e acho que fiz algo como cair de um carro ou algo bobo assim, porque não acho que Sean tivesse um coordenador de dublês", disse ele. "Então foi só isso."

Mesmo com esse pequeno desvio do caminho, Craven ainda parecia estar permanentemente ligado ao gênero horror desde o início de sua carreira. Talvez não fosse algo que o deixasse particularmente empolgado, mas certamente não era um empecilho: pelo menos ele estava sendo visto como um diretor habilidoso. Foi esse reconhecimento que o ajudou a conseguir a tarefa seguinte, agora experimentando a televisão e levando suas rédeas de diretor para um projeto do canal NBC chamado *Verão do Medo* (1978).

Tendo como base o romance *Summer of Fear*, de Lois Duncan (que veria outro de seus livros de suspense com adolescentes em perigo, *Eu Sei o Que Vocês Fizeram no Verão Passado*, publicado em 1973, transformar-se em filme quase vinte anos depois, em 1997, nas mãos do roteirista de *Pânico*, de 1996, Kevin Williamson), Craven estava em território familiar com o tema de uma família ameaçada. O filme trazia Linda Blair — escalada contra seu estereótipo — tendo sua vida virada de cabeça para baixo quando sua personagem suspeita que a prima enviada para morar com sua família talvez seja uma bruxa. Foi a terceira investida de Linda Blair no terror, depois de seu papel — que lhe valeu uma indicação ao Oscar — como Regan em *O Exorcista* (1973) e sua volta na continuação *O Exorcista II: O Herege* (*The Heretic*, 1977). O papel da mãe de Blair coube a uma atriz muito conhecida no teatro e na televisão, Carol Lawrence, e trabalhar com talentos de alto calibre era apenas uma das razões pelas quais Craven estava interessado na proposta.

> "AS LENTES DE CONTATO VERMELHAS QUE EU USAVA PARECIAM CONCHAS NOS MEUS OLHOS. ELAS ERAM HORRÍVEIS!"
> — **Lee Purcell, sobre *Verão do Medo***

"Foi o meu primeiro telefilme. Eu tinha ido para a Califórnia a fim de trabalhar em algumas coisas pequenas e fui convidado para fazer *Verão do Medo*", disse Craven. "Acho que foi a primeira vez que trabalhei com uma estrela de Hollywood de algum nível, Linda Blair. Foi a primeira vez filmando em 35 mm também, e a primeira vez usando uma grua e uma plataforma móvel para a câmera — então foi um ótimo aprendizado. E fizemos uma boa filmagem."

Carol Lawrence, famosa por interpretar Maria na produção original da Broadway de *Amor, Sublime Amor* (*West Side Story*), é Leslie, a mãe preocupada de Rachel, interpretada por Linda Blair (conhecida por seu papel em *O Exorcista*) em *Verão do Medo*; Lee Purcell (à direita) aproveitou a oportunidade de interpretar a prima perversa Julia, que pretende destruir a família de Rachel. "Fazer papel da vilã é o mais divertido que existe em qualquer coisa. Usar camisola preta e tentar arrancar a cabeça de Linda com o cortador de papel foi muito divertido. Como eu poderia não gostar?", ri Purcell.

No papel da rival de Blair, a prima Julia, estava a atriz Lee Purcell, uma jovem que já havia acumulado dezenas de créditos na televisão e no cinema. Durante o que poderia ser chamado de período dourado de sua carreira em Hollywood, quando ela recebia inúmeras ofertas para o cinema, a atriz decidiu aceitar seu primeiro papel em um filme para a televisão. "Eu queria fazer um filme de suspense havia algum tempo, porque me parecia ser um gênero realmente divertido, que eu não havia explorado ou experimentado plenamente", diz ela. "E era como se houvesse três papéis diferentes no roteiro."

Essas personificações consistiam na adolescente vinda dos montes Ozark, após a morte de seus pais, uma bruxa sedutora vestindo uma camisola preta e, finalmente, uma babá para um novo lar. "Supostamente teria uma continuação. Todo mundo pensa que ela está morta, mas, é claro, ela é uma bruxa e vive para sempre", sugere. "Fazer o papel da vilã é o mais divertido que existe em qualquer coisa. Usar camisola preta e tentar arrancar a cabeça de Linda com o cortador de papel foi muito divertido. Como não gostar?", ri Purcell.

Além de desfrutar das diferentes caracterizações, Purcell lembra as alegrias de trabalhar sob a direção de Craven. "Ele se destacava por vários motivos: era muito espirituoso, modesto, falava muito calmamente e era humilde", enumera a atriz. "Era muito específico no que precisava para o filme, o que era ótimo. E, como estava trabalhando principalmente com atores muito experientes, não ficou no nosso caminho, como alguns diretores fazem. Mas se nos desviávamos do que ele queria, ele nos colocava de volta nos trilhos. E isso, para mim, é um diretor perfeito."

A atriz também se lembra de Craven por um acontecimento muito específico, que a impactaria pessoalmente e que pode ser considerado pertinente em um filme envolvendo o sobrenatural. "Era sexta-feira à tarde, e deveríamos começar a filmar na manhã de segunda-feira. Eu estava na primeira tomada no primeiro dia, e tive uma estranha experiência psíquica", lembra Purcell. "Era sobre um membro da minha família e então, quando terminei de me vestir para a cena, recebi a notícia de que aquela mesma pessoa havia morrido. Foi algo devastador."

Pegar um voo para fora do estado imediatamente, arranjar tudo, e ir ao funeral em um fim de semana e estar de volta na segunda-feira seguinte para começar a filmar definitivamente exigiu um esforço tremendo. "Foi muito difícil. Lembro que a primeira cena que filmamos era uma na qual eu ficava soluçando. E sempre vou me lembrar que Wes — acho que ele sabia o que havia acontecido — foi muito gentil e compassivo", revela Purcell. "Ele me deu um abraço e quis saber como ela era, e foi simplesmente maravilhoso. E ele não precisava ter feito aquilo. Ele poderia apenas dizer: 'Poxa, sinto muito por sua perda. Próxima tomada'. Mas não fez isso, e é algo de que sempre vou me lembrar."

A filmagem também continha uma parcela razoável de cenas de perigo, algo que causou um impacto no diretor, sobretudo uma que envolvia uma dublê com mais de setenta anos, um cavalo e um barranco. "Ela era durona feito rocha, e uma senhora muito doce", recordou Craven. "Tratava-se de uma acrobacia em que o cavalo derrubava a personagem de Linda e despencava em um barranco, mas eu ficava dizendo 'O que você vai fazer com o cavalo? Não vejo como vai evitar o cavalo se estiver rolando junto com ele', e ela respondeu 'Ah, não se preocupe com isso'."

Craven e a equipe prosseguiram e "claro que o cavalo rolou diretamente sobre ela enquanto despencava, mas a mulher apenas se levantou, sacudiu a poeira e disse 'Já passei por coisa pior do que isso no meu rancho'", relembrou ele, dando uma risada.

Não foi a única lembrança relacionada a equinos, já que Purcell se recorda do momento em que sua personagem é atacada por um cavalo que consegue sentir o mal dentro dela. "Eles não podiam usar um cavalo de verdade para fazer isso porque o animal teria me machucado, então o contrarregra apareceu com umas patas de cavalo falsas", diz ela. "E ele ficava fingindo que me pisoteava com elas como se estivesse ordenhando uma vaca em cima de mim. Eu tentava não rir — e eu deveria estar morrendo de medo!"

O filme foi transmitido pela NBC como o evento de Halloween do canal, em 31 de outubro de 1978 (ironicamente, essa é a data exata em que os eventos aterrorizantes — embora ficcionais — ocorrem no influente filme de terror de John Carpenter, *Halloween*), e teve um desempenho notavelmente bom com público e crítica. O *TV Guide* atestou que era um "telefilme de ritmo acelerado que mistura horror e angústia juvenil". Purcell comentou: "Pelo que me lembro, conseguiu números muito altos e, para o gênero, achei que era absolutamente ótimo".

Além das novas técnicas, boas cotações e críticas positivas, o telefilme permitiu que Craven adquirisse sua carteirinha de membro do Sindicato de Diretores da América, e mais uma coisa à qual ele possivelmente até então não tivera acesso: milhões de telespectadores que o viram trabalhar fora do âmbito de sangue, tripas e o que muitos consideravam *exploitation*. "Não me era permitido mostrar qualquer violência", afirmou Craven, "mas a história não precisava disso de qualquer maneira." O diretor e roteirista relembrava com um pouco de frieza seu trajeto até a televisão: "Foi uma ótima entrada para poder trabalhar com grandes estrelas. Nós nos divertimos e isso acabou levando a outro filme da semana".

O MATERIAL ESCRITO

Com uma recém-adquirida respeitabilidade na realização cinematográfica, Craven foi abordado por um jovem documentarista italiano chamado Alessandro Fracassi, que havia realizado um filme sobre corridas de automóvel. Ele encomendou dois roteiros de Craven, sendo um deles sobre o tráfico de drogas entre Colômbia e Estados Unidos. Esse projeto se chamava *Marimba*, referindo-se à palavra "maconha" naquela cultura.

"Uma das coisas mais emocionantes disso tudo foi termos ido para a Colômbia três vezes. O filme foi completamente planejado até a fase de pré-produção", revelou Craven. "Estávamos em Roma fazendo nosso acordo final de pré-produção quando o governo

```
Production Office:  Marriott at Market Center
CALL SHEET         2101 Stemmons Freeway
                   Dallas, TX (214) 742-8542
```

14th DAY OF SHOOTING
SHOOTING CALL 6:30 A   NO. 1228   DIR. WES CRAVEN
PICT. DEADLY BLESSING   Date: Tues. 11-25-80
LOC. Pigg Farm - Rt. 5 Waxahachie, TX   PHONE: 937-8708
LOC.   PHONE:

All calls subject to change by Assistant Director

ATMOSPHERE AND STANDINS		LV. HOTEL	ON SET
Standins - As discussed		7A	8:30 A
4th Boy		7A	8:30 A
5th Boy		7A	8:30 A
1 Welfare Worker		7A	8:30 A
1 Photo Dbl. - Faith		1 PM	2 PM

CAST AND DAY PLAYERS	PART OF	LV. HOTEL	MU	Set
1. Maren Jensen	Martha	HOLD		
2. Susan Buckner	Vicky	HOLD		
3. Sharon Stone	Lana	W/N		
2. Lawrence Montaigne	M. Gluntz	HOLD		
6. Ernest Borgnine	Isaiah	HOLD		

ATMOS: 4th + 5th Boys
CAST: 13, 14, 15
DESCRIP SET: Int. Barn | Int. Barn | Int. Barn
SCS: Added Cuts - Sc. #36 | Sc. #8 | Sc. #20A
Pages: 3/8 | 1 5/6 | 2+
Total:

Folha de chamada para um dia de filmagem de *Bênção Mortal*.
Roy Frumkes visita Wes Craven no local de filmagem.
Cartaz norte-americano do filme (**página seguinte**).

italiano mudou inteiramente." Isso alterou tudo, já que metade do financiamento vinha do regime anterior. Craven acrescentou: "O novo governo não queria financiá-lo. Então tínhamos o roteiro e todo o resto, e eu basicamente fui mandado para casa. Steve Miner também fora contratado. Era um bom roteiro".[6]

Outro projeto que lhe foi encomendado para escrever era centrado em um tópico quente da época: o suicídio em massa dos membros do culto do Templo do Povo, comandado pelo reverendo James Warren "Jim" Jones, em 18 de novembro de 1978, em Jonestown, na Guiana.[7] O evento imortalizou a frase agora muito repetida [nos EUA] "beber o Ki-Suco", quando o carismático (alguns diriam mais tarde paranoico e insano) Jones ordenou que seus desesperados seguidores ingerissem uma mistura do refresco em pó Flavor Aid com cianeto. Embora alguns seguidores tenham se recusado a beber e depois escapado, mais de novecentos membros do culto foram encontrados mortos. O resultado foi a maior perda de vidas civis norte-americanas simultaneamente em um ato deliberado até os ataques de 11 de setembro de 2001, quando morreram 2.996 pessoas. Jones também foi encontrado morto, mas vitimado por um ferimento de arma de fogo na cabeça. Até hoje não se sabe se sua morte foi suicídio ou assassinato. Infelizmente, "isso não deu em nada", disse Craven, a respeito do projeto do filme.

Foi uma época que, ao mesmo tempo, aniquilou a confiança de Craven nos produtores, mas também fez com que o diretor e roteirista acreditasse que isso talvez não fosse necessariamente uma coisa ruim. Embora ambos os projetos o tenham mantido ocupado, trabalhando e sendo pago por um curto período de tempo, Craven chegou a uma constatação com as ressalvas arrepiantes que sentia enquanto rascunhava o filme sobre Jones. "Eu o escrevi pensando 'Meu Deus, de diretor de filmes de terror estou passando para diretor de horríveis incidentes verdadeiros'", afirmou.

---

6   *Marimba* originalmente havia sido programado para ser filmado em agosto de 1980, tendo Wes Craven na direção, com produção da Racing Pictures, de Alessandro Fracassi, e seria estrelado por Tim McIntyre, Dirk Benedict e Chris Mitchum. Depois do cancelamento do projeto, o filme foi entregue ao diretor italiano Ruggero Deodato, que encomendou aos escritores Cesare Frugoni e Dardano Sacchetti um roteiro completamente diferente. O filme acabou sendo rodado em locações na Venezuela e no estado da Flórida (EUA), estrelado por Lisa Blount, Leonard Mann, Richard Lynch, Michael Berryman e Karen Black. Foi lançado na Itália em agosto de 1985, como *Inferno in diretta* (nos países de língua inglesa recebeu o título *Cut and Run*, e no Brasil, embora seja inédito em cinema, vídeo e televisão, foi exibido como *Inferno ao Vivo* no festival Fantaspoa, em Porto Alegre, em 2013). [NT]

7   Na época, duas obras de ficção já haviam levado a história de Jim Jones às telas: o filme mexicano *Guyana: Crime of the Century* (também conhecido como *Guyana: Cult of the Damned*, lançado no Brasil como *O Massacre da Guiana*), de 1979, escrito e dirigido por René Cardona Jr., com Stuart Whitman no papel do reverendo (que teve o nome mudado para "James Johnson"), e a minissérie de TV do canal CBS, *Guyana Tragedy: The Story of Jim Jones*, exibida em abril de 1980 (no Brasil, passou na Rede Globo em julho de 1981, como *Jim Jones, o Pastor do Diabo*), com direção de William A. Graham e estrelada por Powers Boothe. [NT]

BÊNÇÃOS MISTURADAS

Deixando para trás esses projetos mais sombrios, o ano agora era 1981 e Craven, que não havia dirigido nenhum longa-metragem desde *Quadrilha de Sádicos*, quatro anos antes, estava ansioso para trabalhar. Foi nesse período que os escritores de *Verão do Medo* o abordaram com uma proposta de reescrever um roteiro que vinham desenvolvendo. Ao aceitar a tarefa, Craven sabia que poderia fazer um trabalho à sua maneira, inclusive iniciando uma tendência que mais tarde seria de grande utilidade para ele: criar cenas baseadas em seus próprios sonhos e pesadelos.

"Para mim, não era uma história muito boa, mas o dinheiro estava lá", disse Craven. "O filme teria um bom distribuidor, e foi uma oportunidade de trabalhar com algumas pessoas interessantes, então eu aceitei." O filme, uma história complexa envolvendo religião, repressão e assassinato, foi intitulado *Bênção Mortal*.

A premissa acompanha a viúva de um ex-membro de uma seita ao estilo Amish que morreu de maneira misteriosa, e explora o temor da mulher de que os membros remanescentes do culto possam ter planos malignos para acabar com ela. O filme deu a Craven sua segunda oportunidade de trabalhar com nomes conhecidos, na frente e atrás das câmeras.

Além do filme ser produzido por Jon Peters e Peter Guber, mais tarde conhecidos por megassucessos como *Flashdance: Em Ritmo de Embalo* (1983) e *Batman* (1989), Craven teria a oportunidade de dirigir a lenda das telas Ernest Borgnine e — em seu primeiro papel com diálogos — a futura estrela Sharon Stone. "Ernest era um profissional consagrado, mas muitos de nós ainda estavam engatinhando. Sharon Stone não era a Sharon Stone de hoje. E eu sou o segundo nome que aparece nos créditos!", brinca Susan Buckner, coestrela do filme cuja personagem encontra um fim prematuro na explosão de um Camaro. "Mas foi um período maravilhoso. Wes estava realmente explorando sua criatividade, e se permitindo qualquer coisa." Relembrando, Craven afirmou: "Eu enfim sentia que tinha absorvido o suficiente para me considerar mais ou menos um profissional". Também foi interessante para Craven abordar assuntos que certamente estavam mais perto de seu cotidiano do que qualquer projeto anterior: fanatismo religioso e opressão. Em relação a esses aspectos, Buckner afirma: "Respeito que isso forneça uma conexão para pessoas que se veem tocadas, algo que possa mantê-las unidas. Não pensava muito no aspecto religioso na época, pois havia pessoas que viviam dessa maneira. Era extremo."

O filme apresentava não apenas um, mas dois assassinos (um deles sendo um hermafrodita), e revela que, embora a religião fosse um traço em comum, não era a causa evidente do assassinato e da loucura. Sobre o assunto, Craven disse: "Era uma noção intrigante, antes de tudo, observar a hipocrisia da religião e depois, bem no finalzinho, dizer que não foram eles". Por fim, é revelado que um íncubo, um demônio em forma masculina, temido pela comunidade religiosa, era o assassino por trás da manipulação. Mostrando-se plenamente em um final chocante, a criatura emerge subitamente do chão, arrebentando as tábuas do assoalho em meio a luz e a névoa, para agarrar a mocinha sobrevivente do filme (interpretada por Maren Jensen), arrastando-a para as profundezas do inferno. Essa cena de encerramento, solicitada pelos produtores que acharam que o final original precisava de algo mais espetacular, não foi aprovada por Craven; na verdade, ele nem sequer dirigiu o material — foi filmado em Hollywood e creditado a Everett Alson e Ira Anderson, que realizaram os efeitos visuais do filme.

O novo desenlace foi, para alguns, uma completa surpresa. "Eu vi isso junto com todos os outros!", diz Buckner. "Quer dizer que o tempo todo tinha algum ser sobrenatural por trás de tudo? Ou seja, o mistério desapareceu completamente. Fiquei decepcionada. Acho que teria sido melhor acabar com todos dizendo adeus e seguindo em frente."

Fundamentado na realidade em termos gerais e lidando com um assunto decididamente mais complexo, e também mostrando maturidade em sua abordagem ao gênero, Craven — embora não muito empolgado com o resultado final — ficou satisfeito com o que havia realizado. "Curiosamente, muita gente de fato gosta desse filme. Tenho que dar um passo atrás e dizer que certamente algumas coisas ficaram muito bem-feitas", disse ele. "Muitas das cenas e imagens, algumas sequências, ficaram bastante poderosas."

Os críticos em geral concordaram, como *Los Angeles Times*: "Wes Craven sabe como manipular e sustentar a tensão. Ele mantém sua energia fluindo". Dando um passo adiante, e talvez expressando algo mais profético, *The Village Voice* escreveu: "Wes Craven talvez seja o homem que pode tirar os filmes de terror da era das trevas".

AMBIÇÃO POR QUADRINHOS

Se ele estava resgatando ou não o filme de terror do obscurantismo, isso só seria visto mais tarde, mas uma coisa era certa: mesmo com suas forças artísticas, uma enorme paixão pelo material, mais tempo e mais dinheiro, o projeto seguinte de Craven seria uma batalha difícil em busca do sucesso. Ele estaria lutando em um terreno encharcado nos pântanos da Louisiana em uma adaptação com atores da popular revista em quadrinhos de Bernie Wrightson e Len Wein, publicada pela DC Comics, *O Monstro do Pântano*.

Isso deu a Craven outra oportunidade para deixar de lado o horror sangrento e explícito, e se concentrar na ciência, na criação e, pela primeira vez, no romance. "Era uma história em quadrinhos muito popular. E era uma com a qual eu não estava particularmente familiarizado, porque isso também era proibido pela igreja", lembrou ele.

Embora ele não tivesse muito conhecimento sobre a HQ, Craven sabia que, tanto como escritor quanto como diretor, tinha a responsabilidade de não apenas criar um filme bom, mas também um filme que os fãs do material original considerassem aceitável. Sobre esse desafio, ele disse: "Sem dúvida senti que, uma vez que assumi a responsabilidade de fazer o melhor possível — pois àquela altura eu havia absorvido tudo e descobri que *O Monstro do Pântano* tinha muitos leitores e o quanto era importante para essas pessoas —, eu queria capturar o espírito dos quadrinhos".

Cena dos bastidores de *O Monstro do Pântano*. Embora tenha sido uma filmagem difícil, Craven afirmava sentir que a adaptação da história em quadrinhos para as telas foi "esteticamente bem-sucedida".

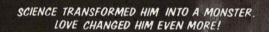

Algo mais fácil de dizer do que de fazer. Depois de ler e analisar as histórias, Craven formulou um argumento que deveria ser uma combinação de todos os personagens e cenários. "Era uma espécie de adaptação, se preferir", disse ele.

A versão para filme que Wes Craven fez de *O Monstro do Pântano* (1982) se concentrava no dr. Alec Holland (Ray Wise), um cientista brilhante que se esconde nas profundezas dos pântanos enquanto desenvolve uma fórmula para estimular o crescimento das plantas e, potencialmente, acabar com a fome no mundo. Mas quando o louco e malvado Arcane (Louis Jourdan) tenta roubar a fórmula para si, um acidente no laboratório transforma Holland no personagem do título (Dick Durock), agora inclinado a levar Arcane à Justiça e proteger a agente do governo Cable (Adrienne Barbeau).

Os fãs do material original perceberam a mudança de gênero do personagem Cable, que era um homem nos quadrinhos e se tornou uma mulher no filme. Craven pensou longamente sobre isso e fez a mudança por uma razão muito pontual: "Transformei o personagem de Cable, um homem obcecado em descobrir quem é o Monstro do Pântano, em uma mulher para que eu pudesse ter um elemento mais romântico", confessou. "Eu estava disposto a fazer da história um conto do tipo *A Bela e a Fera*."

Barbeau ficou entusiasmada com o conceito e o roteiro. "Adorei o roteiro. Absolutamente adorei", diz ela, embora reconheça: "Eu não conhecia as histórias em quadrinhos; na verdade, não tenho certeza de que sabia que era baseado em quadrinhos. Certamente não fui correndo comprar um exemplar. Apenas achei que era uma história maravilhosa de *A Bela e a Fera* e que deveria ser de fato bem recebida." Além disso, ela acreditava que o roteiro era também muito divertido e "realmente delicioso, além de ser do gênero ação e aventura, que eu não tinha feito muito, então havia uma grande expectativa". Infelizmente, muitas das ideias e ambições criativas de Craven para o filme nunca foram plenamente realizadas, devido a uma série de circunstâncias fora de seu controle. Em retrospecto, ele via as falhas: "O orçamento estava abaixo do ideal desde o início", afirmou. "Muito do que estava no roteiro foi derrubado, e foi feito com restrições inacreditáveis."

"O maior problema era ter o fiador no local de filmagem, cortando o orçamento diariamente. Pelo menos, foi assim que me pareceu", explica Barbeau. "Wes teve de perder cenas inteiras porque o estúdio tirava o dinheiro dele. Senti isso na pele por conta dos trajes baratos e pobres que eu tinha de usar, comprados, se bem me lembro, na loja da Woolworth, no centro da cidade. E então teve o dia em que chegamos e descobrimos que o furgão de maquiagem não estava lá porque o aluguel não havia sido pago."

Apesar disso, a atriz elogia muito seu diretor, e admite que não o conhecia antes de aceitar o papel. "Eu não sabia nada sobre Wes ou sua obra antes de receber o roteiro. Só assistira a um filme de terror na minha vida e não planejava ver outros", confessa Barbeau.

Casada na época com o ícone do horror John Carpenter, que falou muito bem de Craven e de seu trabalho, ela afirma ter sido o suficiente para convencê-la. "Adorei trabalhar com Wes", admite Barbeau, feliz. "Ele começou com um orçamento grandioso, mas o estúdio cortou a verba, e ele conseguiu ainda assim entregar essa proeza, com qualidade artística suficiente para ainda ser admirada tantos anos depois."

O outro astro do filme, Ray Wise, também tem lembranças afetuosas, embora não excessivamente romantizadas. "Nos divertimos muito fazendo isso, mas ficamos filmando nos pântanos por cerca de seis semanas", diz ele. "Estávamos cercados por jacarés, cobras d'água e mosquitos. E tudo picava e ferroava."

"Isso se tornou um desafio e tanto para nós", concorda o artista de efeitos especiais William Munns, encarregado da criação do personagem do título e da criatura de Arcane. "Em termos de efeitos de maquiagem, o maior desafio foi a água do pântano, impregnada de ácido tânico. Isso causou problemas enormes na manutenção tanto dos adesivos, para manter os trajes colados, como do trabalho de pintura. E foi algo que absolutamente ninguém previu. Portanto, tivemos muitos dos desafios habituais, mas esse foi definitivamente o mais incomum."

> "WES COMEÇOU COM UM ORÇAMENTO GRANDIOSO, MAS O ESTÚDIO CORTOU A VERBA, E ELE CONSEGUIU AINDA ASSIM ENTREGAR ESSA PROEZA."
> **— Adrienne Barbeau, sobre a luta com o orçamento de *O Monstro do Pântano***

Relembrando momentos que foram muito difíceis, Craven concordou com todas as impressões descritas aqui e algumas outras. "Foi uma das filmagens mais árduas que já realizei", afirmou. Infelizmente, seu trabalho árduo não foi recompensado nas bilheterias quando o filme foi lançado, embora ele tenha se tornado um cult para muita gente. Roger Ebert, em sua crítica original do filme, enxergou esse potencial quando afirmou que era "um daqueles filmes que ficam entre tesouros enterrados e prazeres culposos". De maneira mais pontual, e se aproximando dos sentimentos que ajudaram o filme a conquistar sua condição de prazer culposo, talvez tenha sido a crítica de Vincent Canby no *New York Times*: "Quando, perto do final, as duas criaturas se atracam no pântano, é como se dois convidados em uma festa à fantasia estivessem lutando por causa do último antepasto, o qual é, obviamente, a senhorita Barbeau". Para um filme baseado em histórias em quadrinhos, pode-se argumentar que simplesmente não dá para ficar melhor do que isso. A menos que, talvez, você seja a senhorita Barbeau, que, em resposta à crítica, gracejou: "Obviamente, não é uma festa à fantasia de alta classe, pela aparência dos figurinos". Mesmo assim, era o sucesso do filme quando fosse lançado que importava para Craven — e a Hollywood de olho nele. Infelizmente, devido ao seu desempenho frustrante, o diretor e roteirista viu novamente sua promissora carreira estagnar. "Depois de *O Monstro do Pântano*, tive dificuldade para encontrar outro trabalho, para ser franco", admitiu ele. "Foi o primeiro dos meus filmes a não recuperar imediatamente o dinheiro investido."

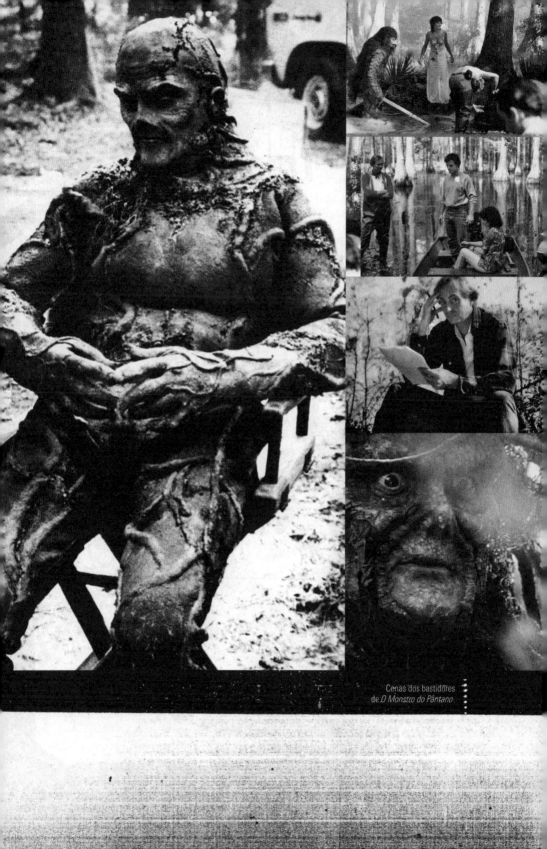

Cenas dos bastidores de *O Monstro do Pântano*.

O cartaz norte-americano do filme *Quadrilha de Sádicos 2*. O que os sortudos membros da equipe técnica do filme receberam como presente de despedida? Uma bandana, para lembrar do tempo que passaram sob o sol do deserto.

Sem perder tempo, Craven se manteve ocupado escrevendo um novo roteiro original. Era para um filme de horror psicológico sombrio e assustador sobre uma figura maligna que mata as pessoas em seus próprios pesadelos. Foi um projeto lembrado por alguém que não apenas interpretou o papel da secretária de Arcane em *O Monstro do Pântano*, mas que estava familiarizada pessoalmente com Craven: Mimi Meyer.

A mulher que um dia se tornaria Mimi Meyer-Craven (ela e Craven se casaram em 1982 e se divorciaram em 1987) conheceu casualmente o cineasta quando era comissária de bordo em um voo no qual viajavam Craven e o produtor de *O Monstro do Pântano*, Michael Uslan. "Eu monitorava o setor B ou C, e Wes e Michael estavam na primeira classe", ela relembra. "Eu ficava correndo de um lado para o outro levando coisas para a primeira classe e, em uma das minhas idas e vindas, Wes me parou e disse exatamente estas palavras, o que foi incrível para mim: 'Você é a mulher mais linda que já vi! Aceita aparecer no meu filme?'"

Com apenas 22 anos de idade e até então não tendo saído muito de seu estado natal, Indiana, no Centro-Oeste do país, Meyer-Craven aceitou o elogio e foi educada, mesmo sem ter certeza de que acreditava nele. "Eu disse apenas: 'Isso é bom. Muito obrigada, mas não'." Depois do voo, ela não pensou muito mais sobre o que tinha acontecido, até receber um telegrama uma semana depois. "Não me lembro quem pediu minhas informações de contato — e aquele foi o único telegrama que recebi na vida. Nem sabia que ainda existiam naquela época", ri Meyer-Craven.

A mensagem era de Uslan. "O telegrama dizia: 'O meu diretor não consegue comer, não consegue dormir; por favor, reconsidere fazer o papel em *O Monstro do Pântano*. Isso mudará a sua vida'. Então eu decidi aceitar", lembra Meyer-Craven. Tendo passado uma semana no local de filmagem, ela declara que o futuro marido era "o homem mais inteligente e engraçado que já conheci — e isso ainda é verdade".

Foi também nessa época que Meyer-Craven leu os rascunhos iniciais do roteiro no qual o cineasta estava trabalhando, mesmo depois que *O Monstro do Pântano* havia sido completado e ambos estavam de volta a Los Angeles. (Curiosamente, outro projeto que ela viu e comentou foi o roteiro abandonado de Craven sobre *João e Maria*.) "Toda noite eu lia e lhe dizia o que achava, e corrigia o que eu considerava necessário", relembra. "Ele basicamente me ensinou como editar textos." O que Meyer-Craven estava lendo tão atentamente era o material que se tornaria o roteiro de *A Hora do Pesadelo*. O projeto não era, no entanto, fácil de ser vendido como Craven imaginava, e ele se viu acumulando inúmeras rejeições por seu filme sobre o assassino dos sonhos. Com o roteiro excessivamente manuseado passando por todos os grandes estúdios, estava na hora de fazer outra coisa.

FLORES MURCHAS

Além de tentar vender seu mais novo roteiro, Craven também aproveitou o tempo para desenvolver mais material, escrevendo tratamentos para roteiros, consertando roteiros problemáticos de outros filmes e até mesmo colocando as mãos na adaptação do arrepiante romance incestuoso de V.C. Andrews, *O Jardim dos Esquecidos*. Este último provou ser um exercício interessante para o escritor e diretor.

"Eu não classificaria minha versão de *O Jardim dos Esquecidos* como um filme de terror", afirmou Craven sobre o roteiro que desenvolveu. Em vez disso, ele o descrevia mais como "uma boa história de fuga à moda antiga" e uma leve homenagem ao clássico conto de fadas *João e Maria* em uma escala maior.

Em sua adaptação, Craven deu um passo adiante ao utilizar elementos do segundo volume da controversa série de livros, *Pétalas ao Vento*. Percebendo que precisava de um castigo grandioso para a mãe e a avó perversas, sua abordagem sem dúvida era mais sombria, não se esquivando do incesto e, diferentemente dos romances, dando ao filme um aspecto mais visual, não tanto cerebral.

Seu empenho, todavia, seria a troco de nada. O roteiro foi rejeitado — não pela autora V.C. Andrews, que tinha o poder de aprovar ou não o roteiro, mas pelos produtores, que o consideraram muito caro para ser filmado, e que inevitavelmente receberia uma classificação somente para público adulto, perdendo o apelo esperado. "Fizeram uma pesquisa de mercado ou algo assim, e então cancelaram. Eles também estavam com muito medo do tema do incesto abordado no livro", afirmou Craven sobre sua versão rejeitada.

Anos mais tarde, em 1987, uma versão cinematográfica foi lançada. Embora Craven com frequência seja mencionado como participante do projeto, nada do seu material foi utilizado. O produto final lançado foi escrito e dirigido por Jeffrey Bloom. Craven não nutria nenhum ressentimento por *O Jardim dos Esquecidos*, acreditando que as pessoas envolvidas nunca tiveram de fato qualquer controle sobre o material. Depois de ver a versão final do filme, ele declarou: "Eu tinha razão. Acabou saindo uma coisa parecida com algum filme para a TV, muito barata e sem graça".

A HISTÓRIA SE REPETE

Com mais um potencial projeto cancelado, e quase dois anos sem trabalhar de maneira constante, Craven respondeu ao chamado de Locke para revisitar um terreno conhecido. O projeto? *Quadrilha de Sádicos 2* (1984).

Levando em conta o sucesso do primeiro filme, o produtor considerou que seria interessante realizar uma sequência. Embora Craven relutasse, sentindo que fizera tudo o que era possível com o filme e seus personagens anteriormente, o fato é que havia o dinheiro e ele estava disponível. Então, por fim, acabou decidindo voltar para o deserto. "Tínhamos um orçamento de um milhão de dólares, bastante apertado, mas isso me permitiu trabalhar de novo", relembrou.

O filme, originalmente intitulado *The Night of Jupiter*, fez com que Craven tivesse de lidar com o fato de seus principais vilões, Pluto e Jupiter, terem sido mortos no primeiro filme, e ao mesmo tempo tentar trazer de volta dois sobreviventes — um membro da família, Bobby, e a irmã do clã canibal, Ruby. Craven encontrou sua resposta para o problema ao casar Bobby com uma reabilitada Ruby e dando-lhes o controle de uma concessionária da Yamaha. Enquanto estão viajando pela estrada para testar um novo e potente combustível de corrida, Ruby e um ônibus lotado de pilotos de motocross acabam se perdendo no deserto que havia sido anteriormente o domínio de Papa Jupe, agora habitado por um novo grupo de mutantes canibais. Além disso, o filme contou com a volta do vilão original Pluto, novamente interpretado por Michael Berryman. Sobre seu improvável retorno, ele afirma: "Eu tive oito anos para me curar e ainda continuo mancando". O ressurgimento de membros do elenco original, uma trama mais orientada para a ação e a tribo de novos canibais não foram suficientes para elevar essa continuação além do que muitos temiam que pudesse ser: uma repetição inferior do original. "Acho que tinha coisas demais acontecendo com todos os outros personagens. A garota cega, as motocicletas, as corridas", diz Blythe. "Para mim, o filme deveria se manter próximo ao formato do original. Deveria ter sido apenas sobre as famílias e não tanto sobre acrescentar todos esses outros personagens. Isso o afastou demais do original."

Craven, no entanto, considerava que fazer o filme significava algo mais do que simplesmente retornar ao terreno que ele já havia trilhado — isso manteria viva a ideia de que ele era um diretor e roteirista em plena atividade. "Foi importante para mim, apenas para me manter trabalhando", afirmou. Mas as falhas não lhe escaparam: "O filme foi inicialmente orçado a partir do primeiro rascunho do roteiro. E os produtores acharam que ele deveria ser expandido, então escrevi um roteiro muito melhor e maior, mas o orçamento permaneceu o mesmo. Foi um verdadeiro pesadelo para filmar". Locke não se esquiva de assumir a sua parcela de responsabilidade. "O filme não teve dinheiro suficiente para ser completado adequadamente, e eu, sendo o produtor, assumo toda a culpa por isso", declara com franqueza. "Foi Wes quem o escreveu; sua ideia para o filme era ótima, mas nós simplesmente não dispúnhamos das finanças necessárias para finalizá-lo de forma adequada, da maneira que precisava ser completado. Tenho certeza de que ele teria feito um filme muito bem-sucedido se tivesse à disposição o dinheiro que precisava."

A recepção ao filme não foi muito melhor, com público e crítica concordando que não era o melhor trabalho de Craven. A *Variety* resumiu bem quando escreveu que o filme era uma sequência inferior, preenchida com "clichês bobos que seguem a fórmula dos filmes de terror, com um adolescente atraente após o outro sendo eliminado pelos canibais sobreviventes". Sempre um profissional consciente e sincero, Craven entendeu a reação. "Lamento muito por *Quadrilha de Sádicos 2*", admitiu. "Eu estava completamente falido e precisava fazer qualquer filme. Eu teria feito *Godzilla Vai para Paris*, se fosse necessário."

No sentido horário, a partir do canto superior esquerdo: John Bloom, como o novo vilão mutante Reaper, conversa com a equipe técnica Kevin Spirtas faz uma pausa entre as tomadas. Os bastidores de uma cena de efeitos especiais na qual um ônibus explode — Blythe tinha receio de que no filme "coisas demais acontecessem", enquanto Craven brincava dizendo que Bloom, com seus dois metros e dezoito de altura, quando montado na motocicleta, "fazia a moto parecer um velocípede". E Blythe, de volta no papel de Ruby, tenta consolar Bobby, mais uma vez interpretado por Robert Houston.

O dublê Anthony Cecere veste um traje espacial para uma cena de efeitos especiais.

Craven prepara Susan Lucci para sua cena ardente.

PARA O DIABO

Felizmente para Craven, ele não precisou chegar a esse ponto. Apesar de seus sentimentos conflitantes em relação ao *Quadrilha de Sádicos 2* e o fato de o filme ficar parado na prateleira por quase dois anos antes de finalmente ser lançado, ele conseguiu outro serviço. E dessa vez ele trabalharia com um personagem tão velho quanto o tempo: o próprio diabo, em forma de homem. Ou melhor, no caso desse telefilme da semana, intitulado *Convite para o Inferno* (1984), em forma de mulher.

Susan Lucci (mais conhecida por suas quatro décadas como Erica Kane na telenovela diária *All My Children*, que foi ao ar entre 1970 e 2011) interpreta o coisa-ruim enquanto atrai executivos de alto escalão para o inferno através de um portal localizado em um clube de acesso exclusivo. A trama rocambolesca fica ainda mais complicada quando o cientista recém-chegado à cidade, Matt Winslow (Robert Urich, que ficou conhecido pela série de televisão *Vega$*, exibida entre 1978 e 1981), vê sua família ser atraída para as maquinações do diabo em forma de mulher, obrigando-o a fazer uso de seu traje espacial experimental para enfrentar os fogos do submundo e resgatar as almas de seus entes queridos.

A premiada atriz de televisão e cinema Joanna Cassidy (famosa, por sua vez, pelo papel da replicante Zhora em *Blade Runner, o Caçador de Androides*, de 1982, dirigido por Ridley Scott) interpreta Patricia, a esposa de Urich, que sucumbe ao poder de Lucci. "Eu pensei 'Meu Deus, o diabo vai viver na forma dessa gracinha de mulher? Isso é realmente interessante. Quero ver o que Susan vai aprontar'", disse a atriz. "E ela deu conta disso. Ela se saiu bem, estava muito boa."

Boa o suficiente para atrair a personagem de Cassidy para a sua rede de maldade. A atriz relembra: "O poder dela me superou e, de repente, deixei de ser a moça doce e comum para me tornar uma espécie de depravada com uma energia sexual inesgotável. Lembro-me de que Wes se empolgou muito com tudo isso". Craven, além de apreciar os desempenhos, também usou o filme para experimentar. "Para fazer esse espetáculo usamos um sistema — que hoje felizmente foi deixado de lado — chamado Introvision", relembra o primeiro assistente de direção, John Poer. "Você podia colocar uma imagem gráfica dentro da câmera e rodar a ação tendo esse cenário ao fundo." Era uma técnica dispendiosa em um orçamento limitado, mas acabou sendo de alguma maneira benéfica para a cena na qual o personagem de Urich olha para Lucci afundando nas entranhas do inferno.

Mas, mesmo assim, teve suas desvantagens: "A gente não podia mover a câmera nem um pouco e demorava muito para fazer cada tomada", revela Poer. "Nós deixamos Susan e Robert irem para casa enquanto a equipe trabalhava para preparar a tomada. E todo mundo ficava dizendo: 'Falta só uma hora para a filmagem'. Mas eles continuavam dizendo isso a cada hora que passava. Foi uma loucura."

Foi um filme grande para Craven tecnicamente, com dublês, efeitos especiais, crianças, filmagens em estúdio, tomadas em locações e animais. No entanto, na opinião de muitos críticos, o filme exibido pelo canal de televisão ABC em 24 de maio de 1984 não era o melhor realizado pelo diretor. A obra, que alguns consideraram uma mistura estranha, em plena era Reagan, de *Esposas em Conflito* (1975) e *Vampiros de Almas* (1956), foi assim descrita pelo *TV Guide*: "Os penteados armados e típicos dos anos 1980 desse telefilme de suspense são muito mais assustadores do que sua história frouxa sobre possessão satânica". As críticas totalmente divididas não surpreenderam Cassidy: "Não era um filme lá muito bom. Era meio bobo em termos de proposta, mas, para todos os efeitos, não tinha como deixar de gostar das pessoas que aparecem na tela. Você com certeza gostaria da família", diz a atriz. "As cenas com o diabo eram um tanto absurdas, porém não acho que havia um orçamento muito grande disponível, e fizemos o melhor possível com o que tínhamos." É um sentimento que Craven não corroborava nem negava, plenamente consciente de onde seus projetos para a TV se encaixavam: "Eram apenas trabalhos. Obviamente pertenciam ao gênero, mas naquela época não havia um espírito verdadeiramente aventureiro nas redes de TV aberta", afirmou.

Acima: Um memorando sobre a complicada tecnologia Introvision. **Ao lado:** Página de rosto do roteiro para o segundo telefilme de Craven. Lançado como *Convite para o Inferno*, o filme inicialmente tinha um título menos espetacular: *The Club*.

Eles também foram vantajosos em outro aspecto: compreender os métodos de se fazer um filme. "Quando comecei a fazer esses telefilmes semanais, eu realmente não sabia nada sobre as técnicas de se fazer um filme", admitiu Craven, propondo que *Aniversário Macabro* e *Quadrilha de Sádicos* foram realizados de uma maneira mais próxima a um documentário. "Eu não sabia o que eram tomadas básicas, ou uma tomada principal. Não conhecia o termo, não sabia qual era o conceito. Eu sabia muito pouco sobre continuidade, direção na tela, todas essas coisas. Aprendi muito com a equipe técnica — cinegrafistas, iluminadores e eletricistas — sobre quais eram exatamente os fundamentos para se fazer um filme com um orçamento adequado, ao contrário de um feito com uma mixaria."

> "EU APRENDI MUITO COM A EQUIPE TÉCNICA — CINEGRAFISTAS, ILUMINADORES E ELETRICISTAS — SOBRE OS FUNDAMENTOS DO QUE É FAZER UM FILME COM UM ORÇAMENTO IDEAL."
> **— Wes Craven, sobre trabalhar na televisão**

Reconhecendo que os telefilmes foram — pelo menos nas questões técnicas — importantes para ele, Craven admitia de maneira resoluta: "Mas não há nada neles que eu diria representar algo que pudesse chamar atenção das pessoas".

O SONHO AINDA ESTÁ VIVO

Apesar do tempo de inatividade entre projetos, das batalhas financeiras e das rejeições criativas, o conjunto da obra acumulado por Craven era bastante respeitável. Talvez pudesse parecer que o escritor e diretor que havia criado assassinos sádicos, mutantes canibais, criaturas dos pântanos e adolescentes angustiados e aterrorizados já havia percorrido toda a gama de horrores aos quais seria capaz de dar à luz em termos fílmicos. Mas Craven tinha mais um monstro das telas que ansiava para ser libertado. Era a sua criação apavorante e original à qual todos continuavam a dizer "não".

Permaneceu sendo um projeto aparentemente relegado aos recessos da mente de Craven, até o dia em que ele recebeu um telefonema de alguém se dizendo interessado no roteiro de seu assassino dos sonhos, conhecido como *A Hora do Pesadelo*. O relato de Craven sobre Freddy Krueger, um vingativo demônio dos sonhos com facas no lugar dos dedos, encontrou um defensor na figura do produtor independente Robert Shaye, e um lar em sua produtora, a companhia New Line Cinema. Com o desenvolvimento desse projeto, Craven se concentraria em reescrever o roteiro e cuidar da pré-produção de um filme que, embora ainda não soubesse na época, mudaria sua vida e sua carreira para sempre.

O meu pai era meio que o sujeito criativo no negócio do mercado atacadista. Costumava me levar para trabalhar com ele aos sábados", diz Shaye.

2

AGRESSÃO PRUDENTE

ROBERT SHAYE E A ORIGEM DA NEW LINE CINEMA

Mercearias. O Museu de Arte Moderna. Tchecoslováquia. Maconha.

Por mais incongruentes que os itens mencionados acima possam parecer, eles, de fato, têm um vínculo em comum. E embora possa ser tentador imaginar seu relacionamento como sendo algo fantasticamente mundano, politicamente provocador ou mesmo epicamente mágico, a ligação é muito mais simples e, paradoxalmente, muito mais interessante.

NEGÓCIOS DE FAMÍLIA

O tecido que os conecta pertence a um único homem: Robert Shaye.

Ele nasceu em 1939, filho de Max Mendel Shaye, que estudou para ser rabino até o dia em que largou seus livros em pleno sabá para ajudar seu pai e seus irmãos a salvar sacos de açúcar durante uma tempestade. Depois de reconsiderar sua busca religiosa, Max decidiu se dedicar aos interesses da família, um mercado atacadista chamado Grosse Pointe Quality Foods, o qual — com seu diploma de Direito — ele ajudou a transformar em um negócio sólido.

"O meu pai era meio que o sujeito criativo no negócio do mercado atacadista. Costumava me levar para trabalhar com ele aos sábados, porque na época os empreendedores trabalhavam meio período no sábado, além da semana de trabalho regular", diz Shaye. "Ele me colocou como aprendiz preenchendo pedidos de cigarros e doces, e coisas desse tipo. Mas era um negócio de distribuição, e, mesmo que aquilo não me interessasse particularmente, eu estava imerso na mecânica do ofício."

Era também um lugar onde a inventividade e a ambição — duas características que Max esbanjava — foram transmitidas para o filho Robert e ficaram firmemente arraigadas. A demonstração dessas qualidades se tornou clara para o jovem Shaye quando Max enfim juntou dinheiro suficiente para comprar o seu primeiro veículo de entrega.

"Eles o pintaram de vermelho brilhante, então parecia novinho e, embora eu não tenha certeza do número exato, eles escreveram algo como 'Caminhão Nº 26' nele, como se fosse uma frota de vinte e seis caminhões", conta rindo a irmã mais nova de Shaye, Linda ("Lin"). "Acho que você pode dizer que isso tem a ver com inventividade e ambição."

E a vontade de fazer sucesso não era algo relegado apenas ao patriarca da família. A mãe de Shaye, Dorothy, pode ter sido uma dona de casa que adorava flores e jardins, mas também provou seu fervor quando chegou aos Estados Unidos, vinda da Rússia, aos 13 anos, sem saber falar uma palavra sequer de inglês. Embora tenha sido colocada na primeira série, ao lado de crianças de seis anos (e onde, sendo adolescente, era alta demais para as carteiras dos alunos menores), ela conseguiu se formar no Ensino Médio a tempo e falar perfeitamente o idioma nativo da sua nova pátria. "Ela era uma grande mulher e se orgulhava de ser uma norte-americana", diz Lin.

A família de classe média alta formada por Max, Dorothy, Robert e Lin morava em uma bela casa em estilo Tudor na Fairfield Avenue, em Detroit, Michigan. A família muito unida jantava à mesa todas as noites, acendia velas todas as sextas-feiras e se mantinha ativa em sua comunidade. Também deve ser dito que os pais apoiavam incrivelmente os esforços dos filhos, assumindo um papel ativo e participativo para ajudá-los a alcançar seus objetivos.

IMAGINANDO O FUTURO

Um desses interesses do jovem Shaye — e um que se tornaria parte importante e inseparável do resto de sua vida — era sua atração pela imagem fotográfica. "O que considero muito profundo", admite ele, "é encontrar algo que você realmente ame." Tendo observado e compreendido essa afinidade, e para alimentar a chama criativa de seu filho, Max e Dorothy chegaram ao ponto de construir um quarto escuro, para revelação fotográfica, no porão da casa.

"Eu comecei a ganhar dinheiro tirando fotos em bailes, casamentos e coisas desse tipo quando estava no colégio", relembra Shaye. "Portanto, eu me tornei o fotógrafo autônomo das pessoas mais aventureiras no lado noroeste de Detroit, onde eu morava." A habilidade de Shaye de produzir imagens em sua própria casa era algo que, em um futuro não muito distante, se transformaria em uma paixão pela imagem em movimento. De fato, sua primeira experiência de estar atrás de uma câmera de filmar aconteceu aos 15 anos, quando ele produziu um filme de treinamento para os empacotadores do supermercado do pai. Mas o interesse de Robert Shaye em fazer filmes não parou por aí.

"Quando era jovem, primeiro eu queria ser ator, depois diretor, e então fotógrafo", admite Shaye. "Eu tentei todas essas coisas, e tentei pra valer. E uma das ideias para filme que tive, um curta-metragem que criei, foi uma ideia meio idiota, um pouco dadaísta, chamada *Will Fondue Do?*, porque eu gostava de fazer fondue."

O projeto narrativo, sobre um mago maquiavélico que tenta seduzir uma garota usando "uma versão particularmente exótica e erótica de fondue", explica Shaye, foi filmado em sua casa, com a namorada e os amigos de colégio. O filme, em preto e branco, sem som, rodado em 16 mm, que ele chamou de "autêntico cinema subterrâneo", permitiu-lhe experimentar o que poderia ser feito quando se investe em algo pelo qual você está entusiasmado.

Percebendo a capacidade do filho para equilibrar sua paixão por empreendimentos criativos com um olho na logística do negócio, Max sugeriu fortemente que o filho frequentasse a faculdade de Direito. O raciocínio não se baseava tanto em suas próprias experiências, mas em uma lógica simples: um diploma em Direito serviria bem a Shaye, não importava o que ele perseguisse. "Eu não queria ir para a faculdade de Direito", afirma Shaye. "Meu pai não era apenas um artista, mas um vendedor extremamente eficaz tanto na maneira como ele conduzia sua vida como na forma que ajudava outras pessoas a fazerem coisas que ele sentia serem certas."

A princípio, Shaye pensou que tinha confiança suficiente em si mesmo para ganhar a vida seguindo sua própria vontade, mas depois caiu na real. "É meio difícil ir contra seus pais quando você respeita os desejos mais fervorosos deles", diz. "E eu não tinha uma ideia clara do que realmente faria, então achei que ter uma pequena base não seria tão ruim assim."

Atendendo ao conselho do pai, Shaye se formou no Ensino Médio e entrou para a Universidade de Michigan, onde obteve seu diploma em Administração em 1961. Em seguida, manteve sua palavra, fazendo estudos de pós-graduação na Sorbonne de Paris e depois indo para a Universidade de Columbia, em Nova York.

Robert Kenneth Shaye, formado na classe de 1956 da Samuel C. Mumford High School, em Detroit, Michigan. Uma das primeiras escolas construídas em Detroit após a Segunda Guerra Mundial, ganhou fama em 1984 com a comédia *Um Tira da Pesada*, quando o personagem de Eddie Murphy, Axel Foley, usava uma camiseta com os dizeres: "Mumford Phys. Ed. Dept.". O prédio foi demolido em 2012 e posteriormente reconstruído.

Shaye nas ruas da cidade de Nova York, onde ele começaria sua jornada na distribuição de filmes e, finalmente, na produção cinematográfica.

Shaye foi o vencedor do Prêmio do Concurso Memorial ASCAP/Nathan Burkan para artigos acadêmicos sobre leis de direitos autorais.

Relembrando seu tempo lá, Shaye admite que, embora existissem assuntos fascinantes e professores incríveis, não era necessariamente um lugar que alguém poderia chamar de estimulante em termos criativos. "Eu ficava sonhando acordado com a vontade de fazer filmes o tempo todo durante as aulas", ele admite. Mesmo assim, reconhece: "De vez em quando, alguma coisa mexia com a minha imaginação. Como o seminário sobre direitos autorais. Quando descobri que estávamos estudando um caso em que o Super-Homem processou o Capitão Marvel, vi que a lei poderia até ser divertida".

Talvez considerando que a diversão estivesse perto o suficiente da criatividade, Shaye especializou-se nas leis de direitos autorais, embora confesse: "Eu não estava empolgado com a decisão familiar de me tornar advogado. Eu realmente queria trabalhar no cinema. Como ator ou diretor, talvez".

PRÊMIOS E BRUXAS

Àquela altura com 24 anos, Shaye estava prestes a receber uma informação que o impulsionaria ainda mais em seu futuro campo de carreira, embora ele ainda não o tivesse escolhido especificamente. Um amigo lhe contou que um sujeito que tinha sido colega deles no Ensino Médio havia acabado de ganhar um prêmio no prestigiado Concurso Rosenthal da Sociedade de Cinematologistas, que por coincidência tinha sua base na Universidade de Columbia, onde Shaye frequentava a faculdade de Direito. "Fui destronado como fotógrafo oficial da comunidade, então tomei isso como um estímulo para me determinar a filmar *Image*, em 1963, e também com o objetivo de ganhar o prêmio", diz ele.

Elaborando o enredo do filme durante as aulas, Shaye admite: "Não fui bem na disciplina Encargos e Espólios, mas fiz um filme do qual gostei muito". O empreendimento de onze minutos de duração ainda o impressiona: "Se você for capaz de desculpar as teorias pomposas por trás disso, é uma parábola epistemológica sobre o que é real e o que não é, e os fenômenos da realização cinematográfica e como os filmes imitam a realidade", explica Shaye.

Logo que completou seu filme, Shaye submeteu o projeto faltando dois dias para terminar o prazo, que era muito próximo de seu aniversário. O tempo estava a seu favor: se fosse um pouco mais tarde, ele teria se tornado inelegível, já que a competição era para cineastas com menos de 25 anos. "Então eu meio que esqueci aquilo", diz ele, "até que, certo dia, recebi um telefonema de um professor da Universidade de Columbia, que eu não conhecia, dizendo 'Parabéns, você ganhou o primeiro prêmio da competição', e isso, claro, me deixou extremamente entusiasmado."

Mas então veio uma ressalva: Shaye teria que dividir o primeiro prêmio com outro jovem cineasta — mas pelo menos ele estava em boa companhia: "Era um dos primeiros curtas que Martin Scorsese fez", revela. "Eu e ele dividimos o prêmio naquele ano, no valor de mil dólares."

Além de elogios e prêmios em dinheiro, Shaye recebeu a honra de ter seu projeto adquirido pelo Museu de Arte Moderna para seus arquivos permanentes (onde se encontra ainda hoje). Alcançar o prestígio de ser um jovem e premiado cineasta que viu um de seus primeiros esforços imortalizado em uma famosa instituição foi apenas o começo. Shaye também se tornou o muito merecido destinatário de dois prêmios não relacionados ao cinema, tendo vencido o Concurso Memorial ASCAP/Nathan Burkan para artigos acadêmicos sobre a lei de direitos autorais, e ainda recebido uma bolsa de estudos Fulbright, um dos programas de premiação mais prestigiados do mundo. Fortuitamente, esse convite chegou no mesmo dia em que Shaye foi recrutado para servir ao Exército dos Estados Unidos no Vietnã. "Enviei para a junta de recrutamento a minha carta oficial de aceitação do programa Fulbright, e dois meses depois eu estava maravilhosamente instalado na Universidade de Estocolmo, em vez de lutando na linha de frente da trilha de Ho Chi Minh." Pode-se dizer que, pelo menos naquele momento, valeu a pena ter seguido os conselhos do pai para uma carreira segura. "Rapaz, como fiquei feliz por ter ido para a faculdade de Direito!", acrescenta Shaye.

Através do programa Fulbright, ele passou dois anos dando prosseguimento aos estudos de leis de direitos autorais. E embora os estudos de casos e exames possam ter ocupado grande parte do tempo, seu interesse por filmes não diminuiu sob o peso de estudar Direito. "No fundo da minha mente, eu era um cineasta, mas no sentido mais amplo da palavra", afirma Shaye.

Esse sentido amplo foi comprovado quando Shaye expandiu seus interesses em termos de projetos cinematográficos, passando de criar filmes narrativos a apontar sua câmera para assuntos que tinham uma história a relatar. O resultado foi *On Fighting Witches* (1965), um curta documental sobre estudantes em Estocolmo que se aventuravam na celebrada Noite de Santa Valburga (Valborgsmässoafton, na Suécia), um tradicional festival de primavera celebrado exatamente seis meses depois da véspera do Dia de Todos os Santos.

"Na verdade, eu estava bastante ansioso para continuar, porque queria muito fazer filmes", diz Shaye. "Quando frequentei a faculdade de Direito, os únicos cursos em que fui bem tinham algo a ver com leis de entretenimento. Eu desejava me juntar a um escritório de advocacia de entretenimento. Eu simplesmente queria entrar para a indústria do cinema."

Um indivíduo motivado, ciente desde muito jovem do que estava procurando, Shaye é inflexível sobre o quanto a paixão é primordial. "Eu soube qual era a minha paixão quando eu tinha 5 anos, o que é uma questão a ser levada em conta, porque assim que sua paixão é descoberta, você está muito à frente no jogo, pois fica motivado por si mesmo e tem sempre a mesma energia", diz ele. "É quase como a energia sexual quando você está apaixonado. E é um motivador extremamente eficaz." Era um ideal importante que um dia compensaria o promissor cineasta.

CINEMA DE NOVA YORK

Com a educação de Shaye completada (e sua experiência no programa Fulbright chegando ao fim), ficou evidente que tanto os estudos como as viagens lhe haviam sido muito úteis, mesmo que de maneiras que ele provavelmente não havia previsto. Com filmes premiados no currículo e um diploma na mão por seu trabalho sobre direitos autorais, Shaye decidiu voltar para solo norte-americano, mas não para o seu estado natal, Michigan. Tendo basicamente se mudado de Detroit depois de concluir o Ensino Médio, em seu retorno aos Estados Unidos ele decidiu começar sua carreira na Big Apple.

Ao fazer a mudança de Estocolmo para a cidade de Nova York, Shaye instalou-se em um pequeno apartamento do quinto andar de um prédio residencial no Greenwich Village. Não era muita coisa, mas a pequena habitação entre a 14th Street e a Second Avenue era tudo o que ele precisava para provar que a necessidade realmente era a mãe da invenção. E Shaye planejava fazer muitas invenções.

Foi durante um de seus primeiros empregos em Nova York, trabalhando nos arquivos de filmes do Museu de Arte Moderna, que Shaye começou a conhecer outros cineastas. Esses encontros, e o seu próprio interesse por cinema, iriam se juntar em um salto que alteraria para sempre o destino de sua carreira e de sua vida.

O ano era 1967 e Shaye, então um brilhante e determinado empreendedor de 28 anos, fundou uma empresa de distribuição chamada New Line Cinema, investindo inicialmente apenas mil dólares. Como muitas pequenas empresas, o começo foi humilde, com o inexperiente executivo de cinema trabalhando em uma escrivaninha em seu próprio apartamento.

> "O MERO PRINCÍPIO DISSO, NA MINHA MENTE, ERA DISTRIBUIR OS DOIS CURTAS QUE EU HAVIA FEITO."
> — **Robert Shaye, sobre o início da New Line Cinema**

Lin se lembra bem desse modesto período inicial, pois por acaso vivia com o irmão na época: "Eu morava no que chamávamos de 'buraco de toupeira', nos fundos", diz ela. "Era um quarto onde os universitários haviam colocado cortiça nas paredes e coisas assim", confirma Shaye, "todo extravagante, bem ao lado da cozinha. Ela teve de dormir no chão por algum tempo. Então Lin começou a chamá-lo de 'buraco de toupeira'." Não era apenas um lugar para os irmãos morarem, mas, como Lin lembra, "foi onde a New Line começou, literalmente, na mesa da sala de estar. Ela se tornou a mesa da New Line Cinema".

Sempre um mestre da autopromoção, a primeira ordem de serviço de Shaye não foi concretizar os desejos de outros cineastas. Em vez disso, ele tinha o propósito de realizar seus próprios sonhos, após terem sido frustrados. "O mero princípio disso, na minha mente, era distribuir os dois curtas que eu havia feito", admite ele, depois que percebeu a dificuldade para encontrar compradores viáveis de material inferior a filmes de longa-metragem. "Fui recusado por algumas pessoas porque filmes de curta-metragem não eram muito atraentes financeiramente, então decidi distribuí-los por conta própria." A respeito da capacidade e determinação de seu irmão para alcançar seus objetivos, algo claramente herdado do pai, Lin atesta: "Bob gosta de traduzir isso como 'agressão prudente'. Você precisa ser agressivo em relação ao que deseja, mas tem de fazer isso com prudência".

"Precisei resumir de alguma forma a nossa filosofia pessoal de negócios, que de certa maneira explicava que o meu desejo era fazer filmes que as pessoas quisessem ver; era o que nos diferenciava das outras pessoas, não importava se era verdade", afirma Shaye. "Então me ocorreu que ficávamos lá sentados e não íamos atrás das coisas. E, quando coisas realmente grandes surgiam, era quando investíamos tudo para agressivamente adquirir, distribuir ou realizar. Acabei cunhando uma frase por causa da familiaridade: 'Agressão prudente'. E isso meio que pegou."

Essa filosofia permitiu que Shaye pusesse em prática o conhecimento que adquiriu quando colocou suas próprias obras no mundo e, em seguida, passou a investir na aquisição de material de outros realizadores. "Eu estava trabalhando no departamento de fotografias de divulgação de filmes do Museu de Arte Moderna", lembra ele, "e fui a um dos eventos sobre o Novo Cinema Tcheco. Um sujeito se aproximou de mim e disse: 'Sabe, existe um mercado ótimo para distribuir filmes nos campi universitários se você souber como encontrar filmes para lançar'."

De posse desse conselho, o primeiro pensamento de Shaye foi que ele sabia como encontrar filmes para distribuir. Começando muito bem, ele fechou seu primeiro acordo: um contrato de participação de lucros meio a meio para distribuir dois filmes tchecos exibidos pela primeira vez no Museu de Arte Moderna. "Eu montei um programa de filmes e então decidi que tinha de me empenhar para adquirir esses filmes, o que não me custou nada, exceto cinquenta por cento de qualquer coisa que eu arrecadasse", afirma. "E então simplesmente decidi começar a distribuir."

O primeiro filme, *Konec srpna v Hotelu Ozon* (*Late August at the Hotel Ozone*, 1967), recebeu resenhas favoráveis no geral, como a do crítico Bosley Crowther, do jornal *The New York Times*, não apenas em um comentário sobre o filme, mas também enfocando as possibilidades de distribuição de filmes como aquele. "Quantos desses filmes serão lançados comercialmente por aqui é algo que teremos de esperar para saber", escreveu ele. O segundo lançamento, intitulado *Mucedníci lásky* (*Martyrs of Love*, 1967), teve Vincent Canby (também do *New York Times*) fazendo uma pergunta semelhante — dessa vez mencionando diretamente a New Line Cinema — e escrevendo que o negócio de Shaye era "uma pequena empresa independente cujo objetivo é lidar com filmes que outros distribuidores não tocam nem com uma vara de qualquer comprimento imaginável".

Parecia para alguns críticos e cinéfilos que Shaye era a resposta para encontrar filmes desse tipo. Mas os acordos de aquisição desses filmes era mais do que apenas uma questão de compreensão de um modelo de negócios, a conveniência de ver os filmes serem exibidos no Museu de Arte Moderna, ou o interesse do público — ainda que fosse um tanto morno. Embora todas essas coisas tenham desempenhado seu papel, o motivo predominante para a New Line Cinema começar com esses filmes tchecos foi um que muitas vezes resume esse tipo de situação: necessidade financeira para uma empresa inexperiente. "Nós nos envolvemos com filmes europeus porque era só o que podíamos comprar", lembra Shaye, não em um sentido negativo, mas como algo que ensinou a ele e à empresa uma lição valiosa. "Isso trouxe o outro lado da equação, que envolvia os valores e a necessidade de usar nossos próprios recursos, além de aprender o funcionamento do negócio na prática, sem ter muito dinheiro para desperdiçar."

Um cartaz do primeiro lançamento da New Line Cinema, o filme de 1967 *Konec srpna v Hotelu Ozon* (também conhecido como *Late August at the Hotel Ozone*). O filme traça um retrato sombrio da vida depois de ataques nucleares simultâneos no Oriente e no Ocidente. O hotel do título é o lar de um velho solitário que se apega a restos da civilização destruída.

NOVA GERAÇÃO

Tornando-se habilidoso na lição de desembolsar o mínimo possível enquanto tentava colher o máximo de lucro, Shaye começou a vislumbrar um sucesso modesto. Com um lema que dizia "Distribuição de Filmes para a Nova Geração", ele e sua crescente empresa pareciam realmente acreditar nisso, preenchendo o vazio e ouvindo a voz dessa tal nova geração.

O produtor independente Mark Ordesky, um ex-executivo e produtor da New Line Cinema, concorda que Shaye compreendeu as necessidades e os desejos dos espectadores. "O pai de Bob era do ramo de mercado atacadista e Bob sempre teve um enorme respeito pelos clientes", afirma. "E ele usava esse termo de uma maneira muito carinhosa. O cliente e o fã, penso eu, estavam meio que no DNA de Bob."

Foi nesse sentido enraizado que Shaye e sua empresa New Line Cinema fecharam contratos lucrativos com filmes como o documentário de Jean-Luc Godard sobre a contracultura ocidental, *Sympathy for the Devil* (1968). E de uma maneira que alguns poderiam considerar melancólica, ele lembra: "Ninguém gostou do filme. Bem, eu não diria ninguém. Tinha uma boa procedência: era de Jean-Luc Godard. O filme tem alguma virtude. E tinha os Rolling Stones".

Se virtude era algo que a New Line Cinema estava interessada em oferecer, então outro filme, desta vez lançado como uma mensagem de serviço público, encaixava-se na proposta: *Confrontation at Kent State* (1970), um documentário em preto e branco de quarenta e um minutos, relatando o violento conflito na Universidade de Kent ocorrido em 4 de maio de 1970. "Foi uma ideia muito política, com um documentário muito político, e se encaixava no mercado que estávamos almejando, que era o de outras faculdades", diz Shaye. "E, francamente, era exibível, e sempre precisávamos de algum produto que fosse possível encaixar no nosso programa. Então, em poucas palavras, foi por isso que o distribuímos."

Em seu mundo eclético de distribuição, Shaye continuou a lançar filmes estrangeiros, expandindo para exemplares oriundos do cinema alemão (dois filmes do célebre diretor Werner Herzog), italiano (do controverso renascentista Pier Paolo Pasolini) e brasileiro (uma alegoria surreal sobre os militares dirigida por Joaquim Pedro de Andrade, um dos principais representantes do Cinema Novo).

Shaye também se aventurou pelo mundo do cinema cubano quando, por um curto período de tempo, foi coarrendatário do Olympia Theater, no bairro de Upper West Side, na cidade de Nova York. Essa incursão talvez seja mais lembrada não pelo que estava na tela (o drama *Lucía*, de 1968, dirigido por Humberto Solás), mas pelo tumulto que se seguiu quando uma ninhada de ratos brancos, soltos por manifestantes anticastristas, interrompeu a projeção do filme.

"Ratos, cobras e muitas outras coisas eram soltas dentro do cinema", lembra Shaye. "E uns caras chegavam com correntes e se acorrentavam na porta de entrada. Era engraçado; alugamos o cinema e cuidávamos da programação, exibindo diversas sessões, e certo dia

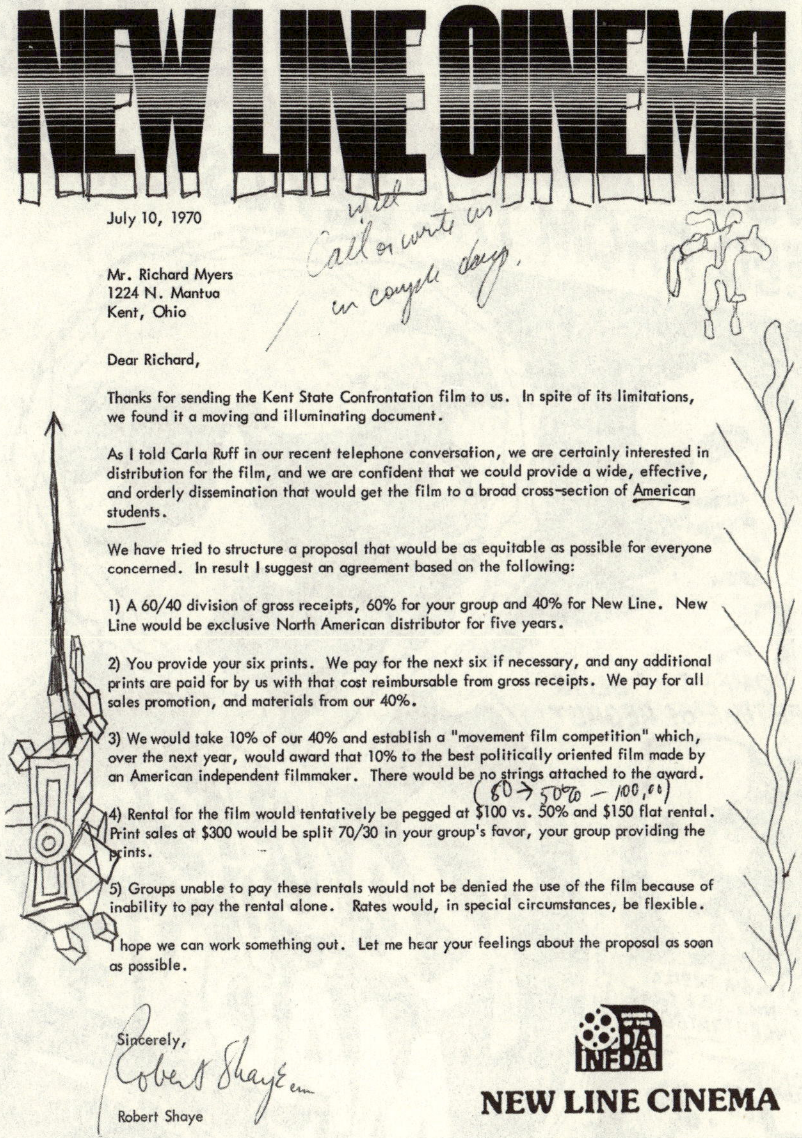

NEW LINE CINEMA

July 10, 1970

will Call or write us in couple days

Mr. Richard Myers
1224 N. Mantua
Kent, Ohio

Dear Richard,

Thanks for sending the Kent State Confrontation film to us. In spite of its limitations, we found it a moving and illuminating document.

As I told Carla Ruff in our recent telephone conversation, we are certainly interested in distribution for the film, and we are confident that we could provide a wide, effective, and orderly dissemination that would get the film to a broad cross-section of American students.

We have tried to structure a proposal that would be as equitable as possible for everyone concerned. In result I suggest an agreement based on the following:

1) A 60/40 division of gross receipts, 60% for your group and 40% for New Line. New Line would be exclusive North American distributor for five years.

2) You provide your six prints. We pay for the next six if necessary, and any additional prints are paid for by us with that cost reimbursable from gross receipts. We pay for all sales promotion, and materials from our 40%.

3) We would take 10% of our 40% and establish a "movement film competition" which, over the next year, would award that 10% to the best politically oriented film made by an American independent filmmaker. There would be no strings attached to the award.

4) Rental for the film would tentatively be pegged at $100 vs. 50% and $150 flat rental. *(60 → 50% — 100.00)* Print sales at $300 would be split 70/30 in your group's favor, your group providing the prints.

5) Groups unable to pay these rentals would not be denied the use of the film because of inability to pay the rental alone. Rates would, in special circumstances, be flexible.

I hope we can work something out. Let me hear your feelings about the proposal as soon as possible.

Sincerely,

Robert Shaye

Robert Shaye

NEW LINE CINEMA

Acima: Carta de Shaye detalhando uma proposta para distribuir o documentário *Confrontation at Kent State*.
À direita: A primeira versão do logotipo da New Line Cinema.

chegamos lá e descobrimos que o nosso projetor de 16 mm havia sido roubado." E isso não foi tudo: Shaye também relata que um parceiro de negócios foi assaltado dentro de um dos banheiros, além de problemas com um festival de cinema feminino que eles tinham agendado. "Foi uma cena e tanto. Todas as mulheres vanguardistas da comunidade fizeram piquete diante do cinema com esfregões e vassouras", diz ele.

Protestos e problemas de programação à parte, quando tomados em conjunto com os projetos iniciais lançados pela New Line Cinema, a empresa estava de fato exibindo um repertório impressionante, eclético e, pode-se dizer, intelectual. Vendo isso, e talvez decidindo ampliar os horizontes comerciais da empresa, Shaye lançou um grupo de filmes underground dirigidos ao público jovem no circuito das universidades.

Um desses filmes se tornou um pequeno e inesperado sucesso para Shaye e sua empresa. Originalmente financiado por um grupo formado em uma igreja, em 1936, *Tell Your Children* era um conto de moralidade para mostrar os perigos que a maconha representava aos jovens. No entanto, a ideia falhou em sua execução, até que o cineasta Dwain Esper — especializado no mercado de *exploitation* — comprou o filme, acrescentou um conteúdo desvairado e rebatizou com um título mais insinuante: *Reefer Madness* [no Brasil, o filme foi lançado como *A Porta da Loucura*]. Ao fazer isso, ele pegou o que era para ser uma mensagem séria antidrogas e a transformou em algo extremamente engraçado.

Entram Shaye e a New Line Cinema. "Existe certo valor em comercializar material subversivo para os jovens. E quando fiquei sabendo que *A Porta da Loucura* estava circulando e dando um ótimo lucro, fiquei tremendamente enciumado", admite Shaye. Esse sentimento alimentou uma oportunidade para Shaye utilizar sua perspicácia legal. "O meu único forte na faculdade de Direito eram as leis de direitos autorais, e eu tinha a impressão de que *A Porta da Loucura* não poderia estar sob direitos autorais", afirma.

Depois de ir a uma exibição do filme no Bleecker Street Cinema, Shaye logo descobriu que estava certo, astutamente percebendo que o filme não continha nenhum aviso de direitos autorais adequado e que havia caído em domínio público. "É impossível contar quantas vezes o meu treinamento em leis me foi útil. Um 'viva' para o meu seminário sobre direitos autorais!", ele brinca.

Com um obstáculo superado, o próximo passo seria evitar quaisquer problemas com leis de propriedade e obter uma cópia do filme legalmente. E, no que pode parecer um milagre moderno para uma empresa incipiente, Shaye conseguiu isso. Enquanto estava no museu do Lincoln Center, ele se deparou com uma coleção de fotos do filme, todas doadas por uma mulher que simplesmente adorava um dos atores. Sabendo apenas o nome dela e a cidade em que vivia — Filadélfia, no estado da Pensilvânia —, Shaye fez o que fazia de melhor: trabalhar. Ele pegou o telefone e discou tantos nomes quantos foram necessários na Cidade do Amor Fraternal até encontrá-la.

"Eu disse a ela que tinha uma pequena empresa de distribuição e perguntei se poderia me mostrar o que tinha do filme", relembra Shaye. "Ela veio para Nova York de trem, e então

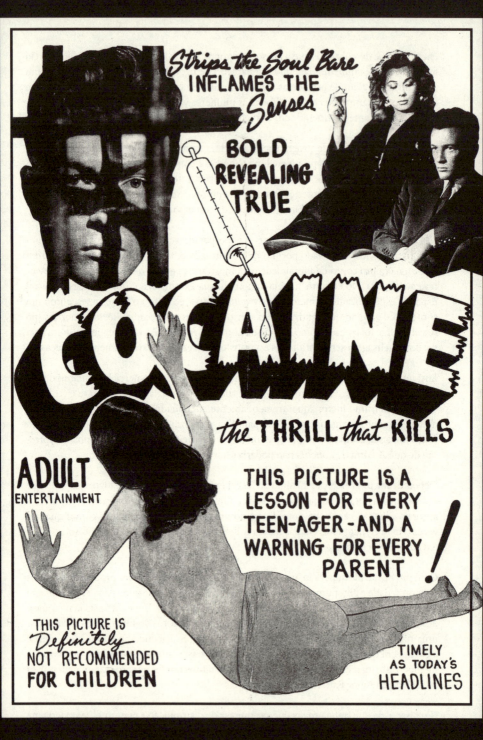

Página anterior: Cartaz de *Reefer Madness* (no Brasil lançado como *A Porta da Loucura*): este relato originalmente destinado a alertar contra os perigos da maconha mais tarde se tornou um pequeno êxito da New Line Cinema. **Acima:** Outro cartaz de relatos preventivos da década de 1930 que sensacionalizavam os males das drogas: *Cocaine Fiends* ("Demônios da Cocaína").

vi que tinha uma cópia em ótimas condições de *A Porta da Loucura*. Ela me fez a gentileza de emprestá-la por vinte e quatro horas — e assim a carreira do filme começou para mim." Foi também um indício de êxito da New Line Cinema quando *A Porta da Loucura* se tornou um sucesso nas exibições da meia-noite e nos campi universitários, terminando por arrecadar mais de dois milhões de dólares.

Rachel Talalay, que iniciou sua carreira na New Line Cinema como assistente de produção, e que subiria de posto até se tornar produtora e diretora na empresa, lembra: "Bob começou seu pequeno negócio de distribuição independente ao pegar filmes que não contavam com direitos autorais e distribuí-los dentro de faculdades". Em uma jogada que pode ser vista como profética, Shaye descobriu que havia mais de onde aquilo viera, posteriormente lançando outros relatos preventivos da década de 1930, como *Cocaine Fiends* (1935) e *Sex Madness* (1938).

Sobre as ideias e a visão de Shaye, Ordesky afirma: "Bob enxergava as coisas; toda essa ideia dos filmes da meia-noite e aquilo de levar cópias de *A Porta da Loucura* em seu carro para exibir em campi universitários. Ele foi capaz de ler o MCLXV no final daquela coisa e ver que tinha caído em domínio público, foi um verdadeiro pioneiro". E quanto à mulher que o ajudou a fazer isso acontecer com a cópia de *A Porta da Loucura* de sua coleção particular? Shaye pôde enviar para ela um cheque de cinquenta mil dólares. A mulher simplesmente agradeceu e disse: "Graças a Deus, agora posso pagar a minha hipoteca!". Olhando para trás, Shaye diz: "Às vezes, surge uma oportunidade de ser benevolente e gentil".

NOVAS ÁGUAS

Ao longo de toda a década de 1970, a New Line Cinema continuou sua carreira distribuindo filmes por diversos campi, mas Shaye fez mais do que apostar em estudantes empolgados que estavam ansiosos para deixar os estudos um pouco de lado para ir ver um filme. Em vez disso, ele capitalizou a noção bastante evidente de que aquela nova geração de pensamento livre queria algo mais ousado, mais descentralizado e fora do convencional.

"ENTÃO EU VI DIVINE COMER COCÔ DE CACHORRO E PENSEI 'ESTE É O NOSSO TIPO DE FILME'."
— **Robert Shaye, sobre *Pink Flamingos***

"Lembro-me do meu pai tirando Bob Dylan do meu toca-discos porque achava que aquilo não passava de um monte de barulho", diz Shaye. Tendo isso em mente, Shaye manteve sua busca por material que saciaria os apetites de seu público jovem nos campi. E naquela época aparentemente ninguém poderia oferecer algo melhor nesse sentido do que o cineasta John Waters, nascido em Baltimore, no estado de Maryland.

John Waters por trás das câmeras dirigindo *Desperate Living*.

A Noite dos Mortos-Vivos, um dos filmes independentes de terror mais bem-sucedidos de todos os tempos, tornou George Romero e John Russo nomes bastante conhecidos no gênero. A New Line Cinema relançou o filme em 1978

O primeiro longa-metragem de Waters, *Eat Your Makeup* (1968), conta a história de uma babá perturbada que rapta moças e as força a "modelar-se até a morte". Nunca lançado comercialmente, foi seguido pelo que muitos considerariam igualmente bizarro *Multiple Maniacs* (1970). Embora Shaye estivesse procurando material novo, ele estava bem ciente da linha que desejava seguir: obras ousadas, mas acessíveis. E para o seu gosto, as primeiras realizações de Waters pareciam um pouco extravagantes demais.

Entretanto, dois anos depois, Waters faria um filme que parecia a combinação perfeita do que Shaye havia imaginado. *Pink Flamingos* (1972), estrelado pela inimitável Divine, tornou-se um sucesso fantástico para a New Line Cinema e para John Waters. Sara Risher, que se juntou à empresa e mais tarde seria promovida a presidente de produção, lembra: "Quando cheguei à empresa, Bob tinha acabado de adquirir o filme, o qual se tornou um grande sucesso".

Shaye admite que a New Line Cinema nunca se esquivou de filmes ultrajantes ou controversos. "Isso fazia parte do nosso cotidiano. Nós nunca distribuímos pornô explícito, e suponho que eu seja um homem melhor por causa disso, mas tínhamos coisas como *The Best of the New York Erotic Film Festival* (1974), *Pocilga* (1969) e *Saló, ou os 120 Dias de Sodoma* (1975), estes dois últimos de Pasolini", diz ele. "Portanto, tínhamos algumas coisas muito picantes e polêmicas, mas quando assisti a *Pink Flamingos* pela primeira vez, no nosso projetor de 16 mm, eu vi uma cena que não acreditava que pudesse existir, então parei o projetor e voltei o filme para entender do que se tratava."

O momento que fez Shaye dar uma segunda olhada é quando uma bela mulher (Elizabeth Coffey) dá o troco em um exibicionista (David Lochary): "Ela ergue a saia e ficamos sabendo que ela tem um pinto", conta Shaye, que naquele instante decidiu projetar o filme novamente, desta vez até o fim. "Então eu vi Divine comer cocô de cachorro e pensei 'Este é o nosso tipo de filme'."

O filme foi muito bem em sua estreia no cinema The Elgin, e em seguida a New Line Cinema ampliou seu lançamento. Waters, o diretor, às vezes rotulado de "Papa do Trash", acrescenta, satisfeito: "Já estive presente em exibições do filme em que as três primeiras fileiras repetem cada palavra dos diálogos e imitam as vozes dos atores". Ele prossegue dizendo: "Esta é a parte mais gratificante de fazer um filme: ouvir uma plateia grande reagir a ele".

Logo em seguida, Shaye — que nunca foi do tipo que ignora os desejos dos espectadores — fechou um acordo para distribuir os quatro filmes seguintes de Waters, incluindo os clássicos do cinema cafona *Female Trouble* (1974) e *Desperate Living* (1977). "Não vou reclamar", diz Waters "não precisei arrumar um emprego normal desde então."

Incluindo bem-sucedidos filmes de "mau gosto" a um catálogo já bastante diversificado, Shaye e a New Line Cinema adicionaram outros gêneros de filmes da metade para o final dos anos 1970. *Mimi, o Metalúrgico* (1972), lançado pela empresa como *The Seduction of Mimi*, era um filme da diretora italiana Lina Wertmüller que misturava habilmente política e sexualidade. Foi outro sucesso no circuito dos filmes de arte.

Havia também o filme *Algo Muito Natural* (1974), sobre um homem gay que abandona um mosteiro, torna-se professor e procura o amor verdadeiro em um bar frequentado por homossexuais. Embora não tenha sido um filme comercialmente muito bem-sucedido, foi notável por ser um dos primeiros filmes sobre relacionamento homossexual destinado ao circuito convencional.

Além de sexo e política, a New Line Cinema abriu a porta para o horror — um gênero com o qual a empresa futuramente teria um relacionamento de longa duração — ao relançar clássicos como *O Massacre da Serra Elétrica* (1974), de Tobe Hooper, e *A Noite dos Mortos-Vivos* (1968), de George A. Romero. O seminal filme de Romero sobre uma horda de cadáveres canibais redivivos é hoje considerado um tesouro cinematográfico nacional que reside permanentemente na Library of Congress, a biblioteca do Congresso norte-americano. A decisão da New Line Cinema de distribuir o que muitos consideram o progenitor dos zumbis no cinema e na televisão pode ter sido baseada em mais do que apenas sua popularidade. Na verdade, talvez pareça um caso da história se repetindo: o filme, para tristeza de Romero e de seus colegas, foi exibido para plateias desavisadas sem informações de direitos autorais.

"O nosso título era *Night of the Flesh Eaters*", explica Romero. "Colocamos a informação de direitos autorais na cartela de título. Então, quando o distribuidor mudou o nome para *Night of the Living Dead*, eles simplesmente não pensaram nisso. Portanto, sem o aviso de direitos autorais, tornou-se um filme público."

Isso também criou outra oportunidade para Shaye (e inúmeros outros) levar o filme para as massas e ter lucro. "A nossa pegada sempre foi de filmes para ver acompanhado, porque nosso público era um consumidor que desejava sair de casa e simplesmente se afastar de suas famílias, e queríamos ser os caras que iriam entretê-los", afirma Shaye. "O horror estava definitivamente dentro dessa categoria, mas, na verdade, foi apenas uma questão de oportunidade e circunstância. Teríamos lançado mais filmes de terror se houvesse mais filmes de terror disponíveis."

Vendo o apelo de filmes estrangeiros e de gênero, Shaye teve um momento de antevisão quando percebeu que combinar as duas variáveis cinematográficas poderia resultar em bilheterias ótimas. Entra em cena o especialista em artes marciais Bruce Lee, um talento que Shaye acreditava que poderia dar um impulso importante para a sua atividade principal, criativa e financeiramente. "Eu vi os primeiros filmes de Bruce Lee e pensei 'Esse cara é fantástico', então encontrei o sujeito que era o agente de vendas dos filmes e fechei um acordo para exibir os dois primeiros filmes de Bruce Lee, *O Dragão Chinês* (1971) e *A Fúria do Dragão* (1972)", relembra Shaye. "E eu achava que aquilo era fantástico." Mas a alegria durou pouco.

Quando os negativos estavam sendo encomendados, Shaye recebeu uma carta do agente de vendas dizendo que eles haviam mudado de ideia e não iriam mais licenciar os filmes, a menos que ele pagasse cinquenta mil dólares por cada um. "Então, fim da história. Não tínhamos esse dinheiro, não teríamos como consegui-lo", conta ele. "Acabaram vendendo

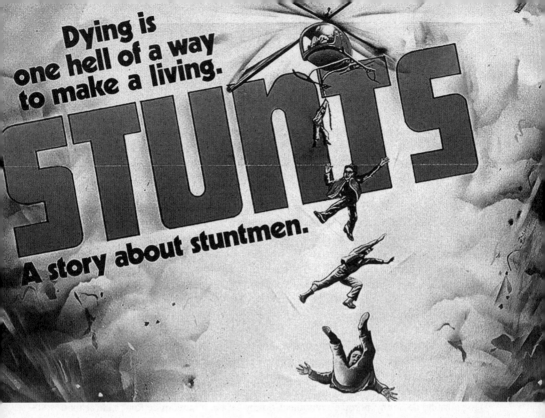

Os bastidores de *Perigo em Cena*, com o diretor Mark L. Lester e os astros Joanna Cassidy e Richard Lynch.

para algum outro distribuidor e os filmes de Bruce Lee falam por si mesmos. Então eu sempre estava procurando uma maneira de voltar a esse circuito."

Shaye conseguiu, passando para o que se poderia considerar a segunda melhor coisa depois de ver o sucesso dos filmes de Lee. "Nós tínhamos feito algumas negociações com a distribuidora Toei e perguntamos 'Vocês têm algum filme de kung fu?'. E eles disseram: 'Sim, venha para Tóquio, temos um monte de filmes de kung fu'", ele lembra.

Shaye e sua equipe fizeram exatamente isso, e foi lá que repararam em um artista que se destacava nos filmes que lhes foram mostrados: Shin'ichi Chiba. Isso os levou a fazer um acordo pelo seu filme de 1974, *Gekitotsu! Satsujin ken*. "Nós trouxemos o filme para os Estados Unidos e o renomeamos como *The Street Fighter*, o que irritou tremendamente a Paramount porque eles tinham um filme de Charles Bronson que também pretendiam chamar de *Street Fighter*", diz Shaye. (O filme da Paramount foi lançado em 1975 como *Hard Times*, dirigido por Walter Hill, futuro produtor de *Alien, o 8º Passageiro*, de 1979, e diretor de *48 Horas*, de 1984.)

Na New Line Cinema, o filme tornou-se um sucesso esmagador nas exibições à meia-noite e foi efetivamente o primeiro lançamento capaz de dar um lucro substancial para a empresa, com Shaye lançando as duas continuações, *Return of the Street Fighter* (1974) e *The Streetfighter's Last Revenge* (1974), algum tempo depois. "Pessoalmente me considero padrinho de Sonny, porque o renomeei 'Sonny Chiba, o Lutador de Rua', e ele acabou adotando o nome e passou a se chamar Sonny Chiba também no Japão", diz Shaye. "Mas, na verdade, ele decidiu usar o nome Sony Chiba, s-o-n-y, por razões óbvias."

> "NA VERDADE, FOI APENAS UMA QUESTÃO DE OPORTUNIDADE E CIRCUNSTÂNCIA. TERÍAMOS LANÇADO MAIS FILMES DE TERROR SE HOUVESSE MAIS FILMES DE TERROR DISPONÍVEIS."
> — **Robert Shaye, sobre a aquisição de filmes de gênero**

Agora repleto de lançamentos de valor artístico e populares (e, às vezes, controversos), a New Line Cinema estava lucrando. Mesmo assim, o ganho financeiro, embora importante, não era a única coisa na qual Shaye se concentrava e buscava alcançar com sua empresa iniciante.

No final da década de 1970, a New Line Cinema também começou a receber prêmios da maior instituição da indústria do entretenimento quando *Preparem Seus Lenços* (1978), uma comédia franco-belga estrelada por Gérard Depardieu, ganhou o Oscar na categoria de Melhor Filme em Língua Estrangeira. "Foi uma história incrível. Nós adquirimos o filme em um acordo de abrigo fiscal e realmente adorávamos o diretor Bertrand Blier. Ficamos muito orgulhosos de ter o filme", diz Shaye.

Mas nem mesmo o sucesso considerável e um Oscar foram suficientes para convencer a todos dos triunfos de Shaye. "Eu fiquei realmente empolgado e um pouco bêbado, ou talvez mais do que um pouco bêbado, e ficava dizendo: 'Ganhamos o Prêmio da Academia, ganhamos o Prêmio da Academia!'", relembra Shaye. "E tinha uma grande festa no Studio 54 pouco depois." Mas, quando estava pronto para entrar no pioneiro — e, alguém pode dizer, depravado — clube noturno de propriedade de Steve Rubell, o porteiro disse que ele não estava na lista. "Eu disse a ele 'Bem, eu provavelmente sou o único cara neste lugar que acabou de ganhar um Oscar. Você não pode fazer isso'", lembra Shaye. "Então o cara se virou, olhou para mim e respondeu: 'Sabe de uma coisa, amigão? Não me importo se você for o rei da Inglaterra. Você não vai entrar no clube esta noite'. E então o meu nível alcoólico desceu muito rápido. Peguei a minha esposa, entramos em um táxi e fomos para a cama extremamente cedo."

LUZES, CÂMERA, AÇÃO!

Satisfeito em experimentar o sucesso em muitas formas, Shaye decidiu que, além de ter seu negócio de distribuição em rápido crescimento, ele retornaria mais fundo às suas raízes: a produção de filmes. "No final das contas, era uma questão de ser artista e também fornecedor de entretenimento", diz Shaye sobre seus objetivos. "Certa vez disse em uma conferência de investidores que 'somos distribuidores de diversão', e ainda fico motivado com isso."

Foi em 1977 que essa motivação deu o pontapé inicial na New Line Cinema como empresa de produção cinematográfica, financiando seu primeiro longa-metragem, *Perigo em Cena*. É um filme de ação e suspense centrado no mistério de um maníaco que está matando todos os dublês de uma produção em particular. Dirigido por Mark L. Lester (mais tarde conhecido por *Chamas da Vingança* e *Comando para Matar*), foi produzido por Shaye, que também recebeu crédito pelo argumento do filme, bem recebido pelos críticos, de maneira geral.

"Ah, foi realmente muito divertido. Foi uma ideia que surgiu quando estive em Cannes alguns anos antes do filme", diz Shaye. "Eles costumavam fazer algumas coisas incrivelmente absurdas para chamar atenção da imprensa e dos compradores. Então conheci um cara que era um dublê, me sentei com ele para conversar e aprendi um bocado sobre como realmente era o ramo dos dublês de cenas perigosas."

Trabalhando com seu chefe de vendas internacionais para providenciar os storyboards das seis melhores sequências de ação descritas no argumento, Shaye e sua equipe se dirigiram para Cannes para cuidar da pré-venda do filme. "Colocamos um dublê correndo pela Croisette, em chamas, e pulando em um barco", revela Shaye, "e então ele segue a bordo do iate, em alta velocidade e depois pula da embarcação. Era apenas uma bobagem."

Talvez fosse, mas funcionou. "Teve grande cobertura na imprensa e fizemos uma pré-venda do filme que cobriu praticamente tudo o que ele custou para ser feito", diz Shaye.

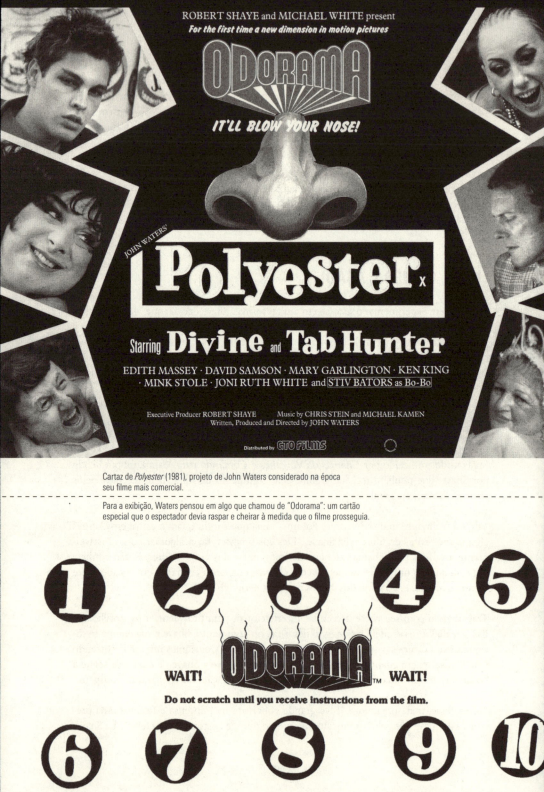

Cartaz de *Polyester* (1981), projeto de John Waters considerado na época seu filme mais comercial.

Para a exibição, Waters pensou em algo que chamou de "Odorama": um cartão especial que o espectador devia raspar e cheirar à medida que o filme prosseguia.

O filme acabou tendo um lançamento modesto e arrecadou a respeitável quantia de dois milhões de dólares, tendo um orçamento de apenas seiscentos mil. As críticas também foram favoráveis, com a *Variety* elogiando o desempenho de Robert Forster e a qualidade da escrita: "Há muita ênfase na especialização, no controle emocional e nos detalhes do ofício, mostrados em estilo quase documental". Shaye, ao que parece, era agora mais do que um minimagnata da distribuição: ele era um legítimo produtor de filmes de longa-metragem. "Eu escolhi esta profissão porque adoro entreter e deixar o mundo animado", admite ele.

Pode-se dizer que Shaye estava espelhando outra entidade independente, a New World Pictures, liderada por Roger Corman, um homem que percorreu toda a gama no que diz respeito à distribuição e produção de filmes, em muitos gêneros. "Acho que Roger Corman era alguém que Shaye admirava bastante", afirma Risher, enquanto relembra os diversos caminhos diferentes que a New Line Cinema percorreu. "A New Line foi moldada a partir da New World Pictures até certo ponto, porque lançamos alguns filmes de *exploitation*, alguns filmes de terror, comédias estridentes e coisas desse tipo."

NOVA DÉCADA

Shaye e sua empresa deram as boas-vindas aos anos 1980 concentrando-se no velho e trazendo o novo. Do que havia sido testado e aprovado, a empresa continuou sua distribuição de filmes de língua estrangeira, como *Feios, Sujos e Malvados* (1976), de Ettore Scola, e *Tentação Proibida* (1978), de Alberto Lattuada, protagonizado por Marcelo Mastroianni e Nastassja Kinski. Mas também foi contratado pela empresa seu eventual copresidente e cochefe executivo de ofício, Michael Lynne, que entrou para New Line Cinema em 1980 como conselheiro e assessor. "Ele se juntou a nós no meio desses redemoinhos que estavam acontecendo", lembra Shaye. "Não tínhamos dinheiro algum. Nunca fui esperto o suficiente para sair e levantar dinheiro, desde o começo."

Sobre se tornar parte da empresa e seu sucesso como parceiro de Shaye, afirma Lynne: "Eu acho que o importante sobre a alquimia da nossa relação é que ela não começou como uma relação de negócios". Ele continua: "Nós nos conhecemos, fomos colegas na faculdade de Direito, e nos reconectamos como amigos uns treze ou quatorze anos depois".

Além de novos rostos, a empresa estreou seu primeiro logotipo, as iniciais "NL" de forma estilizada, que passou a ser usado em todo o material promocional. A produção também foi ampliada quando Shaye foi produtor executivo de *Polyester* (1981), um projeto de John Waters que na época foi considerado seu filme mais comercial. Janet Maslin, do *New York Times*, afirmou que o filme tinha "um humor moderno e estilizado que se estende além das limitações usuais de sua perspectiva".

Ele combinava com a New Line Cinema, tendo ainda o truque adicional de algo que Waters chamou de "Odorama": um cartão especial que o espectador devia raspar e cheirar à medida que o filme prosseguia. O truque publicitário era algo que coincidia com a filo-

Jack Sholder em frente a um cinema na 42nd Street, em Nova York, exibindo seu filme de estreia como diretor.

Elenco e equipe técnica nos bastidores de *Sozinho no Escuro* (ou *Noite de Pânico*): Shaye, Erland van Lidth, Martin Landau, Sholder e Jack Palance.

sofia de "fazer funcionar" da empresa, e um que parecia ter saído diretamente do manual do mestre da autopromoção, o produtor William Castle (*A Casa dos Maus Espíritos*, *Força Diabólica* e *13 Fantasmas*, entre muitos outros).

Risher explica que as táticas de publicidade eram parte integrante da forma de pensar da New Line Cinema. "Era divertido. Naquela época, a gente fazia as coisas ao sabor do vento. Por não termos dinheiro, tínhamos de ser inovadores."

Estava claro para muitos que Shaye conhecia maneiras de fazer isso decididamente. "Bob é realmente criativo e inteligente", acrescenta Risher. "Ele sempre dizia: 'Pensamento lateral. Nunca diga que algo não pode ser feito'". Foi essa filosofia que, em 1982, fez com que a New Line Cinema buscasse capitalizar (e monetizar) a crescente onda de filmes de terror. Shaye e o pequeno — porém crescente — grupo na empresa estavam mais do que atentos ao sucesso desenfreado de filmes como *Halloween* e *Sexta-Feira 13*, e enfim decidiram levar adiante a produção de seu próprio filme de terror.

Jack Sholder, que começou sua carreira como editor na empresa (depois de seus próprios curtas terem sido rejeitados para distribuição por Shaye), relembra: "Estávamos todos sentados juntos uma noite, depois do trabalho, e um dos caras disse: 'Se conseguirmos bolar um filme de terror de baixo orçamento, poderíamos ganhar muito dinheiro'". Era tudo o que Sholder precisava para levar adiante sua esperança de poder investir suas habilidades como montador na função de diretor. "Então se passaram algumas semanas e eles me ligaram e disseram: 'Onde está o tratamento?'",[1] lembra Sholder. "E eu disse: 'Ah, vocês estavam falando sério!'."

A New Line Cinema estava, de fato, então Sholder decidiu escrever um rascunho. O roteiro resultante — do qual Sholder e Shaye compartilham os créditos do argumento — transformou-se no filme *Sozinho no Escuro* (1982). O filme conta a história de quatro psicopatas que fogem de um manicômio e, com intenções homicidas, fazem uma visita domiciliar ao médico que cuidou deles, com um sangrento plano de vingança. Estrelada por Jack Palance, Donald Pleasence e Martin Landau, e com a primeira aparição de Lin, a irmã caçula de Shaye, em um filme da New Line Cinema, a estreia de Sholder foi muito boa. Diz o diretor: "Muitas pessoas o comparam com *Sob o Domínio do Medo* (1971), em certo sentido, mas é muito mais divertido". Os críticos concordaram, como Janet Maslin, do *New York Times*, que escreveu: "A maneira que Sholder trata o gênero está pronto para a paródia. O filme se mantém inabalável mesmo quando não funciona, e fica muito divertido quando dá certo".

Com o lançamento de sua segunda produção, e com o primeiro filme independente oriundo dos Estados Unidos sendo exibido em Cannes (*Smithereens*, 1982, a estreia da diretora Susan Seidelman, que a seguir iria dirigir Madonna no popular *Procura-se Susan Desesperadamente*, de 1985), a New Line Cinema instalou-se em escritórios maiores, localizados na 38th Street com a Oitava Avenida.

1 Tratamento, ou argumento, é uma sinopse mais longa e envolvente, que se lê quase como um conto. [NT]

Foi uma mudança para melhor, de acordo com o ex-funcionário e roteirista David Chaskin, que se lembra dos escritórios desde que ele começou na empresa em 1978 como inspetor de filmes. "Estávamos na Union Square, entre a 14th Street e a Broadway. Era um escritório decadente no décimo quarto andar", diz ele. E embora a empresa estivesse se movendo e ampliando em novas direções, ela ainda permanecia focada em sua base de distribuição. Um dos títulos no catálogo sempre em crescimento era o clássico cult de Sam Raimi, *A Morte do Demônio* (1981), que se tornou outro sucesso da companhia.

Eles também tentaram obter um pequeno êxito com *Big Meat Eater* (1982), um alucinado musical de ficção científica e terror canadense que parecia feito sob medida para o circuito das sessões da meia-noite. Embora o filme não tenha conseguido um sucesso financeiro notável, ele encontrou seu público, recebendo inclusive uma indicação na categoria de Melhor Roteiro na quarta edição anual dos Prêmios Genie, o equivalente canadense ao Oscar.

Tendo encontrado uma base sólida na área de distribuição, e certamente ansiosa para aumentar as produções originais, a New Line Cinema continuou a crescer. Até mesmo Lynne, que começou como consultor, deu um passo para se tornar uma parte maior da empresa quando se juntou ao conselho administrativo em 1983. Ele reconheceu e compreendeu a visão que Shaye tinha, incluindo a percepção de que tanto o homem como a empresa eram desbravadores com um espírito independente. "Foi uma coisa com a qual eu me identifiquei quando voltamos a nos relacionar em 1980", diz Lynne, "e estava muito claro para mim que, se conseguíssemos incutir o espírito que iniciou a empresa nas pessoas que a levariam para o próximo estágio, então teríamos algo especial que não existia em nenhum outro lugar."

Essa noção de um ideal permeável entre seu pessoal e os projetos, caso se concretizasse, poderia impulsioná-los a uma nova atmosfera de criatividade e sucesso financeiro. A pergunta então passou a ser: o que levaria a New Line Cinema para o próximo nível?

Era agora o ano de 1984 e a resposta foi um projeto que Shaye havia adquirido ainda na forma de roteiro, dois anos antes, junto ao escritor e diretor Wes Craven. Tendo optado pelos direitos por aproximadamente cinco mil dólares, Shaye e sua equipe trabalharam a fim de desenvolver o material, intitulado *A Hora do Pesadelo*, para torná-lo um filme que pudesse ser realizado — e bem realizado — por menos de dois milhões de dólares. Era uma aposta arriscada, criativa e financeiramente, que Shaye esperava concretizar.

Seu entusiasmo pelo roteiro de Craven estava claramente florescendo, criando um foco quase mítico a respeito do filme e da melhor maneira de fazê-lo acontecer. Essa intensidade de propósito trouxe à mente o passado de Shaye no acampamento de verão quando, como afirma Lin, "todos jogavam beisebol e Bob estava na carreira de tiro, deitado de barriga para baixo, sobre uma superfície gelada, praticando".

Apesar de todos os demais jovens estarem envolvidos em algum esporte rude e grosseiro, Shaye estava concentrado no objetivo singular à sua frente: acertar bem no alvo. Ele nem sequer imaginava que ao produzir o filme *A Hora do Pesadelo*, de Wes Craven, estaria fazendo exatamente isso.

Third Draft

A <u>NIGHTMARE</u> <u>ON</u> <u>ELM</u> <u>STREET</u>

by

Wes Craven

MAKE 2ND
COVER SHEET
W/ DREAMSKILL

Registered
Writers Guild
of America West
1982

CORRECTION GALLEY

Página de rosto original do terceiro rascunho de A Hora do Pesadelo, escrito por Craven em 1982. Observe o texto manuscrito fazendo referência a um possível título alternativo: Dreamskil. (Junção de palavras — "dream", "skill", "dreams", "kill" — cujo sentido pode significar tanto "capacidade de sonhar" quanto "sonhos matam". [NT])

3

PRÉ-PRODUÇÃO

UM, DOIS, FREDDY VEM TE PEGAR...

Wes Craven, o homem que passou grande parte de uma década escrevendo e dirigindo projetos a pedido de outras pessoas, deliberadamente aceitou a noção de que sua condição de cineasta e idealizador de alguns filmes considerados cult tinha seus prós e contras. Embora inquestionavelmente tivesse cunhado uma carreira incipiente na indústria cinematográfica, ele ainda desejava fazer mais e, pode-se dizer, fazer melhor.

Tendo sobrevivido ao deserto de *Quadrilha de Sádicos* e aos tópicos pessoais demais de *Bênção Mortal*, mas ainda não tendo sofrido com as filmagens exaustivas de *O Monstro do Pântano*, Craven decidiu cuidar desse problema com suas próprias mãos. Em vez de ficar esperando que alguém lhe propusesse outra ideia que ele teria de transformar em um roteiro filmável (e, eventualmente, em um filme), ele assumiu o controle da situação, descobrindo o que esperava ser o aspecto positivo do mercado instável onde trabalhava em função daquilo que lhe contratavam para fazer.

"Eu já tinha uma ideia", lembrou Craven, "e quando finalizei esses dois filmes — *Bênção Mortal* e *Quadrilha de Sádicos 2* —, e todos ficavam dizendo que a minha carreira estava em alta, tirei seis meses de folga e fui escrever."

A questão era: o que escrever?

"Durante aquele período, escrevi mais de dez tratamentos completos diferentes para vários projetos", relembrou Craven. "Reescrevi para outras pessoas, consertei roteiros e também várias coisas minhas." Enraizado em um gênero cheio de sangue e terror, ele sabia muito bem em que Hollywood estava — e não estava — interessada. Naquela época, havia, conforme Craven observou, "um terrível retrocesso contra o horror em Hollywood", e ele, com sua merecida notoriedade no gênero, e como diretor e roteirista em geral, prestava atenção nos caprichos daqueles que tinham o poder de decisão na Cidade dos Sonhos.

Craven aprendeu que os estúdios eram específicos em relação às suas necessidades, procurando "filmes sobre pessoas comuns fazendo coisas interessantes em histórias sobre amor, com casais excêntricos em situações estranhas e peculiares". Ele também foi rápido em apontar a lembrança de que eles, sem hesitação, não estavam interessados em horror.

Mesmo assim, Craven estava. "É muito fácil desprezar o mundo dos filmes de gênero e dizer 'isso não é arte', mas ao mesmo tempo é incrivelmente vital", disse ele, esperando que outros pudessem enxergar seu fascínio e conhecimento em terror como algo além de perverso. "Um filme de horror não deve existir somente pela diversão de ver pessoas sendo cortadas e fatiadas, mas você tem de admitir que tem havido um bocado de gente sendo cortada e fatiada na história humana. Certamente existe um mal eterno aqui."

IMAGENS AMEDRONTADORAS DE CRAVEN

Mesmo estando ciente da posição modesta ocupada pelo horror nas mentes de muitos com dinheiro disponível para financiar um novo projeto naquela época, Craven continuou perseguindo o gênero que conhecia tão bem, e por um bom motivo, além de suas reflexões filosóficas: "Os filmes de terror são únicos", sugeriu, "ainda mais do que, digamos, os faroestes costumavam ser. Eles representam uma maneira muito econômica de fazer um filme".

A exemplo de alguns filmes bem-sucedidos, como *O Massacre da Serra Elétrica* e *Halloween*, Craven sabia que "tudo que você precisa é de uma ótima ideia e muita visão, então é só ir lá e fazer algo que deixará as pessoas apavoradas". Era algo que Craven não só compreendeu, como também provou ser muito bom.

"A base de qualquer filme é pegar o seu herói e persegui-lo até o topo de uma árvore, e então cortar a árvore, e um filme de horror faz isso aos montes", afirmou Craven. Ele sabia que filmes assim, mesmo na sua forma mais simples, poderiam envolver o público rapidamente. Tudo de que ele precisava era uma abordagem nova para um gênero antigo. E então, como ele costumava fazer, Craven olhou para dentro de si.

"A ideia de realidades alternativas, particularmente a realidade dos sonhos, sempre me interessou", admitiu Craven. Essa curiosidade pelo reino etéreo do subconsciente e do estado onírico começou na faculdade, enquanto escrevia um artigo sobre o assunto. Quando uma diretriz da tarefa determinou que seria necessário prestar muita atenção em seus próprios sonhos e depois registrá-los, Craven descobriu um talento no qual era bastante competente. Sobre essa habilidade incomum, ele disse: "Conseguia me lembrar de quatro a cinco sonhos por noite. Eu passava bastante tempo durante o dia apenas os descrevendo. Parei no final daquele semestre, mas continuei tendo facilidade para recordar os meus sonhos".

Foi essa aptidão juntamente com o desejo de elaborar um projeto para si mesmo que guiaram Craven na direção que ele finalmente tomaria quando decidiu sentar-se diante da máquina de escrever. "Eu tinha feito dois filmes em sequência e contava com algum dinheiro no banco", disse ele.

Percebendo que poderia se dar o luxo de tirar um tempo de folga, mesmo tendo que sustentar seus dois filhos, Craven ficou ansioso pela possibilidade de trabalhar totalmente para si mesmo. A ideia de gastar mais de seis meses escrevendo era "completamente experimental", ele afirmou. Mas esta era, em muitos aspectos, a questão: um projeto criado por ele, para ele, com base em um tópico com o qual ele se identificava a partir de uma experiência pessoal. A sinergia e o momento pareciam perfeitos quando Craven sentou-se para criar seu roteiro original, o qual lidava com sonhos e, mais importante ainda, com pesadelos. "A premissa mundial dos sonhos me interessou por muito tempo", disse ele. "Percebi que a ideia me intrigava tanto que quis construir um filme inteiro em torno disso."

A VERDADE É MAIS ESTRANHA QUE A FICÇÃO

Quando discutia e formulava a ideia do roteiro em nível conceitual, Craven se apressava em observar que sua utilização do estado dos sonhos não era um território totalmente novo para ele. Ele brincou com sonhos e pesadelos em filmes anteriores, como em *Aniversário Macabro* e *Bênção Mortal*, nos quais os personagens na tela (e o público que os observava) não tinham certeza do que era real e do que não era.

> "A PREMISSA MUNDIAL DOS SONHOS ME INTERESSOU POR MUITO TEMPO. PERCEBI QUE A IDEIA ME INTRIGAVA TANTO QUE EU QUIS CONSTRUIR UM FILME INTEIRO EM TORNO DISSO."
> — Wes Craven

"Quase todos os meus filmes tinham sequências de sonhos", admitiu Craven, indo ainda mais longe e reconhecendo que seus próprios pesadelos serviram de inspiração para alguns momentos de *Quadrilha de Sádicos*. "O cinema se presta a sonhar. É, em certo sentido, um sonho por si só. As pessoas entram em uma sala escura muito parecida com um quarto. Elas veem na tela imagens fantasmagóricas que não estão realmente lá. É um pedaço e uma parcela dos sonhos." E, apesar de Craven ter usado seus próprios sonhos para ajudá-lo a escrever no passado, esse novo projeto se concentraria menos em situações horríveis com as quais ele mesmo havia sonhado e exploraria algo mais profundo. O argumento do filme propunha a ideia de brincar com a percepção dos sonhos (e a escuridão que eles às vezes abrigam) de uma maneira mais profunda e aterrorizante, com os pesadelos servindo de inspiração. Dessa vez, porém, a fonte dos sonhos ruins seria algo externo a Craven.

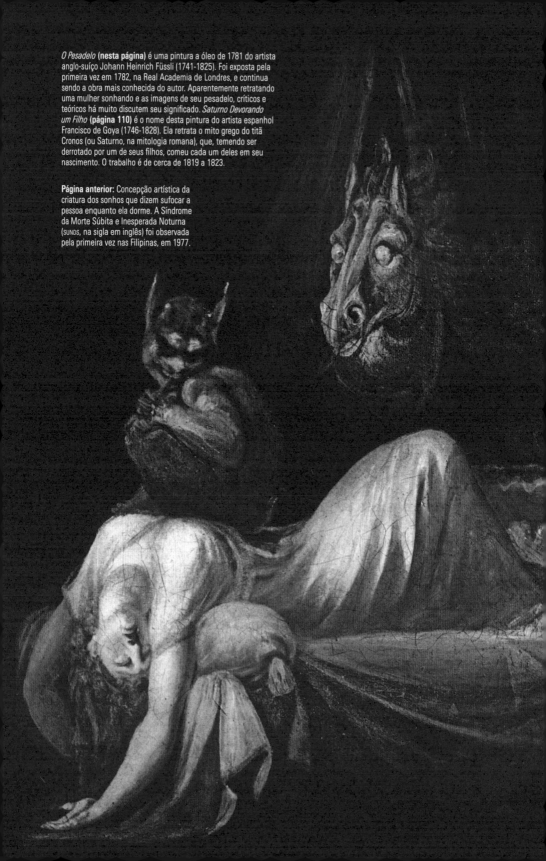

O Pesadelo **(nesta página)** é uma pintura a óleo de 1781 do artista anglo-suíço Johann Heinrich Füssli (1741-1825). Foi exposta pela primeira vez em 1782, na Real Academia de Londres, e continua sendo a obra mais conhecida do autor. Aparentemente retratando uma mulher sonhando e as imagens de seu pesadelo, críticos e teóricos há muito discutem seu significado. *Saturno Devorando um Filho* **(página 110)** é o nome desta pintura do artista espanhol Francisco de Goya (1746-1828). Ela retrata o mito grego do titã Cronos (ou Saturno, na mitologia romana), que, temendo ser derrotado por um de seus filhos, comeu cada um deles em seu nascimento. O trabalho é de cerca de 1819 a 1823.

Página anterior: Concepção artística da criatura dos sonhos que dizem sufocar a pessoa enquanto ela dorme. A Síndrome da Morte Súbita e Inesperada Noturna (SUNDS, na sigla em inglês) foi observada pela primeira vez nas Filipinas, em 1977.

As origens de seu argumento, intitulado *A Hora do Pesadelo*, na verdade começaram a partir de conversas informais com alguém que foi assistente de produção em *Aniversário Macabro*. Esse homem era Steve Miner, que mais tarde construiria sua própria carreira de diretor com filmes como *Sexta-Feira 13: Parte 2* (1981), *Eternamente Jovem* (1992) e *Halloween H2O: Vinte Anos Depois* (1998), entre outros. A dupla aparentemente se esbarrou em uma cafeteria na movimentada Santa Monica Boulevard, em Los Angeles, e, no decorrer do encontro, discutiu algo que Craven havia descoberto e achado interessante.

Talvez não surpreenda que o assunto abordado por Craven — que se tornaria a gênese de seu roteiro — tenha começado com algo erudito e, devido à natureza de sua localização, cultural. "O começo de *A Hora do Pesadelo* na verdade surgiu para mim com uma série de artigos no *L.A. Times* sobre rapazes que estavam morrendo no meio de pesadelos", afirmou. "Eles eram especificamente asiáticos, de uma região em particular do Camboja, se não me engano, onde historicamente isso acontece muito."

Era o caso de um rapaz que vinha tendo pesadelos intensos e debilitantes, a ponto de ter dito aos pais que simplesmente não podia — e não iria — voltar a dormir. Ele acreditava com absoluta certeza que, se dormisse, a morte lhe acometeria. Pesquisando a história mais a fundo, Craven lembrou-se de ter lido que a família "tinha vindo de campos de reassentamento na zona de guerra". Por causa disso, o pai, que era médico, disse ao filho que o medo que ele estava sentindo era normal após um trauma.

A solução mais simples era dar ao rapaz pílulas para dormir, e foi o que o pai dele fez; no entanto, pelas duas noites seguintes, o filho ainda não havia dormido. "Ficou claro", disse Craven, "que ele estava tentando ficar acordado apesar de tudo, e isso prosseguiu por um longo tempo." Essa noção impressionou o cineasta porque "era um tempo extraordinariamente longo para qualquer pessoa ficar sem dormir". Com o tempo, apesar de sua luta contra o sono, o jovem sucumbiu ao inevitável e, enquanto ele e sua família assistiam à TV na sala de estar, ele adormeceu. "Eles o levaram para o andar de cima e o colocaram na cama, pensando 'Graças a Deus essa pequena crise acabou'", relembrou Craven. Mas não tinha acabado.

Na calada da noite, a família foi despertada por barulhos terríveis de seu filho gritando descontroladamente em seu quarto. Correram até lá e, quando entraram, tiveram a visão terrível dele se debatendo horrivelmente na cama, e antes que o pai pudesse socorrê-lo, o rapaz caiu, imóvel, e morreu. E, naquilo que pode parecer uma prova da determinação do jovem de ficar acordado, a família encontrou todos os comprimidos para dormir escondidos na cama, os quais o filho apenas fingia tomar. Uma busca mais profunda também revelou algo que Craven jamais esqueceu. "Ele tinha uma cafeteira elétrica dentro de seu armário, com um cabo de extensão escondido que ia até a tomada mais próxima, com café preto que tomava compulsoriamente na tentativa de permanecer acordado", o diretor relembrou ter lido. Para Craven, aquilo comprovava o ponto de que o rapaz tinha clareza de visão: ele sabia o que surgiria ameaçadoramente caso adormecesse e, para sua infelicidade, isso aconteceu. Foi realizada uma necropsia e constatou-se que não havia nada de errado com ele fisicamente.

Friedrich-Wilhelm Krüger, membro do alto escalão da SA e da SS, organizou e supervisionou inúmeros atos de crimes de guerra e teve uma grande responsabilidade pelo Holocausto. A exemplo de Hitler, cometeu suicídio atirando contra si.

"Eu só pensei 'Uau'. Aquilo me comoveu, literalmente trouxe lágrimas aos meus olhos", disse Craven, "porque lá estava um rapaz com uma visão precisa, mas tão incomum que parecia ser parte de algum tipo de loucura." O dr. Robert Kirschner, um médico com conhecimento desse fenômeno bizarro, afirma: "Nas Filipinas é chamado de 'bangungot'; no Japão, de 'pokkuri'; na Tailândia, de alguma outra coisa". E não importa o nome que se dê, a tradução é praticamente a mesma: "morte por pesadelo".

O conceito de algo que parece tão inexplicável — ficar acordado por medo da morte, em oposição à alternativa aparentemente mais fácil, ir dormir e ficar bem — reverberou em Craven. "Isso também teve apelo para mim como um símbolo da nossa cultura", afirmou. "Parecia ser algo socialmente impossível de acontecer conosco, até que por fim essa ideia surge e morde o seu traseiro, porque você simplesmente não conseguiu compreender que pode ser verdade."

O MEDO É UMA PESSOA

Com um relato comovente e assustador, enraizado em um acontecimento verídico, e em um ambiente que Craven já havia explorado pessoalmente e como professor, seu próximo passo era descobrir o filme dentro da história. Essa busca levou o escritor e diretor a se fazer a pergunta que formaria a base estrutural do filme: e se foi alguém dentro do sonho do garoto que o matou? Era uma ideia intrigante, que ele procurou explorar mais, levando-o a fazer perguntas mais interessantes e a descobrir, para o seu deleite, respostas empolgantes.

Craven recordou: "Eu disse: 'Certo, e se for um cara?'". E, com essa singular noção, ele conseguiu — embora ainda não soubesse no momento — conceber os princípios de um personagem agora firmemente enraizado nos anais da história do horror — e da cultura popular. Mas primeiro ele teve de criar uma personalidade tridimensional para se adequar ao conceito de que alguém, ou alguma coisa, havia assassinado um garoto durante seu sono. Esse disfarce, Craven decidiu, teria o nome de Freddy Krueger (rascunhos iniciais do roteiro têm o nome do personagem com a grafia "Freddie"), mais uma vez por razões que ele vivenciou em primeira mão. "Tinha um moleque chamado Freddy que era meio que meu pior inimigo na escola primária", disse ele. "Era um menino grande e ele batia em mim com certa frequência."

Com uma lembrança tão negativa relacionada ao nome Freddy, talvez não seja surpresa alguma que Craven tenha conferido essa alcunha ao antagonista de seu filme. Chegar ao sobrenome Krueger foi um pouco menos doloroso, mas não menos pessoal. "Era uma extensão do nome 'Krug', o personagem principal de *Aniversário Macabro*", revelou ele. Mas não foi apenas o vilão assassino e de carne e osso de seu primeiro filme que serviu de inspiração ao cineasta. "Krueger me soava muito alemão", disse ele, cujo lado erudito provavelmente não era alheio à existência de um oficial nazista, e membro do alto escalão da SA e SS, chamado Friedrich-Wilhelm Krüger.

Craven também sabia que seu vilão era mais do que apenas um nome, reconhecendo a necessidade de sua criação não apenas ser verdadeira e plausivelmente maligna, mas também completa. Mais uma vez, ele não teve de ir muito mais longe do que sua própria lembrança para começar a elaborar, e a relatar, o incidente de infância que inspirou a personalidade do assassino dos sonhos. "Lembro-me de mim mesmo quando criança, na época da sexta série; estou supondo, porque nós nos mudávamos muito", recordou Craven. "Eu sei que a minha família morava em um prédio de apartamentos em Cleveland, dentro da cidade, no segundo andar, e o meu quarto tinha vista para a calçada do lado de fora." Foi essa visão de dentro do seu quarto que daria ao jovem Wes Craven o susto de sua vida e, como ele só viria a perceber décadas mais tarde, uma inspiração necessária e maravilhosa.

Os eventos que transcorreram começaram quando, deitado em sua cama certa noite, Craven ouviu pés se arrastando e uma voz murmurante. Sempre curioso, ele andou de mansinho até a janela e deu uma olhada lá fora. O que viu ficou com ele para sempre. "Era um homem com um casaco e uma espécie de chapéu fedora, e de alguma maneira ele sentiu que alguém o estava observando, e olhou diretamente para os meus olhos", relembrou. Apavorado, o jovem Craven logo saltou para longe da janela e ficou sentado na pontinha da cama, esperando que o homem apenas fosse embora. Não ouvindo mais nenhum ruído vindo do lado de fora, ele supôs que era seguro dar outra olhada. Ele estava errado.

"Eu voltei e o homem ainda estava lá, e então ele começou a andar, e ficava olhando por cima do ombro, diretamente para mim", disse Craven. Não parecia que a situação poderia ficar ainda mais perturbadora, até ocorrer algo inesperado e ainda mais preocupante: o estranho homem deixou claro estar prestes a entrar no prédio onde vivia o garoto. "Ele virou a esquina onde eu sabia que ficava a entrada do nosso prédio, então corri até a porta da frente e ouvi a porta que dava para a rua se abrindo lá embaixo. Eu estava mais aterrorizado do que jamais me lembro de ter ficado", admitiu Craven.

Craven relembrou que era um momento infeliz; seu pai havia morrido muito tempo antes e ele morava com a mãe, a irmã e o irmão mais velho, Paul, que "desceu as escadas segurando um bastão de beisebol, era mesmo um bastão de beisebol, mas o cara já tinha desaparecido. Eles nem sequer tinham certeza se acreditavam que eu tinha visto aquilo". Olhando para trás, Craven teve certeza: "Eu sei que vi aquele cara".

O acontecimento afetou Craven por vários motivos, mas por um em particular: "O que mais me impressionou naquele homem, provavelmente um bêbado ou algo assim, era que ele tinha muita malícia em seu rosto", explicou. "Tinha também uma espécie de senso de humor doentio, de sentir prazer em aterrorizar uma criança." A identidade daquele homem assustador e provocador permaneceria desconhecida para sempre, mas ele ganharia infâmia em seu anonimato, como inspiração para o vilão que receberia o nome de Freddy Krueger.

Craven examinou o que o havia levado a incluir a ideia desse estranho aparentemente perverso em seu personagem fictício, dizendo: "Extrapolando aquilo e o elevando ao enésimo grau, acho que você chega ao tipo de mentalidade de homens mais velhos que podem mandar os jovens para a guerra. Ou uma geração que sempre odeia a música da nova geração porque é uma ameaça para eles, porque são eles que herdaram uma nova vida, enquanto as pessoas mais velhas são as que herdam a velhice. Então, isso se tornou a essência de Freddy".

Navegando em uma arena muito mais pessoal, Craven tinha outra resposta para as origens do seu personagem. "Às vezes digo, de brincadeira, 'papai'. Eu tinha muito medo do meu pai e só tenho duas ou três lembranças dele, todas baseadas no medo", admitiu. "Essa ideia de uma figura paterna ameaçadora em oposição ao pai protetor é algo muito poderoso para mim, e isso está em muitos dos meus filmes." Craven também era rápido em apontar o significado histórico por trás desse sentimento. "Tem uma pintura incrível de Goya sobre o deus grego Cronos devorando um de seus filhos, arrancando a cabeça de um deles por conta de uma traição ou algo do tipo", disse ele.

Deixando a experiência do passado, os fundamentos familiares e a intervenção mitológica de lado, era mais do que apenas a ideia de quem era o homem e o que ele poderia estar querendo que entrou na criação de Craven. Utilizando-se de uma sugestão da aparência física daquele estranho, o cineasta imaginou que seu Freddy poderia se parecer muito com o homem que o aterrorizou tantos anos atrás. "Aquele homem usava um chapéu como o de Freddy, então essa é a origem do chapéu", ele revelou. Embora o chapéu possa ter protegido o rosto do estranho do olhar do jovem Craven, ele continuou a contemplar como seria seu vilão no filme. Começando com uma noção genérica de esconder sua criação embaixo de uma máscara, a ideia foi rapidamente descartada; isso já tinha sido feito muitas vezes antes em filmes de terror, e Craven queria algo que não fosse totalmente padrão no gênero. "Depois de passar por diversas máscaras e dizer 'Bem, e se ele tiver uma máscara que se pareça com isso ou aquilo?', pensei: 'Mas eu quero que ele possa falar'." Mais importante do que apenas ter uma voz para o seu antagonista, Craven foi mais longe: "Eu queria uma percepção visível da personalidade dele; então, de alguma forma, tive a ótima ideia de um rosto coberto de cicatrizes".

O conceito se tornaria uma parte importante do personagem, permitindo sua eloquência vocal, mais do que apenas uma noção passageira. Craven sabia que, especialmente nos Estados Unidos, heróis e vilões tendem a ser facilmente identificáveis. "No jargão ocidental, você tem um sujeito com chapéu branco e outro com chapéu preto", disse ele. "Um é o cara bom, o outro é o cara mau." Mas Craven queria mais do nêmesis de seu filme, levando a dualidade de herói e vilão um passo além de muitos outros monstros cinematográficos da época, criando uma mistura memorável. "Freddy é depravado, mas tem senso de humor", afirmou.

Embora esse humor fosse sombrio, também seria usado com moderação, pontuando o mal que Craven sempre imaginou para Krueger. "Eu sentia que Freddy era o paradigma do adulto ameaçador e representava o lado selvagem da fase adulta masculina. Ele era o pai malvado definitivo", disse o diretor. "Ele é uma doença que odeia a juventude. Odeia a infância e a inocência. E ele as ataca e explora, e tenta acabar com tudo isso. Desde o início, foi assim que eu o vi."

KENNEDY SLAIN ON DALLAS STREET

Johnson Becomes 36th President

Manchete anuncia a tragédia que devastaria os EUA em 22 de novembro de 1963.

Cena do filme com crianças brincando na pacata Elm Street.

O MEDO É UM LUGAR

Satisfeito com quem seria o seu vilão, Craven voltou sua atenção para o cenário do seu filme de terror. Como havia feito em um de seus filmes, o local não seria algum lugar distante que ninguém pudesse entender, mas sim algo com que muitos espectadores pudessem se relacionar: uma rua suburbana e arborizada. Por isso, "Elm Street" era o nome bastante específico onde os pesadelos estariam concentrados. Por um longo tempo, muitos especularam o porquê dessa escolha.

"A escola na qual lecionei antes de pular fora do ensino acadêmico foi a Faculdade Clarkson de Tecnologia, em Potsdam, Nova York. E a rua principal de Potsdam é a Elm Street", disse Craven. Isso talvez explique por que muitos afirmam que deve ser esse o motivo para o nome e que talvez haja uma pequena quantidade de ego envolvida com aqueles em tal área. "Todo mundo por lá está convencido de que eu me baseei nisso", acrescentou Craven. (Os moradores do local talvez fiquem desapontados em ouvir que o cineasta declarou que não foi esse o caso.) Espectadores e críticos sugerem uma motivação muito maior e politicamente carregada por trás disso. "E também, é claro, Elm Street foi a rua em que Kennedy foi baleado", comentou Craven, "então, talvez, algumas pessoas achem que tenha sido por causa disso."

Craven, porém, deixou registrado um motivo que é muito mais simples e, ao mesmo tempo, psicologicamente mais profundo: "A razão de eu ter usado Elm Street, o verdadeiro motivo, é que eu queria passar a ideia de um lugar que era o ideal de vida puramente norte-americana", admitiu. "E, para mim, o olmo[1] em parte era o símbolo daquela árvore primordial sob a qual todos nos abrigamos como pequenos humanos. Na minha cabeça, era um símbolo do ideal norte-americano." Tocar nessa nostalgia era um aspecto importante da história, já que Craven não parecia estar apenas em busca da justaposição de que o terror pode acontecer em um lugar que normalmente é visto como um refúgio. Em vez disso, ele buscou ampliar o medo real que pode ser construído como resultado da própria criação. "Para mim, a área mais pungente e poderosa da nossa memória é a infância. E isso, quase que exclusivamente, ocorre em lares comuns", ele afirmou. "De fato, durante os primeiros cinco anos de nossas vidas, não nos afastamos muito do quintal de casa."

Aparentemente um lugar inofensivo, Craven explicou que é onde muitos dos nossos medos criam raízes. "É onde você encontra a maioria dos acontecimentos verdadeiramente primitivos da sua existência, e é por isso que você tem medo do sótão, do porão, do escuro, de tudo mais", disse ele. Indo um passo adiante, o diretor deu sua opinião sobre por que a ideia do terror estar em locais de difícil acesso às vezes é mais ineficaz do que os medos "caseiros": "Os filmes ambientados nesses locais familiares são capazes de evocar essas lembranças com mais facilidade do que os filmes que se passam em um castelo ou mesmo no espaço sideral, onde não temos memórias pessoais". Portanto, o pesadelo começaria em Elm Street.

[1] "Olmo" — ou "ulmeiro" — é a tradução de "elm", em inglês, um tipo de árvore de grande porte, que chega a alcançar trinta metros de altura, e cuja madeira é muito utilizada na fabricação de móveis, barcos e marcenaria em geral. [NT]

O MEDO É UMA COISA

A próxima pergunta que Craven se fez mostraria ser algo tão importante na época quanto é icônico agora: qual ferramenta o seu assassino poderia usar para despachar as vítimas? Ele tinha noção de que a arma que escolhesse poderia muito bem se tornar um fator de sucesso ou fracasso, porque o público aficionado pelo gênero sempre se lembra do método usado pelo vilão para matar.

Na época, filmes como *O Massacre da Serra Elétrica* (que efetivamente transformou um instrumento de podar árvores em algo para causar terror), *Halloween* (que mudou para sempre a visão da faca de açougueiro) e uma grande variedade de ferramentas em *Sexta-Feira 13* (um facão, um machado, uma lança... e a lista continua) aparentemente esgotaram o mercado com maneiras efetivas de matar, a não ser que se repetisse o que já havia sido feito. Craven não queria fazer isso e decidiu, em vez disso, criar uma nova maneira de atacar as vítimas. Em essência, ele olhou para o passado enquanto contemplava o futuro.

"Tinha um monte de assassinos com máscaras e com algum tipo de arma pontuda", observou Craven. Depois de passar por listas de possíveis implementos, incluindo facas e até mesmo uma foice, ele percebeu que poderia colocar em prática seus anos de estudo. "Eu pensei: 'Muito bem, você era professor. Coloque a sua mente acadêmica para funcionar. Qual é a arma mais antiga da qual a humanidade pode ter medo?'."

Era uma maneira interessante de abordar a questão, que compensou quando Craven explorou suas opções. Uma de suas primeiras constatações era que seria a arma de algum animal, algo que pudesse "alcançar os cantos com garras enormes", disse ele. "Você sabe, um tigre-dentes-de-sabre, com incisivos, garras, unhas e tudo mais."

Satisfeito com essa noção, Craven levou a ideia adiante, lembrando-se de ter lido em publicações científicas que polegares opositores foram fundamentais para o espetacular desenvolvimento humano. "Então pensei: 'Certo, vamos pegar a mão humana, cuja destreza é o epítome da humanidade, e combiná-la com a garra'", relembrou ele.

O polegar opositor foi o fator mais importante para que a humanidade pudesse desempenhar atividades motoras complexas que a maioria dos animais não era capaz. Também permitiu que Craven extrapolasse e desenvolvesse um poderoso e memorável dispositivo de morte para um "animal" com um cérebro maior e motivação humana. "Os dois se alimentaram mutuamente e melhoraram cada vez mais. As garras foram uma maneira de concluir com chave de ouro", disse ele.

Craven terminou sua criação colocando o vilão em uma espécie de antro proibido: uma sala de caldeira. Para ele, era como colocá-lo "em um labirinto no Hades e no inferno". Mais do que isso, ele sentia que reforçava a ideia de que Freddy Krueger estava "numa espécie de lugar misterioso e sombrio que fica embaixo do que a sociedade oferece às crianças em sua escola".

AGORA EU ME DEITO PARA DORMIR

Os elementos básicos de seu assassino, sua arma e a ambientação tomando forma permiţiram que Craven desse início ao argumento, mas a base da história ainda não estava definida. Um vilão falante com um semblante coberto de cicatrizes e um inesquecível mecanismo de morte eram uma coisa, mas ele ainda ficava se perguntando: "Muito bem, de onde isso veio?".

A resposta para isso surgiu, como havia acontecido no passado, a partir de aspectos da educação de Craven que estavam prontos para ser explorados. Dessa vez, ele utilizou seus estudos bíblicos e o conceito milenar de que os pecados dos pais devem recair em seus filhos. "Eu pensei: 'Perfeito. Foi algo que os pais fizeram com ele'", relembrou. Essa revelação, tão importante quanto intrigante, estabeleceu as bases para seu roteiro.

Craven desenvolveu o roteiro de *A Hora do Pesadelo* acompanhando a adolescente Nancy Thompson, seu namorado, Glen, a melhor amiga, Tina, e o namorado dela, Rod. Tudo parece tranquilo em seus lares suburbanos até que um mal começa a surgir na superfície sob a forma de um pesadelo que os quatro amigos compartilham. É uma visão terrível de um homem horrivelmente queimado que usa uma luva com lâminas afiadas na mão direita. "Ele aparece primeiro para esses quatro jovens e os deixa apavorados", disse Craven. Quando essa aparição assustadora mata seus amigos de maneira brutal em seus sonhos, fazendo com que eles morram também na vida real, fica claro para Nancy que o monstro é mais do que um pesadelo em sua mente. Craven queria mais do que apenas outro festival de sangue e tripas, então temperou seu roteiro com um pequeno mistério. "Freddy mata de uma maneira que sugere que alguém na 'vida desperta' poderia ter feito aquilo", explicou, permitindo a ideia de que poderia haver explicações no mundo real para cada morte.

Mas Nancy sabe que há mais coisas para serem reveladas e confronta sua mãe alcoólatra, a qual relutantemente compartilha a história de Freddy Krueger. Conhecido anos antes como o "Esquartejador de Springwood", ele era um assassino molestador de crianças que foi preso pelo pai de Nancy e levado ao tribunal para julgamento, mas posteriormente libertado devido a uma brecha na lei. Incapazes de lidar com o terror em seu ambiente, os pais enfurecidos de Elm Street rastrearam Krueger em seu esconderijo na sala da caldeira e o queimaram vivo. De posse da verdade, a inventiva Nancy formula um plano para tirar o monstro de seu pesadelo, trazê-lo para o mundo real e destruí-lo. Mas, conforme ela vai descobrir, o mal nunca morre realmente.

Anúncio original da *Variety* para o filme de tremendo sucesso de Sean Cunningham, *Sexta-Feira 13*, que acabou arrecadando cerca de quarenta milhões de dólares e gerou uma franquia.

O CUSTO DOS SONHOS

Terminando com um material que ele próprio considerava interessante, intrigante e poderoso — para não dizer algo que, como ele afirmou, vinha "do coração" —, Craven estava pronto para soltar sua obra mais nova em uma cidade à procura de algo original, mesmo que o que tivesse a oferecer contemplasse um gênero que muitos desaprovavam. O amigo de Craven e produtor de seu primeiro filme, Sean Cunningham, foi rápido em demonstrar suas preocupações ao ser apresentado à proposta. "Wes vinha alimentando havia três ou quatro anos esse conceito de tentar fazer um filme de horror que envolvesse sonhos interagindo com a vida real", recorda Cunningham. "Lembro-me de dizer a ele 'Wes, não acho que alguém compraria nisso'." Independentemente da preocupação do amigo com o seu material, Craven estava convencido de que poderia ter sucesso, acreditando se tratar de um projeto que valia a pena explorar, uma aposta que valia a pena fazer.

Antes de soltar sua última criação para o grande público, Craven achou que seria confortável primeiro mostrar o roteiro terminado ao criador e diretor do altamente bem-sucedido *Sexta-Feira 13*, esperando que seu amigo por fim pudesse entender. Infelizmente, como Craven temia, a reação de Cunningham foi, na melhor das hipóteses, morna. "Sean deu uma lida e apenas disse: 'Meh'", lembrou Craven. Cunningham justificou sua reação desinteressada dizendo mais uma vez que, mesmo na forma de roteiro final, ele "não sentiu que alguém teria medo do filme ou do vilão porque é um sonho".

Certamente não era o que Craven estava esperando ouvir, mas ele continuou se segurando na esperança de que fosse uma opinião bem particular de uma única pessoa. "Eu achava que todos iriam ver que bom roteiro era aquele e que iria pegar", disse Craven. Mas aparentemente não foi o caso, com todos a quem ele mostrava o roteiro não demonstrando interesse. "Achei que conseguiria vender rapidamente. Eu tinha feito três ou quatro filmes de terror e pensei que todo mundo pularia em cima, só que *Bênção Mortal* e *O Monstro do Pântano* não foram lá muito bem nas bilheterias, e filmes do tipo *Sexta-Feira 13* começavam a envelhecer. Havia uma percepção em Hollywood de que o horror estava morto." Uma visão poderosa vinha surgindo no mainstream: filmes de gênero eram maléficos ou podiam corromper, e ninguém estava interessado em vê-los.

Muitos no circuito rejeitaram o roteiro pelas mesmas razões que Craven temia. Além disso, para muitos que o leram, era uma história difícil de rotular. Combinava elementos de filmes de matança, de monstro e de mistério com toques de cinema fantástico em um cenário realista e cotidiano. "Colecionei uma enorme pilha de cartas de rejeição", lembrou o cineasta, "que diziam 'Muito obrigado, mas não achamos que seja para nós e não o consideramos assustador'."

Confirmando que o roteiro foi enviado para muitos estúdios, Craven detalhou uma carta de rejeição da Universal Pictures, que ele guardou ao longo dos anos. "Está escrito: 'Nós lemos o roteiro que você nos enviou, *A Hora do Pesadelo*. Infelizmente, o roteiro não nos entusiasmou muito a ponto de darmos prosseguimento a ele neste momento. No entan-

Cunningham no local de filmagem de *Sexta-Feira 13*.

Robert Shaye, o homem por trás da New Line Cinema e o único que acreditou em *A Hora do Pesadelo*. Repare no cartaz de *Macunaíma* (1969) ao fundo; Shaye distribuiu o longa de Joaquim Pedro de Andrade no exterior pela New Line.

Sara Risher (posando com John Waters), que também trabalhou para garantir que o filme fosse tudo o que eles achavam que poderia ser.

to, quando você estiver com o filme finalizado, entre em contato e ficaremos encantados de exibi-lo para uma possível aquisição dos negativos'", disse ele. "Isso é de 14 de dezembro de 1982. Eu tinha uma gaveta cheia de rejeições assim."

Craven percebeu que as pessoas pareciam gostar do que liam, mas não o suficiente para comprar o que estava escrito, o que certamente não era a notícia que ele queria ouvir, criativa ou financeiramente. Tendo trabalhado com tanto empenho e ouvido inúmeras rejeições, ele admitiu ter passado por um processo interessante que o deixou preocupado: "Estou fracassando. Estou fracassando e nunca mais vou trabalhar. Vou ter que voltar ao mercado de ensino."

Isso não estava no futuro de Craven, mas certamente foi um período difícil, já que o sonho de criar algo para si mesmo praticamente o havia arrasado financeiramente. Nem mesmo os trabalhos ocasionais que Craven fazia para reescrever material de outros enquanto estava desenvolvendo *A Hora do Pesadelo* pôde impedir que todas as suas economias fossem consumidas. Ele acabou sendo forçado a vender sua casa, com prejuízo, enquanto tentava juntar o suficiente para se sustentar. "É uma história longa e triste que acaba comigo não conseguindo pagar as contas", recordou ele sobre essa época. Uma dessas contas era referente ao pagamento de impostos no valor de cinco mil dólares e, sem saber onde conseguir esse dinheiro, ele pediu ajuda para Cunningham, que prosperava com os lucros de seu sucesso com *Sexta-Feira 13*. Ele foi generoso o bastante para emprestar o dinheiro para seu amigo, mas, Craven recordou, "ele disse: 'Isso é tudo o que posso lhe dar'".

Ao mesmo tempo que Craven se preocupava com suas finanças, ele continuou trabalhando para tentar vender o roteiro. Surpreendentemente, existem rumores de que chegou perto de fazer negócio com um comprador improvável: a Disney. Ainda que sem fechar um acordo, é provável que tenha sido melhor assim, pois o que se comenta é que essa versão teria de amenizar o tom para deixar o filme palatável para uma plateia mais jovem, uma espécie de filme da temporada de Halloween que pudesse ser exibido repetidamente, o que com certeza não era a visão pretendida por seu criador. Quando perguntado sobre a possibilidade de um acordo desse tipo, Craven afirmou: "Não me lembro de nada disso".

Depois disso, ele recebeu outra notícia ruim na época: o estúdio 20th Century Fox rejeitou o projeto. Àquela altura, um pouco acostumado a receber respostas negativas, Craven ficou mais assustado não por terem recusado o filme, mas porque os executivos acharam seu roteiro muito parecido com um lançamento que em breve estariam distribuindo.

A Morte nos Sonhos (1984), estrelado por Dennis Quaid, Kate Capshaw, Max von Sydow e Christopher Plummer, conta a história de um paranormal que é chamado para participar de um projeto do governo a fim de ajudar o presidente dos Estados Unidos a superar pesadelos aterrorizantes envolvendo uma guerra nuclear. Pouco depois, pessoas começam a morrer enquanto estão no estado do sonho, e é descoberta uma trama para assassinar o chefe do Executivo enquanto ele dorme.

Não era preciso ser muito inteligente para enxergar as semelhanças entre esse filme e o roteiro de Craven. "Quando ouvi pela primeira vez sobre *A Morte nos Sonhos*, mordi a minha língua umas mil vezes por ter falado com tanta liberdade sobre *A Hora do Pesadelo* em entrevistas durante muito tempo antes de estarmos prontos para fazê-lo", lamentou ele.

Craven de maneira alguma os acusou de ter roubado sua ideia, embora tenha declarado que seu conceito estava circulando há anos. "Talvez se eu tivesse mantido a minha boca fechada, ninguém teria pensado nisso", ponderou. E embora na época tivesse havido um aumento no conceito de sonhos e pesadelos, ele acrescentou: "A premissa básica era uma coincidência suspeita demais".[2]

Quando Craven finalmente viu o filme, e o que foi feito com o conceito semelhante de morte nos sonhos, a experiência despertou dentro dele sentimentos de temor por seu próprio projeto. "O filme tinha inclusive alguém com garras nos dedos e tudo mais", recordou-se. "Lembro-me de estar sentado no cinema e simplesmente me sentir afundando até o chão. Eu pensei: 'Ele pegou a essência da ideia e agora jamais conseguiremos fazer o meu filme'."

Mesmo com o espectro sombrio de um projeto que se posicionava no mesmo ambiente que o dele, Craven tentou encontrar um ponto positivo, olhando para o que separava seu roteiro do outro projeto: não havia criaturas em *A Hora do Pesadelo*, apenas um assassino de crianças. Esperando que a força de seu conceito e de sua execução prevalecesse, Craven admitiu ter ficado "apavorado", com receio de que *A Morte nos Sonhos* pudesse prejudicá-lo. "Às vezes, esse tipo de coisa pode simplesmente acabar com o seu filme; às vezes, não faz a mínima diferença", disse ele. Para sorte de Craven, devido ao fraco desempenho de *A Morte nos Sonhos* nas bilheterias, não fez a mínima diferença.

NOVAS OPORTUNIDADES

Determinado a encontrar um lar para o seu roteiro, Craven descartou o mundo dos estúdios. O roteiro sempre recebia elogios, mas, como ele lembrou: "Acho que todo mundo deu uma olhada nele. Não consegui convencer ninguém a colocar dinheiro, eram apenas elogios". Craven procurou financiamento privado e independente, uma decisão que lhe possibilitaria a liberdade que estava esperando ter com o roteiro no qual trabalhou tanto. "Naquele momento, o único cara que achou o roteiro interessante foi Bob Shaye", disse ele. "Foi uma coisa interessante somente o Bob ter visto o potencial disso."

2   O roteiro de *A Morte nos Sonhos* foi escrito por David Loughery, Chuck Russell e Joseph Ruben (que também dirigiu o filme), baseado em um argumento original de Loughery, em seu primeiro trabalho no cinema. Curiosamente, Russell — que também tem uma carreira de sucesso como diretor e produtor (*O Máskara, Queima de Arquivo*) — fez sua estreia na direção alguns anos depois justamente com *A Hora do Pesadelo 3: Os Guerreiros dos Sonhos* (1987), no qual também assina o roteiro, escrito em parceria com Frank Darabont, Bruce Wagner e o próprio Wes Craven, a partir de uma história desenvolvida por estes dois últimos. [NT]

Com mais de cem filmes distribuídos pela New Line Cinema, incluindo tanto vencedores do Oscar como projetos de horror, Shaye parecia a pessoa perfeita no setor de filmes autônomos para impulsionar *A Hora do Pesadelo*. "Bob é muitas coisas diferentes, e tem uma inteligência extraordinária", comentou Craven. "Ele foi capaz de enxergar como o roteiro poderia fisgar uma plateia de uma maneira que outras pessoas não conseguiram."

Shaye realmente começou a entender e a gostar da ideia geral quando foi ao mercado para conhecer novos e talentosos diretores. "O roteiro original de *A Hora do Pesadelo* chegou até mim porque eu tinha ido a Los Angeles para conhecer alguns jovens diretores como Joe Dante, Wes Craven e Tobe Hooper", lembra ele. "Não me encontrei pessoalmente com Wes, mas nos falamos por telefone e ele me contou sobre essa ótima ideia que tinha para *A Hora do Pesadelo*."

Craven descreveu o filme para Shaye como "um pesadelo do qual você não acorda", onde havia um grupo de jovens sendo mortos pelo "bicho-papão" em seus pesadelos. Com isso, o fundador da New Line Cinema ficou intrigado. "Achei que era incrivelmente inspirado porque tinha esse ótimo gancho de publicidade que seria familiar no mundo inteiro", afirma Shaye. "Todos nós temos pesadelos."

Ele também ficou impressionado com o vilão criado por Craven. "Sua caracterização de Freddy Krueger, com o domínio da fraqueza vulnerável dos nossos pesadelos, onde não temos qualquer controle, era profundamente perturbadora", afirma Shaye, acrescentando, "e muito divertida."

Concluindo o que parece ter sido uma conversa interessante, com Shaye expressando interesse no material e Craven tentando lhe encontrar um lar, o produtor se deparou com um pequeno problema. "Wes não queria me enviar o roteiro!", conta ele. "Continuei telefonando para ele todo mês, e, nesse meio-tempo, ele ou o agente dele mostrou o roteiro para todos os outros que possivelmente tinham recursos para fazer um filme."

Depois ficou claro que os motivos da demora não eram outros senão a busca de alguém que pudesse oferecer o melhor acordo e as melhores condições para fazer o filme — e os modestos recursos no começo da empresa de Shaye não eram nenhum segredo.

"A New Line, naquela época, era uma empresa pequenina, minúscula; acho que umas duas pessoas em uma lojinha na zona leste da cidade", disse Craven. Ele estava mais do que ciente de que Shaye havia adquirido os direitos de filmes como *A Porta da Loucura* e *Pink Flamingos*, e quais eram seus métodos de distribuição. "Eles os distribuíam em bases militares, prisões e faculdades. Eram seus três locais. Então pensei: 'Esse cara nunca vai levantar o dinheiro'."

Quando mais ninguém mordeu a isca, no entanto, Craven voltou para Shaye com o roteiro, sem saber que estava mais ou menos certo sobre as possibilidades financeiras da New Line Cinema. Shaye revela: "E então Wes voltou para nós. Eu também não tinha os meios para fazer o filme, mas não contei isso para Wes naquele momento".

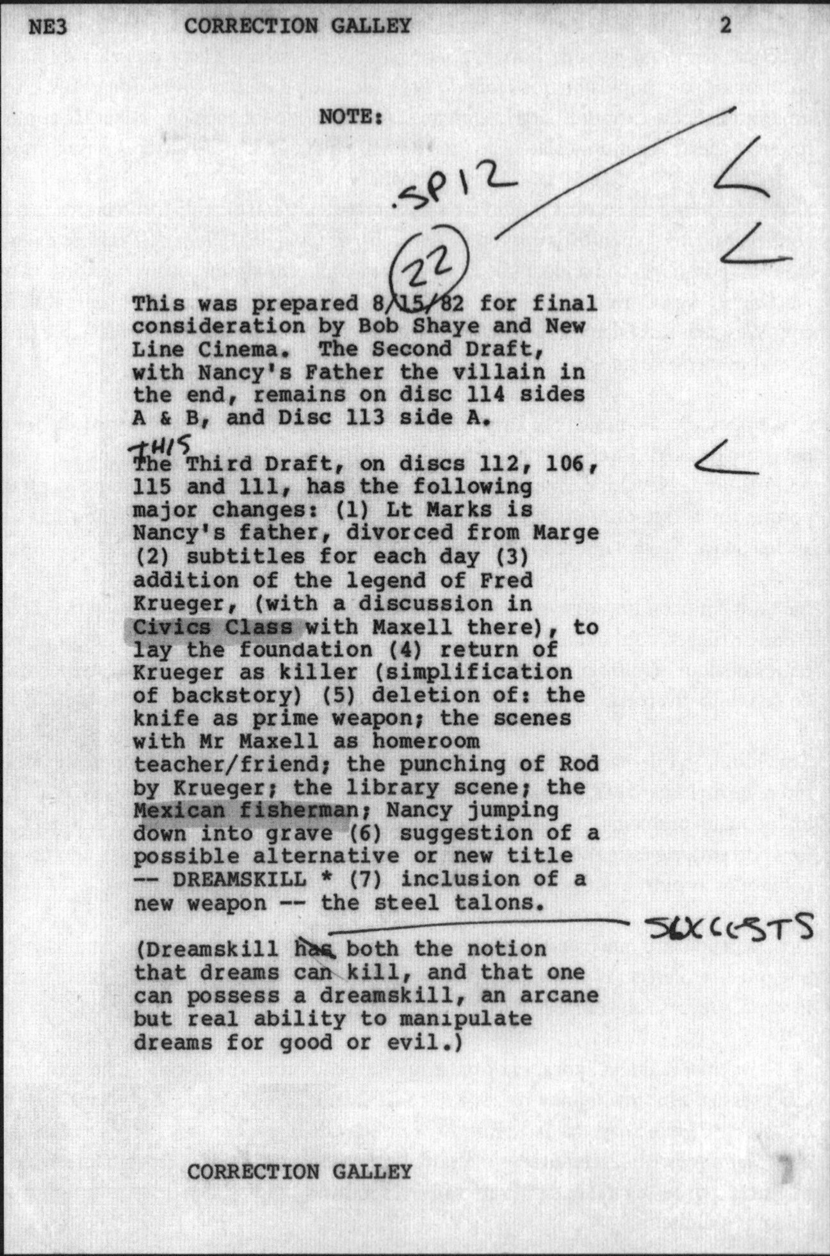

NE3   CORRECTION GALLEY   2

NOTE:

.SP12

(22)

This was prepared 8/15/82 for final
consideration by Bob Shaye and New
Line Cinema. The Second Draft,
with Nancy's Father the villain in
the end, remains on disc 114 sides
A & B, and Disc 113 side A.

THIS
The Third Draft, on discs 112, 106,
115 and 111, has the following
major changes: (1) Lt Marks is
Nancy's father, divorced from Marge
(2) subtitles for each day (3)
addition of the legend of Fred
Krueger, (with a discussion in
Civics Class with Maxell there), to
lay the foundation (4) return of
Krueger as killer (simplification
of backstory) (5) deletion of: the
knife as prime weapon; the scenes
with Mr Maxell as homeroom
teacher/friend; the punching of Rod
by Krueger; the library scene; the
Mexican fisherman; Nancy jumping
down into grave (6) suggestion of a
possible alternative or new title
-- DREAMSKILL * (7) inclusion of a
new weapon -- the steel talons.

SUCCESTS

(Dreamskill has both the notion
that dreams can kill, and that one
can possess a dreamskill, an arcane
but real ability to manipulate
dreams for good or evil.)

CORRECTION GALLEY

Uma página detalhando as alterações feitas em uma versão inicial do roteiro de *A Hora do Pesadelo* a ser considerada por Bob Shaye e a New Line Cinema. "Nós trouxemos Wes para Nova York várias vezes durante a primavera e o verão de 1983 e ele frequentemente ficava com Bob (e sua esposa) na casa deles perto de um lago no norte da cidade", recorda Risher. "Lembro-me das maratonas que Bob e eu tivemos com Wes para tratar do roteiro."

Risher, que coproduziu o filme, lembra bem de quando Shaye recebeu o roteiro. "Ele leu e gostou muito. Imediatamente soube que havia uma premissa forte e original", diz ela, com Shaye acrescentando: "O roteiro de *A Hora do Pesadelo* não foi lido naquela noite — ele foi devorado". O produtor gostou do conceito arquetípico e do fato de que não era um filme de matança cheio de "sanguinolência apenas por sanguinolência".

Com alguém finalmente interessado em fazer o filme acontecer, Craven recordou suas primeiras discussões relativas ao dinheiro necessário para fazer o filme. "Eu tinha orçado e ficou em cerca de dois milhões de dólares. Bob queria fazer o filme, pelo que me lembro, com cinquenta mil." Craven lembrou o passado, riu e brincou que na ocasião ele disse que "poderia aumentar para oitenta!".

Mas, à medida que a realidade se ajustava, Shaye decidiu que queria o filme e bolou uma maneira de iniciar os trabalhos. "Acho que demos a Wes uma pequena quantia de dinheiro pela preferência na compra e começamos a trabalhar em polir o roteiro", diz ele. "Eu acho que a reserva foi de cerca de cinco mil dólares."

"No final das contas, era questão de juntar o dinheiro", admite Risher. "Tivemos que arrecadar isso porque não éramos muito conhecidos como uma empresa de produção." Agora com a New Line Cinema como a orgulhosa proprietária do projeto *A Hora do Pesadelo*, Shaye não perdeu tempo e foi imediatamente para a fase de desenvolvimento do material, sentindo que, com o roteiro mais forte possível, ele poderia levantar os fundos necessários. "Durante esse tempo, a coisa foi constantemente sendo trabalhada, mudada e alterada", disse Craven. "Bob me passou muitas anotações."

"Bob sentiu que a história precisava ser mais bem elaborada. Era o primeiro rascunho, e foi feito isso", lembra Risher. Trabalhando com Wes para desenvolver e fortalecer o roteiro em menos de um ano, e por muito pouco dinheiro, Risher diz: "Wes foi um guerreiro em trabalhar conosco. Ele e Bob realmente se entenderam criativamente. Eles tiveram ótimas ideias".

Para chegar ao âmago dessas ideias e implementá-las, a New Line providenciou viagens de Craven para Nova York várias vezes durante a primavera e o verão de 1983. Ele frequentemente se hospedava na casa de Shaye e sua esposa perto de um lago no norte do estado de Nova York. Risher lembra as longas sessões de desenvolvimento do roteiro que ocorreram. "Eu acho que acabamos passando por quatro ou cinco rascunhos", diz ela. "Bob tinha ideias muito específicas sobre o que funcionaria e o que não estava funcionando. Ele acreditava firmemente na verossimilhança, como dizia: a lógica do mundo dos sonhos tinha de ser consistente, e ele não ia deixar Wes trapacear ou seguir um caminho fácil. Lembro que todos nos demos muito bem, e Bob e Wes desenvolveram um grande respeito mútuo."

Pelo menos uma das ideias fictícias do roteiro original de Craven seria alterada devido a eventos da vida real, uma vez que um dos julgamentos mais longos da história dos Estados Unidos estava se desenrolando, o que acabou mudando o curso de *A Hora do Pesadelo* de uma maneira sutil. "Durante o tempo que eu estava escrevendo, o julgamento de McMartin estava acontecendo sem prazo para acabar", lembrou Craven.

Na opinião de alguns, o julgamento de McMartin foi chamado de caça às bruxas dos Estados Unidos no século XX. Dizia respeito a alegações de abuso infantil por parte de membros da equipe de uma creche até então bem-conceituada, de propriedade da família McMartin, na comunidade litorânea de Manhattan Beach, na Califórnia. Rumores de práticas de satanismo, crueldade com animais e abuso sexual fizeram com que os pais se tornassem histéricos, levando a um julgamento carregado de alegações difíceis de ser provadas, coerção e falta de testemunhas com credibilidade.

"As crianças acusaram os professores de molestá-las de forma muito sistemática e durante muitos anos", disse Craven. À medida que o julgamento prosseguia, e com falta de provas consistentes, começaram a considerar que a coisa toda era "algum tipo de elaboração psicológica por parte das crianças", acrescentou. "Pelo menos a maior parte das pessoas pensa assim agora."

No final do processo, depois de anos de investigação e um julgamento longo e dispendioso, não ocorreu nenhuma condenação e todas as acusações foram retiradas em 1990. Mesmo assim, era um momento de extrema sensibilidade à questão de molestar crianças, de qualquer maneira, particularmente a sexual.

"Isso foi parte do motivo pelo qual Freddy era descrito como um abusador de crianças. E foram muitos, muitos rascunhos disso", admitiu Craven. E então, seu assassino pedófilo foi reduzido a "apenas" um assassino de crianças. "Ele ainda assim seria alguém desprezível, e de alguma forma um assassino. E, na minha mente, um assassino de crianças é a coisa mais desprezível que se pode imaginar."

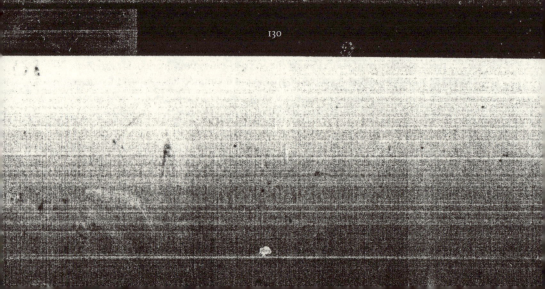

PAGANDO MAIS DO QUE DEVIA

Conforme o trabalho no roteiro avançava, Shaye tentava constantemente obter financiamento para o projeto, um processo que acabou levando dois anos. "Bob estava tentando arrecadar dinheiro e enfim arrumou uma soma suficiente para começar", lembrou Craven. "Ele conseguiu levantar, eu acho, pouco mais de dois milhões de dólares."

Com esse obstáculo aparentemente superado, havia chegado a hora de Craven e Shaye tratarem da não muito sutil questão da negociação de quanto cada um iria receber. Ficou claro para ambas as partes que alguém teria de ceder para que pudessem avançar. A questão era: quem iria ceder, e o quê?

"Infelizmente, houve um ponto em que Bob disse: 'Esse filme não será feito se o seu agente continuar se metendo'", lembrou Craven. Shaye disse gentilmente a Craven que eles eram amigos e não havia nenhuma razão para que não pudessem simplesmente assinar um contrato. "E foi o que eu fiz", disse Craven, lembrando que seu pagamento para escrever e dirigir era cerca de setenta mil dólares. Mas estava incluído nesse valor, conforme ele lamentou, que "Bob ficava com tudo".

Craven estava falido e, pior ainda, endividado no momento em que Shaye discutiu as finanças para fazer o filme. "Eu não tinha condições de fazer um bom acordo", relembrou. Foi apenas uma de muitas outras questões — algumas menores, outras nem tanto — que causavam uma rachadura entre Shaye e seu diretor e roteirista.

Quando pressionado por uma explicação sobre essa perceptível discórdia, ao menos no começo, Shaye sugere: "Eu não sei. Francamente, esse foi um ponto de disputa com Wes que espero ter sido enterrado". Só o tempo diria.

"Meu primeiro trabalho no cinema foi com John Waters", diz Talalay.

Talalay observa com um olhar atento o cenário de *Polyester*.

A EQUIPE DOS SONHOS

Embora Craven talvez acreditasse que o acordo firmado para *A Hora do Pesadelo* foi feito apressadamente para que pudesse se sustentar em meio a uma crise financeira pessoal, o que importava era que o filme estava caminhando para ser feito.

Uma vez que se tratava de um projeto ambicioso com um orçamento limitado, era crucial que aqueles que fossem escolhidos para participar da concretização do filme estivessem prontos para lidar com o que pudesse surgir pela frente. Com isso em mente, uma função importante a ser executada era a do contador. No entanto, naquilo que se tornaria o verdadeiro estilo da New Line Cinema, Shaye procurou dentro da empresa alguém que pudesse fazer esse serviço. E mais um pouco.

Tendo encontrado Shaye pela primeira vez quando era assistente de produção no filme *Polyester*, de John Waters, Rachel Talalay ("Ela é uma boa amiga de John", afirma Shaye), nascida em Baltimore, relembra sua doutrinação pouco ortodoxa para *A Hora do Pesadelo*, que começou com a leitura do roteiro.

"Aquilo me assustou tanto que não consegui dormir depois", lembra Talalay. "Foi muito eficaz em termos de ser puramente aterrorizante." O que pode ter contribuído com esse medo era a sua falta de familiaridade com Craven e sua obra. "Nunca tinha sido fã de filmes de terror até aquele momento. Eu era tão sensível, e tão assustada, que tinha medo demais de seus primeiros filmes para assisti-los." Com o tempo, ela acabou vendo cada um dos filmes e se tornou "uma fã obsessiva e dedicada de filmes de terror", revela Talalay, ao perceber que Craven sabia bem como aproveitar a emoção básica do medo e explorá-la com sucesso.

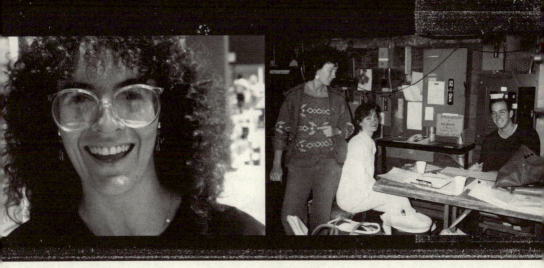

Anne Huntley.

Diers com Dorree Cooper e uma amiga.

A bordo do projeto com o roteiro, Talalay se viu começando mais uma vez como assistente de produção; até que ela foi promovida de forma rápida e inesperada. "Eles me contrataram por cento e cinquenta dólares por semana", lembra. "E então disseram: 'Ah, meu Deus, ninguém sabe como fazer a contabilidade, e você é formada em Matemática, então pode cuidar da contabilidade'."

Uma sensação agradável, mas Talalay admite que "não sabia nada sobre contabilidade", então fez o melhor que pôde para se encaixar na atitude de "empurrar com a barriga" de Shaye e da New Line Cinema. "Eu fiquei naquela de 'Ok, tudo bem', e rapidamente aprendi o que precisava aprender. Essa é uma lição para quem quer trabalhar na indústria do cinema: a menos que você realmente vá se meter em encrenca, se achar que pode descobrir como fazer algo, você deve dizer 'sim' para ser promovida", diz ela. "Mas não se você lhes disser que pode fazer algo quando na verdade sabe que não pode."

Ela não falhou e, trabalhando em estreita colaboração com Shaye, aprendeu a decifrar os números, o que funcionou perfeitamente, já que ela e o filme estariam em Los Angeles. Mas sua ascensão nas funções não terminaria ali, pois a preocupação com os livros não era a única coisa imprevista da qual ela seria encarregada. "Eu me lembro de quando recebi a ligação", relembra Talalay, "e eles comunicaram: 'E, a propósito, também precisamos que todo mundo trabalhe dobrado'."

Talalay descobriu o significado disso quando lhe disseram que ela também seria a gerente de locação. Recém-indicada para um papel duplo (acabou sendo creditada como assistente de produção no final do filme), ela ficava correndo de um lado para o outro, aprendendo as complexidades de suas funções.

Gregg Fonseca com a equipe no backstage.

Diversão nos bastidores com o departamento de arte (e um objeto de cena muito especial).

Enquanto isso, mais equipes de bastidores foram adicionadas, incluindo o diretor de arte Gregg Fonseca. Ele frequentou a Escola de Cinema e Televisão da prestigiosa Universidade do Sul da Califórnia, e *A Hora do Pesadelo* foi apenas seu terceiro longa-metragem (o segundo como diretor de arte), mas seu trabalho — e sua ética de trabalho — estava sendo plenamente colocado em prática, dentro e fora do ambiente de filmagem.

"Eu me lembro muito bem de Gregg. Era maravilhoso trabalhar com ele. Sempre cheio de ideias, e tinha a capacidade de fazer coisas muito boas com um orçamento limitado", disse Craven, que recordou rapidamente uma discussão entre Fonseca e o chefe de maquinaria. "O maquinista ficava dizendo que os sets não haviam sido feitos da maneira correta; não dava para retirar as paredes ou o que quer que tivesse de fazer para iluminar adequadamente. Teve um momento em que ele precisava colocar uma luz através da parede e não conseguia desmontá-la. O maquinista então disse: 'Tudo bem, acabei de arrumar uma solução para isso, Gregg'", lembrou Craven. "Então foi até sua caminhonete, voltou com uma motosserra e serrou a parede. Houve uma enorme briga e muita gritaria entre os dois, e botei ambos para fora do set."

Talalay também lembra dessa briga. "Aquilo causou um enorme racha entre o departamento de filmagem e o departamento de arte", diz ela. "Imagine estar em uma posição em que o diretor de arte odeia você."

Discussões da equipe à parte, Craven admirava Fonseca por ele lutar pelo que achava melhor para o filme, chamando-o de "um ótimo sujeito". E ele não estava sozinho nessa avaliação. "Gregg era maravilhoso, uma figuraça", diz Talalay. "Ele tinha uma visão muito forte para o filme e trabalhou incrivelmente bem com Wes para levar isso para a tela." Os elogios também vêm da produtora de objetos Anne Huntley, que auxiliava Fonseca e cuidava de "comprar, alugar e personalizar todos os móveis, tapetes, luminárias, lâm-

Lisa C. Cook, Rachel Talalay e Don Diers.

Cook no local de filmagem. Gregg Fonseca trabalhando duro.

padas, acessórios e todo o resto, exceto as paredes", diz ela. "Eu criava, fazia compras, alugava e depois instalava tudo."

A contratação de Huntley foi resultado direto de sua relação com Fonseca. "Eu tinha feito *Como Conquistar as Garotas* (1984) com Gregg, e fomos colegas na pós-graduação. Ele era um profissional fantástico", ela conta. "E também um cara muito divertido. Gregg chegava, sujava as mãos e realmente trabalhava em equipe. Era uma pessoa querida, e inspirou a todos."

Infelizmente, depois de utilizar seus inúmeros talentos em duas dúzias de projetos em vários gêneros, incluindo sucessos muito conhecidos como *A Casa do Espanto* (1985), *Querida, Encolhi as Crianças* (1989) e *Quanto Mais Idiota Melhor* (1992), Fonseca faleceu devido a complicações causadas pelo HIV. "Ele era um sujeito excelente e essa foi uma das muitas mortes trágicas por conta da AIDS", comentou Craven. "Não consigo dizer o quanto ele era maravilhoso." Huntley concorda. "Nós o perdemos muito cedo. Ele faz muita falta."

Conforme o filme avançava com seu artista que, na época, Huntley acrescenta, "pensava no estilo e como o estilo poderia ser real, mas também se parecer com um filme", o projeto recrutou o mais novo membro da equipe.

A coordenadora de produção Lisa C. Cook foi trazida para o filme pelo gerente de produção Gerald Olson (*A Espada e os Bárbaros*, de 1982), com quem ela já havia trabalhado anteriormente. Logo aquela se tornaria uma oportunidade para brilhar por conta própria, como descobriu mais tarde. "Cerca de um mês depois, acho, Gerald abandonou *A Hora do Pesadelo* para trabalhar para a HBO, e John Burrows chegou a bordo", diz Cook. "Portanto, sou muito grata por John ter me mantido, porque é comum gerentes de produção e coordenadores virem em equipe. Você normalmente não chega sem trazer seu colega junto."

"Bob e Sara me contrataram para produzir o filme, mas eles não tinham dinheiro", admite Olson, que acabou se juntando à família New Line Cinema como executivo. "Eu estava cuidando da produção na minha sala de estar quando a HBO me ofereceu um emprego. Como a New Line não tinha financiamento para o filme na época, aceitei."

O filme precisava substituir Olson, e Burrows, que estava sem trabalho no momento em que *A Hora do Pesadelo* surgiu em seu caminho, estava na lista de gerentes de produção disponíveis. Perguntaram-lhe se poderia trabalhar no filme com Craven. "Eu disse 'Claro que posso. Já ouvi falar dele, mas não o conheço'", lembra Burrows. "Eles disseram 'Bem, por que não vai se encontrar com ele?'."

Craven e Burrows se encontraram na casa do cineasta, que ficava perto do aeroporto de Santa Monica, algo de que Burrows se lembra muito bem. "Enquanto eu conversava com ele, tinha aviões chegando e pousando o tempo todo. Eu disse: 'Caramba, Wes, não sei como você consegue escrever alguma coisa ou mesmo pensar com esses aviões passando a cada vinte minutos por aqui'. E ele respondeu: 'Nós não ficamos incomodados com isso, apenas toleramos. Seja como for, John, continue falando porque estou ouvindo'."

Assim, Burrows falou, Craven ouviu, e o então desempregado Burrows ficou com o emprego, tornando-se o novo chefe de Cook. "Ela era muito culta e estava tentando aprender como funciona a indústria do cinema", diz ele sobre sua coordenadora de produção. "Tornou-se muito próxima de Wes e ele gostava de explicar por que estava fazendo certas coisas quando ela fazia perguntas pertinentes. Wes tinha muita paciência com ela e ensinou-lhe muito."

Cook havia se mudado para Los Angeles em 1980, e se lembra da resposta que deu a um colega que havia afirmado que queria ganhar a vida trabalhando apenas em filmes de terror. "Eu disse: 'Isso é ridículo. Ninguém pode fazer isso. E quem quer fazer isso?'. E, claro, acabei fazendo muitos filmes de terror."

Feliz por fazer parte do filme de terror de Craven, Cook descreve seu trabalho como "parecido com o de um gerente de escritório. Lembro-me de que Rachel tinha seu escritório atrás de mim, John tinha um escritório e Wes tinha um escritório. Então, durante as primeiras semanas, éramos apenas nós, e eu acho que pude conhecer Wes tanto como todos os demais".

Uma das muitas tarefas de Cook no filme veio diretamente de Craven, que a enviou para o Writer's Guild of America.[3] "O WGA tem um serviço no qual, se você estiver fazendo pesquisas sobre algum tipo de roteiro, eles colocam você em contato com um profissional nesse campo para que possa ver o que fazem e até acompanhá-los", diz ela. "Ele queria alguém que estivesse fazendo pesquisas sobre o sono, e eu me lembro de passar por esse processo para ele."

---

3   Sindicato dos Roteiristas dos Estados Unidos. [NT]

Como para muitos outros, foi a primeira vez que a coordenadora de produção se encontrou e trabalhou com Craven, e ela encerrou sua participação com um grande elogio. "Trabalhar em *A Hora do Pesadelo* foi a minha introdução a Wes e eu não sabia nada sobre seu legado", admite Cook. "Fiquei surpresa com o prazer que foi trabalhar com ele. Era um sujeito simplesmente ótimo e muito inteligente. A equipe técnica o adorava e era muito devotada a ele; foi tudo um verdadeiro golpe de sorte."

Através de uma relação com Cook, o filme também encontrou um assistente de produção para o escritório da frente. "Meus deveres eram atender ao telefone, tirar cópias do roteiro, entregar recados e coisas desse tipo", diz Don Diers, que logo iria — no que parecia ser corriqueiro na New Line Cinema — seguir para outra função.

"Isso sempre ilustra como Hollywood funciona e, de uma maneira até engraçada, também como todos acabamos no lugar certo em Hollywood", diz Diers. "Eu estava trabalhando no estúdio e tinha uma gatinha fofa que era muito mansa. O nome da gata era Debbie e, por algum motivo, surgiu uma coisa chamada 'Gato Achatado', que era a ideia de um gato atropelado. E então comecei a tirar xerox de desenhos de gatos em cartolinas porque estava entediado no escritório entre atender chamadas telefônicas e copiar roteiros. O diretor de arte e seus colegas receberam alguns dos meus desenhos e o pessoal de lá achou que eu era mais adequado ao departamento de arte."

Pinçado de uma posição para outra, o que deu início a uma carreira de trinta anos em direção de arte e produção de cenários, Diers também não tinha nada além de palavras gentis para dizer sobre seu novo chefe, Fonseca. "Se ele tinha uma ideia, ou achava que alguma coisa estava certa, iria atrás disso", diz ele. "Gregg não tinha medo das coisas. Era muito corajoso para tentar coisas novas e experimentar, e tinha a dose exata de confiança de que o que estava fazendo seria a decisão certa."

O filme encontrou sua maquiadora em Kathy Logan, que acumulava créditos em filmes para o cinema e a TV em múltiplos gêneros antes de se juntar aos outros, como a paródia de horror *Depois de Sexta 13* (1981) e o suspense *Love Letters* (1983), produzido por Roger Corman. Ela conseguiu o trabalho por conta de sua conexão com o namorado de Talalay, e *A Hora do Pesadelo* seria a sua primeira incursão em horror de verdade. "Achei o roteiro muito bom; talvez um pouco exagerado, para dizer o mínimo, mas pensei que poderia ser um bom projeto", admite Logan. Mesmo assim, ela estava satisfeita com seu diretor: "Wes era absolutamente brilhante. Foi muito agradável trabalhar com ele". Logan também se divertiu com sua colega, a cabeleireira principal RaMona Fleetwood. "Ela era uma figura", ri Logan. "Era uma pessoa muito divertida com quem trabalhar, eu ria muito. Era uma amiga pessoal de Wes, e foi assim que ela conseguiu o trabalho."

Na verdade, foi quando alguns produtores que Fleetwood conhecia perguntaram se ela poderia fazer o corte de cabelo de um amigo deles. "Eu disse 'Claro', e então nos sentamos durante um jogo de futebol. Aí esse homem apareceu, cortei o cabelo dele e depois descobri que era Wes Craven. Ele gostou da maneira que cortei e nós ficamos próximos", relembra.

A equipe, um grupo muito unido, encontrou tempo para trabalhar duro e ainda se divertir. "Eu acho que o mais divertido foi simplesmente a magia do filme para mim", admite Jensen, "e o trabalho de todos e como eles fizeram acontecer. Parecia que todos nós estávamos fazendo isso basicamente perto uns dos outros. Todo mundo estava fazendo o que era possível para fazê-lo funcionar. Foi ótimo."

Make-UP & Hair Team

Esse primeiro encontro positivo levou Craven a contratar Fleetwood para *Quadrilha de Sádicos* e, posteriormente, *A Hora do Pesadelo*. "Eu acabei sendo sua cabeleireira e amiga", admite. A relação era tão forte que, quando Fleetwood foi hospitalizada e ficou descoberta por seu seguro social em determinado momento, Craven a acolheu e a deixou morar em sua casa. Naquela ocasião, Wes Craven trabalhava duro em um novo roteiro que seria responsável pelo futuro emprego de sua hóspede. "Ele estava escrevendo *A Hora do Pesadelo*. Eu estava na casa dele o tempo todo em que ele criou Freddy", ri Fleetwood. "E o roteiro era fenomenal. Eu adorei. Adorei cada aspecto daquilo." Quanto ao seu trabalho no filme, Fleetwood fala sem rodeios que é mais do que parece. Depois de ler o roteiro e fazer todas as anotações, ela diz: "Parte do meu trabalho é papelada, outra parte é psicologia, e outra parte é, de fato, o cabelo. Também acompanhei a continuidade de todos os penteados e criei alguns deles".

Outra posição para ser preenchida era a de supervisora de figurino, que iria para uma mulher com apenas alguns créditos em seu nome. "Foi pouco depois de eu me mudar de Nova York, onde só trabalhei no teatro e raramente ia ao cinema", diz Lisa Jensen, cujo caminho até Elm Street, como aconteceu com outros, foi informal. "De alguma forma fui apresentada à figurinista em um filme que ela estava fazendo, chamado *Breakdance* (1984), e trabalhei naquilo por alguns dias. Nós nos demos muito bem. Eu na verdade não tinha nenhuma experiência nessa área, mas improvisei. E depois ela me pediu para fazer *A Hora do Pesadelo*." Enquanto a desenhista definia a aparência do filme, Jensen, como supervisora, "trabalhou com ela nos estilos do que seria usado em cada cena", afirma. Embora ainda no início de sua carreira, Jensen estava prestes a descobrir que cuidaria de todo o guarda-roupa depois que a desenhista abandonou o filme para trabalhar em outro projeto. "Ela me deixou com todas as anotações, e o quê era para ser usado onde, e eu apenas executei o que já fora definido, essencialmente. Fiz o trabalho enquanto estava sendo rodado no local de filmagem", diz ela. "Todos os visuais estavam predeterminados, e ela era boa com os cenários simultâneos para toda a gosma, o sangue, a água, o fogo e tudo mais. Eu apenas assegurei que tudo funcionasse dentro desses parâmetros."

> "ELE ENTENDEU O QUE PRECISAVA FAZER PARA A HISTÓRIA AVANÇAR, E ISSO TORNOU PRAZEROSO TRABALHAR COM WES. ELE NÃO EXIGIA OS EFEITOS PARA LEVAR ADIANTE A CENA."
> **— Jim Doyle**

As coisas continuavam a avançar em outras frentes também, com Craven se concentrando em encontrar os artesãos que ajudariam a tornar realidade os terrores de seu pesadelo. Perto do topo da lista estavam as pessoas que formariam as equipes de efeitos especiais e os mecânicos necessários, dois grupos importantes em um filme que dependeria fortemente da criação do espectro e da ilusão de pesadelos e mortes. Um dos primeiros a chegar foi o designer de efeitos especiais Jim Doyle, mais tarde conhecido por seu trabalho em projetos como *A Dança da Morte* (1994), *Showgirls* (1995) e *O Professor Aloprado* (1996). Ele acabou indo parar no filme quando a produção começou a procurar alguém "jovem e maluco".

Originalmente, os produtores do filme haviam feito uma proposta para outro técnico de efeitos especiais, Robbie Knott (na época conhecido por ter trabalhado no longa-metragem *O Mundo Mágico dos Muppets*, de 1979), cujo passe foi considerado muito caro, então eles lhe pediram uma recomendação. "E Robbie disse: 'Liguem para Jim Doyle, porque ele é jovem e capaz de matar para fazer esse filme'", lembra Doyle. Knott estava certo. "Eu li o roteiro de Wes e tive uma relação imediata com ele", revela Doyle. "Tinha uma história matadora." Depois de receber o selo de aprovação dos produtores, Doyle se sentou com o diretor e roteirista, que não apenas estava ansioso para começar a trabalhar, como também sabia claramente o que queria. "Wes entendeu o que precisava fazer para a história avançar, e isso tornou prazeroso trabalhar ao seu lado. Ele não exigia os efeitos para levar adiante a cena", diz Doyle.

Doyle também ficou satisfeito ao ouvir que Craven estava interessado em sua perspectiva sobre o que poderia ser concretizado de forma realista. "Wes e eu passamos algum tempo falando sobre os sonhos e as diferentes sequências", diz ele. "E acho que foi quando Wes decidiu que poderia trabalhar comigo."

Quem também foi trazido bem no começo foi o assistente de efeitos especiais Lou Carlucci, que anos depois trabalharia em filmes como *Blade: O Caçador de Vampiros* (1998), *Terror no Pântano* (2006) e *Gigantes de Aço* (2011). Ao se juntar à equipe de *A Hora do Pesadelo*, ele logo percebeu que a genialidade seria a noção que prevaleceria. "Jim Doyle me entregou o roteiro", recorda-se Carlucci, "e havia situações muito particulares, que exigiam muita criatividade com pouquíssimo dinheiro."

Com a sempre presente questão de grandes ideias e pequenos recursos, era importante encontrar uma maneira de manter as coisas em movimento. "Bob tinha a determinação de fazer as coisas funcionarem", diz Risher. "Mesmo que não tivéssemos dinheiro suficiente para fazer algo direito, ele conseguia de qualquer maneira encontrar uma solução." Carlucci concorda, acrescentando: "Procuramos criar um visual com os efeitos mecânicos que acabaram ficando melhores em termos de criatividade".

No final, toda a equipe pôs as cabeças para funcionar juntas e descobriu maneiras de criar coisas que nunca antes tinham sido feitas. "E isso continuou crescendo em termos do quanto podíamos melhorar", diz Carlucci. "Quão mais assustador, diferente e estranho o que estávamos fazendo podia se tornar?"

Ainda assim, era necessária mais ajuda para desenvolver e criar os elementos assustadores do filme. Entra o técnico de efeitos especiais Charles Belardinelli, que já conhecia Carlucci. "Lou e eu trabalhamos juntos como carpinteiros antes do filme", lembra-se Belardinelli. Depois que Carlucci ocupou seu posto, Belardinelli foi convidado a se juntar ao filme. "Lou disse: 'Ei, conheço um cara que precisa de alguns carpinteiros, e ele está trabalhando em um filme fazendo efeitos especiais. Você quer um emprego?'." Assim, Belardinelli rapidamente juntou-se a Doyle e se preparou para começar.

Outro membro da equipe era Christina Rideout, que foi parar no filme porque estava, como se diz, no lugar certo e na hora certa. Bacharel em Belas Artes pela Universidade do Sul da Califórnia, Rideout recebeu uma oferta de emprego de Doyle de uma maneira que, com humor, poderia fazê-la parecer "a outra".

Doyle estava alugando espaço para lojas na universidade e namorava uma grande amiga de Rideout na época. "Jim queria que sua namorada, Jean, ficasse na cidade e trabalhasse no filme com ele", lembra Rideout. "Mas ela queria ir à Ópera de Santa Fé, onde tinha passado alguns verões." Ao ver a apreensão de Doyle ao perder uma técnica em quem ele confiava ("Jean era uma técnica com bacharelado em Belas Artes em desenho técnico no teatro", lembra Rideout), Jean olhou para Doyle e sugeriu que ele convidasse Rideout. Doyle fez exatamente isso, contratando-a como sua assistente. Eufórica com a oferta após terminar a faculdade, ela pensou: "Que beleza! Um filme para coroar a minha graduação. Estou dentro!"

Não demorou muito para que Doyle tivesse a equipe que precisava para avançar nos efeitos criativos e complicados, e nas peças de cenário que exigiam sua atenção. Enquanto trabalhava, Craven tratou de preparar seu roteiro para produção e encontrar um diretor de fotografia com quem pudesse trabalhar para dar vida ao filme. "Normalmente, os diretores têm o seu próprio diretor de fotografia, mas Wes não tinha um, então trouxemos muitos para ele conhecer", recorda-se Cook. "Ele acabou selecionando Jacques Haitkin."

O diretor de fotografia tinha acabado de fazer a comédia de Judd Nelson, *Calouros do Sucesso* (1984), e já tinha uma experiência com filme de horror de baixo orçamento com *Galáxia do Terror* (1981), produzido por Roger Corman. (O filme tinha no elenco Robert Englund, e também um jovem James Cameron como diretor de arte e também de segunda unidade.) Cook não estava presente para a entrevista de Haitkin com Craven, mas acredita que "Jacques falou o que Wes queria ouvir, e ele tinha um ótimo controle no roteiro e na maneira como Wes queria que tudo fosse realizado".

Haitkin fez justamente isso. "Wes estava procurando um diretor de fotografia, e eu li o roteiro e adorei", diz ele. "Sabia que era uma peça comercial que, na superfície, empolgaria e assustaria a plateia." Ele também sabia que o filme que Craven desejava fazer ia mais fundo do que isso, tocando em algo que era — ele acrescenta — "social e culturalmente relevante para os medos das pessoas".

Descrevendo Craven como um visionário por encontrar uma maneira de pegar um conceito moralista e ajustá-lo dentro de uma estrutura comercial, Haitkin se certificou de demonstrar que ele poderia lidar com o lado técnico das coisas — mesmo que manifestasse uma compreensão e apreciação do filosófico. "Eu definitivamente era uma pessoa orientada para o conteúdo, sempre falando em termos de conteúdo", diz ele. "Sempre tive o cuidado de me certificar de que estava de acordo com o material que eu produzia." Foi algo que Craven percebeu, admitindo que Haitkin era "um absoluto

Acima: O diretor de fotografia e equipe nos bastidores. "Eu adorei", diz Haitkin. "Sabia que era uma peça comercial que, na superfície, empolgaria e assustaria o público. Mas sabia também que era algo mais profundo. Até hoje, veja como os filmes de terror são populares e bem-sucedidos: o apelo por trás dos filmes de terror é o medo."

Abaixo, em sentido horário: Anthony Cecere, que levaria o calor ao final do filme, entre outras cenas de perigo, foi encarregado por Craven de garantir que ninguém se machucasse. Dois membros da equipe que ajudariam os efeitos de *A Hora do Pesadelo* a ganhar vida: Christina Rideout e Charles Belardinelli.

perfeccionista", uma qualidade que ele acredita ter feito com que conseguisse o emprego. "Eu estava totalmente comprometido em lhe fazer perguntas sobre o material, os personagens, a intenção, tudo isso, e não apenas o lado técnico", diz Haitkin. "Nós dois estávamos muito envolvidos nisso."

Compreendendo e analisando as profundezas a que Craven queria que seu filme chegasse, além de procurar as verdades em qualquer filme em que estava trabalhando, Haitkin admite que sua abordagem do trabalho não foi exatamente típica. Isso foi uma espécie de desafio para a equipe.

"Ele era um pouco difícil", admite Cook. "Lembro que usamos câmeras Arriflex e eu estava telefonando para conseguir os detalhes sobre o equipamento para Jacques. Era o meu trabalho, né? Ele havia me entregado uma lista de câmeras, e eu estava ocupada ao telefone, fazendo várias ligações, quando Jacques veio até a minha mesa. Eu disse: 'Ok, espere um minuto'." No entanto, aparentemente não foi a resposta rápida que Haitkin queria. "Ele então desligou o telefone", conta Cook. "Ele simplesmente colocou sua mão sobre o gancho e o desligou! Eu disse: 'Jacques, eu estava conversando sobre a sua câmera'. E ele respondeu: 'Bem, eu preciso da sua atenção neste instante'."

Produções cinematográficas costumam ser altamente estressantes. No caso de *A Hora do Pesadelo*, uma produção de alto risco para a New Line Cinema, era fácil reconhecer por que as tensões podiam estar presentes. Cook compreende isso e inclusive elogia Haitkin por seu trabalho. "É uma obra bem filmada. E foi muito desafiador, na época, com o nível de efeitos especiais presentes e tudo isso", admite ela. "Precisava de alguém que tivesse um verdadeiro controle sobre isso, e essa pessoa era Jacques."

Por último, mas nem por isso menos importante, havia o coordenador de dublês, crucial para um filme com tantos efeitos especiais e deslumbrantes sequências de ação (que alguns mais tarde diriam ser precárias). O trabalho, que consiste em ler o roteiro para identificar todas as cenas de perigo e a maneira mais segura de executá-las, iria para um homem que não só tinha experiência como dublê de filmes de terror, mas com quem Craven mantinha uma relação estreita.

Antes de *A Hora do Pesadelo*, Anthony Cecere trabalhou para o diretor em *Convite para o Inferno* e *Quadrilha de Sádicos 2*, mas foi seu primeiro trabalho com Craven, anos antes desses dois últimos filmes, que lhe valeu um lugar com Freddy Krueger. "Eu fiz a cena do corpo pegando fogo para Wes em *O Monstro do Pântano*", diz Cecere, "e acredito que ele gostou daquilo o suficiente para que me quisesse nesse outro, porque também tinha fogo."

Com isso, Cecere conseguiu seu emprego. E, como muitos outros, ele se lembra de suas expectativas do primeiro encontro com o homem por trás do filme *Aniversário Macabro*. "Pensei que ele seria um sujeito esquisito e sinistro. E Wes acabou se revelando, em vez disso, um homem calmo, que sabia o que queria", comenta o dublê. "Ele era muito específico em relação ao que vislumbrava e precisava que os dublês fizessem em seu filme."

O HOMEM DO MOMENTO (OU QUASE ISSO)

Com o filme já na pré-produção e os principais artífices posicionados, chegou o momento de Craven se concentrar no elenco. Era uma tarefa que começaria com a escolha mais importante, para o bem ou para o mal: a do incomparável vilão do filme. Embora Craven já tivesse pensado muito sobre quem era o personagem no papel, inspirando-se em experiências e medos da vida real, encontrar uma pessoa de carne e osso para trazer Freddy Krueger à vida (ainda que se trate de um morto-vivo) era uma tarefa um pouco mais desafiadora.

"Tínhamos uma brilhante e jovem mulher cuidando da seleção do elenco, Annette Benson, e ela encontrou todos", diz Risher. Iniciando sua carreira como assistente de seleção de elenco em filmes como *A Reunião dos Alunos Loucos* (1982), *O Esquadrão da Justiça* (1983) e *Christine, o Carro Assassino* (1983), Benson acabou sendo promovida a diretora de elenco. Seu primeiro crédito em filmes de gênero foi na comédia de ficção científica e horror *A Noite do Cometa* (1984). Depois disso, ela se arriscou nos terrores mais sérios de Elm Street, uma jogada da qual não se arrependeu nem um pouco.

"Eu era muito ingênua para saber se entrar para os filmes de horror era uma decisão boa ou ruim na carreira", admite Benson. "Estava apenas começando a fazer os meus próprios filmes, então foi muito emocionante quando me ofereceram *A Hora do Pesadelo*."

Indicada a Shaye e Risher por outra diretora de elenco para trabalhar no filme de Craven, Benson fez isso e muito mais. "Depois de selecionar o elenco de *A Hora do Pesadelo*, eles me ofereceram o cargo de chefe de elenco da New Line Cinema, o que me levou a nove anos maravilhosos na empresa", afirma Benson. Também ajudou o fato de ter gostado do material de Craven. "Eu adorei o roteiro. Era assustador e bem escrito, e eu vi uma oportunidade de encontrar atores talentosos para dar vida àquilo."

[1]: David Warner como Evil no filme de aventura e fantasia *Os Bandidos do Tempo* (1981), de Terry Gilliam. O rosto que ele não retrataria? Krueger. "Eu encontrei Robert Englund e mencionei a história toda para ele. Eu disse: 'Supostamente me ofereceram o papel, e se você ouviu que eu recusei não é verdade'. Ele próprio nunca tinha ouvido aquele boato", afirma Warner.
[2] A diretora de elenco Annette Benson.

145

Com Benson a bordo, começou a busca pelo ator que iria interpretar Krueger. A tarefa logo revelaria a preferência de Craven para o seu vilão — ele estava procurando alguém que pudesse retratar mais do que o perseguidor e assassino típico daquela década. "Havia o argumento clássico de que Freddy é um personagem real", afirma Talalay. "Ele não é apenas um homem com uma máscara de hóquei." Até mesmo Shaye ficou impressionado com a capacidade de Craven de ver que o personagem poderia — e deveria — ser algo mais. "Normalmente são escalados dublês para fazer esses papéis de vilões que não falam muita coisa nesse tipo de filme", afirma. "E a ideia de Wes era colocar um ator de verdade no papel."

A decisão surgiu dos primeiros conceitos de Craven de que Krueger teria uma personalidade verdadeira, com o que Shaye concordou. "Wes queria adicionar alguma personalidade e algum estilo", diz ele. "O que eu considerei uma ideia muito boa — e claramente era."

Conforme tinha início a busca pelo ator que faria o papel, até Risher acabou compreendendo o que Craven esperava encontrar. "Ele queria um bom ator", diz ela. "Mais do que qualquer outra coisa, o que ele não queria era escalar apenas um sujeito assustador." Em vez disso, Craven estava à procura de artistas inteligentes que pudessem desempenhar o papel.

Algumas pessoas afirmaram no passado que o primeiro da fila era um ator característico já conhecido por vilões em filmes como *Os Bandidos do Tempo* (1981) e *Tron: Uma Odisseia Eletrônica* (1982): David Warner. No entanto, tudo indica que essa potencial escolha é algo que não passa de lenda. Quando perguntado sobre a possibilidade de usar Warner, Shaye comenta: "Não sei. Isso não me é familiar". Também não é familiar a Warner. "As pessoas muitas vezes me perguntaram: 'Por que você não interpretou Freddy Krueger?'", revela Warner. "Eu sinceramente não me lembro de ter sido convidado para interpretar esse personagem em qualquer estágio. Eu estava muito ocupado na época e me encontrando com muitas pessoas. Portanto, a menos que o meu agente tenha recebido a proposta e recusado sem me avisar, o que não seria ético, eu realmente não me lembro de nada no passado sobre *A Hora do Pesadelo*."

Tendo feito filmes de inúmeros gêneros, Warner admite que o tipo de filme de terror que *A Hora do Pesadelo* mostrou ser não era algo que ele estava buscando. "Não é o tipo de filme que eu vejo", ele ri. "Como ator, você faz todo tipo de coisa. Eu fiz faroeste, fiz musical, fiz filme de guerra. Não sei se teria gostado de interpretar um personagem como Freddy Krueger, para ser sincero com você."

Craven também não confirmava a possibilidade de o ator usar o suéter, o fedora e a luva. "Eu escalei Dave Warner em *Pânico 2* (1997) e sou um grande admirador dele", disse Craven, e depois acrescentou, "mas para Freddy? Acho que não."

Um nome que foi mencionado foi o do ator Richard Moll que, na época, era conhecido por seus papéis como convidado especial em muitas das mais populares séries de televisão de comédia e drama, mas que mais tarde ganharia fama por interpretar o aparentemente estúpido mas na verdade gentil e amável Nostradamus "Bull" Shannon no sucesso

Night Court (1984-1992), do canal NBC. "Richard foi um dos nomes que Wes mencionou a princípio, porque ele estava estereotipado como o 'sujeito malvado'", lembra Benson. "Tenho certeza de que lhe oferecemos o papel, porque Wes gostava dele e achava que seria a escolha certa. No entanto, acho que Richard recusou, o que acabou sendo ótimo."

NÃO TENHA MEDO

Prosseguindo na busca do Krueger real, Craven lembrou que a ideia era escalar um homem mais velho no papel, por ser como o personagem de Freddy foi descrito. No entanto, ele se viu diante de um imprevisto enquanto procurava alguém com mais idade que pudesse evocar a personalidade maligna de seu vilão: os homens que ele achava que poderiam retratar o assassino sem alma eram simplesmente muito suaves. "Tinha alguma coisa a ver com terem visto tanto da vida que havia certa ternura neles", lembrou. "Eles não conseguiam ser realmente maus."

Craven voltou a evocar sua formação acadêmica enquanto pensava sobre a psicologia da mente humana quando se trata de retratar a maldade. Percebendo que ninguém acredita ter o mal dentro de si próprio, "se alguém chegar até o público demonstrando o mal, seja um ator ou um escritor, as pessoas irão pensar: 'Oh, esse cara é mau. Graças a Deus que eu não sou'", disse ele.

Havia, no entanto, um ator que não tinha medo de tais coisas. Conhecido na época pelo seu papel como o alienígena Willie na minissérie *V: A Batalha Final* (1983), o ator Robert Barton Englund já acumulava papéis em peças de teatro clássico e em mais de uma dúzia de filmes na TV antes de se encontrar com Craven para tentar o papel de Freddy Krueger. (Ele fez inclusive um teste para o papel de Han Solo em *Star Wars*, de 1977. "Eles disseram que eu era muito jovem", revela o ator, explicando por que não ficou com o papel.)

Englund na peça *Life with Father*.

[1] Um jovem Robert encontra Papai Noel.
[2] Englund, Wendt e outros na peça *Journey's End*.
[3] Englund no musical *The Fantasticks*.
[4] Um retrato publicitário de Robert Englund, autografado para a cabeleireira Fleetwood.

A oportunidade de participar de *A Hora do Pesadelo* começou com uma entrevista tradicional sobre a qual Englund não havia pensado muito. "Eu estava bastante preocupado com o meu primeiro momento de sucesso como resultado da minissérie *V: A Batalha Final* naquela época", diz ele. "Isso provocou uma mudança radical na minha vida e foi a primeira vez que me senti uma celebridade, com as pessoas podendo colocar um nome no meu rosto."

Englund estava atuando em uma peça de teatro com George Wendt — famoso por seu papel como Norm na série de televisão *Cheers* (1982-1993) — quando surgiu o convite para se encontrar com Craven. "O meu agente havia sugerido um filme chamado *A Hora do Pesadelo*", diz ele. "Dirigido por Wes Craven."

O ator admite que, na época, tudo que ele sabia sobre Craven limitava-se ao que ele havia aprendido, por incrível que pareça, em um bar *new wave* que frequentava. "Acho que eu tinha uma pequena paixão por uma garçonete de lá que não usava sutiã", brinca.

Amores não correspondidos à parte, Englund lembra que havia dois velhos monitores em cada extremidade do bar que exibiam simultaneamente uma repetição constante de cenas de *Eraserhead* (1977), de David Lynch, em um, e trechos de *Aniversário Macabro* e *Quadrilha de Sádicos*, de Craven, no outro. "E depois de algumas doses de uísque irlandês, esperando a banda começar a tocar e flertando com a tal garçonete, aquelas cenas ficaram misturadas na minha mente", afirma Englund. Essa combinação estranha levou o ator a considerar Craven "muito artístico e muito parecido com um príncipe sombrio".

Mencionando o provável encontro com Craven para Wendt, que estava familiarizado com o trabalho do diretor, ele sugeriu que Englund fizesse a entrevista. Outro fator favorável era Englund também conhecer Benson, a quem encontrou em uma série de chamadas de retorno para o filme *A Reunião dos Alunos Loucos* (1982). "Eu fiz testes para quase todos os papéis masculinos no filme e não consegui nenhum. Tinha certeza de que estaria no filme, mas nada, nadica mesmo, zero", diz ele. "Mas talvez algo do que mostrei para Annette a tenha convencido de que eu era o cara certo, e ela me levou para fazer Freddy."

Benson é rápida em apontar que chamou Englund para o teste não apenas porque ela se lembrou dele de um projeto anterior. "Eu o trouxe porque ele é um ator fabuloso, um profissional espetacular", reconhece ela. "E eu o conhecia antes de *A Reunião dos Alunos Loucos*, porque era o meu trabalho conhecer os bons atores da cidade. Fiquei empolgada por poder trazê-lo."

Seu agente, uma inclinação fora do comum para a obra de Craven, o conselho de George Wendt, a amizade com Benson e, claro, seu talento — parecia que forças múltiplas estavam com Englund quando ele entrou para fazer uma audição. Lá dentro, ele descobriria exatamente o quanto Craven correspondia à imagem do "príncipe sombrio" marcada em sua mente. Sem que o ator nem suspeitasse, seria uma surpresa e tanto.

Quando foi se encontrar com Craven, Englund vestiu-se da forma "mais punk rock e psicótica que eu pude", diz ele, inclusive com uma barba por fazer de quatro dias, e pronto para conhecer o homem que ele achava que seria parecido com Charles Manson. Mas ele estava errado.

Em vez disso, Englund viu seu provável diretor como alguém "erudito, alto, meio almofadinha, Wes Craven vestido por Ralph Lauren", diz ele. Um tanto atordoado, o ator se recuperou e usou o inesperado em sua vantagem. "Tentei calar a boca o máximo possível, mas acho que consegui me posicionar bem."

O verdadeiro teste seria o que Craven achou dele, e, a princípio, parecia pouco convencido em sua constante busca por Krueger. "Ele estava totalmente errado, mesmo tendo algumas experiência shakespearianas e tudo mais", lembrou Craven. "Parecia meio bobo, e era mais novo, muito mais novo do que imaginei para o papel." Benson recorda: "Wes estava pensando em um ator grande, opressivo ou ameaçador para o papel, mas eu adoro selecionar atores que contrariam o óbvio. Sempre fiz isso". Ela acreditava que Englund poderia ser perfeito para o papel porque não parecia um bicho-papão estereotipado. "Sua compleição era mais leve e interessante. Sendo um bom ator, poderia se tornar o personagem. Ele me pareceu certo para o papel de Freddy desde o início", acrescenta.

"WES ERA PROFESSOR, ERA UM TUTOR. ELE ERA UM INCRÍVEL CONTADOR DE HISTÓRIAS QUANDO FALAVA. ENTÃO, QUANDO RECEBI O ROTEIRO, ERA REALMENTE UMA COISA MARAVILHOSA, MÁGICA."
— Robert Englund

No entanto, Englund precisou convencer Craven de que ele era o melhor homem para o papel. "Acho que Wes queria um cara grande, sabe? E eu não sou um cara grande", admite o ator. Então deixou o diretor conduzir toda a conversa enquanto "olhava para Wes com minha expressão de Lee Harvey Oswald". Craven começou a perceber que havia algo de divertido no ator e mandou às favas a precaução. "Eu pensei: 'Certo, tudo bem. Leia'", lembrou ele. E Englund leu, percebendo que o roteiro "tinha coisas realmente maravilhosas, mágicas", segundo ele.

Outra coisa de que Englund gostou foi como Craven descreveu a história de fundo do filme, sobre como ele esperava criar uma narrativa estranha, quase um conto de fadas ao estilo dos Irmãos Grimm, em torno de um monstro incrivelmente memorável. "Freddy é um bicho-papão no sentido mais verdadeiro da palavra", sugere Englund. "E o bicho-papão é um ingrediente bastante clássico, especialmente na literatura alemã e na literatura teutônica do gênero horror, então acho que você poderia dizer que ele é uma invenção clássica da mente de Wes Craven."

O ator estava particularmente intrigado com o conceito do sonho, e surpreso pela ideia ainda não ter sido realizada da maneira que Craven imaginara. "Não podia acreditar que ninguém pensou nisso antes", afirma Englund, "em usar o pesadelo, o sonho ruim, como um ambiente para atacar, punir e se vingar das famílias e dos parentes das pessoas que fizeram mal a Freddy." Ele também teve uma abordagem mais idealista da proposta. "Dois erros não fazem um acerto, e certamente ser queimado vivo não é o jeito correto, você sabe."

Com o teste concluído e as conversas entre Englund e Craven sobre o personagem e o núcleo do filme, Englund esperava o melhor. "Wes foi muito gentil comigo e disse que viu algo em mim, e talvez tenha mesmo visto", diz ele. "Espero que seja verdade." E era, pois Craven encontrou em Englund a qualidade que estava procurando. "Percebi que tem certo tipo de personalidade que pode se atrever a colocar-se na posição de ser maligna, e Robert simplesmente se regozijava em ser mau", lembrou ele. "Não tinha medo disso. Ele poderia ser aquele sujeito na calçada assustando um menino. E se você não tem alguém que realmente é capaz de assustar pessoalmente, que esteja disposto a assustar, e que mergulhará dentro de si mesmo para encontrar esse tipo de elemento, você está condenado."

Ainda assim, Craven lembrou-se de seus pensamentos iniciais de que Englund talvez não fosse certo para o papel quando o viu pela primeira vez. "Eu disse: 'Ok, tudo bem, talvez isso não funcione. Mas vamos tentar com esse cara mais jovem'." E então, percebendo o que Englund poderia oferecer em termos de desempenho e compreensão do personagem, o diretor reconheceu que talvez tenha sido negligente ao procurar somente um ator mais velho. "O resto era maquiagem, e assim que a maquiagem era aplicada, não dava para saber quantos anos ele tinha", disse Craven. "E foi tipo: 'Dã, o que eu estava pensando?!'."

Por Craven achar que Englund tinha uma "energia fantástica, uma vontade enorme de interpretar aquilo, e o entusiasmo necessário", o ator finalmente o conquistou. Burrows relembra: "Wes saiu da reunião e Robert tinha ido embora, e ele me disse: 'Sabe, esse cara dá conta'". Sem saber dos pensamentos de Craven depois que a entrevista terminou, Englund comenta: "Saí para beber, porque estava exatamente na rua do meu bar favorito naquela época. E, quando cheguei em casa, tinha uma mensagem na secretária eletrônica dizendo que o papel era meu".

Nada mau para uma reunião casual que, como Talalay ressalta, "foi realmente muito sagaz da parte de Wes". Englund tinha uma teoria sobre o que o ajudara a ganhar o papel. "Tinha passado o tempo em que você podia se safar vestindo de monstro um jogador de futebol ou qualquer outra pessoa deformada que não era ator", diz ele. "As pessoas por trás da maquiagem precisam ter alguma capacidade de atuação, porque o monstro é o núcleo desses filmes. Se não for plausível, o resto do filme não funcionará." Embora isso fosse verdade, o fato de Englund ter uma legião de admiradores certamente não atrapalhava. "Robert era famoso, conhecido por *V: A Batalha Final* naquela época, e todos ficaram empolgados porque ele ia fazer o filme", diz Talalay.

Corri, Wyss, Langenkamp e Depp, que retratariam os filhos do primeiro filme *A Hora do Pesadelo*, criaram laços de amizade tanto nas telas como fora delas. "Todos nós éramos reais. Heather era real, e Amanda, e todos no filme", admite Corri. Wyss acrescenta: "Acho que muito disso dependia de termos organicamente uma química juntos, de fato. E tínhamos".

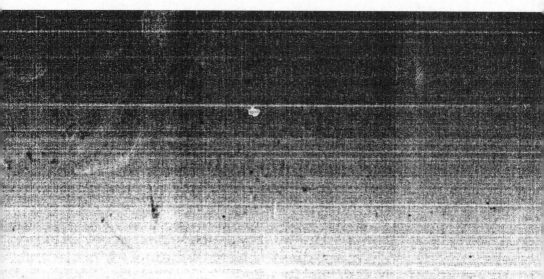

AS CRIANÇAS ORIGINAIS DE ELM STREET

Com o vilão definido e os aspectos técnicos dos bastidores do filme transcorrendo sem problemas, estava na hora de Craven encontrar os jovens que seu Freddy Krueger iria aterrorizar. Evitando os estereótipos, o diretor optou por elaborar arquétipos sob a aparência de simpáticas vítimas e a engenhosa heroína que tentaria salvar a todos. A relativamente novata Heather Langenkamp retrataria a heroína Nancy Thompson, descrita como "uma garota bonita com um suéter de letras, com passos suaves e atléticos, e a aparência de uma líder natural". (Curiosamente, o nome da personagem era Nancy Wilson em "um dos primeiros rascunhos do roteiro, aquele que recebi na primeira reunião de produção", relembra Cecere.)

Com apenas 20 anos de idade na época, Langenkamp, de Tulsa, Oklahoma, tinha feito poucas aparições como atriz. Sua estreia ocorreu antes de *A Hora do Pesadelo*, quando, enquanto trabalhava no jornal *The Tulsa Tribune*, ela viu um anúncio à procura de figurantes para *Vidas sem Rumo* (1983), de Francis Ford Coppola. "Eles realizaram testes em uma antiga escola primária, então fui até lá no intervalo para o almoço e conheci a diretora de elenco. Eles tiraram uma polaroide e disseram: 'Certo, vamos ligar para você. Faremos algumas cenas com colegiais nos próximos dias'", lembra.

E eles realmente ligaram, levando a atriz a ficar em meio ao que parecia ser uma centena de jovens. "Tivemos de nos vestir como nos anos 1950. O pagamento foi de cerca de trinta dólares, eu me senti rica", ri Langenkamp. Naquele mesmo verão, outro filme de Coppola estava sendo feito na região, *O Selvagem da Motocicleta* (1983), e a atriz acompanhou uma amiga, chamada para participar de uma cena de rua. "A mãe dela disse que ficaria mais tranquila se eu fosse junto porque era uma filmagem noturna em um bairro meio decadente", diz Langenkamp. Com a diretora de elenco notificada, e presente, ela e sua amiga chegaram, vestiram seus figurinos e prepararam-se para a figuração do casamento.

E então Langenkamp foi convidada a dizer uma frase na cena. "O primeiro assistente de direção veio até mim e disse: 'Temos uma linha de diálogo e gostaríamos de dar a você, Heather'", lembra Langenkamp. "Era uma frase simples, tipo: 'Ei pessoal, venham até a festa. Ninguém vai se importar', ou algo assim. Parece que fizemos três ou quatro tomadas, e estávamos gritando para Matt Dillon, e havia muitas pessoas dançando nas ruas. Francis Ford Coppola sempre elabora cenas muito pitorescas. Foi um momento empolgante para mim."

Foi também um momento que ajudou Langenkamp a entrar para o Screen Actors Guild, o sindicato dos atores de cinema e televisão dos Estados Unidos. Infelizmente, a cena foi cortada da versão final do filme, mas ao chegar a um momento da vida em que não tinha certeza exata do caminho que deveria seguir, "senti fortemente que Hollywood estava batendo à minha porta, e era melhor aproveitar aquilo", afirma a atriz. "Mantive contato com a diretora de elenco, a assistente dela e o produtor. Todos me ajudaram a ter uma base no negócio quando comecei a estudar em Stanford e depois ir para Los Angeles nos fins de semana. Isso aconteceu por um bom tempo. Foi um período turbulento e eu devo um bocado às pessoas muito gentis que conheci em Tulsa."

A primeiríssima audição de Langenkamp em Hollywood foi para o longa-metragem independente *Nickel Mountain* (1984). "Eu tinha voado de Stanford, alugado um carro e dirigido até o escritório onde fariam a seleção de elenco. Foi muito emocionante", diz ela. Pelo menos até seu veículo — estacionado na movimentada Boulevard Cahuenga — ser atingido por um caminhão desgovernado enquanto ela estava lendo suas falas para o diretor Drew Denbaum. Depois da audição, Langenkamp voltou ao escritório e perguntou se poderiam ajudá-la. "Eles me deixaram usar o telefone e demorou quatro ou cinco horas para o reboque chegar e remover meu carro", lembra.

A provação, por mais estressante que tenha sido, também foi uma benção para a atriz. "Aquele tempo todo, o diretor, a diretora de elenco e eu pudemos nos conhecer. Eles acabaram gostando de mim e me contrataram para o papel de Callie no filme", afirma Langenkamp. Em seguida, ela interpretou a filha de Joanne Woodward e Richard Crenna no telefilme *Duas Paixões* (1984). "Foi um momento em que os filmes semanais exibidos na televisão eram mais como filmes independentes. Tinham roteiros que atraíam alguns astros talentosos", sugere Langenkamp. "O meu era um papel complexo. Richard interpreta um marido galanteador que tem um filho com sua amante, então a minha personagem estava agindo como uma ponte entre essas duas famílias."

Foi uma das primeiras vezes que as pessoas puderam ver a atriz em um papel de destaque, "porque certamente ninguém viu *Nickel Mountain*", ri Langenkamp. "Eu estava me empenhando ao máximo para me tornar uma atriz séria naquela época." Foi então que a oportunidade de aparecer em um filme de terror surgiu inesperadamente, com base em seu trabalho anterior, e Langenkamp reconhece que não era, na época, o que alguém poderia chamar de aficionada pelo gênero. "Eu não era absolutamente uma fã de horror. Na verdade, o único filme assim que vira até então foi *A Mansão Macabra* (1976), e eu tinha treze anos", admite Langenkamp. "Não saía para ver esses filmes regularmente. Eu estava frequentando o colégio, trabalhando muito e tentando entrar na faculdade."

Embora admita não ver filmes de terror de verdade ("Eu não tinha visto *Halloween* ou *Sexta-Feira 13*", diz ela), Langenkamp lembra que gostava dos filmes do mestre do suspense, Alfred Hitchcock. Quando morava em Washington, D.C., ela e seus amigos frequentavam o Kennedy Center para acompanhar festivais de filmes clássicos, onde eram exibidos muitos filmes de Hitchcock. "Foi uma época na qual estava despertando para a história do cinema, e eu era totalmente fanática por Hitchcock", diz ela. Sem ao menos imaginar na época, isso mais tarde seria útil para ela se tornar parte do grupo de Craven, ao perceber que muitos dos temas dos filmes do diretor remontavam ao antigo estilo dos filmes de suspense e de monstro. "Nada mudou em termos de como você faz um filme assustador. Portanto, estou contente por pelo menos ter sido educada nisso", admite Langenkamp, "mas eu não sabia que Wes era tipo um 'mestre do horror', como é chamado hoje."

A TÍPICA GAROTA AMERICANA

O encontro de Langenkamp com Craven para discutir um papel em seu filme começaria como qualquer outro, e ela não estava sozinha. "A minha agente me preparou para fazer uma audição bem no centro de Hollywood, e havia muitas garotas lá no primeiro dia", relembra ela. De fato, não havia sequer cadeiras suficientes para acomodar todo mundo, forçando muitas delas, incluindo Langenkamp, a esperar sua vez sentadas no chão.

Algumas dessas cadeiras, conforme tem sido dito ao longo dos anos, podem ter pertencido a atrizes cujos nomes são agora bem conhecidos, como Demi Moore, Courteney Cox, Jennifer Gray e Tracey Gold. Relembrando o processo, Benson comenta: "Demi Moore não, pois ela já tinha dois filmes de sucesso no currículo e não teria entrado em algo assim. Quanto a Courteney, também tenho que dizer que não. Eu teria me lembrado dela, mas só a conheci em Nova York depois de *A Hora do Pesadelo*. Jennifer, possivelmente. Tracey Gold também é possível." (Devemos observar, no entanto, que Gold tinha apenas quinze anos na época do lançamento do filme, fazendo dela uma Nancy incrivelmente jovem em comparação ao resto do elenco.)

> "ELA ENCARNAVA O QUE EU ESTAVA PROCURANDO, UMA LEGÍTIMA GAROTA NORTE-AMERICANA. ELA NÃO TEM NADA DE ARTIFICIAL."
> — **Wes Craven,**
> **sobre a contratação de**
> **Heather Langenkamp**

Quanto a Langenkamp, como foi o caso de Englund antes dela, Benson já estava familiarizada com a atriz, tendo-a levado para ler o papel de protagonista em *A Noite do Cometa*. "Nesse filme, a vaga

Heather Langenkamp posando para foto e, na época de colégio, interpretando Nora em *Casa de Bonecas*.

O diário de Langenkamp de 1984 indicando o teste para *A Hora do Pesadelo* e o resultado ("Eu consegui!!!") — repare a data. A primeira carteirinha de Langenkamp como membro do Sindicato dos Atores **(ao lado)**. A atriz em *Duas Paixões* **(abaixo)**. E nos bastidores de *Nickel Mountain* **(abaixo, à direita)**.

FRI 13 — Fly to LA

meeting 10:20 — (I GOT IT)!!! for Nightmare on Elm.

SAT 14

SUN 15

ficou entre ela e Catherine Mary Stewart", lembra ela. Embora Stewart tenha ficado com o papel de "Reggie" no filme (uma das duas "garotas do vale" que descobrem que a maior parte da vida na Terra foi erradicada depois que o planeta atravessou a cauda de um cometa), Langenkamp reavalia o processo de seleção com outras atrizes com o mesmo perfil. "Todas nós estávamos fazendo leituras para as mesmas coisas, como a princesa do jogador de futebol no colégio ou uma adolescente em um filme de John Hughes", afirma. Ela também se lembra claramente de competir pelo papel feminino principal de *O Último Guerreiro das Estrelas* (1984) — o qual também foi para Stewart. "*A Hora do Pesadelo* era um filme de tão baixo orçamento que Catherine Mary Stewart provavelmente nem sequer pensaria em fazê-lo. Ela era a Heather Langenkamp dos filmes classe 'A'", brinca a atriz.

Quanto à audição para *A Hora do Pesadelo*, a leitura de Langenkamp impressionou tanto Benson como Craven, o suficiente para lhe valer uma chamada de retorno. Foi então que lhe pediram para realizar uma cena com a eventual colega de elenco Wyss. "Nós fomos juntas e nos sentamos lado a lado no sofá", lembra a atriz. A cena era Nancy contando para sua melhor amiga, Tina, o sonho que teve na noite anterior. Langenkamp decidiu seguir o conselho de seu professor de atuação para "fazer algo natural", evitando maiores riscos em um momento único que, na cabeça dela, seria um "ou vai, ou racha". "Eu olhei para Amanda e fiz um som estridente com a boca, como se fossem as minhas unhas arranhando", lembra. "E pensei comigo mesma: 'Ah, meu Deus, se ele não gostar disso, então estou arruinada.'"

Mas ela não estava. Craven entendeu e gostou da habilidade de Langenkamp de internalizar as garras de Freddy e trazer sinceridade à personagem. "Heather era encantadora, maravilhosa e esperta, e simplesmente seguiu com isso. Ela era interessante para mim porque incorporava o que eu estava procurando, uma típica garota norte-americana comum", afirmou ele. "Não uma magra anoréxica, nem um pouco artificial. Apenas ela mesma. Muito 'não Hollywood'. Tinha alguma coisa nela que me lembrava os jovens com quem cresci." Os sentimentos de Craven em relação a Heather Langenkamp também contagiaram as outras pessoas. "Ela era uma moça incrível, realmente era", comenta Logan. "Muito inteligente. Não foi absorvida por aquela coisa toda de Hollywood."

Englund também concordou com a avaliação da iminente protagonista do filme. "Ela tem uma espécie de beleza subliminar norte-americana que acho que funciona como uma heroína", diz ele. "E acho que a corrupção de Heather pela maldade de Freddy gera uma química que o público compreendeu." Partindo dessa ideia, e considerando que Langenkamp era exatamente como os jovens com os quais ele cresceu, Craven sabia da importância de escalar alguém que o público pudesse pensar ser uma presa fácil para o monstro, quando na verdade ela é a única capaz de enfrentá-lo. Ele viu em Langenkamp uma moça encantadora e inteligente, e também sensível e forte, qualidades que introjetou no papel depois de aprender uma lição com *O Monstro do Pântano* — e com sua própria filha, Jessica.

"Tem uma cena na qual Adrienne Barbeau está correndo dos bandidos e então tropeça e cai, como praticamente todas as mulheres em qualquer filme de ação ou de terror fazem em algum momento", disse Craven. "E então a minha filha disse: 'Sabe, só porque sou uma garota não significa que eu tenha de ser desajeitada. Você não precisa fazê-las cair assim'." E ela estava falando sério quando olhou fixamente para o pai e deixou claro: *nunca mais faça isso.* Anos depois, sua filha acredita que o sentimento continua sendo verdadeiro. "Nunca entendi por que as mulheres são retratadas como fracas, pouco inteligentes e vitimizadas em vários contextos", diz Jessica. "Nunca entendi por que as mulheres têm de ser tão azaradas. Quando eu era criança, não fazia o menor sentido para mim que uma mulher não fosse capaz de correr sem tropeçar, do jeito que qualquer homem é capaz."

Criado por uma viúva, Craven sabia que o mundo real nem sempre tinha a donzela em perigo, caindo, desmaiando ou sendo resgatada nos braços de um homem. E então ele ouviu o conselho de sua filha. "Depois disso, sempre quis muito ter jovens heroínas que não tropeçassem e caíssem", admitiu ele, "e que seriam capazes de lutar, se fosse necessário. Heather Langenkamp tinha essa qualidade, sem dúvida." A atriz conta que sua educação foi muito diferente da que teve um adolescente médio californiano; nunca surfou nem passeou na praia. "A minha família sempre foi do tipo muito austero, como uma família do campo, e sempre me identifiquei com isso", confessa Langenkamp. "Os meus pais nunca nos deixavam reclamar ou inventar desculpas. Sempre esperavam que fizéssemos nossas tarefas domésticas e nosso dever de casa. Fui criada dessa maneira antiquada. E isso fez de mim esse tipo de pessoa. Portanto, talvez eu fosse um pouco como a personagem."

Foi então que Craven soube que havia encontrado sua Nancy. O próximo passo foi convencer Shaye e Risher. Felizmente, foi uma tarefa fácil — considerando que a única fita de teste que lhes mostrou tinha sido a de Langenkamp. "Foi tipo 'Sim ou não', e nós a adoramos imediatamente", diz Risher. "Heather tinha aquela inocência, aquela beleza e doçura, mas também a força que a personagem precisava." Shaye concordou. "Eu adoro a Heather. Ela é aquela garota decidida, firme, o tipo de pessoa que não vai deixar nenhum cara derrubá-la. Era maravilhosa."

"Heather era uma atriz talentosa e adorei selecioná-la para o filme", admite Benson. "Foi ótimo ter Heather no papel de Nancy. Ela mereceu!" Langenkamp recebeu a notícia diretamente de Craven, de que ele gostaria que ela desempenhasse o papel, um momento que a atriz ainda guarda com carinho. "Eu me lembro como se fosse ontem", diz ela. "Ganhei o papel no final do inverno [nos EUA], mas só começamos a filmar em junho. Então todos nós meio que tivemos de nos acalmar por algum tempo." Durante esse tempo, ela não mencionou que o projeto que protagonizaria era um filme de terror. "Por não ser uma fã do gênero, eu não tinha ideia no que estava me metendo", acrescenta a atriz.

Mas Langenkamp tinha ideia do que sentir em relação ao roteiro completo, e o quanto a história era verdadeira e convincente para ela, o que lhe permitiu trazer sua personagem à vida. "Nancy imediatamente se conectou comigo porque ela é o tipo de garota determinada", diz Langenkamp. "Ela quer assumir o controle. E não tem medo. Às vezes, não sei se fui eu que me tornei Nancy ou se Nancy era como eu." A atriz também admira o fato de Nancy não ser instável, como muitas garotas comuns nos filmes de terror. Sobre personagens como essas, Langenkamp afirma: "Elas não receberam um material muito bom. Não podem brilhar, pois não têm uma grande personalidade. Mas Nancy sem dúvida tem. E, para mim, isso foi notável".

A atriz em *Duas Paixões*.

Risher concordou, tentando ser o mais influente que podia para tornar a protagonista feminina o mais forte possível. "A personagem construída por Heather foi escrita como uma pessoa durona, e ela a retratou de uma maneira muito forte", diz ela. "Isso foi algo que me deixou muito orgulhosa." Langenkamp acrescenta: "O motivo pelo qual penso que Nancy é tão importante como protagonista, é que ela é um tipo totalmente diferente de heroína. Não haveria Freddy sem Nancy nesse primeiro filme".

Sentindo essa conexão com um papel tão bem elaborado nas coisas que fazia e dizia, Langenkamp lembra de ter optado por não perder muito tempo para desenvolver uma "personagem" na maneira como ela retrataria Nancy. "Senti como se eu fosse chegar para a filmagem sendo eu mesma, e me mantendo o mais próximo de mim quanto fosse possível. Não me preparei no sentido clássico", admite. "Não sabia que isso fazia parte do todo. Eu não era uma atriz muito tarimbada. Tinha feito aulas, é claro, mas apenas tentei decorar os meus diálogos, ficar posicionada no local indicado e fazer as coisas certas." Foi uma noção que funcionou, percebida até por Englund, interpretando o rival de Langenkamp. "Ela é todas as coisas, para todas as pessoas", afirma o ator. "Ela é uma princesa, é uma mulher guerreira, é uma adolescente, ela é uma sobrevivente."

Johnny Depp muito jovem e polaroide da audição de Depp para *A Hora do Pesadelo*.

O diário de Langenkamp, que mostra a data e a hora de seu primeiro encontro com o coastro Johnny Depp.

THUR 7 — Rehearsal 9-10:30
Johnny comes over 12:00

look at portfolios?
call Stanford / Ben Moses

FRI 8 — Rehearsal 9-10:30

O RAPAZ DA CASA AO LADO

O próximo passo na escolha do elenco seria encontrar o jovem que interpretaria Glen Lantz, o azarado namorado de Nancy. Craven descreveu o interesse romântico da heroína como "um rapaz de boa índole e brilhante", originalmente imaginando o personagem como uma espécie de protagonista romântico, o que se poderia esperar desse tipo de papel. "Estávamos de olho em todos os rapazes no padrão de Hollywood", lembrou Craven. "Não achava que seria muito difícil, mas não vi ninguém que parecesse carismático." Mas estavam em Hollywood e, muito em breve, um ator com carisma suficiente, bem como um pedigree em alta na Cidade dos Sonhos, se juntaria ao projeto.

"Na época, havia muitos jovens surgindo em Hollywood, tinha o 'brat pack'[4] inteiro", diz Langenkamp. "Tinha Sean Penn, Charlie Sheen, Rob Lowe, Tom Cruise. Todos esses rapazes provavelmente estavam preparados para esse papel ou, pelo menos, sabiam a respeito."

Mais uma vez, não foram poucos os atores atualmente conhecidos que dizem ter concorrido ao papel. Um desses foi Jackie Earle Haley, mais lembrado na época por seus papéis em *Garotos em Ponto de Bala* (1976) e *O Vencedor* (1979). Sobre ele ter feito uma audição, Benson diz: "Não me recordo. É possível, pois lembro de tê-lo chamado em vários projetos". Embora isso não esclareça definitivamente seu potencial envolvimento no filme de Craven, a história do ator com *A Hora do Pesadelo* seria retomada décadas mais tarde, na refilmagem de 2010, no papel do próprio Freddy Krueger. Outros nomes mencionados ao longo dos anos incluem John Cusack, Brad Pitt, Kiefer Sutherland, Nicolas Cage e C. Thomas Howell. Pensando nesses nomes, Benson comenta: "John Cusack, acho que não. Eu o conheci quando ele fez um teste para *Christine, o Carro Assassino* (1983) e gostei muito dele, então eu me lembraria. Além disso, acho que ele morava em Chicago na época. Brad Pitt não. Eu o conheci em 1987 ao escalar o elenco de *Apt Pupil*[5] para o diretor Alan Bridges". (Curiosamente, essa revelação também contradiz o boato de que Pitt mais tarde fez uma audição para a sequência de *A Hora do Pesadelo*, cuja seleção de elenco foi feita por Benson dois anos antes do malfadado *Apt Pupil*, em 1985.) Benson continua: "Kiefer Sutherland, não que eu me lembre; Nicolas Cage, definitivamente não; e C. Thomas Howell, possivelmente".

---

4   O nome "brat pack" (trocadilho com *rat pack*, grupo de artistas populares entre os anos 1950 e 1960, incluindo Frank Sinatra e Dean Martin) foi dado por um repórter da revista *New York*, que foi cobrir as filmagens de *O Primeiro Ano do Resto de Nossas Vidas* e saiu certa noite com Rob Lowe, Judd Nelson e Emilio Estevez, e notou neles uma juventude e um frescor que os fazia diferentes dos astros de Hollywood de então. "A gangue dos pirralhos" depois foi usada pela imprensa para incluir outros novos astros da época, como os atores dos filmes de John Hughes e o elenco de *Vidas Sem Rumo*, de Coppola, com Patrick Swayze, Matt Dillon e Tom Cruise. [NT]

5   O filme mencionado por Benson nunca foi lançado — a produção foi interrompida por falta de recursos financeiros e permaneceu inacabada. O longa seria estrelado por Nicol Williamson como um velho oficial nazista e pelo então adolescente Ricky Schroder (no papel que provavelmente teve Brad Pitt entre os concorrentes, embora ele fosse quase sete anos mais velho que Ricky). O projeto — baseado na noveleta *Aluno Inteligente*, escrita por Stephen King em 1982 — foi finalmente levado às telas em 1997, como *O Aprendiz*, com direção de Bryan Singer e estrelado por Ian McKellen e Brad Renfro. [NT]

Deixando de lado os boatos, o ator que quase foi escalado para o papel de Glen, de fato, foi Charlie Sheen. Ele lembra que sua relação com *A Hora do Pesadelo* começou — e terminou — com a leitura do roteiro, o qual não chamou muito sua atenção. "Eu não o tinha entendido direito, mas mesmo assim me encontrei com Wes", diz o ator. "Eu lhe disse 'Com o devido respeito, e como um fã do seu talento, eu não consigo imaginar esse cara vestindo um chapéu engraçado, com um rosto apodrecido, num suéter listrado e cheio de dedos metálicos; eu simplesmente não vejo isso pegando'."

O jovem ator, recém-saído de *Amanhecer Violento* (1984) e prestes a trabalhar em *Jovens Assassinos* (1985), diz: "Não estava em condições de recusar filmes, mas também não queria começar a fazer filmes dos quais não me orgulharia". Extrapolando sua reação ao material e ao papel, Sheen afirma sucintamente: "Eu não queria ser devorado por uma cama. Eu quero dormir em uma cama. Não quero ser devorado por uma cama".

Apesar de sua reação ao material — e sua relutância em se tornar uma refeição para travesseiros, cobertores e um colchão —, dizem que Sheen pediu três mil dólares por semana. Não foi o que aconteceu, desmente o ator. "Eu não subi o meu preço para me livrar do filme, porque só me tornei ganancioso anos depois. Isso aconteceu muito mais tarde", ele ri. "Eu só não tinha entendido, e eu nunca estive tão errado sobre um roteiro como daquela vez."

"Nós oferecemos o papel para Charlie e ele o recusou porque seu agente queria o dobro do cachê", afirma Benson. "E nem era muito, apenas duas vezes mais em relação aos outros. Mas a New Line estava se mantendo firme ao orçamento e esse foi o fim de Charlie."

Sem se importar com quem acabasse ficando com o papel, Shaye foi rápido em confirmar que tudo o que poderiam oferecer era o cachê padrão — na época, US$ 1.142 por semana. "Eu estava ficando maluco porque não conseguíamos ninguém para o papel", ele admite. À medida que a busca continuava, o que aconteceria a seguir é a coisa da qual são feitos os sonhos de um aspirante a ator.

Nascido no Kentucky e criado na Flórida, um rapaz chamado Johnny Depp foi parar nos testes para o filme de Craven de uma maneira muito fortuita. "Eu me mudei para Los Angeles em 1983, com uma banda em que tocava, chamada The Kids", lembra Depp, "e eu estava vendendo canetas por telefone, ganhando cerca de cinquenta dólares por semana." Na época, a atuação nunca tinha entrado na mente do músico aspirante, até que um amigo sugeriu que ele experimentasse fazer isso.

Esse amigo era o ator Nicolas Cage, então conhecido por seus papéis em filmes como *Picardias Estudantis* (1982) e o clássico cult *Sonhos Rebeldes* (1983) — que teve o elenco selecionado por Benson —, sem mencionar o fato de ser sobrinho do diretor Francis Ford Coppola. "Nós conversamos, e Nic sentiu que eu deveria dar uma oportunidade à carreira de ator", diz Depp.

Cage foi gentil o bastante para apresentar Depp a sua agente, que viu algo nele e rapidamente o enviou para uma audição. "A agente de Johnny me chamou para dizer que tinha acabado de conhecê-lo através de Nic Cage e que sabia que eu adoraria tê-lo em um papel em *A Hora do Pesadelo*", lembra Benson. "É claro que eu disse que sim, e marquei um encontro com ele."

A sorte devia estar com Depp naquele dia. O jovem sem experiência com atuação pareceu sem dúvida errático desde o momento em que entrou, embora admitisse que a ideia de participar de um filme era emocionante. "O pensamento estava a quilômetros de distância de qualquer coisa que eu já havia sonhado", diz ele.

Também a quilômetros de distância de Depp estava o papel que Craven havia escrito, que (até o próprio ator admite) era tudo que ele não era: um rapaz alto, louro, atlético, surfista. "Eu parecia completamente o oposto", diz ele. "Eu estava meio magro, de cabelo espetado com spray, brincos, a porra de um homem das cavernas." Craven lembrou sua apreensão ao ver Depp pela primeira vez. "Ele tinha uma tez meio pálida e fumava continuamente, e vi manchas de nicotina em seus dedos. Eu pensei: 'Esse não é o garoto que mora ao lado. É pouco provável que a gente escolha esse rapaz'."

E então ele leu algumas linhas do roteiro, surpreendendo Craven. "Ele realmente tinha uma espécie de atração no estilo de James Dean", lembrou. "Aquele carisma tranquilo que nenhum dos outros atores tinha." Benson concorda, dizendo: "Quando conheci Johnny, eu soube imediatamente que havia algo de especial nele. É uma sensação que vem de dentro, e é uma parte essencial do processo de seleção de elenco: confiar em seus instintos". Ainda assim, Craven tinha outros em mente, mesmo tendo gostado do que Depp havia trazido para o papel.

No que agora parece ser parte do folclore de Elm Street, não foi apenas Craven quem escolheu Depp para o papel. Essa honra certamente também pertence a sua filha, Jessica, e a uma amiga dela, Melanie, que estavam juntas quando Jessica foi para Los Angeles visitar seu pai que nunca parava de trabalhar. "Ele disse: 'Vamos selecionar um dos principais papéis masculinos hoje e, se vocês quiserem, por que não leem a parte da mulher na cena? Vocês duas podem se revezar, vai ser divertido'", lembra a filha de Craven. Foi exatamente o que elas fizeram, lendo a cena que acontece no quarto de Nancy quando Glen entra pela janela à noite. "Nós lemos a parte de Nancy e nos revezamos fazendo isso. Diversos outros caras também participaram do teste", lembra Jessica.

No entanto, a filha de Craven não lembra quem eram esses "outros caras". E não consegue esquecer seu encantamento com Depp, mesmo antes da leitura. Começou com Jessica mostrando ao ator seu "relógio peculiar com biscoitos Ritz no lugar dos números", lembra. "De alguma maneira, consegui quebrá-lo, e entrou água nas engrenagens, e o vidro ficou todo embaçado. Eu estava mostrando para Johnny na sala de espera e ele disse, muito gentilmente, 'Conheço um truque que vai consertar isso para você'." E então Depp pegou um isqueiro, segurou-o perto do vidro e fez o vapor desaparecer. "Não tenho certeza se aquilo realmente consertou o relógio, mas fiquei muito impressionada com esse truque que ele fez", afirma Jessica. "Ele era alto, incrivelmente bonito e charmoso." Foi então que ela e sua amiga ficaram "completamente encantadas com ele", diz Jessica. "Depois que

Johnny saiu, acho que nós duas ficamos lá dando gritinhos histéricos: 'Meu Deus! Ele é tão fofo!'" Externando essa impressão mais para Depp do que para qualquer outro ator, as jovens "ficaram loucamente apaixonadas desde o primeiro segundo", admite Jessica. "E eu acho que nós duas dissemos isso para o meu pai."

Levando isso em consideração e de posse de algumas fotografias, incluindo a de Depp ("Eu acho que ele apenas saiu e foi tirar uma foto, e nunca tinha feito isso antes", disse Craven), o cineasta tinha uma decisão a tomar em relação ao interesse amoroso da protagonista. "Foi meio que um cara ou coroa entre Johnny e alguns outros rapazes", diz Jessica, "e, naquele ponto, ao ver a maneira como reagimos a ele, o meu pai percebeu que esse cara seria um astro. E foi de fato uma sacada muito esperta. Foi tudo muito fortuito."

Por mais que possa não ter sido planejado, Craven tinha algumas reservas quando as meninas insistentemente davam vantagem para Depp. "Eu disse: 'É sério? Ele parece meio doente e pálido'", lembrou o cineasta. Sem deixar as palavras de seu pai dissuadi-la, Jessica apenas respondeu: "Ele é lindo". Craven sabia que estava decidido, e quando relembrava a seleção do elenco disse: "Poderia inventar todo tipo de histórias sobre por que eu tinha a percepção e a antevisão para escalar Johnny Depp, mas eu estaria mentindo", admitiu ele. "A única sabedoria que tive foi ser esperto o suficiente para escutar."

Jessica concorda. "Não acho que tenha sido planejado por meu pai. Ele apenas viu uma reação e ficou, tipo, 'Ah, tudo bem, acho que devo prestar atenção nisso'", diz ela. "Éramos adolescentes e fizemos o que as outras adolescentes fariam quando vissem o filme." Com isso, e apenas algumas horas depois de ter conhecido Craven e lido o papel para ele, o músico Johnny Depp se viu escalado no filme, mudando a sua vida para sempre. "Foi uma maluquice", lembra ele. "Fiquei muito concentrada em fazer com que ele fosse escalado", diz Benson, "e, naquela noite, todos comemoramos indo ao clube onde a banda de Johnny estava tocando." Risher certamente aprovou a decisão de escalá-lo. "Johnny não havia atuado, pelo menos acho que não, mas era adorável, e o aprovamos imediatamente", diz ela. "Ele era um rapaz ótimo."

Shaye também ficou satisfeito com Depp, tanto por razões criativas como financeiras. "Fiquei encantado de ver um sujeito bonito e disposto a aceitar o dinheiro oferecido, e que faria o trabalho", admite. Vale ressaltar que a percepção de que ele tinha um quê a mais não se restringiu apenas a Craven e aos produtores, mas também afetou alguns membros da equipe. "Johnny tinha uma aparência muito inocente. E tão bem arrumado; seu visual era perfeito", recorda Doyle. "Na primeira vez que o vimos na câmera, nós entendemos. Compreendemos logo o que Wes viu e o que ele estava fazendo com o papel."

Risher acrescenta: "Nós gostamos demais da química entre Johnny e Heather. Ele era claramente um astro simpático e atraente, ainda em formação". Langenkamp concorda, também entendendo a escolha de Depp. "Acho que o que se pode dizer sobre Johnny Depp é que ele tinha uma espécie de energia tranquila que muitos atores simplesmente não têm", diz ela. "Foi por isso que ele se tornou um superastro."

Antes de se tornar um superastro, no entanto, ele era apenas mais um personagem do filme, e Langenkamp se considerou com muita sorte por poder passar algum tempo para conhecer seu namorado na tela: "Eu queria ter uma oportunidade de conhecer Johnny antes de começar a filmar". Para isso, a atriz convidou Depp para sua casa, em Silverlake, Califórnia, onde acabaram decidindo fazer uma visita ao Observatório Griffith, conhecido como a famosa locação do filme *Juventude Transviada* (1955), estrelado por James Dean e Natalie Wood. "Nós apenas passamos a tarde juntos. Não sei por que escolhemos aquele lugar. Achamos que seria legal, só isso", lembra Langenkamp.

Poder conhecer um ao outro e conversar sobre seus respectivos papéis foi algo que Langenkamp lembra ter sido de grande ajuda quando começaram as filmagens. "Isso se revelou incrivelmente valioso porque você fica relaxado no primeiro dia", diz ela. Também permitiu que ela enxergasse Depp como ele realmente era. "Johnny tinha vindo de um ambiente externo: era um músico, não um ator. Ele não frequentou o colégio em Los Angeles. Johnny tinha uma dureza muito interna, e ele estava muito disponível e aberto, sem nenhuma afetação."

Ela não teria, no entanto, a mesma experiência antes de filmar com algum de seus outros amigos adolescentes no filme. "Foi a nossa pesquisa sobre como ser namorados. Claro, não fizemos nada além de conversar", admite Langenkamp. "Poder conhecer Johnny já me ajudou a não ficar nervosa."Relembrando a época, o que Depp pensa sobre a sua introdução no turbilhão da indústria do cinema, conhecendo os colegas de elenco e deixando uma potencial carreira musical para trás, efetivamente pelas mãos da filha de Wes Craven? "Ela é a razão pela qual comecei com esta bobagem", brinca ele.

"Isso é muito engraçado. É hilário", admite Jessica, acrescentando que ela apenas estava no lugar e no momento certos "para ter a reação certa e lançar Johnny Depp na carreira na qual ele provavelmente teria se lançado de qualquer maneira. Ele é um cara muito talentoso, tenho certeza de que isso teria acontecido naturalmente. Em momentos como esse, você pode acreditar no destino. Aconteceu de eu ter as minhas férias de primavera no momento certo." Quanto ao homem que não foi Glen, Charlie Sheen não apenas viu *A Hora do Pesadelo* como também gostou do filme, embora sentisse certa melancolia pelo fato de tê-lo dispensado. "Fiquei triste por não estar em um sucesso tão grande como aquele. Naquela época, isso realmente ajudava a impulsionar quem estava em alta em Hollywood. Mas sempre falei que você não pode perder um emprego que nunca teve. Além disso, se alguém com esse mesmo papel acertou em cheio, então você precisa torcer por ele."

O ator, que conversou com Depp sobre sua experiência em *A Hora do Pesadelo* quando os dois mais tarde atuaram em *Platoon* (1986), de Oliver Stone, também lembra um encontro casual com Craven anos depois, onde o assunto surgiu. "Eu disse: 'É bom vê-lo novamente, sr. Craven. Lamento por aquela coisa toda com *A Hora do Pesadelo*'", lembra Sheen. "E Wes respondeu: 'Não se preocupe com isso, mas Johnny Depp lhe agradece'."

THUR 7

look at portfolios?
call Stanford / Ben Moses

FRI 8

Rehearsal 7·10:30

Os muitos rostos da atriz Amanda Wyss. "Eu adorei a ideia de interpretar uma garota que não era apenas uma filha tagarela, uma colegial ou uma completa maluca. Tina foi um papel que me pareceu alguém lidando com problemas reais da adolescência", diz Wyss.

ELES ESTAVAM LÁ PELA TINA

Ao encontrar o namorado para sua heroína, Nancy, Craven se concentrou em procurar a melhor amiga dela, Tina Gray. Descrita no roteiro como "uma garota forte de 15 anos", ela encontraria um fim inesperado — e inesquecível — nas mãos de Krueger.

O papel ficaria com Amanda Wyss, de Manhattan Beach, Califórnia, uma atriz que chegaria a Elm Street com muito mais experiência na tela do que seus colegas. Conhecida na época por seu trabalho em inúmeros filmes para a televisão, convidada especial em várias séries populares, com participação na clássica comédia adolescente *Picardias Estudantis*, a atriz diz: "Eu não sentia que era, você sabe, incrivelmente experiente, ou que estava fazendo grande coisa. Eu ainda era muito jovem e, apesar de ter trabalhado um bocado, estava tentando aprender muito".

Parte desse processo seria a entrevista para o papel. "Eu apenas entrei e fiz uma audição", diz Wyss. "A minha agente havia me chamado porque achava que o roteiro era muito interessante. Sabia pouco a respeito, mas achei que era uma personagem divertida." Benson admite que ela pode muito bem ter conhecido Wyss por tê-la contatado em projetos anteriores. "Nós a amávamos", diz ela. "Era adorável e foi muito bem na audição." A atriz ainda lembra que também estava concorrendo ao papel que acabou sendo desempenhado por Langenkamp.

Na verdade, todas estavam. "Todas as jovens que disputavam um papel feminino tinham Nancy em mente", afirma Wyss. "É uma personagem muito forte e incrível. E, sendo tão jovem, a audição foi divertida." Enquanto observava as meninas tentando retratar à sua própria maneira aquela que venceria o vilão, Craven reduziu suas escolhas e colocou as candidatas juntas para ver como iriam se relacionar. Isso significava colocar Langenkamp como Nancy e Wyss como sua melhor amiga. "Amanda tinha uma característica muito intensa, mas vulnerável", disse Craven. "Eu achava que ela realmente tinha o necessário para ser uma estrela. Um rosto muito astuto e bonito. Inteligente e intensa." Benson concorda, afirmando: "Amanda como Tina ficou simplesmente perfeita".

"Eu adorei Amanda. Ela era tão agradável. Muito fácil de conviver", comenta Logan. Até mesmo o assassino de sua personagem, interpretado por Englund, tem coisas fantásticas a dizer sobre seus talentos: "Ela é uma atriz bastante capaz". Essas qualidades, juntamente com a química evidente que Wyss tinha com Langenkamp ("Combinamos instantaneamente e nos tornamos amigas, e ainda somos amigas, depois de todos esses anos", revela Wyss), a fariam ganhar o papel. Como qualquer ator ficaria, ela estava satisfeita por trabalhar, mas também animada para participar de um filme do gênero que parecia especial desde a sua primeira leitura do material.

"Minha personagem estava definida como uma loura inocente, mas sensual, ligeiramente perturbada, mas adorável. Porém havia algo intrinsecamente triste com ela, porque era uma vítima desse lar despedaçado", sugere Wyss. "Ela está sendo deixada para se cuidar sozinha, e foi manipulada pelo namorado, que é o que acontece com as garotas."

Craven sentia que Wyss "tinha um aspecto mundano", passando a comparar sua personagem com uma das garotas em um de seus filmes anteriores, *Aniversário Macabro*. "Você tem o tipo que é inocente e tem aquele tipo que sabe como o mundo funciona. A personagem de Amanda precisava ser assim", disse ele. "Era como se tivesse vivido o bastante e passado por uns apertos na vida."

Wyss certamente apreciou não apenas as caracterizações, mas o conto moral que Craven havia escrito. Ela entendeu que Tina usaria seu corpo, ou qualquer tipo de qualidade que possuísse, para que as pessoas a amassem. Também estava claro para a atriz que havia diferenças importantes entre sua personagem e a de Langenkamp. "Nancy era séria, sincera e prática", diz ela, admitindo que essas características podem parecer mundanas ou enfadonhas. "Mas Tina era tipo 'Ah, vamos nos encontrar pra fazer alguma coisa legal'. E então você percebe que as qualidades de Nancy são as coisas que fazem a vida funcionar."

Craven achou importante que as personalidades divergentes fossem amigas. "Isso criou uma tensão interessante ao colocar duas personagens atraídas por um tipo de antipatia, de certa forma", ele sugeriu. Foi por causa dessas características e nuances que Wyss considerou o roteiro (e a história) "muito peculiar, psicológico e intelectual", diz ela. A atriz também gostou da noção de que as personagens que ela e Langenkamp interpretariam não eram exageradamente sexualizadas. "Embora a minha personagem fosse a 'garota sacana' que tinha de morrer, ela não era sexualizada de forma ofensiva. Você conseguia manifestar todo o seu amor parental, ou seu amor fraternal. Era uma preocupação muito visceral, profunda e absoluta por esses jovens que estavam morrendo."

Palavras interessantes de outro membro do elenco que também nunca viu um filme assustador. "Nós raramente tivemos TV, então não estava muito por dentro da cultura pop", admite Wyss. "Eu era muito mais literária, e nunca tinha visto um filme de terror." Ainda assim, ela prossegue, fazendo um esclarecimento bem-humorado. "Eu sabia da existência deles", diz Wyss, "só não tinha até então uma experiência visceral com eles. Não é que eu tenha sido criada em uma caverna ou coisa parecida."

Corri, Wyss, Depp e Langenkamp.

A REBELDIA NATA

O próximo a ser encontrado era Rod Lane, o namorado indomável de Tina, o rebelde "ao estilo Richard Gere, vestido com couro preto e rebites *new wave*", conforme descrevia o roteiro, o que parecia apropriado para o ator que ganharia o papel, Nick Corri. "Eu achava mesmo que era como James Dean", admite. "Fui uma criança ruim, mas não vou me julgar dessa forma."

Nascido em Nova York, filho de pais cubanos que imigraram para os Estados Unidos em busca de uma vida melhor, Corri cresceu em bairros difíceis. Foram esses lugares que desempenharam um papel importante em sua decisão de se tornar ator — quando ele se viu fingindo derramar lágrimas para escapar de ter sua bicicleta roubada. A atuação funcionou: Corri foi deixado ileso, com sua bicicleta. "Foi então que eu soube que podia atuar", ele diz. Descobrindo a sua mais nova paixão, Corri se mudou para Los Angeles com apenas 13 anos, foi morar no porão da casa de um amigo e começou uma carreira. Seu primeiro plano era estudar. "A preparação naquela época era assistir aos filmes de Marlon Brando, e depois ver James Dean", diz Corri. "James Dean, Marlon Brando, James Dean. Eu absorvia tudo o que via, então havia essa sensação de Brando em tudo."

Nick Corri passeando com a tia e o primo antes de *A Hora do Pesadelo*

O ator interpretando Julio em "Words", um episódio de *Fama*. Seu personagem e Coco discutem se eles devem ou não fazer sexo antes de ele partir para se juntar à Marinha.

O próximo passo, desta vez a pedido de seu agente, foi uma mudança de nome. "Eu sou cubano, mas o meu agente na época me deu o nome de Nick Corri porque não havia atores latinos, exceto Ricardo Montalban, e ele teve sorte", diz ele. "Era um tabu. Nenhum ator latino conseguiria fazer sucesso; ninguém com o nome de Jesus Garcia, certamente. Então me deram o nome de Nick Corri. Eu era esse cara italiano fajuto." O plano parecia funcionar, pois ele conseguiu sua primeira oportunidade — usando outro nome artístico, Thom Fox — interpretando o namorado de Coco em um episódio da famosa série de televisão *Fama* (1982-1987). Além desse papel, Corri teve uma experiência no teatro, apresentando-se no musical *Grease* e até mesmo ganhando um Prêmio Drama-Logue por sua atuação na peça *Short Eyes*. Um comercial da Pepsi viria em seguida, o que lhe permitiu ingressar no Screen Actors Guild.

Infelizmente, as coisas pararam subitamente e Corri não trabalhou durante quase dois anos. "Eu estava prestes a desistir, na fila do desemprego", diz ele. "Eu estava emocionalmente destruído porque nunca mais seria um James Dean, um Marlon Brando." Talvez estar perto do fundo do poço tenha sido o que o trouxe de volta, usando a própria tristeza e o vazio de sua vida e carreira para obter o papel em *A Hora do Pesadelo*. Também não atrapalhou o fato de o ator ter achado o roteiro muito interessante. "Quando eu li, pensei: 'Ei, isso é legal'", diz Corri. "Wes era brilhante. Havia uma excelente premissa psicológica. O desconhecido. O sonho." Como o próprio Craven poderia ter feito, Corri comparou a premissa do roteiro com algo saído do famoso solilóquio 'Ser ou não ser' de Hamlet. "O que os sonhos podem trazer? Para mim, é isso, é o que os sonhos podem trazer. É essa escuridão", ele argumenta.

Cativado pelo material, o ator foi concorrer ao papel e, embora pudesse ter se sentido melhor em sua carreira, ou ter oportunidades em audições e encontros anteriores, sua situação na época pode ter sido exatamente do que precisava. "Quando entrei e fiz um teste para o papel de Rod Lane, eu estava preparado? Eu estava na condição perfeita que Wes precisava que eu e Rod Lane estivéssemos", afirma Corri.

Também pode não ter feito diferença que, no momento da audição, Corri pouco se importasse com aquilo. "Eu não tinha um ponto de referência. Era apenas uma audição para um filme de terror", diz ele. Mas, depois de se conectar com o papel, e lembrando seu treinamento, ele acrescenta: "Fui convencido a trabalhar, então eu entrei, fiquei concentrado, Wes falou comigo e eu fui muito verdadeiro. Havia muito de mim naquilo: presunção, ego enorme, um sujeito mulherengo. Todos eles eram eu, mas de uma maneira juvenil".

"Nick foi ótimo", diz Benson. "Lembro-me dele como um ator apaixonado que se encaixava na descrição do papel de Rod Lane." Craven concordava, vendo muita alma e empatia no interessante ator jovem. "Você sentia como se ele pudesse interpretar um personagem que não era necessariamente um cara mau", disse ele, "mas um que não teve as oportunidades que todos os demais tiveram."

A vida real que Corri estava levando compensou para a vida na tela que ele iria interpretar. Ao assumir o papel, considerou a experiência de vida algo de grande ajuda, não apenas para si mesmo, mas também para os outros jovens atores. "Todos nós éramos reais. Heather era real, e Amanda, e todos no filme", diz ele. "Nós todos nos reuníamos na casa de Johnny, quase uma festa do pijama, assistindo aos antigos filmes de Wes. Lembro que começamos mesmo por Wes Craven. Todos éramos crianças. Wes era como um pai. Por um momento, realmente éramos uma família, sabe? E parecia que todos estavam na área." Wyss concorda, dizendo: "Por sermos tão jovens, acho que muito disso dependia de termos, organicamente, uma química juntos. E tínhamos, de fato. Muito disso teve a ver com o elenco, porque éramos pessoas acessíveis, e acho que é mais fácil se identificar com isso."

O vínculo foi compartilhado, em parte, porque Craven foi esperto o bastante para encontrar pessoas que pudessem evocar e retratar um espírito verdadeiro de si mesmas para munir os personagens. "Foi por isso que todos nós tivemos muito sucesso em capturar a essência desse grupo de adolescentes, porque a essência de quem somos foi colocada nesses personagens", diz Langenkamp. "Você torce muito para que eles sobrevivam. Eu sei que você está lá para vê-los morrer, mas mesmo assim torce por eles mais do que em outros filmes de terror." Ao relembrar seu primeiro papel em um filme grande, Corri acrescenta: "Amanda, eu, Heather e Johnny fizemos bem o nosso trabalho no primeiro filme da franquia". É um ponto com o qual Langenkamp concorda, acrescentando: "Vou lhe contar algo apenas para lhe dar um exemplo do tipo de pessoas que éramos na época, todos muito novos, jovens e inexperientes. Eu tinha um pequeno Alfa Romeo que quase nunca funcionava, e muitas vezes dei carona para Nick. Ele morava bem perto de mim e não tinha carro". Quando Langenkamp não estava de motorista de Corri, ele pegava um ônibus. "Todos éramos meio que iniciantes, sabe, não tínhamos muito dinheiro", diz ela.

Acima: Saxon com Bruce Lee nos bastidores de *Operação Dragão*.

Abaixo: O jovem e robusto Saxon em sua época de ator contratado.

John Saxon preocupado no papel do tenente Fuller em *Noite do Terror*, de Bob Clark.

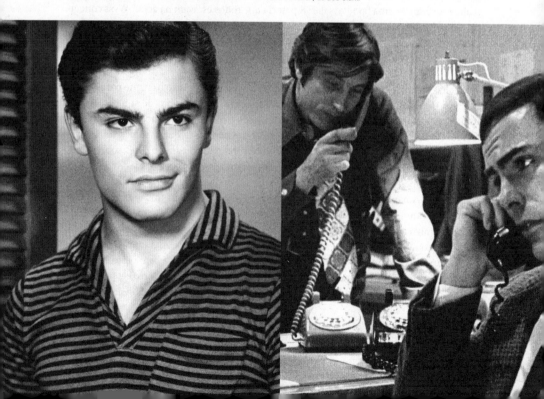

O PAI É QUEM SABE

Embora *A Hora do Pesadelo* fosse mostrar vítimas adolescentes sendo atacadas pelo espectro de Freddy Krueger, Craven sabia que, para funcionar, a história também dependia de desempenhos sinceros de outros dois papéis principais no filme: os pais de Nancy Thompson. Esse encargo fez o diretor sair à procura de um ator que pudesse trazer autoridade, dignidade e um elemento de mistério para o papel do tenente da polícia Donald Thompson. "É interessante o tipo de pessoas com quem você trabalha em filmes de baixo orçamento", disse Craven, "porque muitas têm carreiras bastante distintas, e suas carreiras talvez tenham decaído um pouco e não recebem muitas ofertas de trabalho." Para a sorte de Craven, não era muito diferente o caso do homem que acabaria desempenhando o papel.

Nascido Carmine Orrico, no Brooklyn, na cidade de Nova York, em 1936, ele teve o que parece ter sido uma infância típica como filho de uma dona de casa e de um pai estivador. Foi somente depois de se formar que Orrico assumiria a carreira de ator (estudando com a famosa Stella Adler). Depois de aparecer na capa de uma revista de detetive, foi descoberto pelo caçador de talentos Henry Wilson. Este entrou em contato com os pais do jovem e recebeu a devida permissão para levar o rapaz de 16 anos para Los Angeles, onde imediatamente rebatizou-o como "John Saxon", uma alcunha muito mais adequada a Hollywood.

Pouco depois, o recém-batizado Saxon se viu sob contrato com a Universal, desempenhando papéis de adolescentes em filmes, incluindo seu primeiro papel considerável, um delinquente em *Na Voragem de uma Paixão* (1956). Ele passou a trabalhar com muitos nomes notáveis, incluindo Bruce Lee em seu primeiro filme falado em inglês (e, tragicamente, o último de sua carreira). Sobre essa experiência, Saxon lembra de seu agente lhe enviar o roteiro e dizer: "Olha, tem um ator chinês ridículo e eles querem filmar em Hong Kong. Leia e veja se você gosta". Saxon gostou e acabou contracenando com o lutador de artes marciais em *Operação Dragão* (1973), lembrando que seu agente também dissera: "Você vai colocar algum dinheiro no banco, mas é uma porcaria que ninguém jamais verá!".

A história provou que seu agente estava errado. Com o sucesso do filme, Saxon acumulou numerosos créditos na televisão — exemplares italianos de "spaghetti westerns" e dramas policiais —, levando-o até o clássico *Noite do Terror* (1974), seu primeiro crédito no gênero, dirigido por Bob Clark (que mais tarde ficou conhecido por *Porky's: A Casa do Amor e do Riso*, de 1982, e *Uma História de Natal*, de 1983). Outras investidas no cinema de gênero vieram em seguida com papéis em *Mercenários das Galáxias* (1980), *Trevas* (1982), de Dario Argento, e *Prisoners of the Lost Universe* (1983), antes de ser escalado para *A Hora do Pesadelo*.

Quando Saxon recebeu o convite para participar do filme de Freddy Krueger, ele admite que não conhecia muito bem o trabalho de Wes Craven como diretor, mas o que importava era que ele próprio tinha uma afinidade com o gênero além de somente estar trabalhando nisso. "Eu gosto de horror e ficção científica porque sinto que esses gêneros têm uma percepção sobre algo na psique humana", diz ele. "Fico entusiasmado com roteiros que têm algo assim." Saxon claramente viu muito disso no material de Craven, levando-o a apreciar o aspecto de que "os sonhos tinham um peso igual, uma realidade igual, em relação à realidade comum. Acho que essa ideia tem muita validade", afirma o ator. Além de achar o roteiro interessante, Saxon ficou satisfeito por seu personagem de certa maneira ter ecos de um trabalho anterior, no papel do tenente que interpretou em *Noite do Terror*. "Eu acredito ter feito uma ponte entre os dois de alguma forma", ele sugere. "E eu admiro muito aquele filme."

Craven ficou empolgado por conseguir alguém com um currículo que muita gente da plateia reconheceria — e por um preço dentro de um orçamento menor. "Foi ótimo ter alguém acessível e ao mesmo tempo com uma experiência fantástica e muito talento", afirmou. "Ele foi maravilhoso, um dos alicerces do filme."

"Adorei que ele estivesse no filme", afirma Benson. Risher é da mesma opinião, lembrando que houve muito entusiasmo por Craven tê-lo escolhido para o elenco. "Estávamos muito animados com o fato de John Saxon estar disposto a fazer o filme", diz ela. "Ele era um nome e tanto na época."

Corri lembra de quando se encontrou pela primeira vez com Saxon e como, durante as filmagens, o ator mais velho não ficava muito na companhia dos atores mais jovens. "Eu estava sempre avaliando que relacionamento John teria com Langenkamp como sua filha." O que ajudou a demonstrar uma conexão fria entre os dois foi o fato de que a atriz não conheceu seu "pai" até começarem as filmagens. "Não tive a oportunidade de conhecer John, o que na verdade funcionou bem porque os meus pais estão divorciados no filme", diz ela. "O relacionamento de Nancy com o pai é o mais distante e o mais difícil."

Embora seu primeiro encontro na tela tivesse um tom severo, Craven lembrou um encontro mais cômico com Saxon na primeira sessão de maquiagem do ator. "Ele chegou com algumas caixinhas e as abriu — eram apliques de cabelo. Ele perguntou: 'O que você acha deste? É um pouco mais cheio. Ou este, com o qual eu pareceria um pouco mais velho?'." É um momento lembrado também por Logan. "Não sei se ele tinha três ou quatro caixas de perucas diferentes, mas lembro que tinha um monte de apliques de cabelo que RaMona tinha de escolher", diz ela. "Acho que ela experimentou todos eles, e então escolhemos um com o qual todos nos sentimos mais à vontade. John ficou ótimo."

"Sim, eu cuidei do penteado dele", confirma Fleetwood, acrescentando que tudo fazia parte da criação e construção de um personagem plausível. "Que tipo de policial ele é? Em que cidade está? Qual é o estilo de vida dele? Isso tudo pode ser percebido no cabelo da pessoa e a maneira que ela o usa. Então escolhemos um que era conservador e achei que ficou ótimo. Ele é um ator brilhante."

Preferências por perucas à parte, Craven relembrou com alegria a escolha de Saxon para o elenco. "Ele foi ótimo. Não tinha nada do tipo 'eu sou um astro, me trate de maneira especial', ou qualquer coisa assim. Ele chegava e fazia um trabalho consistente."

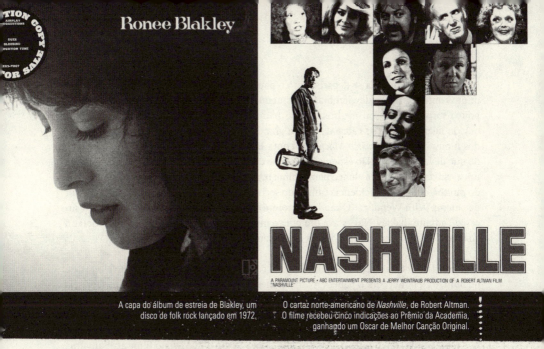

A capa do álbum de estreia de Blakley, um disco de folk rock lançado em 1972.

O cartaz norte-americano de *Nashville*, de Robert Altman. O filme recebeu cinco indicações ao Prêmio da Academia, ganhando um Oscar de Melhor Canção Original.

UM AMOR DE MÃE

O último papel importante a ser preenchido seria o de Marge Thompson (chamada Marge Simson nos rascunhos iniciais do roteiro), a mãe alcoólatra de Nancy, que compartilhava um segredo mortal com seu ex-marido Donald. Foram esses traços que fizeram Craven procurar alguém que pudesse trazer certa solenidade a uma personagem que ele considerava crucial para a história. "Era importante para mim que houvesse uma firmeza na mulher que diria 'Você está louca' para a própria filha", explicou Craven. "Porque a garota está falando sobre uma coisa da qual ela, a mãe, participou." Foi um ato que levou a personagem de Marge a afogar as lembranças na garrafa, e que, no final, colocou a vida de sua filha em perigo.

O papel acabaria ficando com a atriz Ronee Blakley, nascida em 1945, em Nampa, Idaho. Ela passou muitos dos seus primeiros anos na região Noroeste dos Estados Unidos, estudou no Mills College, na Stanford University e fez trabalho de pós-graduação na Juilliard. O primeiro momento de fama para Blakley veio com seu trabalho como cantora e compositora. Ela lançou diversos álbuns aclamados nos anos 1970, embora muitos ainda a associem com seu desempenho — que lhe valeu uma indicação ao Oscar — no filme *Nashville* (1975), de Robert Altman. Langenkamp lembra que Blakley "teve uma vida muito incrível", trabalhando com talentos como Bob Dylan, Joni Mitchell, John Ritter, Omar Sharif e James Coburn. Sua vida e sua carreira continuariam prosperando no início da década de 1980, com mais papéis no cinema e na televisão, e trabalhos nos palcos da Broadway. "Todos sabiam que *Nashville* foi dirigido por Robert Altman", admite Corri. "Fez um enorme sucesso e todos sabíamos quem ela era. E, como você pode ver no filme, ela era linda."

Mas foi em 1984 que ela se deparou com o papel de Marge no filme de Craven. E, como muitos antes dela, Blakley lembra da primeira reunião com Craven e de ter ficado um pouco surpresa. "Eu sou medrosa, então não posso ver filmes de terror, mas eu tinha ouvido falar de Wes por causa da minha grande amiga Jeramie Rain, que atuou em um dos filmes dele, *Aniversário Macabro*", conta Blakley. "Eu achava que ele seria o oposto do que de fato ele era. Não esperava que fosse tão arrumadinho e formal." A atriz recebeu um aviso da chamada de elenco para o filme mais recente de Craven através da secretária do diretor, que por coincidência tinha sido secretária de seu ex-marido, o também diretor de cinema Wim Wenders. "Quando li o roteiro pela primeira vez, achei que seria um sucesso", admite Blakley. "Eu estava um pouco insegura sobre fazer o que alguns poderiam chamar de filme de matança e outros de suspense psicológico."

Por fim, Blakley entrou em uma reunião geral com Craven e, como ela lembra, "ele gostou de mim, e eu fiquei com o papel". A atriz comenta que Craven parecia inseguro sobre ela ter idade suficiente para desempenhar o papel. "Mostrei para ele que na verdade estava na idade certa para ter uma filha da idade de Nancy. Fiquei feliz em ser escalada. Eu queria o papel." "Também adorei que Ronee estivesse no filme", admite Benson, acrescentando que ter talentos experientes e reconhecidos como Saxon e Blakley no filme atribuiu uma credibilidade ao projeto. "Não é como hoje, em que você precisa de Brad Pitt para lançar um filme, mas naquela época eles eram grandes nomes para nós."

Blakley também estava bastante feliz em trabalhar com Wes em um filme com um personagem que exigia tanto, tentando alcançar um desempenho que forçasse seus limites. "Era um papel difícil", diz Langenkamp, e um que poderia ter sido ingrato e subestimado, mas Blakley enfrentou o desafio corajosamente. Alguns talvez digam que até demais.

"Aquela era apenas a interpretação dela da mãe, e eu tentei contê-la tanto quanto pude, mas tinha uma coisa meio desleixada nela", comentou Craven. "E eu achava que talvez pudesse funcionar como uma mãe meio narcisista e egocêntrica, e que estava o tempo todo meio chapada de tanto beber." Talalay, que passou bastante tempo no local de filmagem, lembra que a atriz estava "em um plano diferente. Ela enxergava o papel como sendo o de uma mãe alcoólatra e, você sabe, chegou preparada para isso. Ela era uma peça". Englund sugere uma explicação de como o modo de Blakley representar a mãe se relaciona com o filme e seu gênero, dizendo que o melodrama não deve ser motivo de preocupação. "Todos os filmes de terror precisam ter certa dose de melodrama. Melodrama não é um palavrão", diz ele.

Examinar o filme através dos olhos dos que estão em perigo costuma exigir que o espectador caia no abismo com eles. O mesmo não pode ser dito para o vilão ou, no caso de *A Hora do Pesadelo*, aquele que criou o mal que agora está com eles. "A personagem de Heather, por exemplo, tem de ser real e resistente, e reagir a toda essa loucura em torno dela, mas aqueles de nós que encarnamos a loucura temos outro caminho. Temos permissão para exagerar um pouco", admite Englund. "Portanto, Freddy pode ser grandioso, porque ele existe na imaginação. E a personagem de Ronee despencava para a loucura. Ela era alcoólatra, estava furiosa por causa da culpa, e acho que o que Ronee fez foi evocar um desempenho do tipo *O Que Terá Acontecido a Baby Jane?* (1962), que é, penso eu, perfeito para uma mãe ruim. Ela é uma mãe ruim."

Blakley via a personagem como uma mulher séria que tentou fazer o melhor possível, como mãe divorciada, para ajudar sua filha e mantê-la em segurança "desse monstro pavoroso que estava matando as crianças da comunidade. Era obviamente uma situação irreal no sentido mais puro", diz ela. "Era uma ficção completa, e até mesmo um sonho. Mas eu tentei tornar real e enxerguei isso da maneira mais realista que fui capaz."

"A atuação dela agora é vista quase como uma coisa cafona, porque ela teve de interpretar essa mãe alcoólatra", afirma Langenkamp. "Mas, em retrospectiva, creio que o desempenho de Ronee na verdade dá ao filme uma suculência que, se não fosse por ela, teria perdido seu sabor ao longo da história."

"Você precisa se render ao exagero, ao surrealismo e à mitologia do horror", insiste Englund. "Sempre tem que ter o velho padre sábio, ou o cientista louco, ou o dedo-duro neurótico, seja qual for o personagem. Esses são certos ingredientes." Heather também é um ingrediente, de acordo com o ator. "Ela é a garota que sobrevive. Mas, por definição, uma garota que sobrevive só precisa ser corajosa, centrada, real e reativa", afirma Englund. Quanto a Blakley como a mãe de tal personagem, ele acrescenta: "Ela merece crédito apenas pela natureza do que cumpre no menu como um ingrediente no filme. Acredito ter sido uma atuação realmente apropriada e nunca tive qualquer problema com isso."

Blakley compartilhou a maior parte do tempo em cena com Langenkamp, que prossegue argumentando que "o gênero do horror é repleto não de clichês, mas meio que de tradições. E tem sempre um personagem que em geral é uma espécie de canastrão", sugere ela. "É apenas o que eles têm de fazer. Esse é o trabalho deles." Canastrice à parte, como ela havia feito antes com seu namorado na tela, Langenkamp lembra que ela e Blakley decidiram desde cedo que se elas formassem um vínculo, talvez pudessem parecer mais plausíveis na tela como mãe e filha. "Eu queria conhecer a pessoa que iria interpretar a minha mãe, uma mulher de carreira ilustre até aquele ponto", diz ela. "Eu estava um pouco apreensiva."

Não havia motivo para ficar apreensiva, pois, como Blakley diz sobre Langenkamp, "Ela era muito madura para sua idade. Ambas éramos garotas de Stanford, e ela era muito bonita e interpretava uma adolescente. Ela era muito mais madura do que sua idade sugeria".

As duas levaram sua admiração mútua um pouco mais longe, decidindo fazer algo pouco ortodoxo que poderia quebrar o gelo entre duas mulheres que teriam um tempo crítico juntas em cena como mãe e filha — foram às compras. "Nós fingimos somente durante aquele dia que estávamos comprando um vestido de baile", lembra Langenkamp. "Eu fingia ser sua filha e ela era hilária. Nós fingíamos brigas do tipo 'Mãe, eu não quero isso!'. Claro, eu queria o vestido de vadia, e ela queria que eu ficasse com o vestido conservador."

Blakley atribui a ideia a sua propensão para o Método.[6] "Eu gosto de experimentar as coisas na rua. Se você conseguir fazer isso funcionar lá, então vai funcionar na tela", afirma. Sobre ela e Heather interpretarem seus papéis em público durante uma tarde, Blakley admite: "Achei encantador. Nós realmente estávamos experimentando vestidos e", ela acrescenta com uma risada, "se você não pode confiar na sua mãe, em quem vai confiar?"

VOCÊ COLHE O QUE SEMEIA

Agora que Craven havia encontrado seu vilão em Englund, um grupo de jovens atores para preencher os papéis adolescentes e dois veteranos para retratar os pais ausentes e negligentes (um tema recorrente nas obras do cineasta), o elenco teve tempo para se aprofundar, digerir e dissecar o material. Para todos, ficaria evidente que Craven não estava criando um típico filme de terror.

"Você nunca se sentia como se estivesse em um filme de matança", diz Langenkamp. "Você se sentia como em um filme de Ingmar Bergman, falando sobre a vida após a morte ou o que vai nos acontecer se nos rendermos às nossas paixões mais básicas. Sempre olhei para isso como uma espécie de luta adolescente, com todas essas forças, não apenas os pais de Nancy, mas esse bicho-papão externo. Era uma parábola."

Wyss concordou com essas noções, logo percebendo que "aquela não era a norma dos filmes de terror, especialmente a psicologia envolvida. Era intelectual e empolgante", diz ela. Foi esse pensamento generalizado entre o elenco — que eles estavam lidando com algo mais do que apenas uma carnificina desmiolada — que lhes permitiu entender que Craven havia imbuído seu material com temas mais profundos e filosóficos do que a maioria. "Freddy é um alerta", diz Englund. "É como se a lenda de Freddy fosse promulgada com as crianças. E é como aquela expressão antiga: 'Você colhe o que planta'."

Craven, tendo escrito um tema de vingança, também estava falando mais sobre a humanidade e sua moral. "Freddy tinha sido um assassino de crianças, e é por isso que os pais se acharam no direito de matá-lo", reconhece Englund. "Isso tornou tudo uma questão moral: se ele é realmente tão desprezível como ser humano, você tem o direito de tomar a lei em suas próprias mãos? Isso era interessante para mim."

O diretor e escritor considerava que Freddy era mais do que apenas um personagem inventado, uma combinação de características dos seres humanos. "Especialmente dos homens, para ser destrutivos", sugeriu Craven, "e querer esquartejar e queimar, em vez de alimentar e proteger." Também foi uma oportunidade de investir em algo que ele havia explorado antes, o fracasso dos pais e das figuras de autoridade, não importa o quanto

---

6   Método Meisner, chamado simplesmente de Método. O método de atuação criado por Sanford Meisner é considerado nos EUA hoje uma das principais técnicas de preparação de atores para cinema e teatro. A fundação do método é: "atuar é a habilidade de viver verdadeiramente sob circunstâncias imaginárias". [NT]

tentem. "O casamento dos pais está desmoronando, então naquele momento eles não estão protegendo sua filha", diz Langenkamp. "E os policiais não conseguem descobrir quem é o criminoso, e os vigilantes são forçados a matar Freddy Krueger, em primeiro lugar. Portanto, há falhas o tempo todo."

Englund leva adiante a análise do fracasso, apontando que seu vilão causa o maior dano nos recessos da mente. "É como se falar sobre o mal e se preocupar com o mal provocasse a própria manifestação desse mal", diz ele. "Especialmente porque isso se prende aos pecados recentes." Muitos no filme sentiram que a intensidade da ideia era tudo, menos superficial. "Uma cidade inteira com um segredo sujo, de que eles mesmos haviam cometido um assassinato em grupo", diz Haitkin, "faz você ver a profundidade do relato e buscar em sua própria alma algo sobre justiçamento, e pessoas decentes fazendo coisas ruins em nome do que elas consideram certo."

O conceito de vingança por parte dos pais, que acaba tendo seu impacto sobre as próprias pessoas que estão tentando proteger, repercutiu em Blakley. "Essas pessoas são pais desesperados. Marge estava furiosa e desesperada", diz ela, "e eles estão lidando com um tipo de situação absolutamente irreal. Como ator, você tenta torná-la real, plausível, e é normal alguém pensar que se isso estava acontecendo os pais ficariam perturbados a ponto de quase enlouquecerem, por causa do horror, da tristeza e do desamparo."

A decisão dos pais, é claro, tem um preço alto, pago não apenas por eles mesmos como também por suas proles inocentes. "No caso da vingança, se você vai cavar um túmulo para alguém, também deve cavar um para você mesmo", afirma Wyss. "Freddy volta para matar aquilo que eles amam, então existe um carma e uma moral que nos atinge em um nível profundo, porque se você praticar atos de violência receberá atos de violência."

"Essas coisas eram um elemento grande na estrutura do filme, a estrutura metafísica, se você preferir, de segredos escondidos dentro das famílias", disse Craven, "e as coisas que os pais tinham feito custando não tanto a eles, mas aos filhos." Corri entende o conceito e as repercussões de tais atos, achando que esse é um motivo pelo qual o roteiro alcançou tanta gente. "Você assume a lei em suas próprias mãos, você mata o cara que é culpado, e o mata de maneira errônea, então o diabo que existe nele irá atrás de você. Isso é o que torna tudo interessante. É uma história realmente profunda", diz ele. O ator também encontrou uma maneira de simplificar as ações da multidão de pais enfurecidos: "No roteiro original, lembro que ele talvez tenha molestado crianças, então pensei 'Isso mesmo, queimem esse filho da puta'".

Langenkamp pensou profundamente sobre o poderoso conceito de uma turba enfurecida de pais acabando com a vida daquele que lhes causou dor, depois que ele não recebeu a punição que todos consideravam ser merecida. "Eu jamais desejaria ter esse tipo de crime nas minhas mãos, mas isso acontece. Acontece o tempo todo", diz ela, severamente. "Esses pais justiceiros são uma resposta para alguém como Freddy Krueger."

A atriz também considera que os elementos do filme, sua história e seus personagens são uma exploração no horror e como lidar com isso. Quando o medo bate, o que fazer? O que você pode fazer? "É sobre isso que são esses filmes", afirma Langenkamp. "Especialmente Nancy, que não apenas enfrenta seus medos, como se empenha para livrar-se deles e decide desempenhar um papel ativo em relação ao que está acontecendo consigo."

Englund resume o que o roteiro concretiza em termos de lidar com esses medos e a criação de Krueger. "Dois erros não fazem um acerto, e Freddy voltou. Ele falou, e sussurrou, e insinuou", diz ele. O mero pensamento de que o homem terrível, que aparentemente tinha sido vencido, está voltando para assombrar os sonhos e destruir mais crianças "infiltrou-se na imaginação deles", continua o ator, "e, ao entrar em sua imaginação, está infectando seu subconsciente. Ele é o pecado, e o monstro, e a decadência que se esconde nos recônditos do lar suburbano." No filme de Craven, esses equívocos sussurrados e encobertos no passado podem, de fato, se tornar o bicho-papão. "Wes chama Freddy de 'o pai bastardo de todos nós'", acrescenta Englund, "e há muitos pais e mães bastardos em Elm Street. Freddy é o monstro do lar despedaçado da América contemporânea."

PREPARAR, FILMAR... NÃO?

Deixando de lado as análises filosóficas do material, havia chegado o momento de começar a produção do novo filme de Craven, embora o cineasta tenha recebido uma notícia de Shaye que poderia representar o fim do filme. Com os escritórios de produção, o elenco e a equipe prontos para começar, Shaye revelou a dura notícia apenas duas semanas antes do início da filmagem principal: eles haviam perdido metade do investimento para fazer o filme.

"Bob entrou no escritório e falou: 'Wes, lamento dizer, mas essa empresa europeia, Smart Egg, que aplicou uma quantidade significativa de dinheiro no projeto, decidiu retirar o investimento", lembrou Craven. "Eles descobriram que precisavam do dinheiro em outro lugar."

A notícia não poderia ter chegado em pior momento para o filme. "No meio de tudo, quando o financiamento caiu por terra, a equipe estava se preparando para filmar. Foi um desastre inacreditável", diz Shaye. Foi também irônico para o produtor — pelo menos em relação ao momento em que ocorreu. "Eu estava sentado em Nova York, esperando para subir ao palco e dar uma palestra, acho que para o Price Waterhouse, um seminário de mídia, e o meu tópico era 'Como Financiar um Filme Independente'. Foi bastante ridículo", conta Shaye. "Eu aceitei fazer aquilo porque esperava atrair alguém interessado. Mas foi ali que tudo ficou realmente terrível."

Talalay lembra de estar familiarizada com muita coisa que acontecia na época, admitindo que havia, de fato, muitos problemas em relação ao financiamento. "Eu estava intimamente envolvida porque eles tinham de vir até mim, na condição de contadora, e dizer: 'Não podemos pagar ninguém. Perdemos essa parcela do financiamento, mas precisamos manter o filme em andamento. Queremos que você faça tudo o que puder para ajudar a manter a equipe envolvida e não perder nenhuma pessoa'", diz ela. "Foi muito, muito, muito, muito tenso."

Como a New Line Cinema já havia mostrado no passado, a adversidade pode ser a mãe da invenção. Dessa vez seria Risher assumindo o papel mais produtivo, já que Shaye ficou em Nova York para tentar conseguir os fundos necessários. Isso deixou Risher com a desagradável tarefa de informar o elenco e a equipe sobre a terrível posição financeira. Mas parece que algumas pessoas começaram a perceber isso antes mesmo do anúncio.

"Depois que assinei o contrato para fazer o filme", diz Saxon, "disseram-me que iriam me chamar em pouco tempo para fazer ajustes no figurino e coisas do tipo." Saxon esperou, e esperou, até que decidiu telefonar para a produção perguntando quando iriam precisar dele. "E houve um grande silêncio", lembra ele, "e então logo entendi o que estava acontecendo."

Quem também percebeu a situação, e a articulou com bastante clareza, foi Corri. "Eles estavam falidos. Havia zero dinheiro", diz ele. "Quando você é jovem, não se importa de ficar esperando; mas houve uma espera."

Tendo de lidar com uma situação que passava de suposição à certeza entre aqueles que ela estava tentando tranquilizar, Risher relembra: "Eu estava com seis meses de gravidez na época e tive de anunciar que não poderíamos pagar a equipe técnica, o elenco ou qualquer outra pessoa naquela semana".

Confiantes que o dinheiro seria providenciado, Risher e Shaye não sabiam ao certo qual seria a reação naquele momento por parte dos artistas a quem, essencialmente, eles estariam pedindo para trabalhar de graça — pelo menos por um curto período de tempo. Risher credita sua gravidez como um possível fator no resultado. "Eu acho que por eu estar grávida na época não perdemos membros da equipe nem nada", afirma. Também não atrapalhou o fato de Risher ser muito querida. "Ela era muito amigável e fácil de conversar", diz Cook. "Manter uma equipe unida pelo período que precisamos e ela ainda continuar junta foi impressionante", diz Talalay.

Talvez tenha sido o fator simpatia, combinado com a paixão de todos pelo projeto de Craven, que os manteve juntos, embora Langenkamp admita ter percebido o quanto as finanças precárias do filme poderiam afetar muitas pessoas do elenco e da equipe. Para muitos, aquilo era mais do que apenas outro "bico". Era uma maneira de permanecer em Hollywood, encontrar seu caminho e dar certo.

"Você não está pensando no problema como um todo", opina Langenkamp. "Você está pensando no seu aluguel, que vai vencer no primeiro dia do mês. E isso soa tão pouco glamoroso, mas acho que muitas pessoas no filme estavam pensando a mesma coisa."

A atriz estava certa, embora tenha havido uma pequena ajuda financeira de uma fonte improvável — Shaye financiou de seu próprio bolso (no valor de alguns milhares de dólares), e Burrows colocou um pouco de seu próprio dinheiro. Isso ajudou algumas pessoas que talvez não tivessem como se sustentar por mais uma ou duas semanas sem pagamento.

"Foi isso mesmo", confirma Shaye. "Na verdade, só fiquei sabendo mesmo disso mais tarde, mas John Burrows concordou em não receber salário, e acho que ele talvez tenha pagado algumas pessoas."

Burrows tinha acabado de sair da produção de um filme com algum dinheiro extra, e achava que cancelar *A Hora do Pesadelo* seria um erro. "Eu achei que talvez pudéssemos manter duas ou três pessoas na ativa; o pessoal que estava procurando os objetos de cena e outras pessoas envolvidas na construção do cenário da casa no estúdio", afirma. "Então peguei dez mil dólares e paguei as pessoas que estavam trabalhando. Eles nunca ficaram sabendo. As pessoas costumavam me dizer: 'Este é o seu filme, John'. Claro, assim que a empresa recebeu o dinheiro reservado, eles me pagaram de volta."

"Ele acabou ficando duas semanas sem pagamento. Ele foi incrível", lembra Risher. Mesmo com a generosidade de Burrows em fazer, quando chegou a hora de prosseguir e sentar para a leitura do roteiro, uma pessoa não apareceu: o escritor e diretor do filme. No entanto, não foi necessariamente uma escolha de Craven; seu agente o alertou de que era contra as regras do Director's Guild of America [Sindicato dos Diretores dos EUA] participar da reunião sem que a empresa tivesse o dinheiro para pagar a equipe. "E então ele não veio. Fizemos nossa primeira leitura sem o diretor", admite Risher.

Craven lidou com a situação o melhor que pôde, dedicando-se a uma nova atividade que manteria sua mente livre da turbulência financeira pela qual seu pretenso filme passava. "Fui para casa, comprei uma bicicleta e simplesmente pedalei de Santa Monica até Long Beach, o que é um longo caminho, por puro desespero porque outra coisa havia fracassado", disse ele. "Eu sentia que nunca conseguiria sair daquele horrível e sombrio período de três anos em que perdi todas as minhas economias, e tudo que havia recebido do trabalho em *O Monstro do Pântano* e *Bênção Mortal* há muito tempo havia sido gasto para manter um assistente e um publicitário, e tudo mais."

Craven, no entanto, foi capaz de olhar para trás e injetar algum humor na situação, pois ele se lembrava de algo que lhe foi dito quando ele estava trabalhando nos dois filmes anteriores em sequência. "Seja gentil com as pessoas quando estiver subindo, Wes, porque você vai passar por elas quando estiver caindo", disse ele, com uma risada. "Com certeza, passei três anos sem absolutamente nenhuma renda e foi terrível. E foi um péssimo momento quando a New Line perdeu o dinheiro." Felizmente, ele não teve de pedalar longamente em desespero para tentar não pensar se em algum momento ele começaria a filmar. O mesmo não pode ser dito de Shaye, que trabalhou por muito tempo e com empenho para fechar um acordo que manteria o projeto no caminho.

"Bob finalmente conseguiu o dinheiro que precisávamos, colocando a Media Home Entertainment como nosso parceiro, e mais algumas outras pessoas que se juntaram nesse processo", diz Risher. Mas não sem algum sacrifício, como Shaye ressalta. "Com grande dor e sofrimento, vou lhe dizer isso", revela. "Por mais que passe por dor e sofrimento para fazer um filme, não chega nem perto da dor e do sofrimento que você enfrenta para conseguir financiá-lo. Neste caso, tive de levantar todo o dinheiro fora da empresa."

Depois de uma última reunião com o dono da Media Home Entertainment, Joseph Wolf, Shaye finalmente fechou um acordo. "O ponto de inflexão era o acordo do diabo. Fiz um acordo com Joe, e ele concordou em comprar os direitos para vídeo por uma certa quantia de dinheiro. Mas ele nos fez garantir que, se não fizéssemos certas coisas, como providenciar cópias adicionais e estrear em um determinado número de salas de cinema, ele teria o direito de tirar o filme de nós e não nos dar nada em troca", lembra Shaye. "E esse foi o único acordo que pude fazer. E isso concluiu o financiamento para nós."

"Bob não gostou disso, mas teve de aceitar. Ele estava preso", lembra Burrows. "Bob sempre irá se lembrar que estava dando seu sangue, sabe? Ele disse: 'John, eu odeio, odeio, odeio isso'."

Haitkin, embora não estivesse envolvido diretamente com nenhum dos acordos financeiros, lembra de uma reunião interessante em seu apartamento. Juntamente com ele estavam Craven e Shaye, que explicaram o quão importante *A Hora do Pesadelo* era para a New Line Cinema. "Bob disse para nós dois que o futuro da empresa estaria dependendo desse filme", lembra. "Pensar que era um problema financeiro tão grande que a existência de uma empresa dependia de menos de dois milhões de dólares era bastante surpreendente."

"Essa é uma das memórias que mais me afetaram no meu período na New Line: a vulnerabilidade de estar tão longe e então alguém inventar algum truque para conseguir o dinheiro", afirma Talalay. "Por meio de coação, insistindo muito, implorando, tudo o que pudemos, finalmente conseguimos fechar acordos com pessoas para financiar o filme ou emprestar dinheiro para levá-lo adiante, e então o fizemos", diz Shaye.

Até mesmo Craven recordava a tensão que Shaye deve ter enfrentado na tentativa de ajustar a situação financeira. "Ele desistiu de muitos pontos porque a outra entidade financeira simplesmente o crucificou", disse ele. "Eles tiraram muito do que ele tinha naquele filme durante essa negociação."

Por mais que Craven entendesse o estresse e a fragilidade financeira que Shaye devia estar enfrentando, ele admitia que não era algo com o que precisava se preocupar. "Eu só estava esperando um telefonema que dissesse: 'Estamos prontos de novo'", disse ele. Em breve, eles estariam. Tendo o apoio total do financiamento, e um elenco e uma equipe técnica ansiosa para começar, Craven e a New Line Cinema logo estariam começando a produzir fisicamente o que o diretor e escritor afirmou que poderia ser o seu "filme divisor de águas".

A FACE DO MAL

No topo da lista de coisas a fazer estava a criação de como seria a aparência do vilão do filme, Freddy Krueger, na qual o artista de efeitos de maquiagem responsável trabalhou assiduamente para agradar Craven. Essa responsabilidade ficou com David B. Miller — que mais tarde trabalhou em filmes como *O Ataque dos Vermes Malditos* (1990), *A Família Addams* (1991) e *Batman & Robin* (1997) —, que já tivera uma relação de trabalho com Craven em uma incursão anterior nos pântanos. "O meu envolvimento ocorreu porque trabalhei em *O Monstro do Pântano*, e tinha um sujeito naquele filme que foi o gerente de produção no primeiro *A Hora do Pesadelo*", lembra Miller. Consequentemente, ele recebeu uma ligação — Wes estava prestes a embarcar em um novo projeto, um filme de monstro com um orçamento muito baixo, que, no entanto, achavam que seria perfeito para ele. "Então fui fazer uma entrevista com Wes, e me encontrei com Jim Doyle. Consegui o emprego ali mesmo", diz ele. "Eles olharam o meu portfólio, gostaram de tudo o que viram e consegui o trabalho."

O que o trabalho implicaria, porém, ainda era um tanto vago. "Tudo que Wes me disse foi que ele queria algo realmente, realmente horrível — um cara de aparência mais velha com pus e gosma escorrendo pelo rosto. Algo monstruoso", afirma Miller.

Outro aspecto que Miller recorda depois de ter conversado com Craven, que pediu uma maquiagem que fosse mais profunda, era um projeto no qual os dentes de Krueger apareceriam através de um maxilar apodrecido. Isso foi descartado depois que Miller explicou por que simplesmente não funcionaria. "Não tem como fazer isso em um ator de verdade", afirma. "Você pode colar dentes no lado de fora do aplique, mas não fica nada bom. Portanto, a ideia foi descartada." Decidindo o que seria e não seria viável, Miller continuou a buscar um visual para Krueger, procurando se basear o máximo possível em fatos. "Eu sou um verdadeiro defensor da pesquisa para um personagem", admite. "Quando Wes disse que seria um personagem com a pele queimada, eu fui até a biblioteca do centro médico da UCLA e encontrei vários livros sobre a unidade de queimadura." Em sua busca, Miller viu como as vítimas de queimaduras reais se pareciam e começou a basear sua ideia nisso.

Agora que tinha uma noção de para onde sua maquiagem seguiria, o artista de efeitos trabalhou duro com um orçamento escasso de aproximadamente vinte mil dólares, e acabou apresentando ao diretor cinco esculturas diferentes. "Uma delas era muito semelhante a um crânio, sem muita pele nele, era mais osso. Outra tinha uma pele mais translúcida, muito fina", lembra Miller. "Também tinha uma com a pele queimada que foi esticada com firmeza por todo o crânio. São as que consigo me lembrar." Em vez de selecionar um único projeto, no entanto, a reação de Craven surpreendeu Miller. "Wes escolheu coisas diferentes de cada escultura. Ele disse 'Eu gostaria de ver isso, isso e isso combinado em uma única cabeça'", lembra Miller. Ele pegou os elementos que Craven indicou e começou a projetar um novo visual para Freddy que, embora vagamente baseado em imagens de vítimas de queimaduras na vida real, teria sua inspiração derradeira vinda do mais improvável dos lugares. "O desenho final para Freddy — e esta é uma história verdadeira — veio de uma pizza de calabresa", admite.

Miller estava em um restaurante certa noite, profundamente pensativo, quando começou a brincar com o queijo e a calabresa de sua pizza, percebendo que havia, essencialmente, criado o rosto de Freddy Krueger. "Pensei 'Esse é um visual legal. Parece pele derretida em volta dos músculos'", diz ele. Com seu inspirado projeto, Miller foi até sua oficina caseira, começou a esculpir e se viu diante de mais uma ideia, que era criar apliques em camadas para a pele interna e externa de Freddy. "Eu fiz próteses separadas no rosto que representavam o músculo", lembra ele, "e então, em cima desse modelo, tinha a camada exterior da pele que parecia cheia e fácil de se esticar." Para aumentar o efeito de massas de carne destruída, Miller colou apenas as bordas da camada externa. "O que aconteceria é que, quando Robert se movesse, a pele ia se mexer separadamente ao redor dos músculos da face, e isso acabou sendo o visual de Freddy. Ficou muito interessante", diz ele.

"A minha questão toda com o rosto era que precisava ser o bastante para mostrar a violência do que os pais tinham feito, e precisava ser um tipo de máscara, porque eu estava convencido de que, naquela época, todos os filmes de matança tinham máscaras", afirmou Craven. Ele também queria que a máscara tivesse personalidade, porque ele não desejava esconder o ser humano embaixo dela, como os outros filmes de terror tinham feito até então. "O que acabamos bolando ficou muito, muito bom", acrescentou.

ROUPAS FAZEM O MONSTRO

A roupa que Freddy vestiria também era parte importante do seu visual, uma extensão do desejo de Craven de que seu vilão tivesse um senso de humor distorcido — neste caso, o emblemático suéter listrado pelo qual Freddy se tornaria conhecido. Craven disse que seu processo na criação de Freddy foi muito deliberado, e a roupa icônica não foi inventada arbitrariamente. De fato, como muitas vezes antes, Craven encontrou ajuda em uma fonte acadêmica. Mergulhando nos anais da mitologia, ele decidiu que iria adorar se Krueger fosse capaz de mudar de aparência, apresentar diferentes formas, um aspecto importante das criaturas mitológicas. "Eu pensei que de vez em quando ele pudesse sair da simbologia de seu próprio corpo e fazer algo maior", disse ele.

Limitações orçamentárias e de efeitos impediram que essa noção chegasse a ser plenamente realizada, embora Craven tenha encontrado outra maneira de lidar com o conceito. "Eu queria que Freddy tivesse algo instantaneamente reconhecível", disse ele. Esse item se tornou o agora familiar suéter listrado, que originalmente não tinha o esquema de cores que os espectadores passaram a associar com Krueger. Nas primeiras versões do roteiro, as cores que Freddy usava eram o vermelho e o amarelo. Craven, no entanto, não queria deixar o desenho ao acaso, e uma mudança logo foi feita. "O vermelho e o verde juntos na verdade surgiram de uma edição da revista *Scientific American*", lembrou Craven. Ele admitiu que nunca voltou a encontrá-la, mas tinha um artigo "detalhando as complexidades de como a retina humana discerne as cores, particularmente quando elas estão próximas".

Determinadas cores, aprendeu Craven, não são agradáveis aos olhos e são difíceis de processar visualmente. Sendo assim, o cineasta transformou um pedaço de roupa aparentemente inócuo em uma peça pervertida do arsenal de Krueger. "Eu literalmente o transformei em uma espécie de efeito óptico doloroso ao olho humano apenas por conta do suéter", afirmou. Esse efeito óptico quase teve menos material para ser trabalhado, não fosse a oposição do maquiador do filme. "Havia uma versão de Freddy com um suéter sem manga que foi descartada por David Miller", disse Craven, "porque, além do rosto, que tinha um zilhão de partes diferentes, ele também teria de maquiar os braços. Então decidimos: 'Certo, tudo bem. Mangas compridas'."

Mas houve outra discussão semelhante, causada por Englund e perdida por Miller, que era sobre ter ou não necessidade de muita maquiagem no couro cabeludo de Krueger, o qual normalmente ficava escondido debaixo do chapéu do personagem. O infame acessório quase foi descartado por Craven, já que o ator experimentou muitas variações. "Todos aqueles chapéus diferentes, e todos eram ridículos", diz Englund. "Eles ajustavam a minha maquiagem de Freddy pendurando pedaços de carne translúcida atrás da minha orelha, enquanto Dave Miller passava uma escova no meu nariz, com um secador de cabelo no meu traseiro. E eu estava lá, sentado, e eles experimentavam diferentes chapéus em mim."

Lutando pelo que Craven originalmente escreveu no roteiro, e como o havia descrito em seu primeiro encontro, Englund conseguiu manter o fedora de Krueger. "Lembro que eles colocaram um chapéu de vendedor de jornais em mim e eu disse: 'Ei, pessoal, Wes, está no roteiro, está no fundo da sua mente. O fedora. Isso significa alguma coisa'", afirmou o ator. Foi quando Englund decidiu parar de falar e começar a demonstrar, colocando o fedora de volta em sua cabeça e certificando-se de que sua sombra aparecia na parede da pequena sala de estoque onde estavam, mostrando a silhueta de Freddy e sua mão cheia de garras. "E então fiz a minha pequena imitação de Bob Fosse tocando na borda do chapéu, virei para Jacques e falei: 'Veja, dá para esconder Freddy nas sombras da aba'", lembra o ator. Craven e os outros foram convencidos. "Se fiz alguma coisa por Freddy naquele momento foi salvar o fedora. Eu lutei pelo chapéu", lembra alegremente Englund.

Não foi apenas o efeito visual que garantiu que o fedora funcionava para alguns membros da equipe, como Miller. O maquiador ficou momentaneamente satisfeito, pois poderia significar menos maquiagem para ele planejar — porém ele logo descobriu que Englund, mesmo com o chapéu, tinha outras ideias. "Porque o chapéu estava no roteiro, acho que David imaginou que não teria de trabalhar com muito empenho em todas as feridas purulentas no meu couro cabeludo", diz Englund. "Mas eu lhe disse 'David, você precisa mantê-las. Precisam ficar desagradáveis, porque quero mostrar isso. É uma das coisas geniais do projeto'."

Primeiros estudos da maquiagem de Freddy Krueger.

A APLICAÇÃO DO TERROR

Com o projeto de maquiagem completo, outro dos exigentes itens do filme estava prestes a surgir: a tarefa diária de transformar Englund no monstruoso Freddy Krueger. E embora parecesse (e, para muitos, de fato era) uma tarefa indesejável ficar sentado quieto durante todo o árduo processo, a única pessoa com maior potencial de reclamar fez exatamente o contrário. Englund, que enfrentaria horas e horas em uma cadeira de maquiagem, e passaria dia após dia embaixo de luzes quentes, lembra claramente como a ideia de ser coberto de próteses o levou de volta ao seu amor pelos filmes de terror como *Frankenstein* (1931) e *A Múmia* (1932), e a famosos atores maquiados, como Lon Chaney. "Eu tive uma revelação quando me lembrei do menino de 14 anos em mim que tinha ido à matinê de sábado e não conseguiu entender quem era a criatura em *O Planeta Proibido* (1956)", afirma Englund. "Lembrei-me de ler um desses livros de mesa chamado *Life Magazine Goes to the Movies*, quando eu tinha 9 anos, e do quanto adorei a seção de horror clássico da década de 1930, incluindo um pôster de duas páginas."

Isso deixou Englund divagando se de alguma maneira, mesmo subliminarmente, ele vinha desejando participar desse ritual. "Eu sempre tive vontade de realmente experimentar uma maquiagem. Quando fiz *A Hora do Pesadelo*, talvez eu estivesse exorcizando esse fascínio dos tempos de menino", diz ele. "E, quando eu era um jovem ator de teatro, via os mais velhos entrarem com suas toalhas de hotel e as espalharem, com suas canecas de café de boa sorte e seus lápis, suas tesouras e tubos de maquiagem, e esses caras faziam maquiagens fantásticas. Fiquei fascinado com aquilo. Devo dizer que era algo que sempre achei bacana quando jovem. E as coisas que são bacanas quando você é jovem são as que nunca te abandonarão."

Também não atrapalhava o fato de Miller estar chegando a Elm Street vindo de um dos mais populares videoclipes de todos os tempos, graças a Michael Jackson e um famoso diretor do gênero. "Nós nos esquecemos do quanto *Thriller* (1983) era grandioso na época, e David criou aquela maquiagem com John Landis", diz Englund, "e então eu soube que estava em boas mãos." Relembrando a combinação de fatores, ele percebe: "Acho que isso tinha algo a ver comigo dizendo sim, e eu querendo muito interpretar Freddy. Eu realmente queria ter essa experiência".

E essa experiência estaria aos cuidados das mãos hábeis de Miller e de sua equipe de maquiagem, embora Miller se lembre que da primeira vez que viu Englund como o ator que interpretaria Freddy Krueger, pensou: "Isso vai ser um desafio". Ele conhecia o ator de seu trabalho em um filme chamado *O Guarda-Costas* (1976) e, um pouco inseguro com a escolha, Miller se perguntou: "Eles querem que esse cara interprete o Freddy?" Achava que Englund, que não era muito falante no início, talvez não tivesse gostado dele. Mas, assim que fez o molde de seu rosto para a escultura da maquiagem ("Era tudo novo para mim. Foi uma aventura", conta Englund), ele se abriu e, como Miller lembra, "ficou muito entusiasmado por estar fazendo a maquiagem".

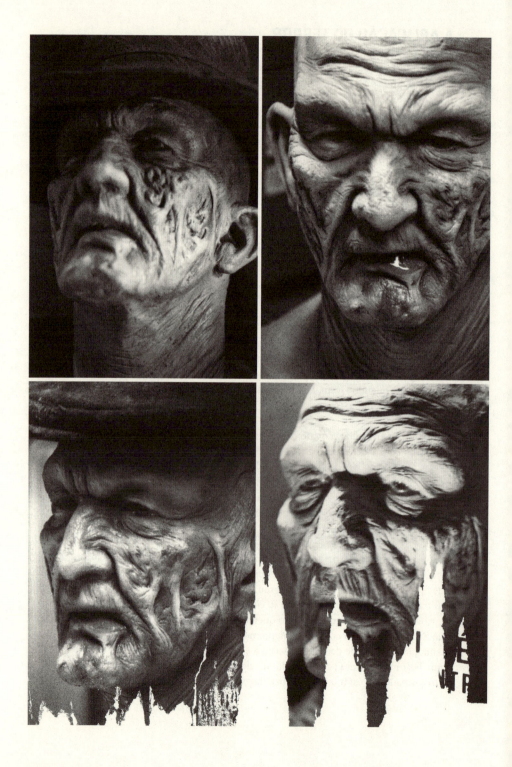

O que seria essa maquiagem permaneceu um mistério para Englund até o momento em que Miller o puxou de lado para discutir as queimaduras realistas que havia pesquisado, e então disse: "'Isso é o que faremos em você', e Robert respondeu: 'Você está brincando'", lembra Miller.

O momento ainda permanece vívido na mente do ator. "David simplesmente abriu um livro didático de medicina diante de mim no primeiro dia em que me sentei para fazer a maquiagem", diz Englund. "Eu estava meio que preso em uma antiga cadeira de barbeiro em sua garagem em Pacoima ou algum outro lugar assim." Ver páginas e mais páginas de vítimas reais desfiguradas por queimaduras causaram um efeito sobre ele. "Eu nunca tinha visto nada parecido antes", diz Englund. "Naquela época, foi a coisa mais assustadora que eu tinha visto."

Exatamente o efeito que Craven queria que Miller criasse. "David trabalhou com muito empenho e criou algo que todos consideravam especial", diz Langenkamp. "Os artistas de maquiagem envolvidos eram muito dedicados ao seu trabalho." Um desses técnicos era Mark Shostrom, um amigo de Miller que mais tarde passaria a criar efeitos para outros filmes da série *A Hora do Pesadelo*, além de alguns exemplares populares no gênero, como *Uma Noite Alucinante 2* (1987) e *Fantasma II* (1988). Seu trabalho no primeiro filme, no entanto, começaria sem nunca ter lido uma única palavra do que Craven escrevera, nem ao menos comparecido ao local de filmagem.

"Para ser sincero, nunca leio o roteiro", diz Shostrom. "Fui chamado para fazer o filme por Dave Miller, que me contratou por uma semana para trabalhar em sua garagem em muitas coisas. E algo que eu tinha de fazer era preparar a espuma de todos os pedaços de Freddy, todo dia, enquanto Dave estava ocupado no local de filmagem."

Trabalhando estritamente na oficina de Miller, a tarefa de Shostrom de preparar a espuma o deixou, várias vezes ao dia, processando os próprios apliques que Englund usaria. Usando uma máquina muito parecida com uma batedeira doméstica, os componentes eram misturados até parecerem creme batido. Depois Shostrom despejava a massa nos moldes esculpidos que Miller havia criado para que as próteses fossem coladas no rosto de Englund. O baixo orçamento do filme, no entanto, acabaria se evidenciando mesmo fora do local de filmagem, onde Shostrom trabalhava dia após dia.

"Nós tínhamos usado esses moldes tantas vezes que já estavam se despedaçando", lembra Shostrom. "Eles tinham cerca de dois centímetros e meio de espessura e eu precisava colar as partes como peças de quebra-cabeça." Dessa maneira, tornou-se um esforço diário simplesmente manter os moldes utilizáveis, pois novos não poderiam ser criados.

Para manter o processo o mais simples possível e ainda obter o melhor resultado, o projeto de Miller consistia em sobrepor peças que se encaixavam. "O que Dave fez foi muito inteligente", diz Shostrom. "Ele projetou isso em camadas, então tinha uma camada com um tipo de queimadura aplicada primeiro em Robert, depois uma segunda série de apliques, que ficavam por cima disso tudo." Ele lembra que o efeito era muito parecido com

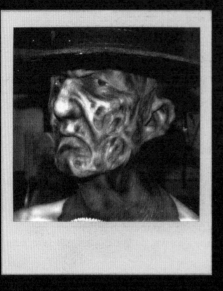

"Criei a maquiagem para um policial zumbi em *A Noite do Cometa* (1984). Wes viu o filme e disse: 'Isso é muito próximo de como quero que Freddy se pareça'. Eu pensei: 'Certo, tudo bem, isso é fácil, já fiz isso'", ri Miller. "Mas, depois disso, foi um processo de tentativa e erro até conseguir a aparência correta."

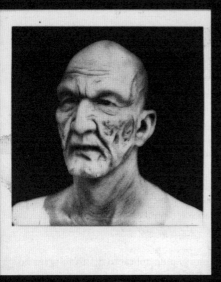

Com uma ordem de seu diretor e armado com pesquisas de vítimas reais de queimaduras, Miller trabalhou em diversas aparências para Freddy Krueger. No final das contas, foi um jantar à base de pizza que forneceu a inspiração definitiva de um visual aprovado por Craven.

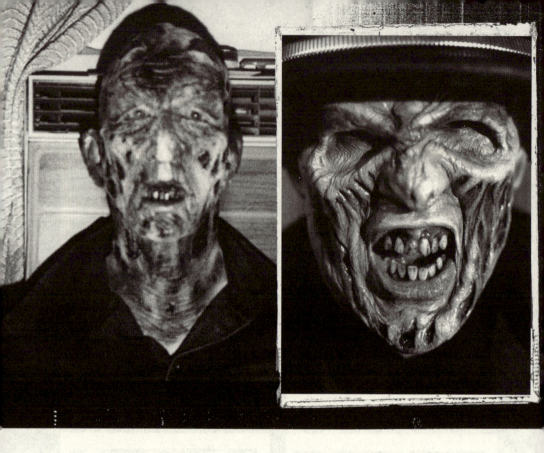

um queijo suíço, com pedaços através dos quais quase dava para enxergar, algo "muito perspicaz, mas para mim era um monte de peças para preparar".

Essas peças incluíam uma para a testa de Englund, a parte de trás da cabeça, o nariz, o lábio superior e as peças para cada bochecha. "Elas desciam todo o caminho até o meu peito e talvez um oitavo pelas minhas costas naquele momento", diz o ator. "Chegavam até os meus ombros. Era um bocado de maquiagem."

Agora que a maquiagem tinha sido criada para dar a grotesca impressão que Craven e Miller haviam imaginado, era chegada a hora de anexar os apliques em Englund, transformando-o em Freddy Krueger.

Langenkamp, que não teria de enfrentar nenhuma grande aplicação de maquiagem no filme, viu em primeira mão como os artistas de efeitos especiais precisavam ter um tipo de relacionamento de muito carinho e zelo com seu ator. "Eles ficam tão perto o tempo todo, sempre tocando, sempre cutucando o rosto", diz ela. "Não sei como Robert suportou isso às vezes."

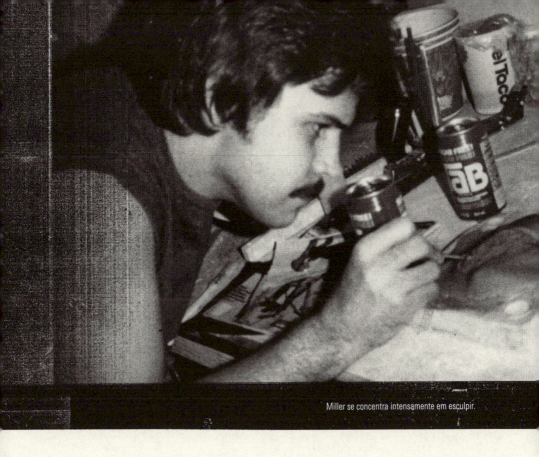

Miller se concentra intensamente em esculpir.

Uma das pessoas com essa estreita proximidade a Englund era Louis Lazzara, contratado diretamente por Miller. "O meu trabalho, no começo, era basicamente retirar a maquiagem de Robert. Mas, depois de alguns dias, acabei precisando aplicá-la também", diz ele. "Então fiquei com Robert, porque Dave tinha de ir ao local da filmagem todos os dias."

A tarefa de aplicar a maquiagem de Krueger "no início levava cerca de três horas e meia", diz Miller. Mas qual foi a coisa mais difícil durante essas longas sessões de maquiagem? "Tentar manter Robert quieto na cadeira, sem falar", diz Lazzara. "Ele é um ator fantástico, mas não consegue ficar parado. E eu o adoro por ter essas formigas no traseiro."

Blakley, que só precisava observar Englund suportar todo o processo, sentia empatia por ele. "Ver o que Robert tinha que passar com sua maquiagem foi extraordinário. Ele realmente precisou sofrer com sua pele, extremamente sensível a todo o látex e os materiais que tinha de suportar durante horas por dia", diz ela. Miller tem palavras semelhantes para o homem que transformou. "Ele sofreu um bocado", diz ele. "Passava por uma sessão de maquiagem que durava horas, e às vezes tinha que ficar esperando durante mais seis horas usando a maquiagem, caso fosse requisitado. Ele foi ótimo."

Uma foto de teste inicial de Englund, como Krueger, com um boné de jornaleiro.

Como Englund se sentiu sobre ter seu rosto cutucado, esfregado e colado? Muito bem, aparentemente. "Os apliques de maquiagem eram tão leves que você mal sabia que estavam ali", afirma. Miller, no entanto, lembra da primeira vez que Englund ficou completamente maquiado: "Ele teve receio de se mexer, preocupado que os apliques pudessem cair". Isso não aconteceu, mas a primeira experiência de Englund com próteses faciais o fez ficar parado. "Eu estava ciente do quanto o projeto era intenso, de quantas peças estavam envolvidas e, depois de ter ficado sentado durante todo esse processo por tantas horas, fiquei intimidado. Dava para sentir as peças grudadas na minha musculatura e no meu rosto", diz o ator. "Temi que talvez se rasgassem na linha da mandíbula ou, se eu girasse a minha cabeça de um lado para o outro, na altura do pescoço. Conseguia sentir o quanto o adesivo médico estava justo, e eu queria saber quais eram as limitações."

Depois de descobrir que os materiais eram suficientemente resistentes e elásticos para permitir que seu desempenho brilhasse, Englund comenta: "Descobri que era preciso animar mais por baixo para torná-lo vivo". Miller lembra a reação do ator. "Ele disse: 'Isso é incrível. Tudo fica junto e se mexe'. E então ele começou a mexer a boca e as sobrancelhas, e ficou empolgado depois disso."

"Não parecia artificial", diz Englund sobre a maquiagem. "Vejo muitos efeitos de maquiagem que não acompanham a escala do ator que a está usando, e eu sempre pensei que

Um técnico trabalha na oficina de Miller.

a maquiagem de Freddy foi feita na escala certa para o meu corpo, minha silhueta e minha fisionomia."

Em determinado momento se falou em colar tiras de pele queimada e decomposta penduradas nas orelhas de Englund, além de uma papada translúcida debaixo do pescoço, como se ele estivesse sempre perdendo a carne. Essas ideias, no entanto, foram rapidamente abandonadas.

"Depois do primeiro ou segundo dia decidimos não dar tanta bola para as constantes complicações que surgiam, porque teria deixado todos nós loucos — a moça responsável pela continuidade, eu e David Miller", admite Englund. "E Wes, eu acho, percebeu que isso o teria deixado louco também. Adorei a ideia, mas seria um verdadeiro pesadelo em um filme de baixo orçamento."

Depois que o processo final de aplicação de maquiagem foi simplificado para cerca de noventa minutos, Englund não tem nada além de palavras gentis para o criador de seu alter ego. "David Miller é um gênio. Ele me tratou como ouro."

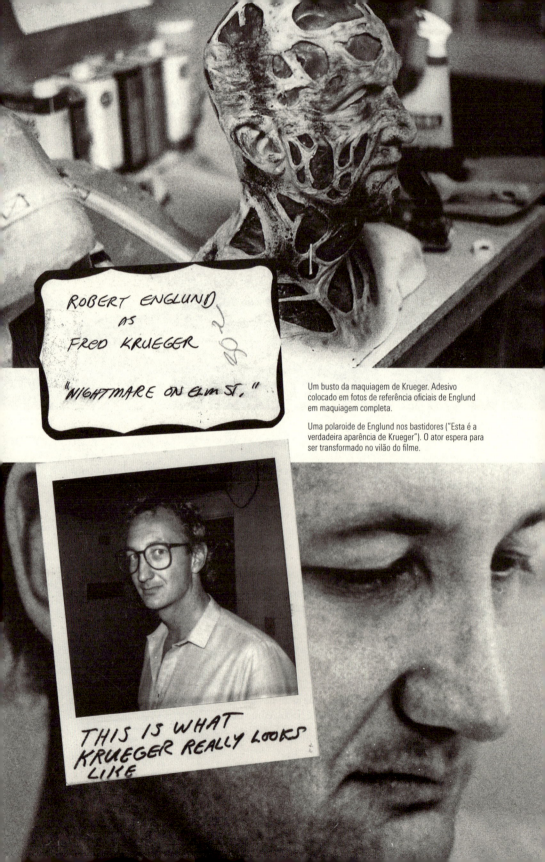

Um busto da maquiagem de Krueger. Adesivo colocado em fotos de referência oficiais de Englund em maquiagem completa.

Uma polaroide de Englund nos bastidores ("Esta é a verdadeira aparência de Krueger"). O ator espera para ser transformado no vilão do filme.

ENCONTRANDO FREDDY KRUEGER

"Não sei de que fonte Robert bebeu para criar os elementos de Freddy", confessou Craven. Um passo foi Englund se acostumar com o processo de maquiagem que visualmente exibiria Krueger, embora a experiência de se transformar no personagem em si fosse um bônus. "Muito do que descobri para interpretar Freddy surgiu durante as primeiras aplicações de maquiagem", afirma Englund. Quer fosse falar com Miller sobre os filmes que eles amavam e odiavam, queixar-se das luzes, sentir coceira ou calor, ou mesmo gritar diretamente com Miller para que afastasse a escova de maquiagem de seus olhos, o ator usou tudo isso para formular a personalidade que as plateias veriam na tela e, com sorte, as deixaria aterrorizadas.

Houve, no entanto, mais do que simplesmente usar a irritação da maquiagem em algum momento, ou o que isso lhe permitiria fazer, para realmente gerar o personagem. A maquiagem em si era um fator libertador para Englund, o que lhe permitia se afastar do que chamou de trabalho de comportamento indulgente. "Eu pensei: 'A maquiagem é tão extensa que preciso de alguma humanidade nos meus olhos. Meus olhinhos claros e atentos serão a humanidade'", conta ele.

"Ele sempre fazia esses olhares, praticando o que faria na cena", diz Langenkamp, sugerindo ter sido esse um dos motivos para Englund ter ficado tão bem retratando Krueger. "Durante todas aquelas horas que passou na cadeira de maquiagem, ele estava na verdade se concentrando muito em quando e como a maquiagem parecia melhor. Ele aprendeu pra valer a trabalhar essa maquiagem." Englund também estava ciente de que podia, enquanto estava debaixo de toda aquela maquiagem, mover-se fisicamente de maneira diferente do que costumava fazer. "Consegui aparentar ser maior do que de fato sou. Consegui parecer mais agressivo. E consegui atuar como se fosse mais velho do que eu era quando comecei com Freddy, sem dúvida", afirma. "Eu até mudei a minha voz para o papel."

Diversos elementos ajudaram Englund a criar uma espécie de palhaço cruel de vaudevile, repleto de uma conotação sádica que, diz o ator, "era realmente divertida de fazer". Para alcançar isso, ele foi além de apenas deixar a maquiagem fazer o trabalho de distanciar Englund, a pessoa, de Krueger, o personagem. "Eu tinha visto havia pouco tempo o filme estrelado por Klaus Kinski, *Nosferatu, o Vampiro da Noite* (1979), e fui muito influenciado por sua aparência", diz ele. "Percebi que eu poderia pegar emprestado um pouco do movimento de pescoço de Klaus, e queria muito preservar aquilo."

Kinski não foi a única inspiração clássica para Englund. "Também usei um pouco de Jimmy Cagney nisso", admite. "Você sabe, tipo 'Seu rato imundo!', aquele tipo de postura forte e arrogante de gângster que o Cagney usava era algo que eu também mantinha no fundo da minha mente."

Externamente, Englund recebeu uma boa indicação de Craven quanto a quem o personagem deveria — e não deveria — ser, além de ter ampla liberdade para explorar. "Eu lhe dei as diretrizes do que imaginei quando escrevi", disse Craven.

O cineasta, no entanto, estava muito interessado no que Englund estava trazendo para o papel. "Eu dizia: 'Tente isso, mas o que você acha?'", lembrou Craven. "É melhor, de certa forma, não impor muito as coisas quando você está dirigindo." Craven logo percebeu que Englund estava trazendo muito mais apelo físico para o papel do que ele poderia ter imaginado — e isso era uma coisa boa. "Ele estava pronto e entusiasmado para explorar essa personalidade de uma maneira que veio de sua própria imaginação, bem como da minha", lembrou. "O apelo físico do personagem, por exemplo, não estava no que escrevi. Grande parte disso surgiu de Robert experimentando e improvisando com base em um tema."

"Wes queria que eu fosse escandaloso às vezes e eu acabava fazendo duas ou três tomadas por cena porque eu tendia a minimizar isso", diz Englund. "No começo, pensei que a maquiagem elaborada faria a maior parte do trabalho para mim."

A capacidade de Freddy para aterrorizar não se limitava às suas habilidades físicas, nem às queimaduras e cicatrizes do personagem — também precisava existir uma motivação psicológica. Um aspecto veio da infância de Englund, com a lembrança de quando estava no terceiro ano escolar e uma garota aparentemente deslocada no Dia dos Namorados recebeu poucas cartas de pretendentes. "Mas", continua ele, "também havia um menino que não recebeu nenhuma. Por toda a minha vida eu me lembrei disso. E acho que esse menino era Freddy Krueger. É difícil atuar dessa forma, mas, se você viu isso, então é capaz de acreditar que poderia ser suficiente para alguém ser assim."

O ator, quando adulto, também encontrou bastante inspiração nas próprias pessoas que seu Krueger logo iria perseguir. "Lembro de observar, certa vez, Johnny e Heather enquanto estavam sendo maquiados", diz Englund, acrescentando, sarcasticamente, "como se aquelas duas crianças jovens e lindas precisassem disso!"

Usando essa impressão como base para a dor e o ódio de Krueger, o ator os observou se divertindo enquanto ele estava sendo "besuntado de KY como um peru de Natal", brinca. É algo que Langenkamp lembra com uma risada. "Sabe, sempre tinha por perto os caras dos efeitos de maquiagem com KY à mão", diz ela. "Aquilo sempre provocava risadas: 'Mais gel!'."

Foi menos divertido para o homem por baixo desses efeitos, por isso não demorou muito para que Englund percebesse que poderia canalizar sua inveja da juventude e da beleza daquelas "crianças" e torná-la parte de seu personagem. "Uma lâmpada se apagou quando percebi que podia usar isso como Freddy", ele admite.

Sobre Englund ter descoberto o personagem e o fato de que muito do filme se apoiava em seu retrato de Krueger, Langenkamp diz: "Robert era um ator muito experiente, tinha feito muitos filmes e trabalhou com pessoas incrivelmente famosas. Então todos estávamos meio que nos curvando aos seus pés. Robert era completo. Quero dizer, ele sabia como se movimentar, sabia usar seus adereços, como ter uma dicção perfeita; conhecia todos os truques do microfone. Tinha muito a oferecer. Ficávamos todos olhando para ele como a pessoa que estava carregando esse filme nas costas. A produção sobreviveria ou morreria de acordo com o desempenho de Robert, de verdade. Acho que todos sabíamos disso."

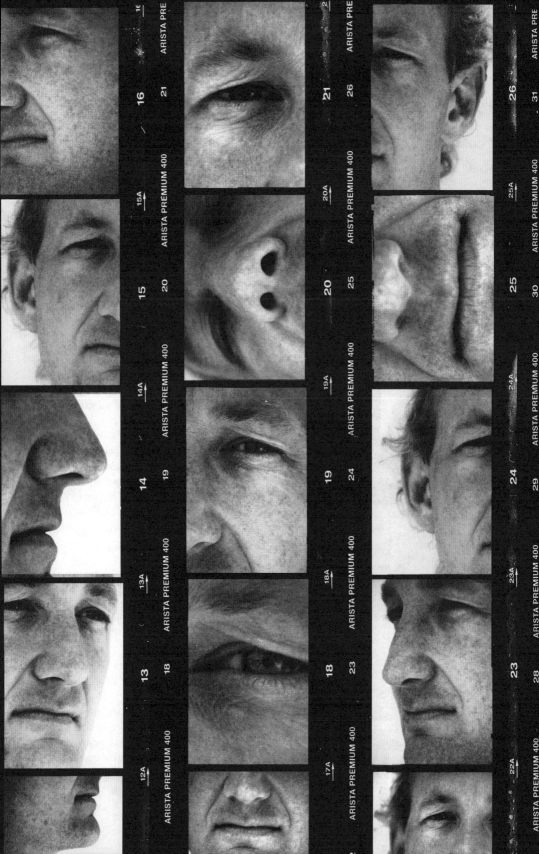

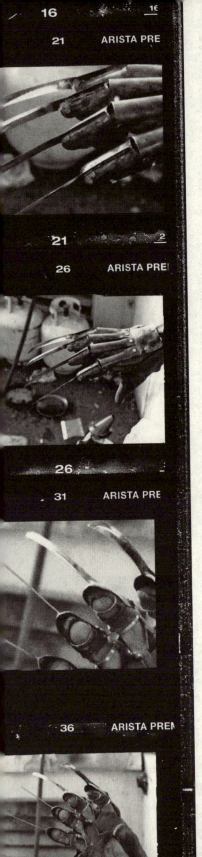

SCREEEECH...

Mais do que apenas maquiagem, um chapéu e um suéter, muita gente (inclusive os não aficionados por horror) sabe que o símbolo de Freddy Krueger é sua luva com lâminas cortantes. "Tinha de ser a coisa mais assustadora. Parecia algo feito em casa, algo que um psicopata poderia ter bolado", comenta Langenkamp.

Foi um objeto de cena que teve de ser muito pesquisado, planejado e executado antes de se tornar, por si só, um ícone. Começando mais uma vez com as palavras de Craven, Doyle deu o roteiro para Carlucci e fez com que ele ajudasse a descobrir como criar a arma na mão direita de Krueger. "Ele disse: 'Leia o roteiro e, a propósito, tem uma luva lá, e você tem que colocar algumas lâminas nela'", lembra Carlucci.

A descrição da luva no roteiro dizia: "Então a mão do homem desliza para dentro de um aparato semelhante a uma luva, preenchendo-a e transformando-a em uma garra impressionante e mortal, com quatro navalhas/garras brilhando na ponta de seus dedos enegrecidos".

Depois de ler, Carlucci se deixou consumir pela tarefa, percebendo que nunca tinha visto nada parecido com a arma que deveria projetar. Empolgado com as possibilidades, o assistente de efeitos especiais se sentiu revigorado conforme ia pensando em ideias para a garra de Freddy. "Para mim, era o chamariz", diz ele. "É o verdadeiro vilão do filme, essa luva."

O processo começou com Carlucci tentando entender o conceito primordial, ainda que tecnológico, da arma que era uma extensão de Freddy. "Eu estava fazendo essa criatura, descrita retalhando uma pessoa, e soltando faíscas aqui e cortando acolá", lembra ele.

"Tinha cerca de quatro ou cinco de nós ao redor do contrarregra e ele estava tentando resolver isso", lembra Huntley. "Deve ter uma curva para as garras? Ele tinha luvas de trabalho, tinha todas essas coisas, e todos nós ficamos parados lá comentando, e acho que Gregg Fonseca também estava lá. Lembro isso agora e penso o quanto essa luva foi uma imagem importante e emblemática de Freddy."

202

Era um instrumento que tinha de ser poderoso, mas grosseiro, indicando que um leigo pudesse construí-lo em um porão, basicamente como Freddy fez. "Era algo que ele poderia fazer em uma sala de caldeira", lembra Doyle. "As lâminas tinham de ser horríveis, brilhantes e sujas ao mesmo tempo."

Doyle se deu conta de que todos esses pensamentos estavam passando pela mente de Craven quando ele surgiu com a ideia, então criou alguns esboços e construiu um dedo como teste de como a luva funcionaria. Quando Craven viu, aprovou tudo, exceto a faca no dedo. "Não me lembro exatamente da descrição no roteiro, mas era apenas 'luvas de trabalho e facas de cortar bife' ou algo assim", disse Craven. "Não sei nem se são mesmo chamadas de facas de cortar bife, mas é isso que ele acabou usando." (O roteiro na verdade descreve assim: "Tomada de detalhe nas mesmas mãos jogando quatro facas de cortar peixe de uma sacola suja".)

No dia seguinte, Fonseca chegou com dois conjuntos de facas, e a equipe escolheu a que parecia melhor. Depois de testada, foi considerada perfeita. Na verdade, as lâminas selecionadas para construir a arma não eram nem de carne nem de peixe — eram facas para cortar tomate, o modelo XXP210 (que não está mais disponível) da W.R. Case and Sons Cutlery.

"Tinha a forma certa, era de aço inoxidável, podíamos fazer tudo o que quiséssemos com aquilo", diz Doyle. "É provável que fossem mesmo facas de cortar tomate. Nós as chamávamos de 'facas de cortar bife'. Eram tudo o que a gente queria, e Wes topou." Craven com certeza gostou. "Eu achei que ficou ótimo", disse ele. O homem que usaria a luva também se convenceu. "É uma coisa maligna, mas também tem algo maravilhosamente caseiro e rústico", diz Englund.

Com a aprovação do conceito, Doyle colocou Carlucci para começar a construção com base em seus desenhos e, embora o roteiro fosse particularmente descritivo em relação à luva, Carlucci descobriu que sua relativa inexperiência era uma benção disfarçada. "Eu não era um fabricante de adereços experiente, de maneira alguma", admite ele, "então funcionou bem. Relembrando agora, se eu tivesse mais cancha, poderia ter ficado muito bonito, ou muito perfeito."

Com os parâmetros aprovados em mente, Carlucci trabalhou para pegar um dedo e uma garra que Doyle lhe mostrara e duplicá-los, porque todos deveriam ser idênticos. Feitos de cano de cobre, partido e martelado da maneira que um ferreiro em uma sala de caldeira poderia realmente fazer, Doyle lembra: "A luva real com as facas afiadas de verdade raramente era usada. Era muito perigoso brincar com aquela coisa".

Langenkamp lembra que sempre se certificava de que as luvas certas eram usadas no momento certo, embora nem sempre isso acontecesse. "Eles tinham as afiadas, as de plástico e as não afiadas, e sempre que Freddy tinha que me agarrar eu dizia: 'Esta é a não afiada, certo?'. E muitas vezes eles tinham esquecido de trocá-las, então alguém dizia: 'Ah, não, essa é a afiada!'."

Felizmente, a atriz nunca foi ferida pela confusão entre as lâminas reais e as falsas de Freddy, mas com pouco tempo e orçamento apertado, Carlucci lembra: "Demorou cerca

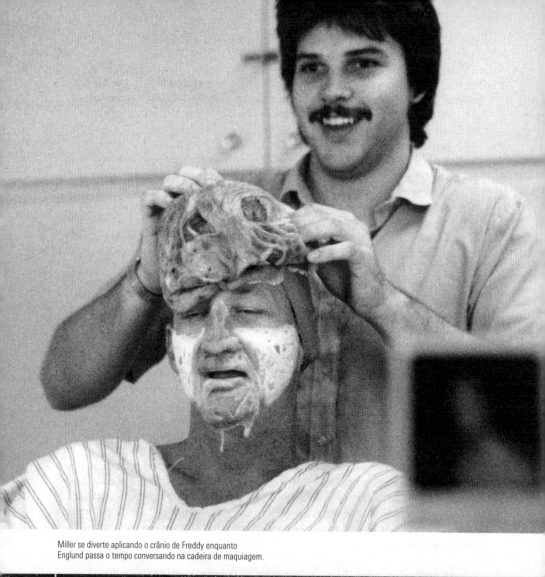

Miller se diverte aplicando o crânio de Freddy enquanto Englund passa o tempo conversando na cadeira de maquiagem.

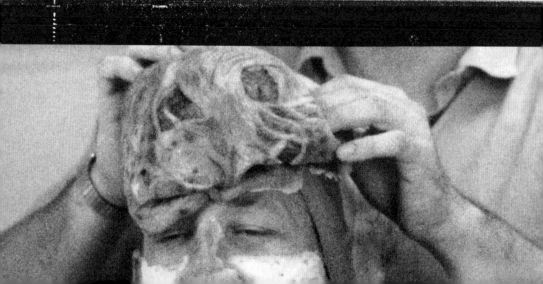

de uma semana para terminar de fazer a primeira luva, partes extras e algumas luvas para o dublê, de plástico, para que ninguém ficasse ferido". Estava claro que não haveria tempo nem dinheiro para gastar fazendo duplicatas. "Se alguma coisa acabasse quebrando, eu tinha partes extras para colocar nas luvas", diz ele, observando que construiu uma luva que funcionava muito bem. "Foi muito durável."

Entre manter as garras afiadas para algumas tomadas ("Eu tinha um sujeito que não fazia nada além de afiar as lâminas daquela faca durante todo o filme", diz Doyle) e deixá-las cegas para outras, Carlucci admite que "a luva deu muito trabalho, mas funcionou bem". Ele também se lembra de quando mostrou a luva finalizada para Craven pela primeira vez. "Sem dúvida alguma, estava perfeita, simplesmente ótima para o que ele queria fazer." Englund concorda: "Eu adorei", diz ele. "É um adereço fabuloso, que 'estende' a persona-lidade de Freddy. Estende sua raiva, sua vingança. Eu gosto disso."

Assim como Langenkamp fazia, Englund se certificava de que a luva adequada fosse usada na hora certa, embora Doyle lembre do momento em que o ator experimentou a luva pela primeiríssima vez. "A primeira coisa que ele fez foi se cortar, como todos fizeram, porque não percebemos que, se você dobrar totalmente os dedos, as facas penetravam no pulso", diz ele. Não demorou muito para Englund sentir o poder daquilo que Craven havia ima-ginado e dar uma olhada para o seu diretor. Como diz Doyle: "Ele tinha aquele sorriso no rosto. Ficou andando para cá e para lá por um dia, apenas experimentando coisas diferentes que poderia fazer, que seriam interessantes e assustadoras, mas graciosas. Ele foi ótimo com essa coisa".

Mais uma vez, Englund pegou o conceito da construção da luva e transformou-o em um meio para a motivação do personagem. "Eu adoro a ideia de que, atrás de uma daquelas portas de garagem em um bairro de brancos de classe baixa, Freddy Krueger está lá com seus vícios e seus arquivos, fazendo essa coisa, sonhando e fantasiando sobre o que iria aprontar", diz ele. "E quando ele colocou aquilo, a luva o encorajou a cometer terríveis atos de violência. Todos esses elementos se combinaram para torná-la incrivelmente sim-bólica. Uma simbólica mão do mal." Todo esse potencial maligno seria não somente visto, mas também ouvido, por conta do ruído das lâminas de Krueger, parte emblemática da iconografia do filme. "O pessoal do departamento de som em Nova York tentou de tudo até encontrar o som adequado para as garras raspando, e o que eles finalmente usaram foi uma faca de cortar carne arranhando a parte inferior de uma cadeira dobrável de metal", revelou Craven. "Eles queriam encontrar um som que deixasse todo mundo rangendo os dentes, e finalmente descobriram como fazer isso."

Com o projeto, a construção e o som da arma icônica do filme aprovados, a equipe de efeitos mecânicos, responsável pelas muitas peças complicadas de efeitos no filme, pre-parou-se para avançar em outros aspectos que exigiam sua atenção detalhada. "Foi um ponto culminante de juntar nossas cabeças e dizer 'Tudo bem, isso nunca foi feito. Como podemos criar o visual do que eles estão tentando alcançar aqui?'", lembra Carlucci. Eles descobriram que havia uma — e possivelmente única — maneira de fazer essas coisas: de

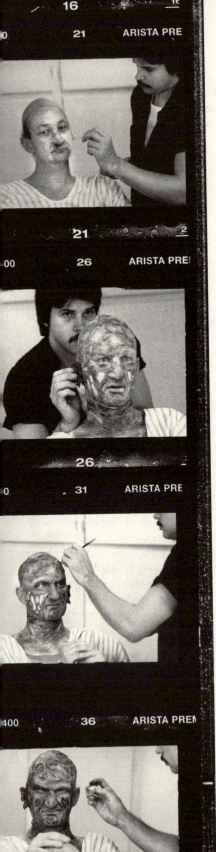

forma econômica. "Havia muita pressão sobre o filme original porque não havia dinheiro. E era barato, barato e barato", afirma Lazzara. "Sim, se bem me lembro, eles não tinham dinheiro."

Embora talvez esse tenha sido o caso, o elenco e a equipe técnica trabalharam duro para compensar a falta de fundos com engenhosidade de sobra. "Para ser sincero com você, ficamos sem dinheiro fazendo o primeiro filme", diz Englund, embora ainda tenha orgulho do que eles conseguiram realizar em tão pouco tempo e com um orçamento tão apertado.

Meyer-Craven também lembra o quanto tiveram de espremer o orçamento, comparando-o com velhos filmes de monstro, como *Viagem ao Fundo do Mar* (1961). "Naqueles filmes, os efeitos especiais eram tipo: 'Empurrem o monstro do mar!', e dava para ver o cabo de vassoura cutucando o monstro. Bem, em *A Hora do Pesadelo*, foi um pouco parecido com isso, só que os cabos de vassoura ficavam mais escondidos, então os truques e os efeitos funcionaram muito bem. É um filme muito especial. Era diferente e mudou a cara das coisas no horror. Você olha para os filmes agora, com toda essa coisa de efeitos com tela verde, e então olha como era em *A Hora do Pesadelo* e pensa: 'Desculpe, mas aquilo funcionava. Simplesmente funcionava'."

"Era, de fato, tudo feito com um punhado de elásticos e clipes de papel", concorda Langenkamp. "E não apenas funcionou, como também ficou muito divertido. Éramos muito mais que uma equipe de filmagem."

QUEM É O CHEFE?

À medida que a produção tinha início, a equipe estava pronta para embarcar com Craven comandando o navio. Felizmente, ele era um diretor que conhecia uma maneira de trabalhar tirando o máximo de todos tanto na frente como atrás da câmera. Ele criou um ambiente que parecia seguro, flexível e, em sua maior parte, relaxado. À sombra do que estavam prestes a empreender, isso chegou como um bem-vindo alívio para muitos.

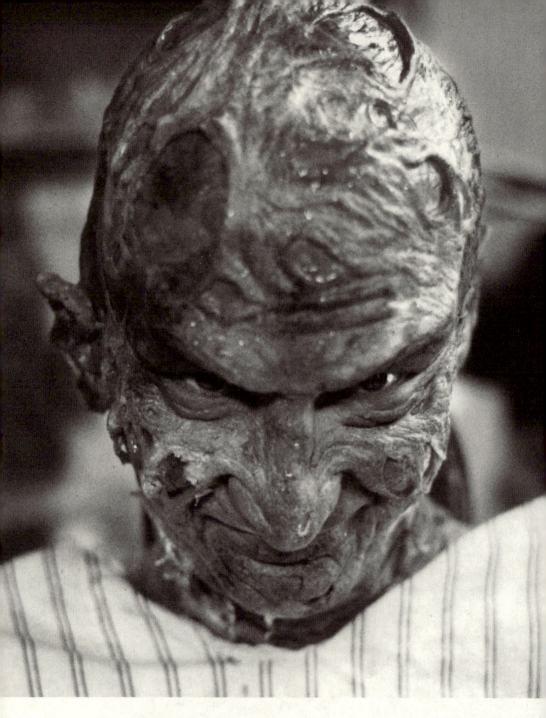

A vida e a época de Freddy Krueger. Muitas vezes, Englund suportava uma sessão de maquiagem completa e tinha de aguardar horas para ser chamado para filmar. Esta foi apenas uma das coisas que o ajudaram na formação do mal que o ator retrataria atrás dos olhos de Krueger.

Miller teve a experiência de trabalhar com Craven pela segunda vez, embora em uma função marcadamente diferente. "Trabalhar com Wes em *O Monstro do Pântano* não foi tão íntimo quanto trabalhar em *A Hora do Pesadelo*, porque *O Monstro do Pântano* era um filme muito maior", diz ele. Sua segunda colaboração com o diretor foi a que fez Miller entender mais plenamente quem era Craven como pessoa e cineasta. "Ele era mais como um irmão mais velho. Todos o chamavam de 'professor universitário'. Ele não parecia um diretor, pois era muito calmo em relação a tudo", lembra.

Além da influência paliativa de Craven, ele se tornou querido para muitas pessoas da produção por outra razão: sua competência. "Wes sabia o que queria, e eu respeitava muito isso", diz Risher. "Filmava de maneira muito eficiente. Ele fazia as cenas e seguia em frente." Esse aspecto de suas habilidades era algo que o diretor de fotografia Haitkin admirava, mais ainda porque, embora Craven soubesse o que estava procurando, não tinha uma rigidez sobre isso a ponto de travar o processo criativo.

"Ele era flexível, e o que fazia de Wes um diretor tão bom era sua capacidade de aproveitar as ideias das pessoas", diz Haitkin. "Foi por isso que ele escolheu pessoas que entendiam o que ele estava fazendo." Muitos membros da equipe tinham autonomia e conseguiam entregar rapidamente para Craven seu melhor trabalho. "Ele nos deixou sozinhos com nossos próprios compromissos", diz Logan. "Ele pode ter nos dado um pouco de direção, mas não acho que houvesse muito sentido em nos dizer exatamente o que fazer. Ele deixou nossa criatividade brilhar, o que sempre é bom."

Lazzara se recorda que Craven estava empolgado e satisfeito com os efeitos quando lhe foram apresentados: "Tinha um bom espírito de trabalho. Ele nos permitia usar muito da nossa própria criatividade, o que foi uma coisa maravilhosa, especialmente naquela época". Burrows lembra: "Wes aceitava as pessoas. Não era do tipo 'tenho de fazer isso do meu jeito e ponto final'. Era do tipo que tomava conhecimento de outras pessoas que tinham ideias. Ele falou para a equipe: 'Vou aproveitar suas ideias'. Ele falava sobre as coisas, e era bom nisso. Tinha uma ótima cabeça".

Embora alguns membros da equipe, como Diers, não tivessem tanta interação com Craven, eles acreditam que sua presença era sentida. "Ele sabia quem era Debbie, a Gata, e acho que ele gostava — vagamente — da minha arte com xerox. Mas isso é como me lembro. Todo mundo gostava da Debbie", ele ri.

"Wes era muito, muito cavalheiro", diz Jensen. "Ele fazia com que todos se sentissem participando do processo de fazer funcionar aquela coisa divertida. E era divertido. Não apenas sangue e tripas. Era mágico, e ele adorava ser o mago principal." Isso também fez com que o tempo no local de filmagem fosse uma experiência mais agradável para os atores. "Ele foi muito incrível com a gente, porque éramos todos apenas crianças", diz Wyss. "Sua presença acalmava e reconfortava, e ele sabia falar com cada um de nós."

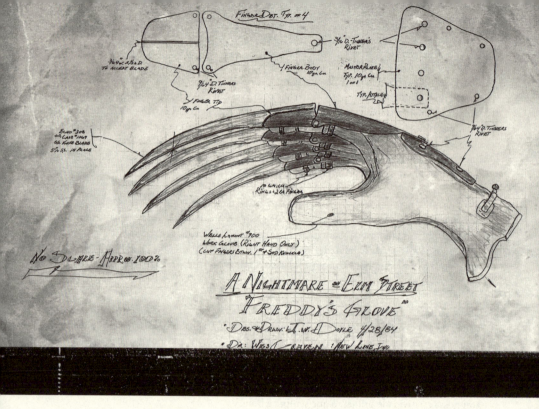

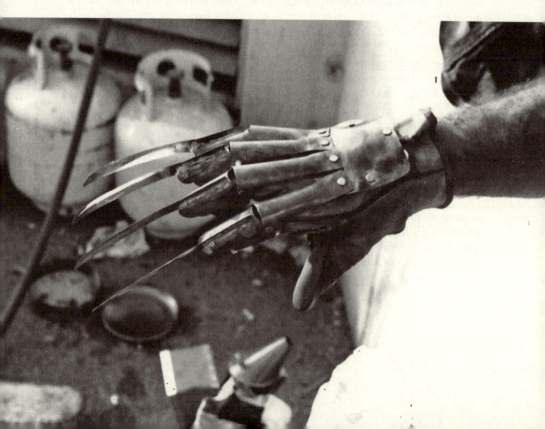

Detalhes da luva de Krueger.

"ELES TINHAM AS AFIADAS, AS DE PLÁSTICO E AS NÃO AFIADAS, E, SEMPRE QUE FREDDY IA ME AGARRAR, EU PERGUNTAVA 'ESTA É A NÃO AFIADA, CERTO?'."
— Heather Langenkamp, sobre a luva de Freddy

Essa conversa acontecia com bastante frequência, para assegurar que os artistas sabiam o que ele estava procurando e como obter isso o mais rápido possível, muitas vezes precisando apenas de uma tomada. "Um dos aspectos mais brilhantes da direção de Wes Craven é que ele era sempre confiante", diz Langenkamp. "Ele sabia o que queria e dizia: 'Está ótimo. Não preciso fazer outra tomada'." Mesmo quando as inseguranças surgiam e algum ator talvez quisesse uma confirmação, Craven sabia quando ele tinha o que precisava para seguir em frente.

"Lembro disso na maioria das coisas que fizemos juntos", diz Saxon. "Eu tinha em mente o que eu queria fazer, e mostrava para ele, e Wes simplesmente aceitava." Blakley também considerou seu tempo sob a orientação de Craven pleno de realizações. "Wes era um grande diretor. Era fácil trabalhar com ele, e divertido", admite. "Era um homem elegante, muito educado e com uma voz suave. Foi muito atencioso e útil com e para os atores."

Mais elogios para o diretor vieram de Corri: "Ele sempre será uma pessoa importante na minha vida porque deu início à minha carreira e me deu uma oportunidade quando mais ninguém quis dar", diz o ator. "Ele não era apenas Wes; ele era o 'Papai Wes'."

"Ele era um dos homens mais gentis", afirma Benson. "Uma alma doce. Inteligente e profissional. Incrível." Talvez seja Englund quem resume melhor o que era estar sob a batuta de Craven. Simplificando, ele explica: "Foi um sonho trabalhar para Wes. Ele tinha dentro de si uma espécie de garoto de 14 anos, um estudante esperto e brincalhão".

Com um diretor tão fácil de lidar no comando, ainda por cima com esse clima de brincadeira, seria razoável imaginar que o local de filmagem tivesse seus momentos de leveza, mesmo diante de um material tão sombrio e trágico. "Havia uma vibração muito boa em cena", diz Miller. "Todos pareciam se divertir bastante." Essa diversão aconteceu mais de uma vez quando o elenco e a equipe decidiram brincar com seu diretor. "Ele era um cavalheiro muito professoral, claramente letrado", diz Talalay. "E esse era o Wes que chamava atenção quando eu o encontrava e trabalhava com ele."

O comportamento de Wes Craven se estendia à sua escolha de roupas, que tendia ao suéter mais sério, ou um visual com camisa e gravata. "Eu tinha ouvido falar que Truffaut dera uma entrevista afirmando ser um homem pacato que ficava sempre preocupado com a equipe o respeitar. Ele então descobriu três coisas que sempre faziam com que o respeitassem de verdade", disse Craven. "Um, usar aparelho auditivo; dois, usar óculos; três, vestir uma gravata. Então eu fiquei com um desses."

Lou Carlucci exibe o seu trabalho manual com as garras.

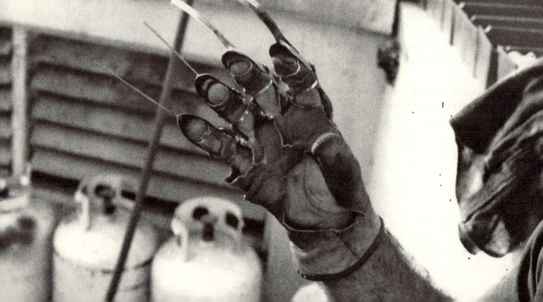

Esse visual de diretor foi um ponto de ataque perfeito para um elenco e uma equipe preparados para se divertir de maneira inofensiva à custa de Craven. "Lembro de um dia em que todos nos vestimos para combinar com a roupa de Wes e andamos em volta dele imitando seus maneirismos e tudo mais", diz Miller.

Langenkamp lembra desse dia, organizado pelo departamento de maquinaria. "Nós fizemos um 'Dia da Camisa Xadrez e Gravata'. As pessoas gostavam de fazer gozação com ele, e Wes tinha um ótimo senso de humor em relação a isso", diz ela. Esse humor é lembrado por Cook, que recorda que os maquinistas "estavam todos vestidos com calça cáqui e camisa xadrez, exatamente como Wes", diz ela. "E eles colocavam a mão no queixo e pareciam muito pensativos, todos apontando em direções diferentes. Ele se divertiu muito com aquilo."

Mas a diversão não parou com Craven sendo o tema da piada. Ele também encontrou uma maneira de entrar na brincadeira. Haitkin, para evitar qualquer distração ao olhar pelo visor da câmera com um olho só, usava um tapa-olho no outro. A ideia, Craven explicou, estava pronta para virar gozação. "Um dia ele chegou e viu que todos estávamos usando tapa-olhos, o que ele talvez não tenha levado tanto na brincadeira como quando a equipe se vestiu como eu me vestia, mas era uma diversão saudável."

A decisão de Haitkin de cobrir um olho não era algo que ele fez apenas em *A Hora do Pesadelo*, conforme Cook descobriu ao conversar com outros cineastas posteriormente. "Eu liguei para um cara com quem eu havia trabalhado e disse: 'Estamos fazendo isso e aquilo com Wes' e ele respondeu 'Ótimo, e quem é o diretor de fotografia?', e eu falei 'Jacques Haitkin'", lembra ela. "E então houve uma pausa, e depois o sujeito perguntou: 'É aquele cara do tapa-olho?'."

Intrigado com essa noção, Langenkamp foi diretamente na fonte. "Eu perguntei para ele se fazia parte da sua técnica", diz ela. "Porque quando se está olhando pela câmera com um olho você desenvolve uma habilidade para enxergar somente por esse olho. Tudo o que você estiver vendo através do outro olho fica meio que obscurecido e se torna menos importante. Ao colocar o tapa-olho, no entanto, de repente tudo o que se vê é o que aparece no visor. Isso permite que seus olhos relaxem, creio. Mas acho que aquilo o deixava parecendo muito mais ameaçador e intimidante do que deveria."

Com o diretor e o cinegrafista como alvo das brincadeiras, muitos achavam que o elenco também precisava de uma brincadeira para relaxar.. "Sei que tivemos um 'Dia da Nancy', quando todos vestiram pijama", lembrou Craven. "Um dos eletricistas até mesmo usou pantufas de coelhinho. Era uma equipe realmente ótima e nos divertimos muito."

"Pois é, toda semana tínhamos um dia de ir fantasiados, e isso rolou por umas cinco ou seis semanas. O 'Dia da Nancy' era fácil", diz Langenkamp. "Todo mundo tem pijama e chinelos em casa."

"Eu me lembro que o 'Dia do Pijama' foi divertido", diz Englund. "Você precisa disso, especialmente em um filme de terror, porque fica meio bobo e ridículo. Mas essa foi uma das primeiras vezes que me lembro de ter visto algo assim. Tenho certeza que quem pensou nisso já tinha feito a mesma coisa em outro filme. É uma espécie de equivalente cinematográfico da Sexta-Feira Casual."

Langenkamp também lembra de momentos com Craven que eram mais mundanos, além de intelectualmente divertidos. "A única coisa que sempre tentei fazer com Wes era deixá-lo intrigado com alguma palavra difícil, algo simplesmente impossível", diz ela. "Ele falava algo como 'oh, está na hora de um pequeno cochilo pós-prandial'. Eu respondia 'Sabe, estou preocupada com a minha imagem sartorial'." Conforme prosseguiam os dias em que a atriz e o diretor tentavam impressionar um ao outro, muitos ao redor deles receberam uma boa educação terminológica. "Ele tinha uma gama fantástica de palavras à sua disposição. 'Pós-prandial' foi uma das melhores", diz Langenkamp. "Era bobo, tão bobo."

PEGUE UMA FACA E CORTE A TENSÃO

Esse senso de humor e a tranquilidade no ambiente de filmagem nem sempre encontravam tradução em todas as situações ou em todas as pessoas. Na verdade, sabe-se que houve ligeiras tensões entre Wes e membros da equipe de produção, reais ou simplesmente percebidas, e que não passaram em branco por alguns.

Uma dessas pessoas era Talalay. "Havia muita tensão entre Bob e Wes", diz ela. "Eles não se davam muito bem." Além disso, a própria Talalay sentia-se indevidamente pressionada apenas porque ela, sendo da produção da New Line Cinema, estava do lado de Shaye. "Wes sempre me considerou a pessoa de Bob e uma espiã corporativa, especialmente por ser a contadora", diz ela, confirmando enfaticamente: "Eu não tinha a palavra final para nada! Mas ele com certeza desconfiava de mim o tempo todo". Craven deu sua opinião sobre a questão de Talalay ser, de fato, uma espiã da empresa: "Acho que provavelmente era", disse ele. "Ele não queria que eu ficasse andando por lá", admite Talalay. "Ele queria, sim, que eu assinasse cheques."

As maiores tensões no ambiente de filmagem, no entanto, parecem ter sido reservadas para Craven e Shaye, algo que Cecere lembra bem. "Houve algum atrito entre eles e, em um momento específico, não filmávamos enquanto Bob estava no local", ele ri. Embora Cecere admita que não sabe ao certo o que levou Craven a decidir não filmar quando Shaye estava por perto, ele diz: "Bob sempre queria fazer as coisas da maneira dele, e não necessariamente da maneira de Wes". Uma razão para isso, pelo menos na mente de Craven, pode ter a ver com a trajetória anterior da carreira de Shaye. "É muito difícil se você está lidando com outra pessoa que também é um diretor ou quer ser um diretor", sugeriu ele. "Ou pensa que poderia interferir e fazer melhor. Houve certa tensão em relação a isso."

Shaye admite que em alguns momentos ele e Craven "estiveram um pouco em desacordo sobre quem deveria fazer o quê, e Wes queria que eu ficasse limitado ao meu papel de produtor". "Eles eram tipos muito diferentes de pessoa", acrescenta Langenkamp. "Não acho que em circunstâncias melhores teriam sido bons amigos. Também tinham personalidades muito diferentes. Bob é uma alma muito criativa. Ele tem muito a acrescentar a um empreendimento criativo, um dos motivos para ter alcançado tanto sucesso." Risher confessa entender ambos os lados, mas diz: "Bob era muito apaixonado por *A Hora do Pesadelo*. Ele queria que ficasse bonito".

"Bob foi o cara que arrumou o dinheiro para fazer esse filme. Se ele falhasse, não havia mais ninguém que poderia fazer isso acontecer, porque eu havia tentado todos os outros meios", admitiu Craven. "Bob tinha sido diretor antes dessa época e sempre houve essa briga entre o produtor ou o estúdio, seja qual for — neste caso era o produtor criativo —, sobre quem vai deixar sua marca e quem vai ter a última palavra sobre qual caminho seguir. Sempre houve esse tipo de tensão. Mas, a longo prazo, funcionou muito bem."

Embora muitos tenham sentido a tensão entre diretor e produtor ("Estava óbvio para todo mundo", diz Doyle), a verdadeira causa por trás disso não era plenamente conhecida: manter o filme no caminho certo. "Bob havia hipotecado sua empresa, e sua vida, e sua casa, e tudo mais para criar o filme", acrescenta Doyle. Por sua vez, Craven havia abdicado de todos os seus direitos sobre *A Hora do Pesadelo* e seus personagens. Ou seja, os dois arriscaram suas carreiras nesse projeto. Era de se esperar que houvesse tensão.

"Estava óbvio que haveria alguma tensão", opina Doyle. "Claro que Bob estava olhando o dinheiro fluindo porta afora todas as manhãs nos relatórios de produção. Wes estava olhando todas as manhãs para o filme que eles não estavam conseguindo fazer ao assistir os *dailies*. Então houve alguma tensão." Haitkin também estava ciente das brigas entre seu diretor e seu produtor. "Pois é, houve um conflito entre eles, mas como diretor de fotografia eu estava sempre preparando as tomadas", diz ele. "Eu trabalhava para ambos, os dois eram meus chefes, então deixei que resolvessem aquilo. No final das contas, era Wes quem me dizia o que fazer. Então, se Wes dizia 'Não filme isso', eu não filmava. Se Bob dissesse 'Filme isso', e Wes dissesse 'Não filme', eu não filmava, porque efetivamente trabalho para o diretor, mas também trabalho para o produtor. Meu objetivo é obter o melhor resultado, em geral."

E embora estivesse claro que Craven e Shaye eram duas personalidades fortes, que compartilhavam uma visão para chegar ao final do projeto, era igualmente evidente que talvez não concordassem em como chegar até lá. Relembrando as discussões, Craven disse: "De qualquer forma, Bob e eu nos respeitávamos o tempo todo. Ambos sabíamos que tínhamos tudo para ganhar ou perder com o filme. E ele nunca me obrigou a fazer nada".

Fleetwood compartilha seu talento para a tosa com Shaye.

Haitkin e Craven se preparam para uma tomada.

O elenco e a equipe técnica se divertem nos bastidores, curtindo uma pausa do trabalho.

"Bob era, às vezes, muito difícil e exigente", diz Cook, "mas isso é o que os produtores são. Ele podia ser mandão e meio rude, mas não era impossível de lidar. Enfim, se ele estivesse feliz com as filmagens do dia e se tudo andasse bem, ótimo." Se as coisas não iam bem, ela diz: "Aí Bob ia gritar. Mas certamente não foi o projeto mais difícil e insuportável em que já trabalhei. Longe disso". Cecere acredita que quaisquer problemas entre diretor e produtor nunca pareceram ser verdadeiramente prejudiciais e acrescenta: "Às vezes, parecia mais um problema de mentirinha". Doyle concorda: "Teve alguma gritaria a portas fechadas. Mas nunca achei que haveria um racha na família. A boa notícia é que diante da equipe os caras trabalhavam juntos, sem problemas. E eles merecem crédito por isso".

É OU NÃO É ISSO?

Conforme o filme avançava e as diferenças iam sendo solucionadas, havia pelo menos outro assunto que precisava de atenção. Como o filme lidava tão intensamente com uma mistura de realidade e mundo dos sonhos, Craven queria manter o limite exato entre os sonhos e a vida desperta o menos óbvio possível. Era uma escolha que parecia contraditória no entendimento de Haitkin.

"Eu queria colocar um efeito muito forte para que você soubesse que estava em um pesadelo, de modo que realmente seria assustador", diz Haitkin sobre suas escolhas de iluminação. Algo que, como logo descobriria, era paradoxal à visão de Craven. "Wes disse: 'Não, não, não, não, não, eu não quero deixar as pessoas saberem que estamos em um pesadelo. É exatamente o oposto disso'."

Uma tática complicada a ser empregada, mas esse era um dos conceitos mais eficazes que Craven tinha em mente. "Você podia estar em um pesadelo e parecer real, ou estar no mundo real e parecer um pesadelo", diz Haitkin. "Queríamos que a plateia não soubesse para que ficasse insegura. O que assusta é quando as coisas são um pouco reais. Eu queria captar bastante naturalismo naquilo, de modo que parecesse que poderia realmente estar acontecendo."

Foi um conceito que compôs uma parte importante do filme para Langenkamp. "Você não sabe, e isso deixa as pessoas se perguntando, pelo menos por alguns segundos, no auge de um sonho, se estão dormindo ou não", diz ela. "Se de repente ficasse preto e branco, ou se tornasse psicodélico, ou enevoado, ou algo assim, isso teria dado ao público uma ajuda grande para descobrir. E essa é a parte divertida do filme para mim." Wyss concorda que também é uma das razões pelas quais as pessoas ficaram fascinadas e atraídas pelo material. "É um sonho? É real? Você nunca realmente tem certeza." O público logo iria descobrir.

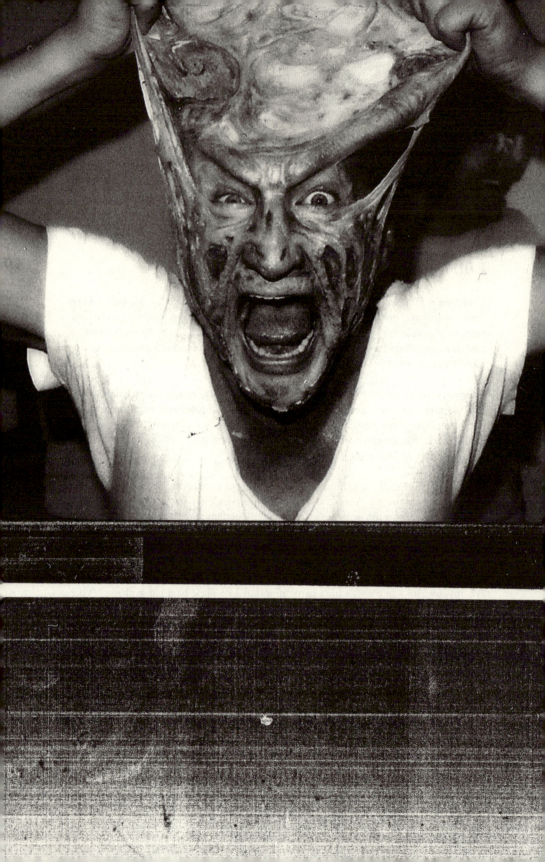

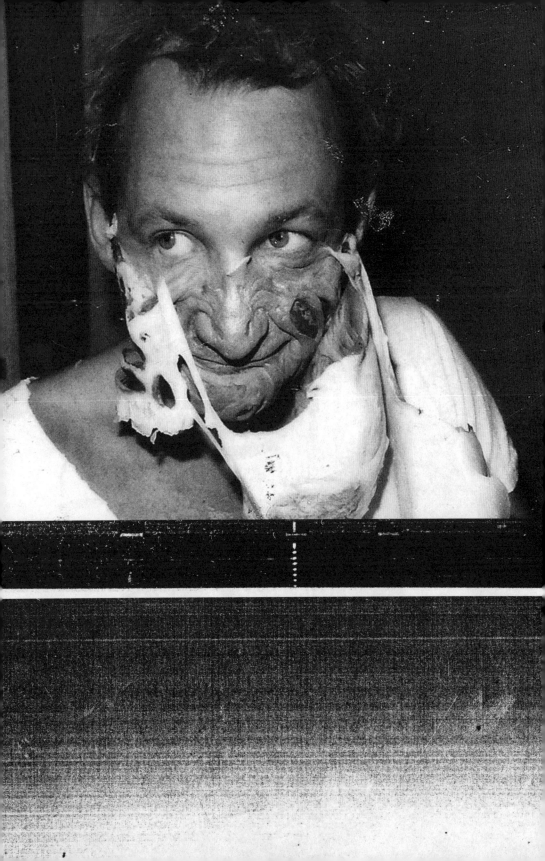

4
PRODUÇÃO
TRÊS, QUATRO, FECHE BEM O QUARTO...

À medida que o filme avançava e questões criativas e diferenças pessoais iam sendo solucionadas, o apertado cronograma de produção de apenas trinta e um dias de filmagem de *A Hora do Pesadelo* finalmente estava pronto para se iniciar, em 11 de junho de 1984.

A MÃO DA VINGANÇA

Embora não tenha sido a primeira cena a ser filmada ("Nós filmamos isso muito perto do fim", lembrou Craven), a sequência de abertura marcaria o tom do filme, provocando o público com horrores ainda por vir ao lhe oferecer apenas um vislumbre daquilo que é agora uma das imagens mais emblemáticas do gênero.

Em uma sala de caldeira, os espectadores são atacados com vapor, fuligem úmida e sombras causadas pelo fogo e energia escura. "Nós olhamos um monte de salas de caldeira e a maioria delas era muito limpa, de aspecto contemporâneo, e eu queria algo mais parecido com uma masmorra", disse Craven. "E a que usamos se encaixou perfeitamente na ideia. Todos os canos estavam envoltos em um material de isolamento, mas com tudo quebrado e as coisas caindo."

Tomadas aproximadas e rápidas revelam os pés esfarrapados de um homem desconhecido, depois mostram dedos sujos e com unhas roídas que pegam pedaços de metal para martelar, soldar e moldar um aparato com garras de arranhar. Era a ferramenta que Freddy Krueger iria usar para destruir vidas inocentes. Momentos mais sufocantes e claustrofóbicos acrescentavam uma sensação de ameaça e terror, mas eram também práticos. "Foi tudo filmado em uma mesa. Em cima de uma mesinha", admitiu Craven.

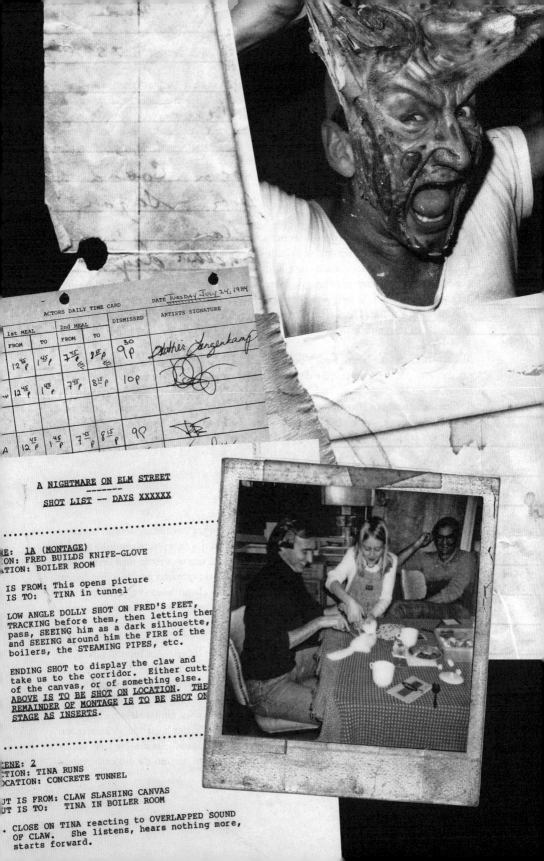

Embora Doyle e sua equipe já tivessem planos de como criar a infame arma, a filmagem de sua construção seria uma questão completamente diferente, uma situação em que duas pessoas representariam o maligno Krueger. "As mãos que constroem as luvas de Freddy no começo do filme eram, principalmente, de Charlie Belardinelli, meu terceiro assistente no filme. Era a primeira vez dele trabalhando com efeitos especiais", diz Doyle. Por Belardinelli ter trabalhado tanto nas luvas, além de suas mãos terem o tamanho e o formato corretos, Craven o escalou como modelo de mão de Krueger nas telas. Como um artesão que entendia os movimentos naturais envolvidos, ele ficou feliz com a incumbência.

"Eu vesti o suéter, cortei os dedos das luvas, dei uma lixada, usei o maçarico, trabalhei um pouco no acessório", lembra-se Belardinelli. "Foi muito divertido, uma coisa de impulso do momento." Mas o artista de efeitos especiais sabia que precisava fazer mais do que a confecção da luva: ele tinha de fazer justiça como substituto de Englund, então perguntou ao ator qual seria a melhor abordagem. Belardinelli lembra: "Bob Englund veio até mim e disse: 'Charlie, você tem que ser doentio. Pense de maneira realmente doentia', e eu respondi 'Está bem'".

Além de Belardinelli, houve mais alguém colaborando. "Tem algumas cenas, duas cenas rápidas, em que parte do braço é de Carlucci, meu segundo assistente no filme", conta Doyle. Relembrando o mero conceito da luva e sua poderosa apresentação no começo do filme, Englund diz: "Existe algo ali. Algo relativo a uma armadura". Carlucci concorda, mas considera que, por mais interessante que seja por si só, "a luva não era nada sem Robert; ela era uma extensão dele", afirma.

UM CORDEIRO PARA O MATADOURO

Essa arma aterrorizante e a ambiguidade do sonho contra a realidade seriam vistas na primeira aparição de Tina. Vestindo apenas uma fina camisola, a jovem caminha por um escuro corredor de concreto. Doyle lembra que parecia um momento fácil de capturar em filme, mas que, na verdade, não foi bem assim. "Levou semanas para que decidissem qual seria a camisola adequada com a qual vemos Tina pela primeira vez, no corredor da caldeira", diz ele, "e o quanto ela seria transparente, como nós a iluminaríamos e como Jacques iria colocar o fundo."

Haitkin também chama atenção para o vapor que saía dos tubos — era mesmo vapor, não apenas fumaça cenográfica. "O crédito de usar vapor real vai para Wes. Era algo importante para ele, então tivemos de usar caldeiras reais", diz ele. "Não existe nada melhor."

Filmado na prisão atualmente desativada de Lincoln Heights, em La Habra, Califórnia, Wyss não tem lembranças muito agradáveis da locação. "É um lugar muito assustador, apavorante, cheio de energia negativa. Eu estava aterrorizada", diz ela. De fato, admite nunca ter ido sozinha a nenhum lugar do prédio, nem mesmo de seu camarim ao

a Robert Shaye production

a Wes Craven film

Belardinelli, canalizando seu Krueger interior, prepara-se para assumir o lugar de Englund para a aterradora sequência de abertura (**acima**). Wyss compartilhou sua primeira cena com um cordeiro adorável, porém assustado e nem sempre cooperativo (**ao lado**).

1. Rev. 4/30/84

1A. INT. (MONTAGE). 1A

NIGHTMARE MUSIC THEME begins as we /FADE UP/ on a SERIES OF SHOT
all CLOSE and teasing.

   -- A man's FEET, in shabby work shoes, stalking
    through a junk bin in a dark, fire-lit, ash-
    dusted place. A huge BOILER ROOM is what it
    is, although we only glimpse it piecemeal.
    Then we SEE a MAN'S HAND, dirty and nail-bitten,
    reach INTO FRAME and pick up a piece of METAL.

   -- ANOTHER ANGLE as the HAND grabs a grimey
    WORKGLOVE and slashes at it with a straight
    razor, until its fingertips are off.

   -- CLOSE ON SAME HANDS dumping four fishing knives
    out of a filthy bag. Their blades are thin,
    curved, gleaming sharp.

   -- MORE ANGLES, EVEN CLOSER. We can HEAR the MAN's
    wheezing BREATHING, but we still haven't seen
    his face. We never will. We just SEE more metal
    being assembled with crude tools, into some sort
    of linkage -- a splayed, spidery sort of apparatus,
    against a background light of FIRE, and a deep
    rushing of STEAM and HEAVY, DARK ENERGY.

   -- And then we see this linkage attached to the glove.

   -- Then the BLADES attached to all of it.

   -- Then the MAN'S HAND slips into this glove-like
    apparatus, filling it out and transforming
    it into an awesome, deadly claw-hand with
    four razor/talons gleaming at its blackened
    fingertips. /Suddenly the HAND arches and STRIKES
    FORWARD, SLASHING THROUGH a DARK CANVAS, tearing
    it to shreds.

*

1 EXT. LOS ANGELES. NIGHT. (2nd Unit) 1

A PULSATION OF LIGHT AND SHADOW. MUSIC DROPS AWAY to a hushed
RUSHING OF WIND and DISTANT SIRENS. CAMERA RACKS INTO FOCUS on
HIGH PANORAMA of the San Fernando Valley, its night sky lit fro
within by a strange GREENISH LIGHT. TITLES BEGIN.

CAMERA TILTS DOWN and ZOOMS SWIFTLY into the valley's web of
light.

           CUT TO:

Os momentos de abertura do filme no roteiro.
Repare nos números e as passagens marcadas,
destacando o trabalho dos efeitos especiais.

set. "Era claramente um lugar repleto de angústia", acrescenta. "Só Deus sabe o que aconteceu ali, e eu não ficava desacompanhada em nenhum lugar. Se o grupo inteiro se locomovia, eu ia junto." Ela não estava sozinha em sua impressão. "Havia uma sensação absolutamente assustadora, deprimente e sombria", afirma Cook. "Aquilo definitivamente deixou a equipe no clima. Mesmo em plena luz do dia dava para imaginar o quão deprimente devia ser quando a prisão estava em funcionamento." Receios à parte, alguns relembram as preocupações mais concretas de terem filmado naquela locação. O que Craven e sua equipe descobririam muito tempo depois é que o prédio tinha sido fechado por contaminação com material perigoso. "Nós nos demos conta de que ficamos lá, absorvendo amianto, durante uma semana", revelou o roteirista e diretor. Haitkin confirma: "O local estava condenado, e nós passamos semanas lá embaixo, respirando aquele ar". Craven brincou: "Sempre pensei que todos acabaríamos morrendo ao mesmo tempo, vinte anos depois daquilo".

Esse tipo de cenário era perfeito para o início do pesadelo de Tina, em que ela e os espectadores se deparam com Krueger pela primeira vez, em uma cena de perseguição, embora ele permaneça pouco visível. Em vez disso, a jovem compartilha seu pesadelo com um cordeiro, algo que deixou muita gente se perguntando o motivo. "Eu acho que é uma ótima combinação imagética, misturar terror e doçura. É algo muito anacrônico de acontecer quando aquela pessoa está assustada", sugere Wyss. "Existe algo ali. Um comentário sobre a inocência."

"As pessoas me fazem mais perguntas sobre esse cordeiro do que sobre qualquer outro aspecto do filme", diverte-se Langenkamp. Craven explicou: "O cordeiro foi o meu tributo a Buñuel". Luis Buñuel Portolés foi um cineasta espanhol frequentemente associado ao movimento surrealista. Após a sua morte, aos 83 anos, em 1983, seu obituário no *New York Times* referiu-se a ele como "um iconoclasta, moralista e revolucionário que foi líder do surrealismo de vanguarda em sua juventude e um dominante cineasta internacional meio século depois". Dito isto, enquanto a aparição do cordeiro possa ter soado deslocada para alguns espectadores, talvez também tenha sido estranho para o animal.

"Todo mundo teve que ajudar porque o cordeiro estava muito assustado", lembra Jensen. "O corredor parece muito vazio, mas havia muitos equipamentos de câmera, luzes e cabos, e muito eco. O animal precisava passar por uma porta e, quando estávamos prontos para filmar, ele ficou descontrolado. Estávamos todos encolhidos pelos cantos e o bicho simplesmente ia para onde bem entendia."

"Ele deveria percorrer todo o corredor, mas não queria sair do lugar", disse Craven, "então, no fim das contas, acabaram lhe dando um chute." Mesmo depois que o cordeiro precisou de um "impulso" para fazer sua parte, Wyss lembra que a execução da cena foi tranquila e que trabalhar com aquela criatura de quatro patas foi tudo, menos difícil. "O único perigo é ser completamente ofuscada por algo tão adorável!", declarou a atriz. Depois que sua coestrela não humana realizou seu trabalho, Wyss pode até ter ficado assustada com a locação, mas ela se lembra de um aspecto mais leve daquela cena, pelo menos durante as filmagens. "Aconteceram algumas coisas engraçadas, porque eu tinha que correr como se estivesse pisando em melaço", diz ela. "Foi meio difícil criar esse efeito; eu me senti meio boba no começo, mas depois consegui entrar no clima." O que a ajudou a fazer o movimento quando suas pernas estavam fora de cena foi o fato de que ela correu sobre uma esteira presa ao carrinho da câmera.

Wyss também encontrou conforto no homem que tentava acabar com a vida de sua personagem, pois mesmo quando Englund utilizava maquiagem e figurino completos "ele dizia coisas incrivelmente divertidas e inteligentes, e depois subitamente se transformava em Freddy quando o diretor gritava 'Ação!'", conta ela. "Mas eu ficava tipo: 'Não comecem, ainda estou rindo! Esperem!'."

Cenário assustador e momentos divertidos nos bastidores à parte, a cena seria realizada com relativa tranquilidade, com apenas um potencial problema que então ocorreu a Doyle, o homem dos efeitos especiais: a necessidade de uma poeira amarela sair da boca de Tina durante um grito quando Freddy aparece atrás dela. "Assim que vi o material que iam usar para a poeira do grito de Tina, pensei: 'Não vai funcionar de jeito nenhum'", diz Doyle. A fórmula que escolheram e que tanto o preocupou? Sucrilhos esmigalhados, outro indicador do baixo orçamento e da engenhosidade do filme. Felizmente, o temor de Doyle de que os sucrilhos se misturariam com a saliva da atriz e se tornariam uma pasta não chegou a se concretizar. "Eles moeram até chegar a um pó fino, e deu certo", acrescenta. "Por ser comestível, é possível colocar na boca, o que ela fez, e em seguida cuspiu. Funcionou de verdade."

FOI APENAS UM SONHO, MÃE

Justo quando Tina estava prestes a se tornar uma vítima de Krueger, que a surpreendeu ao aparecer bem atrás dela, a moça acorda em seu quarto. Encharcada de suor, a jovem é checada por sua mãe. A atriz que interpretou o papel foi Donna Woodrum, cuja passagem anterior pelos filmes do gênero tinha sido na absurda comédia de terror *O Ataque dos Tomates Assassinos* (1978). Embora a atriz tenha atuado pouco depois disso, Craven admirava a sua colaboração no filme. "Sempre a considerei muito boa. Ela realmente deu o tom na cena com Tina", declarou.

"A audição que fiz para esse filme foi o primeiríssimo teste que realizei com o agente com quem eu trabalhava naquela época. Então foi uma experiência totalmente nova para mim", diz Woodrum. "Eu me posicionei, li o papel que eles queriam que eu lesse e fui embora. Naquela mesma tarde, acredito que uma hora depois, o meu agente me ligou e disse: 'Bem, não sei o que você fez, mas eles gostaram muito'. Foi rápido assim."

Quanto ao namorado da mãe de Tina, que parece muito mais interessado que ela volte para a cama do que em saber se Tina está bem, foi o debute do ator Paul Grenier, algo de que Craven se lembrava. "Foi uma grande emoção para ele porque conseguiu entrar para o Sindicato dos Atores por isso, por ter dito uma fala." Foi também o único crédito

Tina (e o público) tem um vislumbre sombrio do homem que está pronto para atacar, Freddy Krueger.

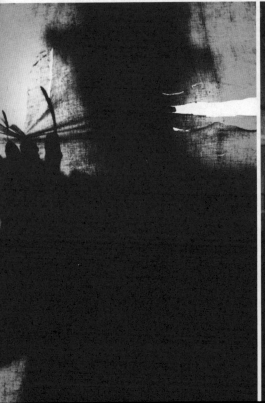

de Grenier na função de ator antes de começar a trabalhar com som e seleção de elenco. "Era um amigo meu, nos conhecemos em uma aula de atuação em Hollywood", revela Woodrum. "Fiquei impressionada por conhecer a pessoa com quem eu supostamente iria atuar. Não lembro dele fazendo qualquer outra coisa no cinema, mas atuou bastante no teatro." A mãe de Tina era alguém que rapidamente ignorava o problema da filha, e Woodrum sugere que essa negação foi um grande fator no seu retrato da personagem. "O que você faz quando está em negação? Você ignora o óbvio, então foi isso que tentei fazer", diz ela. "Eu me deixei levar, sabendo que se dissesse algo a respeito perderia a viagem para Las Vegas, e não saberia lidar com isso. Então a melhor maneira era tentar ser uma mãe boa e severa, dizendo coisas como 'você tem que parar de sonhar com essas coisas', e depois saio do filme, literalmente. Saída pela esquerda. Foi o que fiz."

Tanto a mãe como o namorado fazem aparições muito curtas, mas a cena cumpre sua função rapidamente, definindo o tom para um dos temas do filme, que é o adolescente abandonado. "Que isso sirva como aviso para vocês, pais mundo afora: essas crianças precisam de supervisão porque há forças do mal querendo pegá-las", diz Woodrum. "Gostei da maneira como fizeram minha personagem, mostrando-a como uma mulher egoísta, em busca de si mesma, uma mulher perdida procurando o amor nos lugares errados, enquanto seu verdadeiro interesse deveria estar em casa."

Tal mãe, tal filha, em muitos aspectos, mas não fora da tela. "Amanda não se assemelhava em nada com a personagem que interpretou. No filme, era pura angústia adolescente e todas aquelas coisas acontecendo. Mas, na realidade, ela era só diversão. Uma piadista, sempre gargalhando e sorrindo", lembra-se Woodrum. A atriz revela que houve um momento em que temeu não poder contracenar com Wyss, já que o tempo e o dinheiro estavam no fim. "Eu estava em uma das primeiras cenas do filme, que foi a última a ser rodada. Nem sequer tinham certeza se realmente filmariam, pois estava próximo da meia-noite e provavelmente adentraríamos o dia seguinte. Era tudo sindicalizado, o que significava ter que pagar mais, gastar mais dinheiro", revela Woodrum. "Eu me lembro de ter dito: 'Wes, quero muito fazer essa cena', ao que ele respondeu: 'Donna, estou fazendo o possível para que isso aconteça'."

Chegando às filmagens às sete da manhã, Woodrum esperou e esperou, aguardando o seu momento, mesmo que o ambiente em volta dela revelasse o contrário. "Eu esperei o dia inteiro e a noite toda para fazer aquela cena. Não dá para perceber, mas por trás daquele pequeno cenário tudo estava sendo desmontado. Eles já estavam levando tudo para o depósito, fechando tudo", diz ela, "e eu só queria fazer a cena. Não queria que fosse cancelada." Por sorte, não foi cancelada, mas isso não significa que Woodrum conseguiu fazer tudo o que havia planejado. Anos depois, ela gostaria de ter feito uma segunda tomada. "Devo dizer que não fiquei muito feliz com a cena que entreguei. Não era o que eu tinha em mente, e na minha cabeça refiz essa cena muitas e muitas vezes", admite a atriz. "Eu poderia ter me focado ainda mais nas diferenças entre as duas personagens. Lá está aquela garota, aterrorizada; aqui temos a mãe dela, congelada, tentando não se aterrorizar, dizendo simplesmente: 'Ah, bem, isso não é muito importante. Apenas faça isso, não faça aquilo, e ficará tudo bem. Tchau'. Mas não havia tempo para refazermos."

Ela de maneira alguma transfere a responsabilidade para Craven. "Eu não o considero responsável de jeito nenhum. Além de ser um grande diretor, ele era um grande técnico", Woodrum elogia. "Ele sabia o que queria como artista."

APENAS VOCÊ E EU

A próxima grande cena do filme era significativa, pois introduzia o elenco principal como uma unidade, incluindo a grande heroína do filme, Nancy. Mas primeiro o público teria um vislumbre de personagens que se tornaram sinônimo de Elm Street: as crianças etéreas pulando corda. O momento levaria a uma parte icônica do filme, e sua mitologia, com a introdução da, agora infame, rima infantil "Um, dois, Freddy vem te pegar". Cantada pelas mencionadas meninas pulando corda (que não são creditadas no filme), as quatro crianças aparentemente têm sido um mistério há muito tempo.

"Duas delas eram as minhas filhas. Coye é a que segura a bola, e a que está no outro extremo da corda é Adri-Anne", explica Cecere. "Eu tinha 8 anos quando filmamos a cena e, na verdade, RaMona foi essencial para que a minha irmã e eu trabalhássemos no filme", diz Adri-Anne Cecere, a menina de cabelo escuro perto do pé do morro. "Ela sabia que o meu pai tinha duas filhas, então perguntou o que Wes achava disso." Craven concordou com a ideia e pediu à estilista que conversasse com Cecere. "Eu acho que, no início, ele disse 'não' por causa do tipo de filme que era", lembra Adri-Anne. "E depois pensou melhor a respeito e disse: 'Claro, por que não?'" Embora estivessem animadas para participar do filme, elas "não queriam ficar lá, especialmente a mais nova", diz Cecere, dando uma risada. "Ela estava de muito mau humor, acredite em mim."

"É verdade, eu não estava de muito bom humor", ri Coye Cecere, lembrando o motivo de sua irritação. "No começo, Wes me deu um ursinho de pelúcia para segurar e me alegrei um pouco, mas acharam que o urso parecia grande demais, porque eu era pequenina." No lugar do ursinho, a menina de 4 anos na parte alta do morro recebeu uma bola vermelha, algo que não combinava muito com ela. "Fiquei triste porque me tiraram o brinquedo", explica Coye, "mas também porque estava de vestido e eu era uma garota muito moleca, então me colocar em um vestido fez com que eu não quisesse trabalhar."

O pai dela revela, brincando, outro aspecto que pode ter desempenhado um pequeno papel na falta de entusiasmo das duas filhas, embora pareça estar de acordo com as condições da produção. "Eles não queriam pagar muito", diz Cecere, em tom de piada. Foi algo que não incomodou as meninas. "Eles apenas nos ofereceram essa oportunidade, então eu e a minha irmã queríamos um dinheiro extra para poder comprar um aquário e meias da Disney", diz Adri-Anne com uma risada. Uma garotinha, que completou o quarteto de puladoras de corda, lembra que seu envolvimento se deu por conhecer as pessoas certas no momento certo. "Na verdade não lembro bem como consegui o papel, mas suponho que foi através de Rachel Talalay", diz Annie Rusoff. "Ela é uma antiga e querida amiga da família. Talvez ela só tenha dito 'você quer fazer isso?'."

Adri-Anne e Coye Cecere (**acima**) e Annie Rusoff (**ao lado**), três das meninas vistas na vida real na época de *A Hora do Pesadelo*. Na vida na tela, elas formavam um trio de meninas etéreas pulando corda que apresentou ao público a assustadora e memorável cantiga infantil "Um, dois, Freddy vem te pegar".

Se conseguir o papel pareceu muito fácil, desempenhá-lo também foi. "Não tinha nenhuma direção. Era apenas 'pulem corda', porque acho que todas éramos muito jovens para realmente entender algo", lembra Rusoff. "Quando conhecemos Wes, acho que já estava na hora de realizar a tomada. Já havíamos feito um monte de outras coisas para nos preparar. Acabei conhecendo ele um segundo antes e apenas achei muito legal."

Adri-Anne também lembra de pouca interação com Craven sobre a cena. "Ele apenas se aproximou de nós e disse: 'Não prestem atenção às câmeras. Apenas façam o que lhe pedimos e girem a corda'", diz ela. "Acho que ele disse para a outra garota: 'Vá em frente, pule corda e divirta-se'."

"Também não acho que ele quisesse nos assustar", diz Rusoff. "Além disso, havia muitas outras pessoas ao redor da cena para fazer funcionar." Uma dessas pessoas era Haitkin, que acabaria combinando múltiplas e novas técnicas para conseguir o efeito que Craven queria — métodos que hoje seriam feitos com a magia dos computadores, mas "não naquela época", diz Haitkin. "Tem um momento em que você vê essas crianças em um gramado, e tudo parece difuso, e elas estão em câmera lenta. E a câmera, sem nenhum corte, faz uma transição a partir delas, recua o enquadramento e sai da câmera lenta, o filtro sai da câmera, e então de repente estamos em uma cena com personagens andando e conversando."

Para conseguir o efeito foram necessárias seis pessoas para operar a câmera, e Haitkin criou um mecanismo experimental usando pedaços de vidro com material de difusão pulverizado de forma graduada. Mais uma vez, foi uma prova de que, mesmo num filme de baixo orçamento, a criatividade da equipe daria um jeito de entregar para Craven o visual que ele procurava. "O computador de abertura de velocidade, quando o usamos, era apenas uma caixa de aço com garras de jacaré. Era uma ferramenta muito primitiva", diz Haitkin, "mas agora é padrão, um item já incorporado às câmeras."

Rusoff lembra menos da magia do cinema e mais do lado prático de como ela e as outras meninas desapareciam. "Quando se afastam de nós e depois voltam em nossa direção, as meninas somem", diz ela, "mas bastou uma pessoa nos retirar da tomada rapidamente. Ainda estávamos de pé naquele gramado, mas um pouco ao lado; só nos dissipamos e então desaparecemos."

O truque de desaparecimento é confirmado por Adri-Anne. "Lembro que assim que fizemos nossa aparição eles praticamente nos afugentaram para sair do caminho porque precisavam que estivéssemos fora de quadro para o resto da cena", recorda-se.

Combinando inovação e simplicidade, Haitkin considerou que haviam conseguido o que precisavam. "Era uma metáfora do que Wes queria fazer no filme, que nunca desse para saber se o que se via era ou não um sonho", diz ele. "Primeiro temos uma tomada aproximada das meninas pulando corda, e depois, de repente, estamos na escola, onde os adolescentes estão andando e falando. São dois mundos diferentes."

233

Era, afinal, parte da orientação de Craven. "Essa interpretação chegando muito cedo no filme, logo após a principal sequência de ação na abertura, era importante na proposta da narrativa", acrescenta Haitkin. Também era importante ver os personagens adolescentes interagindo pela primeira vez. "Só de observar os jovens saindo do conversível quando o veículo chega e depois vê-los caminhando é bastante pungente", comenta Adri-Anne.

Encenado de uma forma que permitia que o público acreditasse neles e — mais importante — se preocupasse com eles, existia essa familiaridade que muitos integrantes do elenco passaram do roteiro para a vida real quando começaram a filmar diante da John Marshall High School, em Silverlake, Califórnia. "Era uma bela escola secundária e totalmente atípica para o resto da vizinhança", disse Craven sobre o cenário que o ajudou na concretização de uma aparência de Meio-Oeste dos Estados Unidos. "Nós filmamos na frente da escola", diz Langenkamp (que, na época, morava apenas a um quarteirão de distância dali). "Quando o carro estaciona, nós saímos e conversamos sobre meu sonho na noite anterior." Corri lembra: "Era a minha antiga escola. Eu adorava aquele lugar."

> "ELES APENAS OFERECERAM ESSA OPORTUNIDADE PARA NÓS, E EU E A MINHA IRMÃ SÓ QUERÍAMOS DINHEIRO EXTRA PARA PODER COMPRAR UM AQUÁRIO E MEIAS DA DISNEY."
> — **Adri-Anne Cecere, sobre ser uma das meninas pulando corda**

Uma das muitas facetas do filme a que Langenkamp correspondeu foi, de fato, a interação entre os personagens, especificamente centrada em torno de Nancy. "Tinha seu relacionamento com o namorado, seu relacionamento com a melhor amiga, com o namorado da melhor amiga e depois com a mãe e o pai", lembra Langenkamp. "Então havia cinco pessoas com as quais — e sabia disso desde quando consegui o papel — eu teria de fazer cenas realmente importantes. É meio raro nos filmes de terror a heroína ter tantos relacionamentos diferentes passando pelas tramas."

"Logo quando nos conhecemos nos demos bem. Eu sabia, como atriz, que aquilo seria muito divertido", diz Wyss, "porque mesmo no carro, dirigindo para o local de filmagem, o personagem de cada um ganhava vida apenas pela maneira como interagíamos uns com os outros. De certa forma, esse grupo foi formado por pessoas que já tinham essas características definidas, e percebi que todos seríamos amigos." Era uma coisa boa, considerando que Langenkamp foi a única pessoa a ter se encontrado com um membro do elenco — seu namorado na tela, Johnny Depp — antes de iniciarem as filmagens. "Simplesmente não tivemos muito tempo de pré-produção e, portanto, quaisquer momentos que podíamos passar com alguma pessoa para melhor conhecê-la provaram ser incrivelmente valiosos", diz ela.

Wyss lembra que, devido ao seu cronograma em um filme que fez antes de *A Hora do Pesadelo*, "eu não tive muito tempo para poder me reunir com qualquer outra pessoa

O núcleo do elenco adolescente do filme é visto pela primeira vez de uma forma que permitiu ao público compreender, simpatizar e gostar deles.

do elenco, então a minha primeira vez conhecendo todo mundo foi quando filmamos essa cena", lembra ela. "Pode-se dizer que estávamos um pouco nervosos", admite Langenkamp, mas Wyss acrescenta: "Acabou funcionando e definitivamente trabalhamos muito bem como um grupo".

Em relação a Depp — o qual, sem que ninguém pudesse imaginar na época, seria um dos maiores astros do cinema do mundo —, o elenco e a equipe técnica não têm nada além de coisas boas a dizer, sobretudo porque era o primeiro filme do músico que se tornou ator. Estar em um set de filmagem pela primeira vez também fez com que Depp percebesse algumas coisas, como a reação da equipe ao seu visual. "Lembro que todos no cenário estavam muito surtados, dizendo: 'Meu Deus, o menino tem tatuagens!'", diz o ator.

Corri, cujo personagem parecia se encaixar melhor no que Depp aparentava ser na vida real, acrescenta: "Ele parecia uma estrela do rock querendo ser ator, e então ele realmente imergiu nisso. Lembro-me de uma vez andando com Johnny, e nunca esquecerei a diferença entre nós, quando um Corvette parou e o pegou, enquanto eu continuei caminhando!" O que chamou atenção de Corri foi o homem ao volante. "Era Nicolas Cage. Aquele foi um momento decisivo; eu não tinha certeza de que ele sabia que se tornaria grande, mas ele estava destinado a isso", diz ele. Verdade ou não, Depp, na época, como muitos no filme, ainda procurava o seu lugar. "Se eu me lembro bem, ele estava casado, eu acho, e morando no próprio carro", diz Lazzara. "E não tinha dinheiro. Lembro que ele não recebia um cheque havia muito tempo. Por semanas e semanas e semanas. E eles continuavam a lhe dizer: 'Você sabe, o seu cheque vai para o seu agente'. E ele respondeu: 'Eu não tenho um agente'."

Muitos acreditavam que foi essa inocência da situação que o ajudou. "Ele era muito sincero e tinha vindo de um ambiente de honestidade. E é de onde cada ator quer vir, sabe?", diz Corri. "Ele era exatamente quem você imagina", acrescenta Wyss. "Era doce, agradável e bonito, e descontraído, artístico e genuíno. Trabalhar com ele foi divertido. Nós quatro realmente nos divertimos muito juntos." Embora seus companheiros tenham visto um lado dele, Craven viu um aspecto decididamente diferente de Depp no cenário: "Johnny ficou apavorado quando atuou pela primeira vez. Sempre que estava no local de filmagem, ele ficava suando frio. Suas mãos tremiam".

Mesmo com isso, o cineasta fez elogios ao ator iniciante. "Ele se forçou para uma área totalmente diferente, e não acho que era algo que acreditava estar preparado para fazer, exceto por ser conduzido por um impulso", comentou Craven. "Ele tinha um talento incrível." A atitude de Depp ao se ver no papel de Glen provavelmente era mais próxima da lembrança de Craven ao encontrá-lo pela primeira vez no set. "Eu fui ver as filmagens realizadas no dia. Eu tinha 21 anos e não sabia o que estava acontecendo", diz Depp. "Era como olhar em um espelho enorme. Não era a minha aparência o que me incomodava, apesar de eu parecer um nerd nesse filme. Era me ver lá fingindo. Eu não vomitei de verdade, mas senti vontade de vomitar."

Craven lembrou que Depp "sempre achava que estava fazendo um trabalho péssimo, mas acabou fazendo um personagem interessante". "Eu não quero dizer que Johnny Depp era inseguro, porque ele não era muito inseguro; mas ele estava um pouco em dúvida sobre si mesmo e suas capacidades", diz Logan. "Então eu e ele tivemos uma breve conversa em algum momento e eu lhe disse: 'Aguente firme, garoto, porque você vai chegar longe neste negócio', e ele perguntou: 'Você realmente acha isso?'. Ele estava sendo muito sincero, então lhe respondi: 'Sim, você vai se tornar um grande astro'. E adivinhe? Ele se tornou!"

À parte o potencial enjoo — ou o estrelato — de Depp naquele momento, o elenco, de fato, funcionou bem em conjunto enquanto começava sua jornada no mundo de Elm Street e Freddy Krueger. "Wes, com sua genialidade, escolheu as pessoas certas para interpretar os papéis certos. Ele claramente percebeu a química", diz Wyss. Foi a química que ficou com muitos deles. "Isso soa muito bobo, mas Heather e eu nos sentávamos nos degraus de nossos camarins e fazíamos as palavras cruzadas juntas", revela Wyss. "E somos amigas muito próximas desde então. Ou seja, Wes simplesmente sabia. Era como um serviço de formar amizades."

É PARA ISSO QUE SERVEM OS AMIGOS

Depois de uma breve discussão sobre seus pesadelos, Nancy e Glen passam uma noite na casa de Tina para confortá-la e fazê-la sentir-se segura. Wyss aponta que a filmagem da cena não foi muito fácil. "Tinha um monte de diálogos, muita ação e efeitos sonoros. Os efeitos sonoros estavam na fita que Johnny estava tocando", diz ela. Langenkamp lembra que Depp teve alguns problemas. "Johnny teve dificuldade em ficar esperando no local", ela ri. Em uma das primeiras cenas que Depp filmaria, Jensen lembra que o ator estava pouco à vontade. "As mãos dele estavam literalmente tremendo. Ele estava muito, muito nervoso", diz ela. "Mas ele aceitava que o pessoal do penteado e maquiagem o acalmasse, e acho que eu também. Se você tocar em alguém e lhe disser que está tudo bem, a pessoa fica bem, fica calma. E ele aceitou isso. Foi uma porta que se abriu não apenas em sua carreira, mas também em seu coração e em seu ser."

A ansiedade fora da tela deu lugar a um momento de leveza dentro dela, quando Glen tenta usar uma fita de efeitos com ruídos de aeroporto para convencer sua mãe de que está hospedado na casa de um primo, em vez de na companhia das garotas. Divertido, mas um pouco difícil de pegar em celuloide nas primeiras vezes. "Ah, meu Deus, nós fizemos tantas vezes!", ri Wyss. "Hoje em dia fariam o som na pós-produção, mas naquela época a sincronia tinha de ser perfeita, e era muito, muito difícil fazer a fita parar, tocar, rebobinar e fazer todas aquelas coisas diferentes que precisávamos fazer."

Apesar do tempo que levou para filmar, Wyss lembra: "Essa foi uma das cenas mais divertidas de gravar por conta de toda a camaradagem e de estarmos juntos". A atriz também tem boas lembranças da locação onde filmaram a casa de sua personagem. "Ficava perto dos canais de Venice e era uma casa de praia muito extravagante, provavelmente da década de 1920. Foi uma coisa verdadeiramente reveladora ir para Venice", afirma Wyss, referindo-se à mistura eclética de fisiculturistas, vendedores e vagabundos.

Outra coisa interessante sobre a locação é que estava casualmente relacionada com a integrante do elenco — a menina que pula corda — Rusoff. "Muitas das cenas da casa de Tina na verdade foram filmadas na minha casa", conta ela, admitindo que foi mais um acaso do que algo planejado. "Foi meio coincidência; eles disseram: 'Ei, olha só, são as mesmas pessoas de antes'. Acho que primeiro fui escalada e depois surgiu a ideia de usar a casa."

Rusoff se lembra das cenas na sala de espera porque "muitos dos móveis que estavam na casa eram nossos. Portanto, é muito divertido assistir de novo, porque fico falando: 'Eu me lembro desse sofá, eu também me lembro desse abajur'".

Ela e sua família foram transferidas para outras acomodações durante uma semana, enquanto Craven e a equipe assumiam o controle. "Eles tiveram de reorganizar completamente toda a sala de estar", lembra Rusoff. Ela também se recorda de um detalhe que talvez tenha sido ignorado pela equipe, pela plateia ou, talvez, por ambos. "Toda vez que lembro disso, a primeira coisa que surge no meu cérebro é quando eles estão todos no quintal da casa de Tina. Em uma tomada, dá para ver um boneco de plástico do personagem da rede Bob's Big Boy pendurado pelo pescoço na janela", afirma Rusoff. "E isso realmente sempre esteve lá. Era da minha mãe, e achei engraçado eles terem deixado no filme. É como se ele tivesse sido enforcado. Sempre me perguntei se eles o deixaram lá de propósito ou se não perceberam."

Huntley admite: "Não me lembro disso. Acho que se eu tivesse visto provavelmente teria tirado de lá, pois não parece combinar com a casa de Tina, no que se refere à personagem dela. Mas é muito engraçado. Uma piadinha divertida."

O grupo de jovens, de fato, deixou a relativa segurança da sala de estar para fazer o que se tornou rotineiro nos filmes de terror: ir verificar um ruído assustador vindo da escuridão lá fora. Para concretizar a tomada sem nenhum corte, Haitkin colocou a câmera em um grande trilho. "Ele seguia todo o caminho pelo quintal", lembra Langenkamp. Craven acrescentou que "foi tudo muito prático", com o quintal ficando atrás da casa e o beco atrás do quintal. Pelo menos em teoria.

Talalay relembra que não foi fácil encontrar uma locação tão específica. "Sempre havia coisas complicadas, especialmente com a casa de Tina em Venice", admite. "Não podia ser apenas uma casa, tinha de ser possível chegar ao beco nos fundos, mas ele não ficava exatamente atrás da construção. Havia uma casinha nos fundos entre a estrutura principal e o beco, então tivemos que descobrir como resolver isso. Mesmo assim, é uma excelente locação."

Haitkin lembra que, por estar filmando em um bairro considerado perigoso, sugeriu aos membros da equipe que levassem um amigo junto com eles nos caminhões de trabalho. Craven era mais específico em seus receios. "Eu me lembro do cara que estava na grande torre de luz. Eu estava preocupado com a possibilidade de ele levar um tiro", brincou ele.

Felizmente, nada de desagradável aconteceu, e os barulhos estranhos ouvidos na tela revelaram vir de Rod, que só queria assustar os amigos. "Nós nos divertíamos muito quando trabalhávamos todos juntos, especialmente no quintal da casa, quando eu estava fazendo sons assustadores com uma ferramenta de jardinagem", lembra Corri. "Ninguém queria confessar o que estava rolando, que todos nós tivemos alguma experiência estranha com esse homem louco em nossos sonhos. E eu chego na casa para ficar com Tina, mas não confesso que tenho medo."

É nesse momento que o público é provocado com a sugestão de que os quatro jovens estão tendo o mesmo pesadelo. "Na minha cabeça, essa é a cena em que tudo muda. É quando você percebe que o verdadeiro horror está prestes a começar", diz Wyss. "A plateia estava assustada, depois pôde rir com os personagens, mas em seguida começamos a morrer."

Corri afirma que seu personagem não teria admitido que sonhou com Krueger, preferindo ser jocoso com a situação. "Eu sou muito macho para confessar isso. Só quero bancar o valentão e transar", diz ele sobre Rod, acrescentando com muita sinceridade: "Quando revejo minha atuação, não posso julgá-la porque não quero repensar isso. Eu era muito presunçoso".

Na época, Corri pensava que conhecia tudo e que era "um cara malvado ou alguém como James Dean", antes de finalmente revelar que "interpretou uma combinação de algo que não era realmente eu". Ele confessa um aspecto do personagem que não foi muito difícil de julgar ou interpretar: "Estar na cama com Tina, interpretada por Amanda, foi ótimo!", exclama ele.

Logo em seguida, Rod e Tina se separam dos demais, afirmando que ficariam na cama dos pais dela para o que, a princípio, seria qualquer coisa menos dormir. Nancy e Glen descobririam que eles também teriam um momento de privacidade. Foi nesse instante que Langenkamp e Depp compartilharam um beijo na tela — o primeiro da carreira dele. "As pessoas sempre me perguntam como foi beijar Johnny Depp. Eu gostaria de me lembrar e dizer que foi a coisa mais romântica de todos os tempos, mas naquela época ele não era o Johnny que o mundo conhece agora", diz Langenkamp. "Enquanto filmávamos, Wes nos puxou de volta para o escopo do momento, porque ele não achava, com tudo que estava acontecendo e eu estando lá pela minha melhor amiga, que Nancy simplesmente cairia nos braços da paixão."

Interromper o romantismo ainda deixou espaço para conotações sexuais. A frase dita por Glen, "a moralidade é uma droga", enquanto ele escuta, solitário, Tina e Rod fazendo amor, é bastante memorável. Foi também um momento baseado em um incidente real da vida de Craven, a primeira vez que o jovem cineasta ficou longe de casa.

Ele estava hospedado por uma noite no sótão de um artista de Chicago, e ouviu o casal anfitrião transando no quarto ao lado. "Eu era um completo virgem, e foi a noite mais miserável da minha vida", riu Craven.

O momento de sexo na tela entre Rod e Tina também não foi a experiência mais agradável para Wyss. "Eu achei aquilo mortificante", confessa a atriz. "Não porque eu não achava Nick adorável, mas porque estávamos simulando sexo. Eu estava horrivelmente desconfortável." Citando a cena como sendo uma das mais difíceis de filmar para ela, Wyss admite: "Descobri o quanto era desconfortável ficar rolando na cama seminua com alguém com quem eu não tinha nenhuma intimidade. Como atriz, estou pronta para fazer a cena e buscar a verdade nela. Mas pode ser estranho."

"Quando Tina acorda, eu ouço o que acho ser pedrinhas batendo na janela do meu quarto, mas na verdade é um dente, algo muito asqueroso", afirma Wyss.

PELA SEGUNDA VEZ

Depois de concluírem suas atividades sexuais, Rod e Tina logo estão prontos para dormir, enquanto os espectadores testemunham um pouco do prenúncio dos terrores que estão por vir. No esboço do roteiro de 8 de maio de 1984, Rod "rola na cama, praticamente roncando, e puxa outra coberta sobre sua cabeça. Uma colcha suja, vermelha e amarela". Os espectadores mais astutos perceberão que a ação é mantida, mas as cores foram transpostas para o agora icônico vermelho e verde. Tina também puxa uma colcha — de um azul-claro — sobre sua cabeça, sem saber que ela logo entraria no pesadelo mais uma vez.

Acontece quando a jovem acorda subitamente no meio da noite ouvindo um som de chocalho e uma voz que sussurra seu nome cruelmente. Era outra das maneiras inteligentes de Craven brincar com as expectativas da plateia sobre qual era o mundo desperto e qual era o do pesadelo. "Era brilhante como Wes havia escrito a história", diz Doyle. "Ele começa dando indicações sobre o que é real e o que não é, e, em seguida, distorce tudo e nos deixa muito incertos." Mas, desta vez, Tina estava, de fato, sonhando. Tragicamente, pela última vez.

Começava com um pequeno momento que ilustrava o que o sombrio Freddy Krueger seria capaz de realizar. "Quando Tina acorda", diz Wyss, "eu ouço o que acho ser pedrinhas batendo na janela do meu quarto, mas na verdade é um dente, algo muito asqueroso." Craven considerava seu "momento Roman Polanski", referindo-se a uma cena em *O Inquilino* (1976), quando o personagem do título, interpretado pelo próprio diretor, tira um dente que estava fincado na parede.

Por mais desagradável que o momento no filme possa ter sido, a filmagem foi outra história, com a atriz descobrindo que tinha de se concentrar para não entregar o susto. "Eu estava de pé, diante da janela, e o operador de câmera e Wes logo ali, e eu sabia que eles logo atirariam aquelas pedrinhas no vidro", diz Wyss. "Eu ficava recuando antes que qualquer coisa acontecesse, e Wes ficava dizendo: 'Olha só, você não pode fazer isso. Nós também estamos olhando para a janela.'"

A atriz finalmente conseguiu recuar no momento correto, embora tenha sido necessária a mão reconfortante de Craven em seu ombro antes de conseguirem a tomada que precisavam, dizendo-lhe: "Apenas relaxe até que aconteça".

O espectro de Freddy Krueger pulsa ao longo da parede acima de uma Nancy adormecida. O efeito, um dos mais criativos do filme, também foi um dos mais baratos, utilizando elastano, caixas de maçã e o técnico de efeitos especiais Doyle. "Parece algo precário, mas foi eficaz. E você ainda pode fazer esse efeito hoje. Jim apenas empurrou seu próprio rosto no elastano, que é um tecido elástico, e conseguiu essa imagem. E funcionou", diz Langenkamp.

AGORA EU ME DEITO PARA DORMIR

Embora Freddy estivesse ocupado atormentando Tina no cenário dos sonhos, seu plano maligno não parou por aí. Ao mesmo tempo, sua melhor amiga Nancy estava pegando no sono em outro quarto, ainda que não estivesse sozinha. Era um momento que iria mostrar visualmente não apenas o poder de transformação de Krueger de forma memorável, mas também a engenhosidade dos artesãos de efeitos especiais. "É a cena em que estou na cama na casa de Tina e a parede magicamente começa a se dobrar para cima de mim na forma do rosto de Freddy Krueger; não lembro como era a descrição no roteiro", diz Langenkamp, "mas aquilo era uma amostra de como Jim Doyle surgia com uma ideia incrivelmente original no momento certo."

Tais ideias eram muitas vezes necessárias porque a maioria dos efeitos do filme era feita no local da filmagem, captada pela câmera, não em um computador. "Não contávamos com nenhuma tecnologia digital, tudo o que fizemos foi real", diz Talalay. "Mesmo que fosse apenas Freddy colocando seu rosto através da parede, o que foi difícil de descobrir como tornar assustador." Mas eles descobriram — e a solução, quando Burrows subitamente perguntou como poderiam conseguir o efeito, era algo simples na época e, além disso, novo. Pelo menos para alguns em Elm Street.

O elastano, uma fibra sintética flexível, foi criado em 1959 no laboratório da DuPont em Washington, mas ganhou popularidade nos anos 1970 e 1980. "Era uma espécie de coqueluche. Jane Fonda e todos os outros estavam apaixonados pelo elastano", diz Langenkamp. "Então Jim foi até uma loja de tecido, comprou um rolo e esticou-o pela parede." Pintado de cinza para combinar com o resto do cenário e iluminado na medida exata, foi Doyle quem vestiu a luva de Krueger, apoiando-se em caixas de maçã, para empurrar seu rosto lentamente, enquanto Freddy aterrorizava uma adormecida Nancy. Então a garota de repente acorda: "Eles disseram 'Corta!' e colocaram a parede verdadeira de volta para eu poder bater nela e mostrar que era sólida", diz Langenkamp.

Craven admitiu que eles não tinham certeza de como aquilo efetivamente ficaria, mas, enquanto Doyle pressionava o rosto contra o tecido, "todos nós ficamos, tipo, 'uau, isso é realmente fantástico!'." Relembrando, Englund admira a natureza de baixo orçamento do filme e com o que eles tiveram que trabalhar. "O rosto pressionado através da parede ao lado do crucifixo sobre Heather deve ter custado menos de dois dólares", diz ele. Ainda assim, ele estava mais do que ciente que o elenco e a equipe desejavam ter recursos adicionais e, olhando para trás, até uma ou duas tomadas de computação gráfica aqui e ali durante todo o filme.

"Parece algo precário, mas foi eficaz", diz Langenkamp. "E você ainda pode reproduzir esse efeito hoje. Jim apenas empurrou para a frente o seu próprio rosto no elastano e criou essa imagem. E funcionou." Talalay resume a ideia criativa e muito econômica: "Acho que é a simplicidade daquilo que o torna muito efetivo". Langenkamp acrescenta: "Só mesmo a imaginação de Jim seria capaz de uma ideia assim".

"Aqueles eram efeitos que realmente exigiam que você começasse a ser criativo", diz Carlucci, relatando que eles se perguntavam como fazer isso em termos práticos se nunca havia sido feito antes. Em 1984, sem o benefício da tecnologia digital. "Ninguém na equipe ficava pensando 'oh, talvez o computador possa nos ajudar um pouco'", diz ele.

A noção de Krueger estar invadindo o que parece ser a realidade foi algo que Craven pensou muito, explicando que os sonhos são elásticos, permitindo que a pessoa flutue, voe ou caia. Levando o conceito adiante, ele disse que o que está acontecendo com o personagem na tela depende do seu nível de consciência. "Portanto, se está acordado, Freddy não pode te pegar, porque Freddy representa aquilo que só pode te pegar quando você estiver dormindo. No entanto, se você está lutando contra o sono, meio adormecido, meio acordado, aí ele pode interferir no seu mundo", explica o diretor, argumentando que Freddy empurrando a parede na tentativa de agarrar Nancy "faz todo o sentido, porque ela estava meio dormindo, meio acordada".

No roteiro datado de 30 de abril de 1984, a presença de Freddy era efetivamente mais corpórea, com Craven dizendo que Nancy "tocava em seus cabelos e sentia o pó de gesso". Nancy e o público também teriam percebido que a parede não voltou à sua forma original — ao contrário do que acontece no filme, onde ela não é afetada pela invasão de Krueger. Em vez disso, Nancy veria que "há três cortes paralelos no gesso, com cerca de vinte centímetros de comprimento, como se tivesse sido cortado por facas afiadas, nada mais". Na versão final filmada, Nancy simplesmente bate na parede sólida para se tranquilizar de que foi apenas mais um sonho.

Tina encurralada em seu sonho.

O LONGO BRAÇO DA LEI DE FREDDY

Com Nancy plenamente acordada naquele momento, Krueger mantém sua atenção em uma assustada e sonolenta Tina, que se encontra vagando por um beco escuro. "Nós filmamos isso no meio da noite em Venice", diz Wyss. "Estava um gelo, mas só lembro de pensar: 'Isso é muito legal. É a minha oportunidade de enfrentar Freddy', e é o que eu acabo fazendo", diz ela. O confronto começaria quando Tina se depara com seu algoz no beco. Se a equipe de efeitos teve um de seus primeiros sucessos com o elastano e muita engenhosidade, agora estava prestes a ter de enfrentar uma ideia no roteiro que não funcionaria com a mesma eficácia. Embora tivessem um plano de como o próximo truque do filme poderia ser feito, nem todos tinham certeza de que iria funcionar.

"Os braços estendidos não funcionaram de maneira alguma", opina Talalay. Referindo-se ao momento em que Freddy demonstra para Tina seu alcance inumano, o diretor de fotografia Haitkin recorda seu receio. "Braços esquivos, é como eu os chamo. Nunca esquecerei aquela noite, porque quando vi pela primeira vez como o efeito tinha ficado, fiquei um pouco preocupado com o fato de que ia parecer falso demais, cafona demais, nem um pouco assustador, nada aproveitável."

Mais uma vez, Doyle imaginou uma maneira de fazer o efeito dos braços impossivelmente longos de Freddy. "Foi tudo um simples trabalho de marionetes. Havia dois caras em cima do telhado da garagem segurando longas varas de pescar, cada uma com dois fios presos em cada braço, e, conforme manuseavam as varas, dava para fazer o braço se estender", afirma. "Então eles não apenas se desdobravam, como também os antebraços se estendiam."

Pelo menos uma pessoa verbalizou sobre como estava ficando o efeito, mesmo com um plano de ação pronto. "Ficou ridículo", admite Haitkin. Doyle ressalta que ele provavelmente tinha bons motivos para se sentir assim. "Ele não apenas tinha dois fios no quadro em uma cena retroiluminada — portanto tudo brilhava, e estávamos fazendo o possível para tentar diminuir o brilho dos fios — como também havia duas varas de pescar projetando sombras no chão", ele lembra.

Se era o espírito dominante do cinema de baixo orçamento ou apenas uma apatia generalizada entre a equipe, o fato é que o que poderia ser uma imagem verdadeiramente assustadora simplesmente não estava dando certo. "O que mais me lembro é o quanto Wes estava deprimido e Jacques irritado. Foi apenas um daqueles momentos em que tudo está uma merda e não tinha como fazer funcionar", diz Talalay. O homem em cena, Englund, também lembra o momento e as dificuldades, além da escolha de seu diretor em relação a veículos. "Eu tinha que me preparar para a cena, e demorou muito tempo para montar aquela situação. Acho que Wes tinha um antigo Jaguar XK-E e eu ficava olhando para aquele carro bacana."

Enquanto o ator passava o tempo admirando o automóvel, a equipe envolvida trabalhava para preparar a tomada. Além dos mencionados problemas com as varas de pescar e o monofilamento, Englund recorda outra complicação, que se transformou em uma ligeira frustração. "Foi muito difícil para os caras no telhado porque eles tinham de caminhar comigo e manter os dois braços na mesma altura", diz ele. "Esse era o grande truque, acompanhar a velocidade da minha caminhada com ambos andando ao meu lado."

Eles também tiveram a árdua tarefa de coordenar a altura dos braços, garantindo que não ficassem muito baixos. "Lembro que não consegui andar do jeito que eu gostaria que Freddy se movesse", diz Englund. "Acho que Wes me fez correr em uma tomada, ou dar um passo mais acelerado. Não era exatamente da maneira que eu sentia que Freddy devia se mover. Lembro-me de nunca ter ficado muito feliz com aquilo."

Houve, no entanto, um aspecto naquele momento de poucos recursos que Englund lembra com carinho. "Para algumas tomadas de inserção, eles usaram espoletas de velhas armas de caubói de brinquedo para obter as faíscas quando as garras arranham a parede", diz ele. "Lembro-me disso porque me pareceu meio surreal usar a 'tecnologia' de revólveres de brinquedo. Aquilo foi uma espécie de momento Marcel Proust da minha infância, e lá estava eu, em Venice, na Califórnia, às duas da manhã, com toda aquela maquiagem, tentando manter esses braços estendidos o máximo que eu conseguia suportá-los."

Craven revelou outra maneira que a equipe inventou para criar o efeito de faíscas. "Era apenas uma bateria de carro conectada à luva, e havia uma espécie de placa na parede que provocava as faíscas", disse ele.

Haitkin ainda se lembra da cena em geral como um desafio particular. "Foi tudo feito na câmera. Foi somente uma tomada. Ou você pega, ou não pega", diz ele. E todo mundo se virou para mim e disse: 'Nós pegamos isso? Ficou bom?'" Eles finalmente completaram a tomada. "Foi um truque muito complicado de concretizar, e levou bastante tempo para fazê-lo funcionar, mas foi memorável", afirma Carlucci.

Concluiu-se que a melhor opção — a usada no filme — era mostrar somente a silhueta de Freddy com seus longos braços. Era mais uma decisão de contenção de gastos do que qualquer questão técnica, pois apagar os fios quadro a quadro, caso ficassem visíveis em luz direta, sairia muito caro. "A graça desse filme era que Wes havia escrito essas coisas malucas e o nosso trabalho era descobrir como ilustrar e transformar tudo em imagens", diz Haitkin.

Dando crédito a uma excelente equipe, Talalay também faz elogios ao diretor por transformar um efeito difícil em uma cena bacana. "Os braços estendidos não funcionaram de forma alguma. E, no entanto, Wes conseguiu isso. Você pode imaginar como a imagem estava descrita no roteiro, e o que nós conseguimos fazer", diz ela, "foi mexer esses braços com varas de pescar, e ficaram ridículos. Mas na verdade funciona de forma brilhante. Wes merece crédito por ter feito funcionar no set naquele dia."

Ao centro: Um exemplo de um dos muitos momentos em que o efeito dos braços estendidos de Freddy não ficou conforme planejado.

Abaixo: O efeito completo do alcance ilimitado dos braços de Freddy, algo sobre o qual muitos ficaram preocupados porque talvez não funcionasse, mas que se tornou uma das imagens mais memoráveis do filme.

Apesar do consenso de que um efeito de difícil realização finalmente havia funcionado, Doyle ainda não está inteiramente convencido. "Eu não gosto dessa tomada. Gostaria que pudéssemos ter passado mais tempo com isso e conseguido fazer de modo mais suave", diz ele. No entanto, acrescenta: "Mas é a cena favorita de muitas pessoas, e funciona para elas. Isso assusta todo mundo". De fato, conforme Craven observou, "muitas pessoas me falaram que este é um dos momentos mais assustadores".

UM VISLUMBRE DO MAL

Enquanto os braços de Freddy se esticavam e sua mão enluvada raspava e criava faíscas, Tina olhava com incredulidade para seu agressor do mundo dos sonhos. Seria a primeira vez que os espectadores teriam uma visão um pouco mais prolongada e próxima de Krueger, levando a discussões sobre o quanto Freddy deveria sair das sombras.

Foi uma conversa que começou mais cedo na pré-produção devido ao excelente trabalho de maquiagem de Miller em Englund. Craven ficou tão impressionado que tinha a intenção de filmar Freddy em uma luz mais brilhante para destacar a aparência do personagem. No entanto, Miller preferia o oposto, sugerindo a Craven — o qual eventualmente concordou — que mantivesse Freddy oculto nas sombras. "Devido aos apliques na maquiagem serem tão espessos, eles criavam algumas sombras realmente interessantes", recorda Miller. "Era uma aparência mais misteriosa e, quando ele estava no escuro, deixava mais para a imaginação."

Era um aspecto que Fleetwood entendia e admirava no estilo de Craven. "Eu adorava a forma como Wes filmava, porque não mostrava tudo", diz ela. "Ele deixava algum espaço para a imaginação da plateia quando filmava. Era como se não tivesse que mostrar o monstro cem vezes para que você tivesse medo." Haitkin, sempre com o objetivo de fazer o filme parecer ao mesmo tempo bom e assustador, não estava de acordo. "O diretor de fotografia sempre quer mais escuro, e os produtores sempre querem deixar mais claro para que todos possam ver", diz ele. A decisão de manter as coisas mais escuras foi utilizada porque "eles sabiam que o valor do filme era assustar as pessoas".

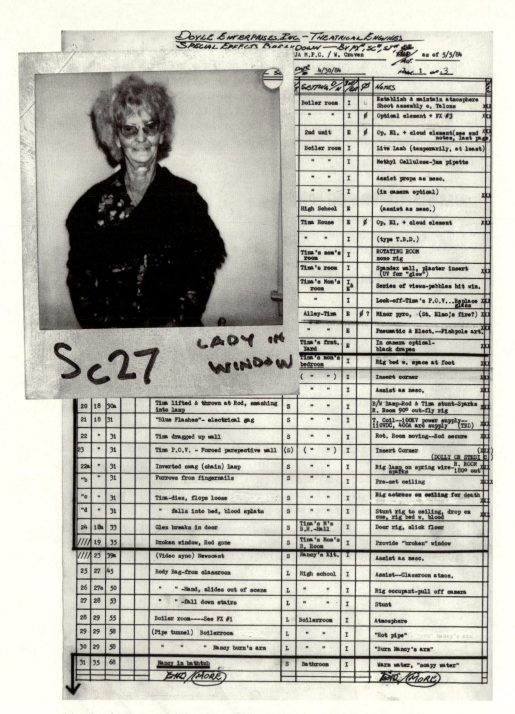

Acima: Uma página com uma tabela das cenas com efeitos especiais criados por Jim Doyle. O documento ilustra momentos do filme que exigem efeitos: a página do roteiro, o número da cena, sua descrição e o que Doyle e sua equipe precisavam fazer para que os pesadelos ganhassem vida. **No alto, à esquerda:** Uma foto de continuidade para uma cena que não chegou a ser incluída no filme finalizado: quando Tina, ainda em seu pesadelo, corre para outras casas tentando encontrar ajuda e recebe apenas olhares estranhos de pessoas com expressões pálidas.

ELA SONHOU QUE ISSO ACONTECERIA

Esses sustos continuariam conforme Freddy ergue sua luva reluzente e dotada de garras, anunciando "Isto é Deus!" a uma aterrorizada Tina, antes de começar a persegui-la. Na verdade, foi um momento que deixou muitos espectadores comentando que Freddy parecia bastante diminuto em sua perseguição. O sentimento não passou despercebido para Craven, que admitiu que a pessoa usada como substituto de Englund para ajustar a iluminação nessa tomada "parecia ter uns quatro metros de altura; foi o único cara que conseguimos!", afirmou.

Craven também revelou que a perseguição original era muito mais extensa, "dando uma volta inteira no quarteirão e depois retornando para outra casa", mas admitiu que nunca conseguiram filmar dessa maneira. O roteiro datado de 30 de abril de 1984 revela que Tina se dirige para outra casa, batendo nas janelas e vendo "rostos pálidos aparecendo, recuando, fechando as cortinas e desaparecendo amedrontados". Além disso, a única resposta aos apelos de Tina são as luzes das varandas sendo apagadas. "Lembro-me de pensar, quando li o roteiro, que isso era incrível", diz Wyss. E, mesmo com a versão finalizada, o primeiro vislumbre real de Freddy Krueger transmitia terror. "Eu corri e gritei um bocado naquela noite no beco."

A personagem dela não encontraria ajuda no pesadelo, não importava o quanto gritasse, mas no mundo real não foi o que aconteceu. "Os vizinhos da área mais próxima tinham sido informados de que iríamos filmar lá, mas pessoas a um quarteirão de distância não sabiam e chamaram a polícia", afirma Wyss. Rusoff também se lembra desse drama fora da tela. "Estava ficando tarde aquela noite e houve reclamações", afirma.

Burrows também recorda: "Os vizinhos ficaram muito chateados conosco. Não tinha muitos filmes sendo feitos nas ruas naquela época. Depois eles ficaram interessados no filme quando nos viram rodando à noite — e quando Freddy estava perambulando pelas ruas, diziam: 'Oh, vejam ele! Lá está ele, lá está ele!'."

Não obstante o interesse em como se fazia um filme — ou em Freddy —, algumas pessoas não muito contentes na região causaram um leve impacto nas filmagens. "Alguns moradores podem ter alguma responsabilidade no fato de o cronograma de filmagem ter mudado um pouco, autorizando a equipe a filmar por poucas horas depois de escurecer", lembra Rusoff. "Depois tiveram de colocar um aviso na área circundante, algo sobre estarem rodando um filme de terror e que haveria gritos." Wyss se recorda claramente da ironia de que, embora ela estivesse gritando pedindo socorro, as pessoas "reclamavam apenas do barulho, e não que alguém pudesse estar em apuros. Quero dizer, eram os anos 1980, então vai saber...".

O molde do crânio e a escultura que seriam a base do efeito do rosto de Krueger sendo arrancado; Miller e sua equipe preparam o torso falso para a filmagem; Um toque final no crânio ensanguentado debaixo do rosto removível; Preparando-se para rasgar o horror; O aspecto final de Freddy sem rosto. A sequência foi outro momento de pesadelo aterrorizante e eficaz, graças à equipe de efeitos de maquiagem (e um monte de gel lubrificante).

PIQUE-ESCONDE

Uma vítima indefesa era tudo o que Freddy apreciava, e nessa sequência principal, Krueger continuou a brincar com Tina, certificando-se de que ela estava aterrorizada mesmo quando caçoava dela. Isso dava a Freddy uma oportunidade de demonstrar as possibilidades aparentemente ilimitadas de assustar aqueles que perseguia, mas também uma oportunidade para Craven e seus artífices demonstrarem sua inventividade para dar vida aos pesadelos.

"Nós não tínhamos dinheiro para os efeitos ópticos no filme, mas queríamos fazer uma pequena brincadeira visual com Freddy saltando de trás de uma árvore que era muito fina para uma pessoa se esconder atrás dela", lembra Doyle. "Então, em vez de seguir a direção óptica, fomos para a antiga direção do divisor de feixe." Isso exigiu trabalhar com uma empresa de Burbank, na Califórnia, que fabricava espelhos especiais suficientemente grandes que combinariam exatamente com a forma da árvore. "A árvore está lá, mas na verdade Freddy está em um ângulo direto da câmera", revelou Craven.

Doyle também lembra que o efeito era simples o suficiente para completar enquanto outras cenas eram filmadas dentro da casa. "Trouxemos Freddy para fora, o iluminamos e tudo o que ele tinha de fazer era esse único movimento, e pronto. Foi uma tomada de dez minutos, um simples truque com espelhos: Freddy está de um lado, o divisor de feixes do outro, e a árvore de verdade em outro. E tudo no quadro de Freddy está obscurecido, exceto aquela linha da árvore", diz ele. "Foi apenas um truque simples com espelho."

Também foram relativamente fáceis e eficazes os dois momentos que se seguiram, exibições impressionantes das brincadeiras oriundas da mente distorcida de Krueger. Saltando por trás da árvore impossivelmente delgada, o monstro chama por Tina e acena para ela observar o que ele vai fazer. Quando ela olha, vê Freddy se automutilando, cortando dois de seus próprios dedos, que esguicham um fluido sobrenatural. "Era apenas uma mão falsa e um braço que ia até o cotovelo de Robert", revela Miller. "Tinha tubos passando por dentro dos dedos e tudo estava previamente cortado, e nós apenas colocamos os dedos de volta."

Quanto ao "sangue", "Wes queria que o líquido que saísse dos dedos estivesse brilhando. Então pensei: 'Certo o que posso usar?', e me lembrei daqueles bastões luminosos, do tipo que você quebra e sacode para fazer brilhar", diz Miller. "Compramos um monte deles e os colocamos em uma seringa, e assim que ele cortou os dedos, ou fingiu cortar os dedos, bombeamos o líquido brilhante. Essa foi uma versão inicial — anterior às imagens geradas em computador — do sangue incandescente."

Era um momento que revelava Freddy como sendo diabólico, provando que, se era capaz de se automutilar, que coisas terríveis poderia fazer com Tina? "Tentamos aquilo muitas vezes", revela Englund. "É um efeito prático, e parece muito rudimentar e primitivo agora. Eles tinham um sistema hidráulico para os dedos descendo pelo meu braço, passando por baixo do suéter e se enrolando na minha virilha e depois descendo pela perna. Então, apenas um pouquinho fora do quadro daquela tomada, havia dois sujeitos da equipe de efeitos especiais bombeando aquela porcaria verde."

"O momento é eficaz", diz Doyle. "É outro que realmente atinge as pessoas." Horrorizada, Tina tenta fugir correndo, mas não consegue entrar em casa; em vez disso, Krueger acaba em cima dela. Colocando a mão no rosto da criatura para não ter de olhar para aquele rosto horroroso, ela inesperadamente se vê rasgando a face do monstro. "Isso foi bastante interessante. Tínhamos de continuar reaplicando esse rosto. Wes queria que ficasse de uma determinada maneira, e ele conseguiu", lembra Lazzara. "Aquela era uma cabeça falsa de Robert", diz Miller. "Nós pegamos um de seus moldes em tamanho natural, fizemos uma versão com argila e a esculpimos, embutindo uma face de caveira nela. Foi um processo simples, e fizemos uma membrana fina com o rosto de Freddy para ficar por cima daquilo. E, em vez de colá-la para quando Tina fosse rasgá-la, apenas a grudamos com muito gel lubrificante, porque tinha de sair muito fácil. Cortar os dedos de Freddy e arrancar seu rosto foram dois momentos pensados por Craven para demonstrar o humor sombrio e malingo que Krueger era capaz de exibir, e o qual Englund conseguiu exprimir com tanta eficácia. "Eu escrevi alguns dos sustos e diálogos de uma forma profundamente irônica e quase cômica", admitiu Craven. "E Robert conseguiu fazê-los da maneira exata, de forma quase divertida." Englund sugere que "pelo menos metade das pessoas que assistem ao filme tem medo de Freddy, e pelo menos outra metade torce por ele de uma maneira niilista. Ele é uma personalidade".

TINA, NÓS MAL A CONHECEMOS

"Uma coisa que acho bacana na minha personagem era que ela parecia ser meio que uma distração", afirma Wyss. "Você quase pensa que Tina vai ser a heroína no início, de certa forma. É uma espécie de referência a Hitchcock, penso. E achei isso interessante e divertido."

Foi a cena da morte de sua personagem que inspirou comentários sobre uma homenagem ao mestre do suspense. Como a morte de Marion Crane em *Psicose* (1960), o assassinato violento de Tina foi um catalisador que impulsionou os outros personagens para a ação. Wyss enxerga algumas semelhanças entre o seu retrato e o da personagem de Janet Leigh, mas tem um aspecto no qual ela sabe que Leigh dominou. "Às vezes, quando vejo o nosso filme, eu fico meio que me perguntando: 'O que eu estava pensando com esse meu cabelo?'. Estou mais parecida com Geraldine Ferraro[1] do que com Janet Leigh, mas o que se pode fazer?", brinca a atriz.

Não era algo com o que ela teria de se preocupar por muito tempo, já que Tina veria sua vida jovem chegar ao fim com apenas dezesseis minutos de filme. "Essa é a verdadeira referência a Hitchcock, a minha morte acontecendo tão cedo, e acredito que o público ficou chocado não apenas por achar que eu estaria no filme inteiro, mas por Tina ter sido levada com tanta força", diz Wyss. A atriz também estava ciente dos subtextos do gênero (alguns podem chamar de "clichês") que permeiam muitas mentes de espectadores quando assistem ao filme: "Existe a maneira simples e direta, em que as pessoas diriam 'Tina estava tendo relações sexuais, então ela precisava morrer', porque isso faz parte de um conto de moralidade".

Pensando mais profundamente sobre a personagem, Wyss decidiu cedo que esse sexo não tinha de igualar a morte, ou seja, a razão pela qual ela sucumbiu às lâminas de Freddy. "Tina estava morando em uma casa onde sua mãe bebia constantemente e onde não se dava muito valor à vida. Ela simplesmente procurava maneiras de escapar da vida que tinha", diz a atriz. "Enquanto isso, acredito que as pessoas imaginavam Nancy como a garota que só tirava nota A na escola, que fez aquilo que estava diante dela, e fez isso bem. Mas não acho que Tina fosse uma sobrevivente, ou que tivesse as ferramentas para lutar contra a força de Freddy." Langenkamp leva esse conceito um passo adiante com a sua própria personagem, e a constatação do que Nancy pode — e não pode — fazer. "Eu não consegui resolver os problemas de Tina. E acho que, por mais que Nancy tente, a única que ela pode salvar é ela mesma", afirma a atriz. "A parte que é verdadeiramente trágica na personagem de Nancy é que ela tenta, mas não é muito bem-sucedida."

[1]   Advogada e política norte-americana filiada ao Partido Democrata.
       Na época da realização do filme (1984), tornou-se a primeira mulher
       a se candidatar à vice-presidência dos Estados Unidos. [NT]

VIRA, VIRA, VIRA

"Muito bem, então todo mundo quer saber sobre a cena da minha morte", diz Wyss, abrindo um sorriso malicioso que comprova que ela sabia se tratar de um dos eventos mais interessantes e icônicos do filme — se não na história recente do gênero. "Foi filmada no estúdio e eles construíram um quarto rotativo, basicamente como uma caixa em um espeto giratório, tendo como base um filme antigo de Fred Astaire",[2] revela. A morte de Tina no agora famoso quarto giratório começaria com o roteiro, é claro, mas também com conversas entre Doyle e Craven. "Jacques já havia sido contratado, Gregg Fonseca também, e havíamos começado a trabalhar com Wes nas sequências de sonhos específicas", diz Doyle.

"Lembro que em uma leitura todos estavam descrevendo como iriam fazer aquilo. E as pessoas ficaram estupefatas sobre como eles poderiam fazer o que estavam dizendo que fariam", lembra Risher. "Coisas como botar uma pessoa para caminhar no teto: bastava girar todo o quarto ao contrário. Claro, não fazíamos ideia de como isso funcionava, mas Bob teve a determinação de levar isso adiante. Mesmo que não tivéssemos o dinheiro necessário para fazer direito, ele dava um jeito para que pudessem encontrar uma maneira."

A sugestão de virar o quarto, assim como a forma de implementá-lo, surgiu de Doyle. "Wes, sendo um professor de escrita clássica, e eu com a minha formação em teatro, conversamos sobre a estrutura do roteiro", diz ele, revelando que Craven lhe passou o conceito de que se deve fisgar a plateia no primeiro carretel de filme, caso contrário você pode perdê-la. "E essa primeira matança acontecia no final do primeiro rolo. Wes me disse: 'Esta tem de ser a morte mais importante; tem de ser uma coisa grande e ampla, e tão inesperada e estranha que o espectador de fato fique envolvido, e que sejamos capazes de mantê-lo assim'."

Craven revelou que a sequência de eventos foi criada como uma construção lenta que logo "vai de ruim para pior, sem dar ao público absolutamente nenhum alívio". "Você acorda, pensa que está a salvo, e então piora ainda mais", diz o diretor. Uma vez que Craven queria algo grande e fantástico para a morte de Tina, Doyle acabou sugerindo que fizessem um quarto rotativo no qual, como ele disse, "poderíamos nos desconectar totalmente da realidade".

Conforme Craven observou: "Quais são os baluartes da consciência, as rochas de Gibraltar das quais dependemos? Se você socar uma parede, vai doer. A gravidade é o que mantém os seus pés no chão. Noite é noite e dia é dia. Eu percebi que em sonhos nada disso é verdade. Quando Freddy atacasse, a gravidade seria revogada". E a ideia de arrastar uma adolescente semiconsciente e ensanguentada subindo pela parede até o teto? "As pessoas consideraram isso muito perturbador", disse Craven, "porque violava a regra básica de que você não pode escalar uma parede e chegar ao teto sem que algo o segure ou esteja em uma escada."

---

2   *Núpcias Reais* (*Royal Wedding*, 1951), dirigido por Stanley Donen, com Fred Astaire dançando pelas paredes e no teto de seu quarto, usando um cenário rotativo. Muitos anos depois, em 1986, o veterano Donen dirigiu o vídeo musical "Dancing on the Ceiling", do cantor Lionel Richie, repetindo o efeito, desta vez com toda a banda acompanhando o músico no giro do cenário. [NT]

Um vislumbre da equipe preparando a iluminação do quarto rotativo de tamanho natural. "Jim Doyle havia explicado tudo e ele tinha um modelo mostrando exatamente o que iríamos construir. Portanto, o conceito estava lá e depois ele nos explicou para o que serviria", disse Belardinelli.

Uma visão da construção da estrutura externa do quarto rotativo.

Para completar o que seria um empreendimento bastante grande com um orçamento pequeno, Doyle pediu mais do que alguns favores para completar o projeto, mas um dos principais componentes de sua criação foi Belardinelli. "Jim Doyle explicou isso, e ele tinha um modelo que mostrava o que exatamente deveríamos construir. O conceito estava lá e depois ele nos explicou para quais cenas seria usado, com a garota caminhando pelas paredes, andando pelo teto", explica Belardinelli. "Começamos a construir esse quarto na oficina de teatro da USC, uma escola que Jim Doyle tinha frequentado e onde conhecia algumas pessoas. Então fizemos alguns cortes preliminares e a soldagem com o aço. Eu fiz todas as porcas e parafusos daquele quarto. E deu um bocado de trabalho."

Carlucci lembra as dificuldades para criar essa sequência, mas também suas recompensas. "O quarto rotativo foi provavelmente a coisa mais legal que fizemos, na minha opinião. Jim era um excelente engenheiro mecânico e projetou-o de forma a ser perfeitamente equilibrado antes de qualquer coisa ter sido colocada nele."

Era um ponto importante porque, assim que o cenário estivesse decorado com os elementos necessários, a equipe de efeitos especiais contrabalancearia o quarto para que cada parede tivesse o mesmo peso. "O quarto seria colocado sobre rolamentos maciços, mas, como tudo estaria equilibrado, bastariam algumas poucas pessoas para simplesmente girar esse quarto e, de fato, fazer o movimento sem usar nenhum meio mecânico, sistema hidráulico pesado ou alguma outra maneira de virá-lo", revela Carlucci. Haitkin também relembra a genialidade do projeto. "Aquela coisa foi perfeitamente calculada, e, apesar de ter muita massa, podia ser girada no muque", diz ele. "E era seguro assim. Você não precisava se preocupar com uma máquina. Se alguém falasse 'Parem! Parem!', nós poderíamos simplesmente pará-la manualmente."

Belardinelli certamente lembra o momento em que os frutos do seu trabalho e dos demais seriam postos à prova. "Eu tinha trabalhado dias, semanas naquele quarto rotativo", diz ele, "e no momento em que terminamos aquilo e estava com tudo pronto, Jim Doyle, com apenas uma mão, pegou aquela coisa e girou. E aquilo girou livremente, por si só. Eu olhei para ele e disse: 'Uau, nós conseguimos'."

Foi um projeto que ficou ótimo para um filme independente tentando abrir novos caminhos. "Foi brilhante", diz Risher. "Ele então o usou para muitos comerciais e outras coisas depois. Espero que tenha recuperado o dinheiro investido, porque nós lhe pagamos muito pouco." Doyle admite que absorveu a maior parte do custo do que era um efeito de trinta mil dólares em um orçamento total de efeitos de cerca de cinquenta mil. "Em troca, eu o aluguei quatro ou cinco vezes depois disso."

Na verdade, além de comerciais, o quarto colheria recompensas em pelo menos mais um longa-metragem. "Nós o usamos novamente em um filme chamado *Breakdance II* (1984), e funcionou muito bem", diz Carlucci. "Estávamos muito entusiasmados com esse quarto." A mecânica do quarto certamente era empolgante para alguns, mas a ideia de seu uso provou ser um pouco problemática para a equipe cujo trabalho era capturar a ilusão no filme. A facilidade logística era admirada pela equipe de efeitos, mas Haitkin reconhece: "A cena mais difícil para mim foi a do quarto rotativo", diz ele. "Primeiro porque muito da iluminação naquela cena vem de fora. A iluminação teve de ser pendurada em estruturas do lado de fora e no próprio quarto."

Craven também ficou preocupado com o que poderia dar errado com essa configuração. "Todas as luzes que haviam sido fixadas tinham de girar perfeitamente com o quarto e, mais importante ainda, não se soltar quando o cenário ficasse de cabeça para baixo", disse ele. Isso não aconteceu, felizmente, mas Craven apontou outra questão evidente. "Era preciso girar de uma maneira que, obviamente, não fosse possível ver cortinas ou nada assim se mexer. Nada poderia se mover."

"Tudo naquele quarto foi um desafio para não mexer enquanto estivesse girando", diz Carlucci. "Sempre nos tornávamos criativos dizendo: 'Certo, agora, o que podemos fazer?'." A ideia era adicionar itens que impressionariam os espectadores, para que simplesmente não pudessem perceber que o quarto estava se movendo. "A plataforma toda era monumental. Foi uma tarefa incrível", lembra Rideout, que foi encarregada de descobrir a melhor maneira de garantir que nada no dormitório se movesse. "Eu nem sei quantas horas passei naquele lugar fixando cada bibelô, tampa e escova de cabelo, ou enrijecendo os tecidos."

Huntley lembra que todos os seus objetos de cenário foram, de fato, engomados, grampeados ou colados nas paredes. "Nada se moveu e tudo parecia estar indo no caminho correto", diz ela. "Foi um trabalho tremendo porque todas as cortinas tinham de parecer que estavam penduradas naturalmente e todo esse tipo de coisa."

A questão das cortinas exigiu um pouco de inspiração e aprendizado por parte da equipe quando Doyle perguntou o que seria melhor para manter o tecido imóvel quando o quarto fosse virado. Rideout tinha a resposta. "Eu disse: 'Bem, a goma de passar seria a resposta óbvia, mas Aqua Net é ainda melhor'", ela afirma. O spray de cabelo Super Hold Aqua Net, para ser exato.

De acordo com Rideout: "Lembro-me de usar caixas e mais caixas de Aqua Net, e fiquei com queimaduras de cola quente nas mãos e nos antebraços durante, sei lá, uma semana, provavelmente".

"Todos os membros da equipe de decoradores estavam grampeando e colando com cola quente cada objeto no quarto", lembra Diers. "E naquele momento pensei: 'Este é um efeito bastante espetacular para um filme como este'."

Corri, cujo personagem também fracassou na tentativa de salvar Tina, acrescenta: "Para mim, era uma obra de arte incrível eles terem fixado tudo".

Quando Rideout pensou que estava livre, surgiu outro problema, e um no qual ela, literalmente, ocuparia o palco central. "Nós precisávamos efetivamente girar o quarto com alguém dentro dele, e era uma coisa importante. Lembro-me bem disso porque fui eu quem testou aquilo!", diz ela.

Rideout foi o primeiro "corpo vivo" naquele quarto, encarregada de certificar-se de que um ator sobreviveria quando o cenário virasse. Foi uma lembrança que ficou com ela. "Os equipamentos de câmera estavam todos presos no lugar. A equipe me observava pelos monitores, torcendo para que eu não quebrasse nenhum osso", lembra. Após a experiência bem-sucedida (uma que ela chamou de "viagem"), Rideout também testou todos os cordames, que foram presos em seu corpo, uma vez que ela, assim como Wyss, era uma mulher pequena. "Eles foram afixados no meu corpo e consegui treinar Amanda em relação ao que ela precisava fazer para desempenhar a cena adequadamente."

DAVA PARA VER OS CORTES APARECENDO

Antes de ser necessário captar na câmera qualquer proeza, eles tinham de filmar Tina sendo rasgada por uma mão com garras que não seriam vistas. Foi um efeito que se manteve na mente de muitos espectadores — quatro cortes profundos aparecem simultaneamente e retalham o torso de Tina. "Quando fiquei sabendo que Tina seria arrastada para o teto e cortada por lâminas, eu simplesmente não tinha uma imagem formada na minha cabeça", lembra Langenkamp. "Mas eu estava interessada em como isso seria feito."

Pelo fato de que não haveria facas ou lâminas visíveis, o efeito se provou um desafio interessante para o maquiador Miller. "Eu tive de fazer um torso dela usando um material de uretano, que parece pele humana, e então esculpi quatro fendas nele, já preparadas, cortadas previamente", diz ele. O passo seguinte foi criar o efeito do corte em progresso, obtido por meio de um monofilamento coberto com látex e embutido nas fendas, então cobertas com cera usada por agentes funerários. Depois de preenchê-los, Miller colocou a maquiagem final nos cortes, para que parecesse que nem estavam lá.

"Tudo o que se via no cenário eram quatro linhas de pesca saindo do torso, mas a linha não aparece muito na câmera. Então, quando eles foram filmar isso, eu estava logo ali, atrás da lente da câmera, puxando essas linhas de pesca e causando aquelas fendas dos cortes. E atrás disso eu tinha uma bomba com sangue falso", diz Miller. "Então, uma vez que aquelas coisas foram rasgadas, todo o sangue começou a fluir. É assim que você corta alguém sem usar facas."

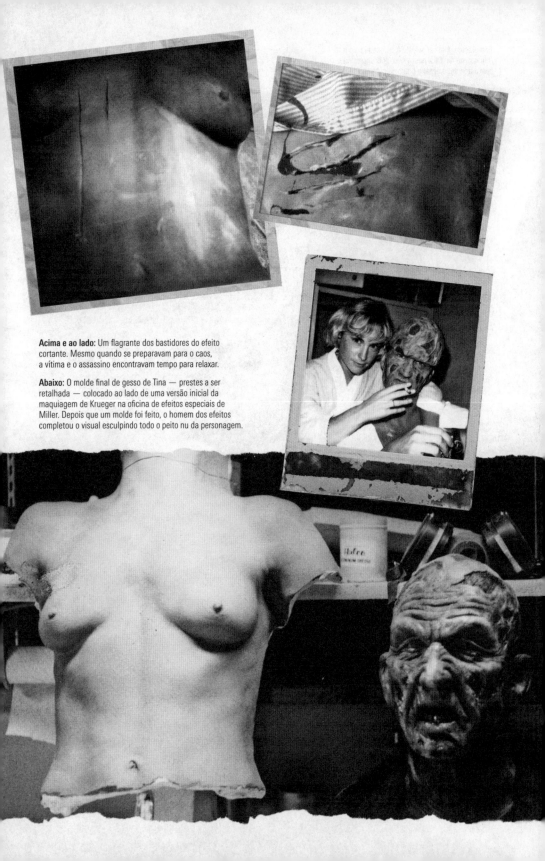

Acima e ao lado: Um flagrante dos bastidores do efeito cortante. Mesmo quando se preparavam para o caos, a vítima e o assassino encontravam tempo para relaxar.

Abaixo: O molde final de gesso de Tina — prestes a ser retalhada — colocado ao lado de uma versão inicial da maquiagem de Krueger na oficina de efeitos especiais de Miller. Depois que um molde foi feito, o homem dos efeitos completou o visual esculpindo todo o peito nu da personagem.

Tina procura ajuda enquanto é arrastada pelo teto. O momento foi difícil para Wyss, pois ela estava com medo de levantar o braço e acabar caindo.

DANÇANDO NO TETO

A morte de Tina foi um momento que Craven tinha planejado ser trágico, inesperado e, acima de tudo, violento. "Rapaz, Amanda foi excelente no momento de ser morta. Ela simplesmente acertou em cheio", afirmou Craven sobre o que acabou se tornando uma situação muito intensa para a atriz e, posteriormente, para ele mesmo. "Quando ela foi arrastada pela parede, não havia fios nem nada fazendo isso. Foi quando finalmente rodamos todo o cenário com ela nele. Ela estava mesmo deslizando para trás por aquela parede, e parecia estar subindo e chegando ao teto. E foi muito desorientador."

Tanto que Wyss se viu lutando contra um caso de vertigem enquanto tentava se levantar ao final da tomada, mal conseguido se mover. "Eu fiquei completamente pirada", admite ela, "e foi tipo: 'Pare! Eu tenho que sair daqui! Tenho que sair!', e então Wes chegou, todo tranquilo, enfiando a cabeça pela janela, dizendo: 'Dá uma olhada nisso. Estou de pé, firme no chão. Você está bem aqui. Estamos nos vendo, você não está caindo.'" Não foi apenas Craven que se lembrou do episódio. "Amanda ficou totalmente surtada quando fez essa cena, porque foi muito convincente, visualmente, que ela estava mesmo no teto, ainda que estivesse de quatro no chão", afirma Cook. "Ela ficou apavorada de levantar a mão porque tinha medo de cair, mesmo estando no chão nivelado."

Craven fez o possível para tranquilizar Wyss, mas a atriz admite que não conseguia compreender todo o conceito. "Durante toda essa cena eu pensava: 'Ah, meu Deus!'. Toda vez que começávamos de novo, eu ficava: 'Eu estou caindo! Tudo vai cair sobre mim. A câmera vai me matar!'", diz ela. "Eu não sabia, mas não saí do chão. Conforme o quarto girava, eu rastejava ou era arrastada, mas pirei completamente."

Sair do quarto tampouco deixou de ser um desafio para ela, relembra Cecere. "Amanda ficou desconcertada e não conseguia descobrir como sair do cenário. Ela não conseguia compreender que, de repente, o quarto inteiro estava de cabeça para baixo", diz ele. "Nós tivemos de entrar no cenário e ajudá-la a sair." O drama que ocorreu fora da tela foi lembrado por Craven. "Eu precisei entrar no cenário e ficar de pé ao lado dela, dizendo: 'Ok, isto está em pé. Apenas passe pela porta e você ficará bem.'" Mas até mesmo o diretor foi vítima de um trabalho muito bem bolado por sua equipe de efeitos. "Assim que se viu fora do cenário, ela ficou bem. Mas, quando eu mesmo olhei ao redor, pensando que iria tranquilizá-la, comecei a sentir náuseas", revelou. "Era um cenário muito, muito estranho."

Englund, que não estava envolvido na mecânica do quarto enquanto atacava a personagem de Wyss na edição final do filme, lembra a dinâmica e o poder da cena. "É uma coisa bastante brutal e isso se mantém firme", diz ele. "O sangue e a moça sendo arrastada para cima e para baixo pelas paredes — é como aquele número de dança de Fred Astaire, só que levado a um lugar infernal."

O ator também compreende a sutil sexualidade da cena, algo que Craven não deixou óbvio como faziam outros filmes de terror com temas adolescentes dos anos 1980; em vez disso, decidiu mantê-lo como um subtexto sombrio. "Você não precisa chamar

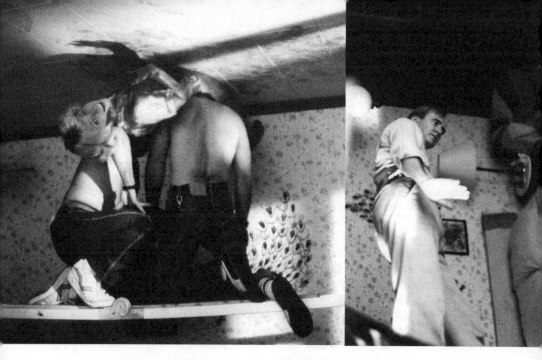

Acima: Os técnicos preparam o equipamento que permitirá a ilusão de Tina (neste caso, uma dublê) caindo do teto para a cama. Wes Craven examina pacientemente os arredores do quarto rotatório.

Abaixo: Uma das cenas mais memoráveis do filme.

muita atenção para a sexualidade porque Freddy está nos quartos daquelas meninas adolescentes. Ele está na cama com elas, está nos sonhos com elas, em suas camisolas, embaixo dos lençóis, naquela gaveta com seu diário íntimo", expressa Englund. "Portanto, acho que, por si só, é um dos grandes ganchos Freddy estar violando esse lugar privado. Ainda mais privado do que a genitália, sabe?"

Englund considera que a morte de Tina é especial não só por conta de qualquer significado sutil ou por sua brutalidade e crueza, mas também por seus méritos técnicos. Ele observa que a cena ficou "maravilhosa e meio que iluminada de forma expressionista. Jacques e Wes fizeram uma coisa ótima".

Embora Haitkin agradeça o elogio por seu trabalho, ele lembra a tarefa em si como algo nada fácil de se realizar. "À medida que estava sendo virado de cabeça para baixo, eu continuava operando a câmera, mas o meu cérebro estava de cabeça para baixo e não se acostumava com isso. Então ficou ao contrário. E girando. Foi uma loucura", diz ele. "Lidar com toda a iluminação, operar a câmera, os problemas disso tudo... eu diria que esse foi um dos efeitos mais difíceis para mim." Difícil, sim, mas no final foi satisfatório tanto para a equipe como para o público.

Langenkamp se lembra do momento se desenrolando, mas com uma visão dos bastidores. "Todos nós ficamos olhando aquilo girar e girar. Era como olhar um passeio na Disneylândia, porque todo mundo estava amarrado, e demorou algumas horas para iluminar tudo e garantir a segurança", diz ela. "Observar esse processo por si só foi bem interessante."

A lembrança de Corri de filmar a cena inclui a tomada na qual seu personagem observava, desamparado, enquanto Tina está gritando e sendo arrastada violentamente pela parede e pelo teto, com seus braços ensanguentados tentando alcançar os dele. "Estou na tomada em que fiquei de cabeça para baixo tentando alcançar os braços dela, e ela na verdade andava no chão, que é o teto", afirma. Não era poderoso apenas visualmente, mas também tecnicamente. Ao contrário de como o efeito foi usado no musical com Fred Astaire, ou mesmo na cena arrepiante de *Poltergeist: O Fenômeno* (1982), em que JoBeth Williams é puxada para cima pela parede do quarto por uma força invisível, Craven levou seu pesadelo um passo adiante por ser o primeiro a colocar duas pessoas em um quarto rotativo, cada uma em diferentes superfícies.

"É muito desorientador porque você começa com aquela ótima tomada do rapaz olhando a namorada lá em cima, e ela está praticamente despida", diz Englund. "E não é sexual porque ela está muito vulnerável lá no teto, sendo jogada por Freddy pra lá e pra cá em sua frágil camisola. É muito perturbador." Mesmo em relação aos menores detalhes relacionados ao personagem de Corri, Doyle conta sobre como eles conseguiram o efeito. "Nós apenas o amarramos ao chão, viramos o quarto e grudamos o cabelo dele para baixo", ele lembra. "O cordão de ouro que tinha no pescoço foi colado no peito dele para que não caísse. Como ele estava nu da cintura para cima, simplesmente o prendemos com um cinto de arreios."

Craven trabalha para tranquilizar Wyss no cenário virado de lado, embora ele também tenha sucumbido ao efeito

Os bastidores do quarto rotatório usado para a morte de Tina. Corri ficou amarrado ao chão para este momento, com os equipamentos e assentos retráteis, utilizados para manter as câmeras e seus operadores estáveis, podendo ser vistos.

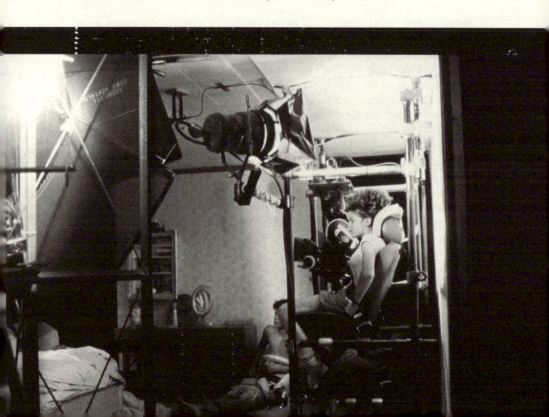

Corri relembra: "Eu olhei aquilo e pensei: 'Puta merda'. Eu era uma criança, ficava dizendo: 'Vamos fazer isso'." E eles fizeram, com o ator ficando "de cabeça para baixo com a câmera por cima do meu ombro. Foi um efeito incrível", acrescenta. A empolgação de que Corri se lembra poderia não ter entrado em ação para o ator, não fosse por uma conversa — e alguns minutos para acalmá-lo — com sua cabeleireira. "Antes de fazermos o quarto estabilizado onde Tina subiu no teto, Nick estava apavorado. Quero dizer, realmente surtado", revela Fleetwood. "Como cabeleireira, eu me tornava amiga íntima dessas pessoas, e chegamos ao ponto de ele pensar em não fazer a tomada. E eu sempre pensei que, como profissional, deveria manter toda a porcaria longe do meu diretor, se possível."

A fim de ajudar a aliviar a ansiedade do ator, Fleetwood levou Corri para fora, onde os dois caminharam pelo estúdio durante vários minutos. "Isso o acalmou para que pudesse entrar e fazer a tomada", diz ela. A filmagem da cena contém certas lembranças sombrias para o ator, mesmo quando ele estava nos bastidores enquanto outras tomadas eram filmadas. "O que eu mais me lembro é de estar do lado de fora do quarto e tinha uns caras jogando cartas", diz Corri. "A porta estava aberta para o quarto rotativo, e, quando Amanda cai na cama, tem litros de sangue. Lembro-me de quando a dublê caiu sobre a cama, e o sangue me atingiu no rosto. Foi muito sinistro e arrepiante."

Uma dublê foi usada no lugar de Wyss para o momento em que Tina cai do teto em cima da cama e, Doyle diz: "Era uma proeza perigosa. Ainda era cedo no cronograma e não podíamos perder Amanda naquele ponto". Para manter a ilusão o maior tempo possível de que a dublê de fato era Wyss, a atriz foi usada conforme o quarto girava, enquanto ela basicamente rastejava e se arrastava subindo pela parede, logo 'pousando' no teto. Cecere lembra a mudança da atriz para a dublê: "Quando chegou a hora de Tina cair, nós pegamos a dublê e a colocamos no teto e a amarramos com cabos nele".

Langenkamp lembra-se de assistir àqueles momentos e a ansiedade que sentiu. "Foi horrível. Acho que foi a única cena que já participei que era mais assustadora na vida real. E se aquilo se soltasse das dobradiças? E se alguém caísse no chão? Parecia que tudo podia dar errado", diz ela. Felizmente para todos os envolvidos, nada deu errado. Com protocolos de segurança no local, Cecere e sua equipe, "quando ordenado, soltaram o cabo. A dublê então caiu, bateu na cama e depois saltou", conta o coordenador de dublês.

"Tudo funcionou perfeitamente", afirma Langenkamp. E embora não tenha sido ela a fazer a tomada da queda, o momento final e sangrento de Tina ainda permanece na mente de Wyss como um testemunho das habilidades de Craven e sua equipe. "Naquela cena, você pode sentir toda a tensão e o medo; eu estava bem aterrorizada", diz ela. "Senti que a mecânica daquele quarto, a direção de Wes e sua presença tão tranquilizadora — tudo funcionou em conjunto, brilhantemente. Era um orçamento muito escasso e foi a genialidade das pessoas que possibilitou aquilo."

O QUE ELA ESTAVA FAZENDO LÁ?

Agora com a história plenamente em movimento, o filme em seguida introduz o personagem de Saxon, o tenente Thompson, empenhado em descobrir o que realmente havia acabado de acontecer, particularmente porque sua filha estava no local do crime. Quem faz um resumo dos acontecimentos para Thompson é o sargento Parker, interpretado por Joseph Whipp. O ator, que voltaria a desempenhar papéis em várias outras obras de Craven (talvez mais notadamente como o xerife para quem trabalha o delegado Dewey, vivido por David Arquette em *Pânico*), conseguiu o papel após seu primeiro encontro com Craven.

"Sabia pouca coisa sobre ele e aquela era a primeira vez que o encontrava. Eu entrei, e foi um tanto informal, nós nos demos muito bem", conta Whipp. O comunicado de que havia ficado com o papel veio rapidamente. "Não teve nenhuma chamada de retorno nisso", afirma Whipp. "Evidentemente, gostaram da minha audição o suficiente para me dar o papel. Eles apenas me chamaram depois para confirmar."

"Conheci Joseph quando ele foi escalado para o elenco do filme *O Homem com a Lente Mortal* (1982), de Richard Brooks. Eu trabalhava como assistente de seleção de elenco com Karen Rea", diz Benson. "É um ator fabuloso e fiquei empolgada quando ele foi contratado para fazer o papel do sargento Parker."

A situação de ter uma relação prévia com Benson, e a rapidez com que ganharia o papel, foi espelhada pelo ator Joe Unger (que mais tarde atuou em outros filmes do gênero, incluindo *Leatherface: O Massacre da Serra Elétrica III*, lançado pela New Line Cinema em 1990), o qual desempenharia o papel do sargento Garcia. "Eu tinha trabalhado com Annette Benson antes e nos tornamos amigos, então ela me chamou para fazer isso", diz.

"Joe era um ator que eu sempre me sentia honrada de escalar", afirma Benson. "Ao longo dos anos em que fiz seleção de elenco, se eu tivesse um papel para o qual ele era ideal, eu o chamava para ler ou, se pudesse, simplesmente lhe oferecia o papel. Ele é um ator talentoso."

Com a formalidade de conhecer a diretora de elenco já cumprida, Unger se viu em reunião com Craven na locação da casa em West Hollywood. "Na verdade, eu o conheci no cenário, conversamos por alguns minutos e ele disse: 'Estamos prontos'", lembra Unger. "Wes era um cara muito pragmático. Nós apenas conversamos e ele me convidou para fazer o papel." Na cena, Parker traz Thompson para a estação, onde vemos Garcia pela primeira vez. "Ele estava fazendo o mesmo trabalho que faz todas as noites com as mesmas pessoas com quem trabalha todas as noites, então era uma questão de tentar criar esse mundo", diz Unger. "Eu tinha visitado um policial de plantão no Departamento de Polícia de Los Angeles, em Hollywood, apenas para conversar com ele por alguns minutos e observar."

O personagem de Unger rapidamente conduz Parker e Thompson ao escritório deste último para ver sua preocupada filha, que está sentada de maneira contida com sua mãe, Marge, que também é apresentada ao público pela primeira vez. Foi outro momento para

Craven lembrar aos espectadores que havia mais em *A Hora do Pesadelo* do que sangue e tripas: ele se esforçou para desenvolver personagens reais com problemas reais, além dos terríveis eventos que já enfrentavam.

Também foi um dos primeiros dias de filmagem para Whipp, que lembra de ter conhecido grande parte do elenco naquela noite. "Era o meu primeiro dia de trabalho. Foi uma noite longa, mas muito divertida", diz ele.

Parte dessa diversão foi seu personagem poder vislumbrar as águas turvas que Craven estava preparando para a dinâmica da família Thompson. Sobre a personagem de Nancy, Langenkamp reflete: "Seus pais haviam se separado, e a única vez que sinto que ela vê o pai é talvez uma vez por mês, se ele tiver algum tempo livre. Então, quando sou levada para a delegacia de polícia e vejo o meu pai em terríveis circunstâncias, acho que o fato de não ter conhecido John Saxon tornou esse relacionamento um pouco mais frio, um pouco desconfortável para Nancy".

A relação entre Saxon e Langenkamp também era interessante — pelo menos do ponto de vista dele. "Ela era jovem, inteligente e linda, o que era difícil de ignorar. Por causa de tudo isso, admito que nem sempre foi fácil vê-la como 'filha'", afirma ele, de maneira ousada.

Na tela, os pais de Nancy talvez tenham sido o primeiro casal divorciado que Craven mostrou em um de seus filmes. "Foi interessante porque, naquela época, eu estava passando por um divórcio e os meus próprios pais se divorciaram pouco antes de o meu pai morrer", disse ele. "Fazia realmente parte da minha vida e, pessoalmente, eu me sentia confortável observando." O divórcio também havia se tornado tão comum no momento em que o filme foi feito que "senti que era apropriado", acrescentou. Craven também observou que marcava uma divisão entre os dois adultos porque, se eles fizeram mesmo o que eventualmente seria revelado, "um divórcio seria bastante provável por causa do estresse e da tensão".

Blakley também pensou sobre o relacionamento entre Marge e seu ex-marido. "Eles eram um casal divorciado que obviamente tinha alguns problemas. Talvez problemas de controle? Talvez questões de alguém tentando dominar?", ela se pergunta, de maneira compreensiva. "Não acredito que Marge fosse do tipo que gostasse de alguém lhe dizendo o que fazer, e o personagem de John era um policial muito sensitivo, e um policial muito atraente, além de um modelo masculino clássico."

NÃO VOU MACHUCAR VOCÊ!

"Alguns momentos assustadores têm a intenção de nos deixar desconfortáveis, especialmente em relação a Nancy estar ou não segura", afirma Langenkamp, referindo-se ao momento em que sua personagem caminha para a escola e está sendo seguida por alguém desconhecido. "Tem um cara que pode ser visto ao fundo, e então você percebe que ela foi usada para que a polícia fizesse uma tocaia para Rod, na intenção de capturá-lo. Eles deduzem que Rod tentará entrar em contato com Nancy, o que ele de fato faz, e então o pegam. Essa foi a grande ideia do tenente Thompson."

Craven se certificou de dar apenas uma amostra da possível paranoia de Nancy com algumas coisas pequenas e estranhas, e algumas pistas falsas, como o homem que estava lá em um momento, e no seguinte havia desaparecido. Embora exista um vestígio de mal-estar, a presença dele foi considerada necessária pela atriz. "Caso contrário", opina Langenkamp, "eles não teriam conseguido capturar Rod, que é realmente o que eles precisavam fazer no roteiro."

Ela segue dizendo que, antes da captura, "a cena em que Rod me agarra, enquanto estou andando a caminho da escola, no dia seguinte à morte de Tina, é engraçada. O que quero dizer é que não me convenci nem um pouco com essa cena de Nancy", admite Langenkamp, mais segura em revelar seus sentimentos décadas depois, mas lembrando que não era muito experiente ou confiante para conversar com Craven sobre isso na época. "Se tivesse de fazer isso novamente, eu teria dito: 'Ela sabe que não é ele. Ela não vai perguntar para ele'." Era uma diferença importante que Langenkamp queria trazer à sua personagem. "Ela quer ajudá-lo, não quer interrogá-lo. Então não gostei muito dessas cenas", confessa.

Corri concorda com a atriz. "Ah, Nancy sabia. E acho que ela teve dificuldade para aceitar o que seu pai fez", diz o ator. "O pai dela quer pegar o criminoso e ela diz: 'Ele não fez isso'."

Quanto à logística para filmar a cena (rodada em uma rua em Venice, na Califórnia, onde Craven estava morando na época), enquanto Langenkamp lembra a dificuldade para defender o que considerava que poderia ter funcionado melhor para a sua personagem, Corri relembra o problema que enfrentou para ficar de pé. Ou, neste caso, para correr.

"Eu estava com os pés descalços e tudo doía. Lembro de correr para cá e para lá", diz Corri, admitindo sua decisão de ser mais fiel ao Método. "Mas era um asfalto muito duro! E indo para cá e para lá: correndo, correndo, correndo. Eu era magro como uma vareta. Estava apenas tentando atuar, e *A Hora do Pesadelo* foi o meu primeiro grande filme. Tudo que aprendi nas aulas de interpretação eu colocava em prática. E deu nisso."

Craven confirmou que o ator estava "esfolando seus pés descalços" e que depois "nós quase tivemos de hospitalizá-lo", brincou o diretor. Langenkamp relembra a cena e acha que seu pai na tela talvez tivesse razão quando pergunta o que ela estava pensando quando decidiu ir para a escola no dia seguinte ao assassinato de sua melhor amiga. "É uma observação que faz todo o sentido", ri a atriz. O que a sequência está contando enquanto avança a história com a morte de Tina é que alguém — ou alguma coisa — está à solta e pretende pegá-los.

UM SONETO DE MORTE

Nancy talvez tenha passado por um interrogatório desconfortável com seus pais na delegacia, e por um encontro improvável com Rod nos arbustos, mas ela logo iria se deparar com algo muito mais amedrontador. E aconteceria em um dos lugares menos promissores. "Nós também filmamos a cena da sala de aula em Marshall High, uma escola muito bonita e antiga", diz Langenkamp. "É uma escola secundária bem característica. Três andares, toda de tijolo, um belo edifício."

A cena em questão marcaria a participação de Lin Shaye, uma atriz que não era uma novata diante da câmera. Com vários papéis pequenos em filmes e em aparições na televisão antes de *A Hora do Pesadelo*, a atriz não se esquiva de admitir que ela talvez tivesse uma carta na manga para conseguir o papel da professora de inglês de Nancy.

"Bem, Robert Shaye, o meu irmão mais velho, tenho orgulho de dizer, estava cuidando de sua irmãzinha e acho que a oportunidade veio diretamente de Bob", admite a atriz. "Sabe, eles estavam procurando alguém para um pequeno papel, então me encontrei com Wes e nos demos muito bem. Foi quase como: 'Esqueça o Bob, esqueça de todos os outros'."

Com essa reunião, Lin foi escalada. "Quando li o roteiro pela primeira vez, achei que parecia realmente assustador, e eu estava feliz por ele ter conhecido Wes e, claro, também por estar na minha família", diz ela.

Com sua conexão familiar e a subsequente reunião de sucesso com Craven lhe garantindo o papel, Lin ficou surpresa com o tamanho do reconhecimento que sua personagem recebeu. "Devo dizer que fiquei abismada com o impacto que a professora de inglês teve sobre as pessoas", diz ela. "Que eles se lembrem dela e digam: 'Eu tenho uma professora exatamente assim'." A personagem era malvada, mas depois engraçada, e é empolgante, como atriz, sentir que você causou um impacto, mesmo com uma personagem pequena como essa."

Embora a simpatia certamente tenha sido um motivo para a personagem ser memorável, também foram os pequenos toques que a atriz trouxe para o papel; coisas que, ela acredita, fizeram toda a diferença. "Eu lembro que tinha aquela coisa com o lápis. Um rapaz está cochilando e bato de leve na cabeça dele", conta Lin. "E foi ideia minha. Mesmo em uma cena pequena, a ideia de que você traz algo pessoal e criativo para aquele momento é muito gratificante para um ator. Essas eram as minhas partes favoritas, as pequenas observações graciosas que eu poderia adicionar." Também ajudou o fato de que a cena estivesse cheia de estudantes jovens ansiosos para agradar, como lembra Langenkamp. "Quando você tem muitos figurantes em suas cenas, isso adiciona certa quantidade de energia, de qualquer maneira, porque eles são muito entusiasmados, e todos iam aparecer no filme, todos estavam muito empolgados."

O exterior do colégio que serviu de locação para o filme, como está atualmente.
John Marshall High School, ainda em funcionamento, abriu as portas em 1931.

A cena definitivamente era mais do que apenas uma professora de inglês palestrando, pois também marcou o verdadeiro começo da plateia testemunhando o relacionamento angustiante de Nancy com Freddy Krueger. Ela sinalizou outro momento no qual os espectadores ficavam se perguntando se aquilo era ou não um pesadelo, que começava com uma leitura de Shakespeare.

"Don Hannah, irmão da atriz Daryl Hannah (que na mesma época estrelou *Splash: Uma Sereia em Minha Vida*), lê um trecho de *Hamlet*. E ele fez um trabalho maravilhoso com isso", diz Langenkamp. Antes de assumir esse personagem, entretanto, Hannah estava concorrendo a outro papel no filme: o de Glen. Ele e Depp fizeram testes e então recebeu a resposta: "Eles me chamaram e disseram que eu não havia conseguido o papel, que acabou ficando com Johnny, mas eu tinha conseguido um papel com fala", lembra Hannah. "Acho que nós dois conseguimos nossas carteirinhas do SAG com base nisso, então fiquei animado."

Embora seu personagem não fosse ter muito tempo em cena, Hannah o levou a sério. "Eu ensaiei muito aquele papel. Eu não apenas aprendi a surfar, porque eu era um surfista, mas também trabalhei muito duro naquilo", diz ele sobre sua primeira participação com falas. E embora Hannah tenha feito exatamente o que Craven havia pedido a ele, era Langenkamp quem estava, uma vez mais, tendo alguma dificuldade para aceitar a cena e a participação de sua personagem nela.

"Naquela sala de aula do Ensino Médio onde eu estava sentada, tínhamos Don Hannah lendo a peça de Shakespeare, que é muito no estilo de Wes Craven para incluir uma referência clássica em seu filme de terror moderno. E Don fez um ótimo trabalho, mas quando ele começava a falar com aquela voz fantasmagórica e estranha eu não aceitei a princípio", admite Langenkamp.

"Quando me levantei para fazer a minha parte, eu li normalmente, e então Wes se aproximou e me perguntou se eu poderia repetir sussurrando no tablado", diz Hannah. "Eu fiz isso, e todos abaixaram a cabeça sobre a carteira, e quando o diretor gritou 'Corta!', o pessoal começou a rir. Eles gostaram, então foi muito legal."

Para o seu papel, Langenkamp relembra que não estava muito entusiasmada com os acontecimentos. "Eu não achei que ficaria bem nesse filme. Acontecia muito cedo e eu não estava realmente ciente de como Wes iria incorporar toda essa fantasia onírica na vida real", diz ela. "E foi uma das vezes em que percebi: 'Wes vai fazer umas coisas viajantes e imaginárias!', e deveríamos estar vivendo nossas vidas cotidianas normais." Para ter certeza de que havia entendido, a atriz dessa vez decidiu que ia perguntar. "Eu ficava pensando: 'Meu Deus, isso é tão estranho. Será que as pessoas vão aceitar?'. E, depois de falar com Wes sobre isso, eu e ele passamos a ter uma piada onde eu dizia: 'Você pode tentar explicar isso para mim, Wes?', e a resposta de Wes seria: 'Não posso explicar. É apenas um sonho'. E eu, tipo, 'certo, obrigada'", ri Langenkamp.

Essa explicação sucinta pode ter surgido porque o filme foi o primeiro de Craven a enfrentar o estado do sonho com profundidade e poder reais. "Um pouco disso se baseou em conhecimento — os sonhos que tive —, outro bocado teve como base a intuição", afirmou o escritor e diretor. "A maior parte disso, no entanto, é algo muito demorado para explicar a um ator ou a uma atriz no set. Eu tentei contar aos atores tudo o que eles precisavam saber sobre o que estava acontecendo em suas vidas de adolescentes naquele momento. Era a própria realidade deles." Craven, porém, tinha uma razão mais fundamentada para incluir o trecho. "Eu fui para a Hollywood High a fim de pesquisar como os estudantes se pareciam em 1983", disse ele, revelando que o instrutor estava ensinando a mesma passagem de Shakespeare. "Então anotei e pensei: 'Meu Deus, é isso, é o destino'."

Enquanto Langenkamp tentava obter mais clareza de Craven sobre o que, de fato, estava acontecendo, Hannah lembra um momento muito maior que, no final, nunca se concretizou. "O roteiro original que recebi para o meu personagem era para ser uma grande cena de efeitos especiais, com cabelo saindo do meu rosto, e acho que eu deveria morrer de uma maneira muito grotesca", lembra Hannah. Embora os rascunhos iniciais não incluam uma cena de morte, eles revelam que o personagem tem "seu rosto enrolado por cabelos brancos".

Apesar do aspecto folicular não ter ocorrido, Hannah tentou tirar o máximo proveito do que lhe foi dado, bastante emocionado por ter feito o que era para fazer. "Aquilo obviamente funcionou por causa da reação que recebi, então fiquei tocado e gostei da simplicidade. Eu entrei, fiz a minha parte, e fui embora."

AMIGAS SÃO PARA SEMPRE

O tempo de Hannah no local de filmagem pode ter sido curto, mas outro membro do elenco estava prestes a fazer sua segunda de três participações, desta vez com algo muito pior e no ponto para aterrorizar sua melhor amiga. A questão na cabeça da plateia se Nancy estava, de fato, do outro lado do mundo desperto estava prestes a ser respondida horrivelmente de maneira afirmativa.

"No caso de Mandy no saco para transportar cadáveres no corredor", diz Langenkamp, "filmamos em uma escola secundária diferente e em um dia diferente." Wyss definitivamente tem lembranças mais específicas da filmagem. "Ah, sim, a cena do saco para transportar cadáver. Antes de tudo, a sua psique não quer estar em um saco daqueles quando se está vivo. Seu corpo e seu cérebro dizem: 'Não os deixe fechar isso!'", diz ela. Tendo percebido que não havia zíper por dentro, a atriz se viu à mercê dos membros da equipe que ela nem sequer conhecia muito bem. "Eu tinha de confiar nas pessoas que iam cuidar de mim", admite Wyss, "então eu ficava toda hora dizendo: 'Ei, não me feche aqui completamente'." Era algo que Talalay podia entender: "O saco de cadáver me aterrorizou no roteiro e também me assustou no filme".

Momentos nos bastidores com Hannah **(abaixo)** usando uma máscara de dublê de Krueger e com um membro da equipe. "Essas polaroides foram tiradas pouco antes da cena da sala de aula ser filmada", afirma Hannah. "A máscara de látex de Freddy estava em uma cabeça de manequim no furgão de maquiagem e penteado, e eu simplesmente não pude resistir. A outra foto **(à direita)** foi tirada com a eletricista Toni Semple no corredor da locação no colégio."

No filme e nos bastidores, Hoffman exibe seu visual como Krueger.

Craven se diverte vendo Langenkamp se preparar para o seu primeiro encontro com Krueger no pesadelo da sala da caldeira.

Nancy logo vê sua amiga ensanguentada sendo arrastada no saco de transporte que, curiosamente, foi descrito no roteiro como tendo as cores originais de Krueger, em vermelho e amarelo, mas que acabou sendo substituído por um plástico translúcido para o filme. Puxado por uma força invisível, uma trilha de fluido preto é deixada no rastro da menina morta, inspirada, segundo Craven, "pelas trilhas gosmentas deixadas pelas lesmas", e conseguida quando a equipe correu pelo corredor com um grande saco cheio de lodo. É então que a plateia percebe que, mais uma vez, algo horrível está prestes a despontar.

"É a primeira vez que Heather realmente se confronta com o sonho", diz Lin, "portanto, era importante vê-la reagir diante daquilo da maneira mais profunda." Comentando as cenas em que Nancy segue sua amiga sendo arrastada, Craven mais uma vez elogiou Wyss. "Amanda fez um ótimo trabalho em estar morta", disse ele. "Parece uma piada, mas apenas a maneira como a mão dela bateu no chão e pousou tão sem vida foi uma coisa absolutamente arrepiante." O suficiente para que uma Nancy, preocupada e confusa, corresse até sua amiga, apenas para se encontrar cara a cara com outra personagem que tem um momento — e uma linha de diálogo — quase tão icônica quanto a luva afiada de Freddy.

DANE-SE A DISPENSA!

"Eu sou uma dublê e, nessa indústria, é muito mais fácil contratar uma dublê para determinadas cenas e também para dizer algumas frases", diz Leslie Hoffman, que se encontraria com a personagem de Langenkamp e, eventualmente, vestiria o agora familiar suéter vermelho e verde, assim como a garra de Freddy. "Eu sou tanto atriz como dublê, então foi mais fácil o coordenador de dublês contratar a inspetora escolar para a cena. Tony sabia que eu conseguia atuar, e foi assim que consegui o papel", diz ela.

"Ah, sim, realmente fui eu quem sugeriu que usassem Leslie", diz Cecere. "Leslie chegou e tudo o que ela havia feito antes disso era trabalho de dublê. Nós ensaiamos para que ficasse com a maior parte da queda e não fosse preciso que Heather de fato trombasse com ela."

Isso não significava que ela soubesse exatamente o que faria enquanto atuasse como atriz e dublê. "Os atores geralmente recebem o roteiro e o examinam para desenvolver seu personagem. No meu caso, cheguei ao set e não fazia ideia de como seria minha cena, então me colocaram um suéter e fizeram maria-chiquinha no meu cabelo", diz Hoffman. "Wes veio até mim e disse: 'Quero que você e Nancy deem uma trombada no corredor, e você vai cair no chão. Então vai olhar para ela e dizer: 'Onde está sua dispensa?!'."

Craven assumiu a direção depois do momento em que Nancy se vira para dar uma boa olhada em quem ela esbarrou. "Na segunda cena, ele foi até ela e disse: 'Muito bem, nessa cena eu quero que você levante a mão e diga: 'Ei, Nancy! Não corra no corredor! Hee, hee, hee, hee'."

Krueger em seu covil, pronto para atacar Nancy. "Com o chapéu na cabeça, e depois com as sombras e o vapor, ele ficou realmente assustador", admite Langenkamp.

Hoffman reconhece que Craven foi "um dos melhores diretores com quem já trabalhei" e foi gentil o suficiente para lhe contar que a voz que iria dublar a dela seria a de Englund, como Krueger, em sua segunda frase. "É muito atencioso o diretor avisar você sobre isso", admite Hoffman, acrescentando: "Na época em que o filme foi feito, era muito raro os dublês receberem crédito. Nesse caso, Wes me creditou não só como a inspetora, mas também entre os dublês". A dublê também fornece informações sobre o suéter de Freddy que muitos, exceto os mais fanáticos por Krueger, talvez não tenham percebido — pelo menos até que seja apontado. "O interessante é que, no filme original, as mangas são completamente vermelhas. Não têm listras nas mangas", revela Hoffman. "Mas em todas as sequências, talvez porque não tenham conseguido encontrar o mesmo suéter, eles usaram um suéter com listras verdes e vermelhas também nas mangas."

Hoffman admite que ela foi para a Califórnia para ser lembrada, mas não tinha ideia de que seria por um papel em um filme de terror de baixo orçamento. "Quando as pessoas me perguntam de quais filmes participei, começo a mencionar os títulos e elas dizem: 'Não, eu não vi esses'. Então pergunto se viram *A Hora do Pesadelo* original. 'Sim!' Eu digo: 'Lembra da inspetora?', e dizem: É você? Esse filme me assustou! Ainda tenho pesadelos com isso. Quando a voz de Robert Englund sai da sua boca, aquilo ainda me perturba'", conta ela. "Então, além de ter a luva e o suéter, acho que é isso que torna essa cena tão icônica."

O momento também mostra uma mudança nas linhas borradas entre o estado dos sonhos e a vida desperta. Fazendo referência ao fato de que os corredores se tornaram um pouco mais sombrios e onde sopra um vento que espalha folhas mortas, Craven disse: "Há muitos momentos nesse filme nos quais as pessoas me olharam como se eu fosse louco quando falei: 'Vamos ter algumas folhas soprando aqui'."

Era, admitiu Craven, um ponto de virada para o público porque, mais uma vez, "você nunca sabe quando está em um sonho e quando está na realidade. É muito, muito assustador". Haitkin, cujo trabalho era ajudar a criar essa linha borrada, concorda, afirmando: "Essa é a essência desta parte".

QUEM É VOCÊ?

A cena rapidamente muda do corredor do colégio para a sala da caldeira de Krueger, assim como os locais de filmagem. "Nós fomos de um colégio de verdade para uma prisão de Lincoln Heights. E como você faz para que pareça o mesmo lugar?", perguntou Craven, brincando. "Você coloca o aviso de 'Proibida a Entrada de Alunos' na parede", ele responde, referindo-se aos cartazes de aparência grosseira colocados na parede atrás de Langenkamp — o mesmo que é visto quando ela desce as escadas — enquanto se aproxima de um local ao qual ela não pertence.

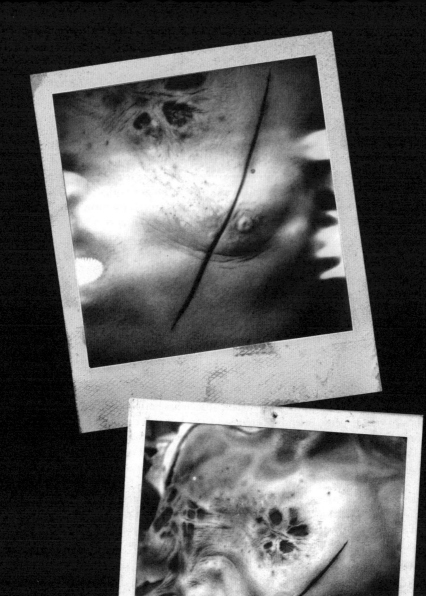

Duas imagens do efeito falso e pré-cortado que Miller criou para Freddy rasgar seu próprio peito

"Pode ter sido algo que eu mesmo fiz", admite Diers, "porque isso teria sido o tipo de coisa que pediriam para um assistente de produção de arte fazer. Também pode ser algo que o artista cênico fez, ou um dos pintores de cenário, porque eles muitas vezes fazem a sinalização, mas naquela época a gente fazia tudo, porque não era sindicalizado."

"Eu acho que a primeira cena que filmamos foi em uma das salas de caldeira. Está no meu sonho quando estou no colégio", lembra Langenkamp. Era importante tanto para a personagem dela como para a plateia, porque é a primeira vez que Nancy é vista no sonho com Freddy. "Com o chapéu na cabeça, e depois as sombras e o vapor, ele ficou realmente assustador", acrescenta ela.

"Eu adorei a iluminação combinada com as passarelas em que estávamos trabalhando. A luz passava através daquele metal entrecruzado", diz Englund, "criando alguns efeitos salpicados com a iluminação vinda de baixo em Heather e em mim. E eu tinha de confiar que a luz iria pegar os meus olhos, ou as partes da minha maquiagem que tínhamos acentuado com vaselina ou gel lubrificante. E eu sabia que Heather transpirava um pouco porque estava quente lá dentro e ela vestia um daqueles suéteres dos anos 1980. Havia algo meio estranho em relação ao visual de menininha de Nancy combinado com a beleza de Heather e com a transpiração. Era uma espécie de conto de fadas sensual e estranho."

A justaposição da sujeira industrial com a suavidade de Langenkamp foi algo que colaborou na tensão entre os dois personagens. "A iluminação e o contraste do guarda-roupa simples de Heather diante de toda essa aspereza foi algo que eu gostei. Isso realmente me ajudou a criar um momento, e me fez meio que dançar um pouco com Heather lá", diz Englund. "Também comecei naquele dia a descobrir um pouco mais da linguagem corporal de Freddy com o cenário, sabendo que esse mundo era um pouco exagerado e um tanto grandioso. Não estávamos em um mundo real, era um mundo de sonhos."

Sua presa naquele momento concordou, vendo Krueger pelo que ele realmente era. "Nas cenas da caldeira ele é mais assustador porque sempre estava arranhando os tubos com suas unhas metálicas. Era incrivelmente assustador, e percebi: 'Isso vai funcionar'", diz Langenkamp. Englund era conhecido por usar o efeito da garra raspando para provocar as pessoas no local de filmagem, deixando muitos temerosos, não por conta do ator embaixo da maquiagem, mas pelo som horrível que ele fazia com o acessório típico de seu personagem. "Bastava ouvir aquele ruído que logo todo mundo ficava 'Ahhhh!'. Era muito irritante ter aquela arma perto de você o tempo todo", diz Langenkamp.

"Existe uma expressão antiga que os atores usam chamada 'vestindo o cenário'. É quando você entra em um cenário no qual nunca esteve, seja no teatro, ou em locação, ou em um estúdio de cinema, que precisa ser animado", explica Englund, que não teve receio de tocar e usar seu ambiente físico em benefício do personagem e de seu desempenho. "Em vez de ficar parado no meio de tudo, em algum momento decidi que gostaria de arranhar a grade com as lâminas. Não tenho certeza se arranhei por causa do som, se isso estava no roteiro, ou se dei um pequeno toque. Mas era uma combinação de algo que estava no roteiro de Wes com algo que encontrei no cenário verdadeiro."

Langenkamp relembra o instante em que sentiu que Freddy Krueger realmente iria infundir medo na plateia, em parte porque ela mesma estava com medo: quando Freddy sai detrás da caldeira em seu pesadelo, um ombro se curvando mais baixo do que o outro. Foi também um momento em que Englund percebeu a importância da luva, não apenas para o filme, mas para a sua representação do personagem.

"A luva me afetou porque é pesada. Quando a coloquei, um ombro baixou um pouco", afirma Englund. "Isso afetou o meu movimento e a minha postura, e imediatamente pensei que era como ter um coldre. É uma coisa de pistoleiro. É como ficar pronto para sacar a arma."

Mais do que uma postura assustadora, Krueger responde o "Quem é você?" de Nancy demonstrando sua completa disposição de aterrorizar com outro ato de automutilação, quando corta seu próprio peito, revelando entranhas de natureza grotesca.

Também presente, mas com muito menos medo, estava David Miller, encarregado de criar o ferimento. "Para a cena em que Freddy se retalha, ele ergue o suéter e se corta. Levantaram seu suéter e nós cortamos um torso falso que fiz do peito de Freddy", ele revela. Era o único molde de torso que tinham de Englund e, embora pareça que é a lâmina de Krueger que produz o ferimento, na verdade já estava cortado. "Dava a impressão de que ele cortava a ferida, e tínhamos pequenos cabos lá dentro que a aumentavam", revela Miller.

Englund lembra bem da experiência. "Eu estava equipado com o meu sistema hidráulico e os tubinhos e essas coisas, e era como estar no *Muppet Show*", diz ele. "Parecia sempre que tinha cinco caras encapuzados com um pano preto sobre eles, e todos apertando coisas dentro de mim para fazer um efeito funcionar."

Pôr todos esses efeitos para funcionar pode, com frequência, fazer tudo parecer meio bobo. "Tinha um cara com a mão enroscada em volta dos meus testículos. Não estou exagerando. Foi assim em vários dos filmes. E era tipo: 'Nós temos que parar de nos encontrar assim'", ri Englund. "Chega a um ponto em que a gente faz piada com os caras que estão sem dormir nas últimas vinte e quatro horas, que estão fazendo o seu melhor para que o efeito funcione."

Piadas à parte, Miller diz que funcionou. "Realmente ficou bom quando o dedo dele estava descendo pelo corte que fizemos. Ele aumentou, e dentro havia uma bomba com sangue e metilcelulose, que é lodo." Havia ainda outro elemento que Miller assegurou que fosse forçado a sair da ferida gotejante. "Ah, e larvas", ele ri.

Larvas reais, que é o que Craven havia solicitado. Foi algo que não caiu bem com Jensen. "As larvas começaram a chegar perto de mim e comecei a desmaiar. Wes estava logo atrás de mim e me pegou. Ele me empurrou pelos meus ombros e então fui para fora, coloquei a cabeça entre as pernas, e depois voltei", ela ri. "Era algum tipo de larva sul-americana, e, quando as iluminaram, elas ficaram hiperativas e se retorceram. Eram amarelas, ligeiramente fluorescentes e gosmentas, e eu só lembro de pirar com aquilo."

Era um sentimento que Langenkamp conseguia entender. "É Freddy no seu melhor e mais assustador momento", ela sente. "Vemos sua silhueta, então ele se corta e saem todas aquelas coisas terríveis, e também tem o rosto dele escorrendo pouco antes de vir atrás de mim. Isso era — e ele de fato era — assustador."

A verdade é que o medo real pode ter ajudado, pois Langenkamp tinha reservas sobre seu próprio desempenho em alguns desses momentos intensos, já que nunca havia feito nada parecido com isso. "Eu estava receosa sobre como vinha me saindo e queria fazer um bom trabalho", diz ela.

O que a estava ajudando era o desempenho de Englund, conforme ele transmitia o sentimento de maldade e humor de Krueger. "Parte disso era a perseguição de gato e rato entre Nancy e Freddy", sugere Englund. "Isso confere a ele um aspecto um pouco diferente, mais cruel, ou mais engraçado, ou mais sensual, o que for. E isso é uma coisa rica para explorar como ator."

Langenkamp e Jensen podem ter ficado, respectivamente, com medo e repulsa de Freddy naquele momento, mas era Englund quem estava tendo dificuldades com uma característica de seu personagem. Ou melhor, com o traje do personagem. "Eu me lembro de Wes estar convencido da ideia de que eu deveria usar uma calça muito oleosa e brilhante, com gordura da sala da caldeira por toda parte. E eu lembro que quando a coloquei pela primeira vez ficou ótima, mas não era assim que Freddy era iluminado", comenta Englund. "Eu poderia ter usado uma Levis preta durante toda a porra do filme, porque a iluminação sobre mim era pouquíssima, ficava tudo escuro. Lembro-me de dizer, depois de uma semana: 'Wes, eu te adoro, cara, mas demora uma hora todo dia para as moças deixarem isso oleoso. Levo duas horas por dia para me limpar depois de tirar a calça. Essa merda sobe até a minha bunda e em qualquer outro lugar e nos meus poros. E fico angustiado durante todo o tempo que estou aqui e isso nem aparece'."

Manter o guarda-roupa de Englund nesse estado era responsabilidade de Jensen. "Seus trajes eram pesados e gordurosos. E lembro que ele não queria isso. Era como 'Ah, meu Deus, de novo?'", ela ri. Pensando nisso de maneira prática, que foi o que aconteceu para mexer com sua atitude pouco entusiasmada sobre ter de usar a roupa de tal maneira, Englund disse: "A menos que você esteja fazendo inserções da minha calça justa, gordurosa, oleosa, escorregadia e pavorosa, no filme é apenas uma calça".

Com a calça manchada de óleo ou não, conforme Krueger encontrava novas e inventivas maneiras de torturar os sonhos dos filhos de Elm Street, esse pesadelo em particular mostrava Nancy fugindo de Freddy pela primeira vez, literalmente, sem nenhum lugar para onde correr. "Essa cena em que as minhas costas estão pressionadas contra a parede é muito pesada, porque Nancy está nesse sonho e ela ainda não tem certeza do que tudo isso significa", diz Langenkamp. "Mas também é o ponto em que ela tem o momento de percepção: 'Se eu me queimar no cano, talvez eu acorde'. Adoro essa cena! Nós temos esses poderes em nossos sonhos. Todos realmente temos. É como se soubéssemos apenas sobre os 10% do cérebro que estamos efetivamente usando. Wes realmente colocou algo poderoso naquela cena."

Craven estava bem ciente disso. Naquilo que é chamado de "sonho lúcido", o sonhador é capaz de exercer algum grau de controle sobre o seu envolvimento dentro do sonho, exatamente como Nancy faz. "É um conceito muito mágico", diz Langenkamp. "Você vê o começo da engenhosidade de Nancy nesse momento. É uma espécie de ação definitiva e corajosa."

Depois de Nancy sobreviver ao seu pesadelo na sala de aula e ao encontro com Krueger, Langenkamp ficou convencida de que a ideia de Craven de confundir a linha entre sonho e realidade era algo que valia a pena acompanhar. "Havia momentos em que eu ficava nervosa sobre o andamento de alguma cena. E então, quando você vê o corte final, fica claro que Wes sabia o que estava fazendo. Mas há momentos em que você participa de uma cena e não está 100% com o programa", diz ela. "Eu adoro quando acordo horrorizada e estou gritando, então olho em volta e tem todos aqueles alunos. Gosto dessa cena."

"A LUVA ME AFETOU PORQUE ELA É PESADA, E QUANDO EU A COLOQUEI O OMBRO ABAIXOU UM POUCO."
— **Robert Englund**

Lin concorda. "Terminei o meu dia na escola, e foi um papel maravilhosamente bem escrito, porque tinha um pouco de angústia da parte da professora, uma espécie de frustração com seus alunos. E um pouco de comédia no final", diz ela. "A frase 'Você vai precisar de uma dispensa', é claro, se tornou uma espécie de bordão. Então fiquei satisfeita em ter feito o meu trabalho."

Também era importante para Craven que, juntamente com o sonho de Tina no início (ela é retalhada vestindo apenas uma camisola), essa cena fosse outro momento pioneiro para mostrar que "as coisas que acontecem com você no sonho vêm junto com você", disse ele. "Se você se machucar no sonho, estará machucado quando acordar, que é a parte mais assustadora de todo o conceito."

As camadas dessa compreensão foram cruciais porque, como Haitkin ressalta, "em meio a toda essa insanidade, há uma lógica". Langenkamp usou os acontecimentos que se desenrolaram — e a sagacidade de Craven para manter as coisas mais reais possíveis — em seu benefício. "Esta também é a chave para atuar em um filme de terror: você deve sempre se dar conta de que, para essa personagem, o que está acontecendo é totalmente lógico", diz ela. Craven fez muitos elogios à atriz por sua representação do que ele criou, encontrando uma maneira de convencer a plateia de que Nancy era uma jovem forte e que passava por uma experiência horrível. "Ela de alguma forma tem a força para descobrir e acreditar em si mesma", disse ele.

ELE TINHA FACAS NO LUGAR DOS DEDOS

Com seu encontro aterrorizante, e a queimadura que trouxe do sonho como lembrete, Nancy percebe agora, mais do que nunca, que precisa conversar com Rod para entender melhor o que aconteceu com Tina. "Ela agora sabe o que Rod também está passando, e tem de confirmar com ele, e fazê-lo admitir que teve sonhos semelhantes", explicou Craven. Langenkamp, no entanto, julgou que talvez fosse desnecessário. Ou pior, inconcebível. "Devo dizer que, ao fazer a cena com Nick na prisão, lembro-me de não me sentir confortável com as minhas falas", diz ela. Além disso, a atriz admite não ter ficado satisfeita com os momentos na tela entre ela e o personagem de Corri. "Não gostei muito. Você sabe, eu não sou de fato uma boa amiga dele como personagem, e ainda assim estou tentando descobrir toda essa informação, e eu preciso saber a verdade dele."

Ela achou que era difícil ser convincente nos momentos de explicação que compartilharam, algo que trazia da primeira cena nos arbustos quando tentou fazer funcionar o momento em que pergunta se Rod era culpado. "Eu nunca senti como se fossem minhas melhores cenas. E, de certa forma, acho que Nancy saberia que ele não havia feito aquilo. E ela continuava dizendo: 'Você fez isso? Você fez isso?'", pondera Langenkamp. Acreditando que Nancy sabia a resposta, ela acrescenta: "É claro que ele não fez isso. Ela já sabia que havia um Freddy à solta pegando os jovens em seus sonhos, especialmente depois do pesadelo que acabara de ter na escola. O diálogo na prisão me causou muitos problemas". Seu coastro também lembra a dificuldade da cena. Para ele, no entanto, não tinha nada a ver com o diálogo ou o personagem. Em vez disso, era o mundo real que se infiltrava no momento. "Bem, na cena da prisão eu estava realmente deprimido", admite Corri, que passa a um reconhecimento muito mais surpreendente. "Não vou dizer qual droga eu usava na época, mas eu estava em frangalhos na cena da prisão. Quase desmaiei e Wes ficava me perguntando 'Você está pronto para a tomada?'."

Corri prossegue dizendo o quão estar sob a influência de drogas afetou seu trabalho. "A droga estava me permitindo entrar nessa posição louca. Nessa cena, com Nancy à minha frente, estou chorando, eu estava realmente destruído", revela o ator. "Eu não chorava por causa da cena; eu chorava porque a minha vida era uma merda na época. Foi a primeira e a última vez que usei drogas num set. Nunca mais violei a forma de arte. Eu me senti muito mal."

Isso não afetou a opinião de Langenkamp sobre sua capacidade. A atriz comentou que ele estava muito bem na cena: "Lembro-me de ficar meio hipnotizada por sua intensidade". Décadas depois, Corri refletiu sobre essa situação. "Era uma questão de usar muita dor da minha vida. Eu utilizava o Método na época", diz ele. "No local de filmagem, vivi naquela cela até estarem prontos para filmar. Portanto, eu apenas criei essa dor e falei as palavras escritas por Wes Craven. Provavelmente foi a última vez que utilizei o Método. É muito doloroso."

No final, até mesmo ele afirma que poderia ter sido feito mais na cena e com seu personagem. "Eu provavelmente teria sido um pouco mais verdadeiro", considera Corri. "Mais envolvido na cena, que é 'O que eu quero de Nancy?', em vez de olhar para isso apenas como eu. Muitos atores na época eram absorvidos por si mesmos."

Craven demonstra como é se deitar atrás das grades.

Um encarcerado Rod tenta convencer Nancy de sua inocência e da existência do homem com facas no lugar dos dedos, com quem ele também estava sonhando.

LEITE QUENTE? QUE NOJO!

Enquanto Corri recordava os problemas que afetaram seu desempenho e Langenkamp abordava questões com seu diálogo, era sua personagem que estava prestes a enfrentar um problema muito mais imediato, mortal e molhado. Naquela que é indiscutivelmente uma das cenas mais memoráveis do filme, Nancy relaxa em um banho quente de banheira, na esperança de esquecer seus problemas. O que acontece, em vez disso, é um convite para uma ameaça ainda maior. "Talvez seja a minha cena favorita no filme", afirma Langenkamp.

"A cena da banheira", diz Doyle, "era outra das minhas preferidas. E era apenas uma banheira comum que Gregg Fonseca construiu no segundo andar. Tínhamos um cenário de dois andares. Apenas construímos uma caixa e colocamos a banheira lá, e a água estava toda nessa caixa." Langenkamp recorda como a sequência foi criada. "Construíram uma banheira que não tinha fundo. Em vez disso, tinha um tanque embaixo dela e eu ficava sentada em uma prancha muito estreita", diz ela. Embaixo dessa prancha — pelo menos no filme — ficava a substância da qual são feitos os pesadelos. Neste caso, um em que Nancy se deixa cair no sono, dando a Freddy mais uma oportunidade de atacar.

"Tinha todo tipo de pessoa fora do ângulo de visão", afirma Rideout. "Eu estava diretamente atrás da cabeça de Heather, com toda aquela fumaça sendo espalhada, que deveria parecer o vapor do banho. Havia muitas pessoas por todo canto fazendo todo tipo de coisas. Era muito intimista, porque estávamos todos amontoados no espaço mais diminuto que você pode imaginar." Mesmo com as paredes sendo removidas do cenário, o espaço acabou não sendo muito maior do que o banheiro em que Nancy supostamente estava. "Era um espaço muito pequeno para todos", acrescenta.

Problemas de espaço à parte, o momento em questão era o instante assustador em que a garra de Freddy emerge da água espumante, na esperança de rasgar Nancy. Um plano foi iniciado para começar a filmar, mas surgiu um problema inesperado, segundo lembra Doyle: "No dia da filmagem, um dos meus colegas estava sentado na banheira e ele ergueria a mão de dentro d'água e faria a cena". Ele continua: "Estávamos prontos para fazer isso, mas acontece que o cara que estava submerso na água não aguentava muito tempo. Ele não se sentiu à vontade."

Uma vez que Doyle foi informado que o membro da equipe não tinha certeza de que poderia ficar embaixo d'água por quase um minuto, não foram apenas as ideias de Doyle que vieram ao resgate — foi o próprio Doyle. "Tínhamos que seguir em frente, então pulei lá dentro e fiz eu mesmo a cena", diz ele. Isso fez com que ele passasse o dia inteiro com Langenkamp sentada em seus joelhos, com os pés apoiados em seus ombros por um dia inteiro, enquanto Wes gritava para que Doyle pudesse ouvir a deixa para sua aparição.

"Jim Doyle estava usando um equipamento de mergulho completo e ficava logo embaixo de mim, enquanto eu ficava balançando em uma prancha. É a mão dele com a luva de Freddy, e então, na indicação de Wes, ele me puxa para baixo", diz Langenkamp.

Por mais interessante que possa soar, a atriz admitiu uma coisa enquanto filmava o que era uma cena puramente técnica. "Eles filmaram de muitos ângulos de câmera, então acabei ficando exausta no final do dia. Quando você faz alguma coisa muitas vezes seguidas, é difícil se manter disposta", revela Langenkamp. "Foi um dia muito desafiador, tentando criar drama e emoção quando as linhas na página são muito pequenas e estáticas."

Dito isto, Langenkamp ficou satisfeita com o que foi capturado. "Fizemos um bom trabalho. A cena ficou boa", acrescenta ela. Boa o bastante para que, mesmo com o espectador se perguntando o que poderia acontecer no momento seguinte, enquanto Nancy estava nas garras de Freddy debaixo d'água, curiosamente Langenkamp também não sabia. "Todas as cenas que são embaixo d'água eles fizeram depois que terminamos de filmar", conta ela, admitindo que nem sabia que haveria fotografia subaquática. "Eu realmente não sabia que haveria toda aquela luta. Pensei que seria apenas uma tomada do alto da banheira. Mas Wes obviamente gostou da ideia de mostrá-la nesse espaço de água ilimitado."

Uma vez que a personagem de Langenkamp estava naquele espaço, a questão nas mentes de muitos fãs era se eles vislumbravam ou não uma Heather Langenkamp nua. A resposta da atriz é não: "Lamento, eles fizeram isso com uma dublê". Ou, como Rideout lembra, uma mulher que acabou sendo a dublê. "Eu acabei me tornando a dublê de corpo de Heather porque tínhamos o mesmo tamanho e forma, e foi assim, é claro, que acabei debaixo d'água quando Freddy a agarrou na banheira", diz ela.

Filmar a cena não representa apenas um pensamento disperso e perdido na memória de Rideout. Pelo contrário, conforme ela recorda vividamente um aspecto muito físico: "Estava muito frio. A piscina de Lou Carlucci, que é onde filmamos isso, não era — e não posso enfatizar isso o suficiente — aquecida", diz ela. A cena foi filmada depois que terminaram de rodar a fotografia principal. "Foi no dia seguinte à festa de conclusão das filmagens e todos estávamos com uma ressaca terrível", lembrou Craven, já preparado para o trabalho subaquático. "Wes estava lá no fundo da piscina e eles colocaram o laminado de plástico por cima dela. Era como nadar em um grande saco de lixo", diz Rideout. A impressão que isso causou, lembra Burrows, era que "não dava para saber a profundidade da piscina e parecia que ela afundava para sempre".

O que tornou essa provação toda mais apavorante para alguém sem muita — se é que alguma — experiência real de dublê era o simples fato de Rideout também não ter qualquer experiência de mergulho. Na cena em que ela seria puxada para baixo e mantida sob a água, para que a personagem potencialmente encontrasse seu destino, Rideout estava feliz por ter pelo menos uma pessoa ao lado dela. "Doyle, pelo que me lembro, estava debaixo d'água comigo. Ele cuidava do regulador e de outras coisas para mim. O mais importante, claro, era não entrar em pânico, porque havia apenas um pequenino quadrado cortado no plástico que cobria a piscina, e que teoricamente era a luz no banheiro brilhando pela banheira", diz ela. "Foi um pouco assustador fazer essa tomada, porque eu sabia que se entrasse em pânico, se tentasse irromper na superfície da piscina, eu não iria pegar nenhum ar, porque eu estava nadando dentro de uma bolsa de plástico. Era um pouco enervante."

Felizmente, a tomada não demorou muito, funcionou exatamente como deveria, e Rideout passou por ela incólume, embora com um pouco de frio. Ela ainda recebeu mais uma coisa por conta disso. "Foi como consegui a minha carteirinha do SAG. É a minha história de guerra de como entrei no sindicato. Fui dublê de corpo de Heather", diz ela.

Talalay resume a cena e seus sentimentos sobre ela" "Para mim, a cena da banheira é uma das favoritas. A situação é normal. A vítima está vulnerável. A tensão é construída e dissipada com maestria. É uma obra-prima", afirma.

VERIFICANDO O PRISIONEIRO

Agora armada com o conhecimento de que Krueger tinha a habilidade aterradora de chegar até ela, independentemente de onde estivesse, bastando para isso que ela pegasse no sono, Nancy decide que está na hora de cuidar das coisas com suas próprias mãos. Em seu quarto, tentando ficar acordada, ela vê televisão. O programa que assiste é *A Morte do Demônio*, de Sam Raimi, uma brincadeira interna para a qual o diretor deu um crédito de "agradecimento especial". "Ele tinha colocado algo de um dos meus filmes no porão de um filme dele", disse Craven.

Raimi comenta sobre esse vaivém entre os dois cineastas. "Tem um cartaz rasgado de *Tubarão* (1975) em *Quadrilha de Sádicos*, então achei que seria engraçado rasgar um pôster de *Quadrilha de Sádicos* em *A Morte do Demônio*, para dizer a Wes: 'Não, esse é o verdadeiro horror, colega'", diz Raimi. "Então, em *A Hora do Pesadelo*, Wes colocou *A Morte do Demônio* em um aparelho de televisão, como quem retruca: 'Não, Sam, *A Morte do Demônio* é apenas entretenimento pop. Este é um autêntico horror.'"

Raimi responderia mais tarde em *Uma Noite Alucinante 2* (1987) colocando uma das luvas de Freddy acima da porta no barracão de ferramentas onde Ash (interpretado por Bruce Campbell) esquarteja sua namorada com uma motosserra. Embora Craven e Raimi não se conhecessem na época, eles se encontraram no Festival de Cinema de Cannes anos depois de seus dois filmes terem sido lançados. "Ele foi muito gentil comigo desde então", afirma Raimi. Se ficar acordada diante da TV se mostrou um difícil desafio, Nancy logo encontrou um aliado em Glen, ajudando-a no que poderia parecer uma tarefa fútil. "Foi tão romântico ele ter subido a treliça de rosas", comenta Langenkamp. "Havia muita doçura no que os adolescentes faziam, e a maneira como lidavam uns com os outros; é tudo muito doce. É um bom contraponto ao terror."

Quando está conversando com Glen, a personagem de Langenkamp recita uma linha que costumava ser "o maior motivo de risada do filme!", exclama. "A frase de diálogo em que estou muito séria quando digo que pareço ter 20 anos de idade é muito engraçada, porque eu interpretava uma menina de 16 anos e, para ela, falar aquilo era, obviamente, um exagero. Agora que faz tempo que passei dessa idade, acho muito engraçado."

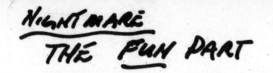

Um adesivo descreve jocosamente Doyle como o "Kruger anfíbio".

Langenkamp aguarda pacientemente a próxima tomada.

Na verdade, Langenkamp tinha pouco menos de 20 durante a filmagem, e a frase não foi concebida como uma piada interna, ou simplesmente para exagerar. Na verdade, sua origem foi muito mais familiar. "A filha de Wes de fato me contou que foi ela quem disse originalmente essa frase, e ela falou mesmo", afirma Langenkamp. "Na verdade, era uma lembrança ruim para ela. E o pai dela pegou isso e colocou no roteiro."

Essa recordação tinha a ver com as ramificações muito reais do divórcio de seus pais. "Foi difícil. Os efeitos do divórcio não foram fáceis na minha família. E o meu irmão e eu brigamos muito", lembra Jessica. "A dor do divórcio se manifestou em muita disputa entre nós, e acredito que, quando íamos visitar o meu pai, costumava piorar."

Foi esse o caso quando, em uma de suas visitas, os dois irmãos tiveram uma briga terrível na qual Craven acabou se envolvendo. "Tenho lembranças muito vagas disso, mas sei que fiquei chorando histericamente por muito, muito tempo, e, quando olhei no espelho, eu disse: 'Meu Deus, eu pareço ter vinte anos'", lembra Jessica. Sentindo-se muito velha antes do tempo, Jessica também admite lembrar muito pouco de sua infância, alegando que esse período em particular não foi um momento de leveza em sua vida. "Mas lembro daquela época com muita clareza por causa da dor. Eu me sentia maltratada, sem ser notada ou sequer ouvida, e essa afirmação surgiu de um momento em que eu estava muito desanimada. Tudo bem. Acho que todo adolescente, ou pré-adolescente, ou criança, passa por isso. Talvez eu tenha sentido isso um pouco mais do que alguns, mas tudo bem", ela ri. "É a construção de personagens, e tudo isso."

Deixando de lado toda a dor passada e a sabedoria precoce, Langenkamp lembra a cena do quarto com Depp como sendo outra de suas preferidas. "Eu realmente gosto do momento com Johnny na cama, quando falo para ele: 'Nós precisamos ficar acordados e entrar no sonho', e tenho todas aquelas coisas loucas para explicar", diz a atriz. "Acho que essa é uma cena muito singela e eu confio tanto nele. É o tipo de relação entre namorados que não se vê no muito cinema, em que eles são na verdade bons amigos e Nancy confia nele para fazer algo por ela. É tão fofo e puro."

"Ela conseguiu se comunicar com ele, e ele veio quando estava preocupado com a namorada", comentou Craven. "Ele era sua última possibilidade de ter um aliado na luta contra Freddy, e era um personagem importante para ela. Algo relevante de que, é claro, Nancy teve de se desprender no último minuto para encarar Freddy sozinha. Mas era um relacionamento muito romântico entre eles." Exatamente o que Craven queria. "Você se preocupa com as pessoas", acrescentou.

Embora Glen não pareça entender as noções surreais, Nancy afirma que são bastante sérias e reais, e confia a ele sua vida, enquanto toma a decisão de adormecer, entrar no sonho e investigar por conta própria. Parte disso implicaria Glen ficar observando Nancy. Era algo que Huntley esperava que os cenários refletissem. "No quarto de Heather, eu tinha colocado muitos tipos de rostos", diz Huntley. "Tem um travesseiro com um rosto, tem algumas bonecas que estão encarando a câmera. Havia uma certa característica de que Heather estava sendo observada. Uma das minhas intenções era meio que capturar essa ideia subliminar de que havia rostos sempre observando ela."

Tais pensamentos colocados na decoração do cenário foram compreendidos e apreciados por Langenkamp. "Os olhos nunca estavam fechados, de certa forma", diz ela, acrescentando que acredita que o cenário do quarto de Nancy é um dos melhores de um filme de terror em muito tempo. Desde a decoração naturalista à utilização de temas que lidam com o conceito do filme, a atriz valorizou o que o departamento de arte conseguiu fazer para transmitir a ideia de uma garota prestes a se tornar mulher. "Esse quarto é muito memorável para mim. É perfeito para Nancy", diz Langenkamp. "A treliça de rosas como porta de entrada para o namorado dela pela janela, e as tranqueiras, os pequenos quadros, essas coisas. Foi muito útil para mim, como atriz, poder me basear nessa parte. Entrei no quarto e imediatamente pensei: 'Oh, estou no meu quarto'. Parecia mesmo o quarto de uma menina de dezesseis anos."

Um aspecto que a atriz diz ter sido ideal era que o quarto estava cheio de coisas cotidianas, reais, uma lição a ser aprendida em filmes modernos. "É muito difícil encontrar isso nos filmes nos dias de hoje. Todos parecem estar em um hotel. Todos parecem ter um designer de interiores de uma loja de móveis cuidando da decoração enquanto prosseguem com suas vidas. E todos sabemos que as meninas não são assim", ri Langenkamp. "Não somos nem um pouco assim."

A filmagem de Nancy saindo da casa, sob o olhar atento de Glen, e caminhando pela rua era complicada, especificamente porque era uma tomada longa de Steadicam. "Naquela época era muito, muito novo o uso desse tipo de equipamento", disse Craven. Também era raro em uma produção com orçamento modesto. "Foi notável o que conseguimos com o orçamento que tínhamos — ou com o que não tínhamos."

No geral, foi um espetáculo difícil para muitos. "Estávamos tentando fazer um longa-metragem de grande orçamento com uma verba pequena", considera Huntley. "Parecia que havia jornadas de dezoito horas todos os dias. Para filmar os exteriores da casa de Heather, fizemos imagens de todas as roseiras, depois tínhamos de derrubá-las e filmar outra coisa, e então as colocávamos de volta. E isso continuava e continuava, e parecia que se passavam vinte e quatro horas. Para cima, para baixo, para cima, para baixo, para cima, para baixo."

Enquanto Nancy percorre seu sonho, verificando se Glen ainda está observando, ela termina em um beco que "foi filmado em vários locais diferentes", lembra Langenkamp, incluindo áreas em Venice e na Melrose Avenue, perto do centro de Los Angeles. O pesadelo para Haitkin e sua equipe era que eles estavam lutando com o inevitável nascer do sol quando filmaram a cena pouco antes do amanhecer.

"Dá para perceber pelo menos em uma tomada de Glen de pé junto à árvore que ela está repleta de luz", diz Haitkin. "É sempre o pior momento", afirma Langenkamp, acrescentando em tom de brincadeira: "E você não ia querer ficar perto de Jacques ou Wes!"

O homem dos efeitos especiais ensaia um momento antes de se afundar na água.

Nancy luta para não se tornar vítima de Freddy.

Em seu quarto, Nancy tenta desesperadamente ficar acordada. "Eu achava que o projeto do quarto de Nancy era um aspecto muito importante para a personagem. Havia muitos pequenos toques que o faziam parecer muito real e muito fundamentado", afirma Langenkamp.

Infelizmente para Nancy, ela logo percebe que quando entra no território de Freddy nada é o que parece, e que visitar Rod também significava ver Krueger. Foi um breve momento no filme, mas que deixou uma impressão duradoura, juntamente com uma revelação. "Freddy passa pelas barras. Ele atravessa as barras? Oh, meu Deus, ele passou como *O Exterminador do Futuro 2* (1991). *O Exterminador do Futuro 2* roubou isso da gente!", brinca Corri. "Achei muito interessante, e gostaria de pensar que foi uma referência a isso em *O Exterminador do Futuro 2*", admitiu Craven.

Deixando de lado essa afirmação despreocupada e claramente cômica de pegar emprestada uma ideia cinematográfica, a tomada de Krueger passando pela cela de prisão fechada e trancada foi um dos poucos efeitos ópticos do filme. O efeito foi conseguido filmando apenas as barras da prisão, depois removendo-as e filmando Freddy caminhando pela mesma área, "eles fizeram uma rotoscopia das tomadas reunidas em uma só, então ficou parecendo que Freddy caminhou através delas", lembra Doyle.

Mas por ser um sonho, qualquer coisa pode acontecer, e o que começou com a visita de Nancy a Rod rapidamente se transformou em algo mais perturbador. "Aquele foi um dia muito difícil. Um dia muito difícil", lembra Langenkamp sobre filmar a cena em que Nancy vai dar uma olhada em Rod, mesmo de longe, e acaba dando tudo errado. "Basta perguntar para Amanda", implora a atriz. "Sim, foi terrível demais", admite Wyss.

O momento mostra Nancy indo verificar como está seu amigo trancafiado, apenas para ser confrontada novamente pelo cadáver de Tina, desta vez em um estado mais avançado de decomposição e impregnada de coisas nojentas. "Wes queria coisas asquerosas e rastejantes saindo daquilo, não queria apenas um saco de cadáver", lembra Burrows. "Ele disse: 'John, você tem de encontrar algumas aranhas enormes, umas tarântulas, uns vermes bem grandes, eu quero coisas saindo daquele saco!'."

Eles encontraram alguém que tinha uns bichinhos viscosos e que "trouxe essas coisas dentro de uma grande mala e as colocou em cima da minha mesa. Wes disse: 'Não, tudo bem, já chega, você conseguiu o trabalho'", lembra Burrows. "Tinha umas centopeias de verdade, tinha cobras e muita gosma. Foi um dia com muitos desses bichos", diz Jensen.

Isso acabaria fornecendo o choque necessário na tela, mas também trouxe um leve desconforto para Wyss nos bastidores. "Todo mundo foi muito atencioso, mas mesmo assim era perturbador", ela admite. "Ninguém quer entrar em um saco de transportar cadáveres cheio de centopeias, e cobras, e coisas que deslizavam e rastejavam", concorda Langenkamp. "Meu coração estava com Amanda, porque ela teve de fazer as coisas mais nojentas, e sempre foi uma guerreira. Sempre estavam forçando a barra para ver o quanto ela faria." Mas, de acordo com Langenkamp, havia um limite. "Ela finalmente disse: 'Ok! Três centopeias, e chega'. Mas era nojento. Foi realmente nojento", lembra a atriz.

> ## "NÓS ESTÁVAMOS TENTANDO FAZER UM LONGA-METRAGEM DE GRANDE ORÇAMENTO COM UM ORÇAMENTO PEQUENO. PARECIA QUE HAVIA JORNADAS DE DEZOITO HORAS TODOS OS DIAS."
> **— Anne Huntley, sobre os rigores da filmagem**

Era fácil ver por que, pois parecia que tudo o que Wyss tinha de fazer no filme era lidar com sangue, lodo, cobras e insetos. "Ela ficou com a pior parte, na verdade, para qualquer pessoa que tivesse algum medo, por menor que fosse, de qualquer uma dessas coisas", insiste Langenkamp.

Um pequeno consolo foi Wyss não precisar suportar toda a parte asquerosa de interagir com os insetos. "Quando a centopeia sai da minha boca, eles na verdade usaram um molde da minha cabeça. Então, quando eu filmei, obviamente era uma centopeia de borracha que saía da minha boca", diz Wyss. "Mas depois conseguiram cortar para a minha cabeça falsa com uma centopeia de verdade."

"Nós fizemos um molde de Amanda e uma escultura inteira", diz Miller. "Wes ainda queria que os olhos dela se fechassem e a boca abrisse um pouco." Sobre como conseguiram fazer a centopeia viva realizar o movimento necessário, "nós na verdade usamos um tubo de toalha de papel e colocamos atrás da boca. E então puseram a centopeia dentro do tubo por trás, sopraram ar lá dentro e a forçaram a sair pela boca", ele revela. "Foi tudo muito interessante. Uma edição brilhante que tornou a transição muito suave", afirma Wyss.

Craven relembrou mais do que apenas a capacidade de Wyss para aceitar ficar cercada de vermes, principalmente quando a centopeia escapou pelo cenário. "Todos se recusaram a voltar para dentro porque não conseguiam encontrar o bicho", disse ele. A centopeia, um espécime venenoso nativo da Amazônia, posteriormente foi localizado. De volta ao local de filmagem, Wyss teve de sobreviver a outras criaturas reais. "Havia praticamente centenas de enguias aos pés dela!", riu Craven. Foi algo que Langenkamp testemunhou e rapidamente concluiu: "Amanda sempre foi corajosa. Não acho que conseguiria ser tão valente".

Observando a uma distância segura atrás da câmera, Jensen também faz os maiores elogios para a jovem atriz. "Ela se empenhou para ser incrivelmente corajosa", diz ela. "Dava para perceber que o terror no rosto dela não era só atuação. Amanda tinha de fazer aquilo, e fez."

Coragem à parte, até mesmo a magia do cinema em torno disso acabou encontrando uma maneira de deixar Wyss no limite. "Foi uma experiência muito externa. Era como ser enviada para o bosque sozinha com um pedaço de corda e um garfo. Sei que era falsa, mas mesmo assim a centopeia de borracha era terrivelmente nojenta."

"Não tenho certeza se eu estava na metade do processo de colocar ou de tirar a maquiagem, ou se estava fazendo uma pausa para uma xícara de café e uma rosquinha", diz Englund, admitindo que estava lá para ver Wyss passar pela provação, e aquilo o lembrou da iconografia do filme e de seu alcance, que ia além dos Estados Unidos. "Durante anos, frequentei o Festival de Cinema de Bruxelas, na Bélgica, e lembro-me de me deparar, em uma de suas edições anuais, ao subir uma enorme escadaria, com um imenso banner, provavelmente com pelo menos seis metros de altura, com a imagem de Amanda no saco de transportar cadáveres e os insetos saindo pela boca", diz Englund. "Até hoje, é assim que me lembro dessa sequência. Foi a primeira vez que percebi o quanto esse momento específico do filme era uma imagem forte. Foi naquele dia que me dei conta disso e fiquei ciente do quão denso e icônico, e internacional, *A Hora do Pesadelo* havia se tornado."

NÃO NO BECO DE HEATHER

Percebendo que Glen a deixou sozinha e pegou no sono, Nancy se depara com o espectro de Tina morta e a ameaça de Freddy em cada esquina. A caminho de casa, ela se encontra em um beco onde a sensação desequilibrada de um pesadelo realmente aconteceu durante a filmagem. "Teve um dia em que trabalhamos com duas ou três unidades. Eu sei que Sean Cunningham chegou e filmou algumas coisas com Nancy correndo que faziam parte do pesadelo lá fora, correndo pelo beco", lembrou Craven.

"No meio de tudo isso", diz Cunningham, "eu estava falando com Wes e perguntando como estava indo, e ele me falou sobre a falta de tempo e dinheiro, e assim por diante, e eu me ofereci para ajudar de alguma forma e ir até lá e tentar filmar com a segunda unidade para pegar algumas tomadas."

O criador de *Sexta-Feira 13* estava ciente de que havia uma enorme pressão sobre Craven "porque ele tinha acreditado naquele projeto por tanto tempo e agora era tipo 'ou vai ou racha'. Ele trabalhou com um orçamento insuficiente e um cronograma muito curto, tentando descobrir como dar conta", diz Cunningham.

Cunningham não apenas colaborou com filmagens das cenas de Nancy correndo, mas ajudou a completar tomadas de uma placa de Elm Street, algo que nunca foi usado no corte final do filme, mais tarde surgindo apenas entre as cenas excluídas. "Eles precisavam estender o perigo de Heather, então fizeram algumas tomadas realmente ótimas de Nancy toda assustada em seu pijaminha", lembra Englund. "Gostava muito de Sean, ele foi um diretor muito influente no horror do final do século xx, responsável por algumas coisas excelentes, mas lembro que todo mundo estava afobado naquele dia. Foi tudo muito, muito corrido. E a equipe provavelmente não tinha dormido e estávamos com o pessoal do departamento de arte. Não tínhamos a 'equipe imortal'."

Para Langenkamp tratou-se mais do que afobação ao ocorrer um acidente. "É muito difícil de esquecer", diz a atriz. "Estávamos fazendo uma cena de corrida, e eu cortei o pé. Tiveram que dar pontos. Isso aconteceu durante a supervisão de Sean. E eu senti que ele estava nos apressando, não deixava o pessoal fazer seu trabalho corretamente, e eu não usava nenhum calçado, então acabei indo parar no hospital. Não fiquei muito feliz naquele dia." Tampouco a cabeleireira dela, que se lembra de ficar chateada o bastante para querer dar bronca em quem não estivesse pronto para defender a atriz. "Lembro-me da supervisora de figurino, Lisa, agarrando a minha mão e dizendo: 'Não vale a pena'", afirma Fleetwood. "Ao carregar Heather Langenkamp para colocá-la no carro e levá-la ao hospital, com muito sangue escorrendo do corte na sola do pé, eu acabei dizendo: 'Está falando sério?!'. Tiveram que dar muitos pontos no ferimento. Fiquei muito decepcionada."

Foi um momento em que Englund, que tinha experiência em filmes com orçamentos grandes e pequenos, sentiu que precisava dizer alguma coisa. "Lembro-me de usar a minha voz de adulto e dizer: 'Opa, opa, opa'. Eu não confrontei Sean, nem nada do tipo, mas disse: 'Ok, vamos varrer esse maldito chão. Tem atores trabalhando aqui'. Eu queria proteger o espaço", conta ele. "Não banquei o herói que Heather merecia, mas podia sentir que estavam nos apressando demais." A atriz, expressando sua compreensão, também foi um tanto passiva em relação à situação das filmagens. "Ficou difícil quando eles contrataram um diretor de segunda unidade, e as coisas não estavam indo muito bem. Não tínhamos muito tempo", diz Langenkamp. "Descobri que, depois de trabalhar com Wes, com quem àquela altura eu havia estabelecido um rápido entendimento do que ele queria, não seria fácil ter de reajustar tudo e começar a falar com um novo diretor."

Rotulando Cunningham — pelo menos nessas circunstâncias — como o oposto de Craven, Langenkamp acrescenta: "Exatamente no momento em que todos estavam apreensivos com a incerteza de conseguir completar o filme, trouxeram alguém com esse tipo de personalidade. Foi realmente estressante."

Revelando ainda que a atriz não tinha muita certeza do que Cunningham queria, Craven admitiu que "Heather de fato veio até mim e disse: 'Quero apenas que você seja o diretor aqui'. Sean foi para casa no dia seguinte, mas ele deu sua contribuição. E acho que, pelo que me lembro, foi a única coisa que Sean fez."

"Tenho certeza de que Sean lhe fez um grande favor, e provavelmente de graça, ou quase isso, então entendo plenamente a necessidade", diz Langenkamp. "Mas também senti que era difícil ter alguém novo chegando e dando ordens às pessoas, dizendo-lhes o que fazer e assumindo o comando sem que nenhum relacionamento tivesse sido criado. Não fomos apresentados no início do dia, tampouco no fim do dia. Isso é muito ruim. Gostaria que tivesse havido mais tempo."

> "HAVIA UMA ESPÉCIE DE SENSAÇÃO DE 'O QUE PODEMOS JOGAR NA FRENTE DA CÂMERA EM SEGUIDA? O QUE PODE NOS AJUDAR A EDITAR TUDO ISSO JUNTO? ISSO É ASSUSTADOR? ISSO NÃO É ASSUSTADOR?'"
> — **Heather Langenkamp, sobre o apertado cronograma de produção**

Naquilo que era claramente uma produção já apertada, até mesmo Doyle lembra a pressa para fazer seus dias renderem, especialmente porque muitas filmagens tinham de ser rodadas à noite. "Rodar um filme noturno em junho não foi a melhor coisa a se fazer, pois tínhamos apenas sete horas de escuridão", afirma o técnico de efeitos. "Wes estava cuidando da primeira unidade. Nós filmávamos com quatro unidades de efeitos especiais. Bob Shaye estava cuidando de uma das unidades de detalhes; Tony Cecere cuidava da unidade de cenas com dublês; e outros, ainda, estavam filmando em locações que havíamos perdido, apenas por limitações de tempo. Por isso, alguns amigos de Wes vieram ajudá-lo a dirigir algumas dessas sequências. Era a única maneira de conseguir fazer tudo."

Langenkamp não apenas estava ciente da atmosfera atribulada — ela estava no meio dela. "Tinha uma espécie de sensação de 'O que podemos jogar na frente da câmera em seguida? O que pode nos ajudar a editar tudo isso junto? Isso é assustador? Isso não é assustador?'", diz ela. "Eles estavam fazendo tomadas aproximadas da minha mão, tirando as minhas joias em um momento, e eu as colocando de volta no seguinte. Lembro de pessoas constantemente sacando partes do meu guarda-roupa e colocando em outra pessoa para que pudessem fazer uma pequena cena que precisavam. Não me lembro de ser um ritmo frenético, mas estávamos definitivamente focados em pegar na câmera tanto quanto pudéssemos."

"Eu conhecia todo mundo no escritório àquela altura e meio que tinha ideia do que precisávamos filmar até o final da produção", diz Diers, que estava a par dos recortes necessários ou das tomadas de reação. "Definitivamente era um momento de total corrida contra o relógio."

NÃO HÁ LUGAR COMO O LAR

À medida que o tempo passava, deixar as coisas prontas também significava Nancy escapar de Freddy e abrigar-se na suposta segurança de seu lar no número 1.428 de Elm Street, uma casa como muitas outras. Porém, conforme o tempo mostraria, também se tornaria uma estrela por si só, com direito a fazer parte da rota turística de Hollywood. Além disso, passou a ser considerada sinônimo de terror, mesmo que ninguém imaginasse que ela se transformaria num ícone da série. "Estávamos filmando em Los Angeles, mas tudo tinha de parecer Ohio. Então, encontrar um tipo de casa que fizesse as pessoas acreditarem nisso, e que ficasse em uma rua sem palmeiras, era o primeiro objetivo", diz Talalay.

E quanto ao endereço agora muito lembrado? "O número real da casa era 1428", lembra Langenkamp. "E nós não tínhamos dinheiro para mudar os números da casa!" Por mais difícil que possa ter sido encontrar uma casa em uma rua no sul da Califórnia que não parecesse ser daquela região, foi exatamente o que Craven ordenou. "Talvez houvesse uma ou duas ruas em Los Angeles sem palmeiras", diz Cook. "Eu sei que era uma questão importante para Wes e ele queria que parecesse com um Meio-Oeste genérico, com mais nada." Por causa dessa imposição, não havia muitas opções. "Não posso jurar isso, mas acho que, por essa razão, estavam sempre filmando naquela rua, o que pode ter tornado mais caro", ela sugere.

As finanças do filme não estavam afetando apenas o que apareceria na tela, conforme a produção descobriu enquanto preparava a locação prática na casa. No dia anterior em que estavam prontos para filmar, a Receita Federal colocou uma ordem de penhora sobre a propriedade, e os cenografistas tentaram argumentar com o agente do governo dizendo que eles iriam filmar no local em quatorze horas. Burrows lembra: "O fiscal da Receita respondeu: 'Não me importa o que você diga, já ouvi todas as desculpas!'." Ele informou que não poderiam tirar o aviso e que o documento deveria ficar lá vinte e quatro horas por dia. "Então chegamos lá na manhã seguinte e tiramos o aviso. Ninguém apareceu para falar conosco, então ficou sem aquilo por uma semana", acrescenta Burrows. "Não lembro disso", admitiu Craven, "mas não ficaria surpreso se descobrisse que isso de fato ocorreu. Às vezes, essas coisas acontecem e o diretor nem fica sabendo."

"É engraçado, porque esse tipo de coisa ocorre o tempo todo nesses filmes de baixo orçamento", admite Diers. "Não é nenhuma surpresa para mim. Não quero dizer nada prejudicial sobre os donos da casa, mas talvez fosse essa a razão para permitirem que filmassem em sua própria residência. Estavam precisando de dinheiro."

Como se isso não fosse problema suficiente, a próxima interrupção seria feita pelos vizinhos da produção cinematográfica. Era um problema relacionado ao barulho causado no estúdio que o filme estava utilizando. "Como comecei cedo no projeto juntamente com Gerry, precisei procurar as instalações de estúdio corretas. Nós fomos para o Desilu", lembra Cook.

Englund entra no personagem antes de perseguir Nancy.

"Os estúdios Desilu estavam instalados em Gower Street, em Hollywood", diz Langenkamp. "Então, depois da época do Desilu, depois de Lucille Ball e toda aquela geração ter passado, os estúdios ficaram meio que abandonados, e acho que foi assim que a produção os conseguiu tão barato."

Com vários cenários para trabalhar, incluindo um com um poço necessário para a produção, "foi ótimo ter dois lugares disponíveis para que pudéssemos construir em um e filmar no outro. E era uma excelente locação", diz Cook.

"Lembro-me que Kathy, Ronee e eu, no Quatro de Julho, estávamos filmando e caímos na farra. Uma grande brincadeira com fantasias do feriado", diz Fleetwood. "Nos divertimos muito." Cook concorda: "Fizemos um churrasco. Foi realmente a nossa casa durante todo o tempo em que fizemos esse filme, e teve muito a ver com uma atmosfera familiar. Era na verdade um ambiente caseiro, um tanto privado e protegido que muitas pessoas não conheciam. Tenho lembranças agradáveis disso."

Englund relembra: "Estávamos naquele lote perfeito em miniatura no coração de Hollywood. Todos tinham estacionamento de fácil acesso, nossos camarins eram pequenos escritórios que talvez tenham sido os escritórios de Desi Arnaz ou Lucille Ball", ele conta. "E ainda estava lá o cenário de *A Família Brady* (1969-1974) ou de *A Família Dó-Ré-Mi* (1970-1974) ou de uma daquelas séries de televisão que filmavam por lá."

Deixando para trás a televisão de antigamente, agora era o ano do muito bem-sucedido Festival de Artes dos Jogos Olímpicos de Los Angeles. "Eu sei que no cenário adjacente estava ensaiando o Théâtre du Soleil, indiscutivelmente o melhor teatro da Europa", diz Englund. Enquanto a companhia teatral trabalhava para encenar suas grandes produções, eles tinham centenas de pessoas assistindo todas as noites, além de uma banda. "Toda a empolgação — e as palmas — do público dava para ouvir do nosso palco, e o técnico de som estava ficando louco", diz Burrows. "Então eu me queixei e Bob Shaye ligou para eles e disse que iria processá-los se não tomassem alguma providência em relação ao som. Dispensaram a banda e pediram ao público para que não aplaudisse nos próximos doze dias. E isso resolveu a questão."

"Isso parece um pouco fora do meu estilo, mas é possível", diz Shaye sobre o relato. Finalmente aptos para continuar, embora eles tenham "filmado um bocado na casa, especialmente do lado de fora", lembra Langenkamp, "uma grande parte do trabalho foi no palco. Nós filmamos a maioria dos interiores lá". Foi lá também, segundo Burrows diz, que "nós de fato construímos a casa inteira, primeiro e segundo andar".

Haitkin comenta sobre o filme independente tentando imitar um filme maior de Hollywood: "Foi feito, de certa forma, como uma produção de estúdio. O filme foi rodado em um palco cenográfico. Embora tenha havido muitas filmagens em locação, sua base foi um palco independente em Hollywood, onde os cenários foram construídos — cenários bastante elaborados".

Mas a casa, seja a real ou a do cenário, foi vislumbrada por Craven como mais do que um lugar para Nancy morar, algo que Langenkamp apreciou. "Wes tinha muitas ideias, ideias filosóficas, e ele tinha muitas ideias sobre o que as palavras realmente significam. Em um nível muito fora deste mundo, que às vezes pode ser extremamente profundo", diz ela. "Por exemplo, Wes estava lendo um filósofo, e eu gostaria de conseguir lembrar o nome, quando escreveu *A Hora do Pesadelo*, e a casa é de fato uma representação da própria psique. Há tantos níveis da casa porque há tantos níveis de nossa psique, isso era algo que ele estava pensando nessas coisas quando dirigia o filme. E ele nos deixava a par de que estava pensando nisso, o que foi fantástico."

PRESO!

Craven rodou algumas — mas não todas — das cenas na locação real da casa. Era agora o santuário ao qual Nancy tentava desesperadamente chegar depois do encontro com o cadáver de Tina e o diabólico Freddy do lado de fora da prisão. Mas no autêntico estilo de Elm Street, Krueger não permitiria que isso acontecesse com tanta facilidade, colocando Nancy em uma situação complicada. A ideia ganhou vida de forma diferente do que estava no roteiro de Craven, ao mesmo tempo que evocava os talentos criativos do produtor Shaye.

Em uma versão inicial do roteiro, Nancy corria pela rua se afastando de Krueger, mas o pesadelo não tornava as coisas fáceis para ela. Correndo em velocidade máxima, ela tropeça em um cavalete e vai parar "em uma nova calçada, afundando no cimento fresco na altura do tornozelo. A coisa gruda em suas pernas como grandes bolhas e ela mal consegue soltar os pés". Krueger a persegue, quase cortando-a, mas Nancy consegue escapar e entra em sua casa, onde outra mudança foi feita.

O mesmo rascunho mostra Nancy observando enquanto Krueger enfia sua garra pela janela da cozinha, tentando entrar. Ele está "forçando o vidro com seus grandes dedos de faca, as lâminas afiadas raspando nas bordas do vidro enquanto o estilhaçam na moldura". É nesse momento que a jovem se vira e corre para o andar de cima, levando ao que se vê na versão final do filme.

"O conceito em grande medida veio de alguns dos meus próprios pesadelos. É por isso que eu estava apenas oferecendo-os para Wes", afirma Shaye. "O que eu lembro especificamente foi o episódio da escada pegajosa." Risher também recorda que a ideia se originou dele. "Quando Nancy coloca os pés na escada, sim", ela diz, "isso foi ideia de Bob. Nós as chamamos de 'escadas de aveia'." A noção de Shaye também foi confirmada por Talalay: "Bob teve essa ideia de correr e não conseguir se mover. Tentando fugir e não conseguir chegar a lugar algum".

"Eu acho que é um sonho muito comum, pelo que entendi: pessoas ficando presas enquanto andam. Era uma espécie de ideia por trás disso", sugere Langenkamp. Nancy cor-

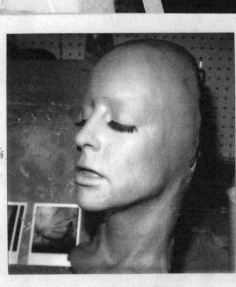

TINAS HEAD
(CENTIPEDE)

O verdadeiro bicho que acabou se perdendo no cenário — e depois encontrado. A escultura de argila feita por Miller da cabeça de Tina que permitiria à personagem regurgitar uma centopeia viva.

Devido ao cronograma de filmagem ter feito o filme ser rodado em pleno feriado de Quatro de Julho, o elenco e a equipe técnica realizaram um churrasco para comemorar. **No sentido horário a partir da imagem acima:** Jensen, Fleetwood e Logan demonstram os talentos de figurino, cabelo e maquiagem.
As festividades viram Blakley imitando uma escultura da Dama da Liberdade. Depp, anos antes de efetivamente se mudar para a França, ostentando uma boina, uma taça de vinho e um pão daquele país. As moças do figurino, da maquiagem e do penteado dão o melhor de si em vermelho, branco e azul.

re até a escada, apenas para descobrir que seus pés literalmente afundam a cada passo. A atriz recorda: "Eles decidiram apenas cortar o carpete e então derramaram um monte de farinha de aveia misturada com sopa de cogumelos ou alguma coisa assim para ficar com essa consistência muito pegajosa".

As histórias envolvendo sopa e aveia oferecem uma explicação, mas qual foi o material mágico de cinema que foi realmente usado? Rideout, que ofereceu a solução, explica: "Doyle perguntou: 'Qual é a coisa mais pegajosa, mais viscosa e mais desagradável que você pode pensar que os degraus podem se transformar?'", lembra ela. "Eu olhei para ele e disse: 'Bisquick.'"

Doyle ficou surpreso com a resposta rápida de Rideout, assim como a possibilidade de que ela poderia estar certa. E, conforme ele descobriu, ela estava. "Se você fizer uma mistura muito grossa com o pó de panqueca Bisquick e deixá-lo descansando por uma hora, ele se torna o material mais pegajoso, gosmento e resistente do planeta", diz Doyle. Em um aspecto que se encaixava bem com a produção, também era muito barato.

Mas não era apenas massa caseira que tinha no efeito. "Havia caixas embutidas nos degraus, então misturamos o Bisquick, o colocamos lá e deixamos achatado. E depois pegamos o tapete cortado e o colocamos por cima", diz Doyle. "Era obviamente um efeito barato. Se você olhar bem e prestar atenção, dá para ver os lugares onde ela vai pisar, onde o enchimento não está muito bem nivelado." Talalay não se esquiva do que achou do produto final: "Eles colocaram aquela mistura pegajosa nos degraus e, bem, é exatamente isso que parece ser! Não foi planejado adequadamente e ficou um efeito fajuto".

Nancy foi, pelo menos por alguns momentos, efetivamente detida em sua fuga, contando com um desempenho dos pés dublês de Rideout. "Também são os meus pés na escada. Eu fiz várias tomadas de detalhe. E deixe-me lhe dizer, aquele Bisquick irá segui-lo em qualquer lugar!", ela brinca.

Englund relembra por que ele considera que essas simples sequências de pesadelo são tão eficazes. "Para mim, uma das coisas que sempre funciona em um filme é quando alguém está descalço e tem que correr. Qualquer um que esteja correndo pelo seu quintal, ou sendo perseguido por alguém, com os pés descalços, de camisola ou algo assim, você fica duplamente envolvido cataticamente", diz ele, "porque você pode imaginar: 'Ah, meu Deus! Se houvesse um incêndio na minha casa, seria difícil demais sair, pegar a minha esposa e o meu cachorro, mas vou ficar descalço, tenho que me arrastar pelo telhado, tenho que pular no cacto.' E a ideia de ficar preso quando você sabe que tem que fugir imediatamente; todos nós temos essa experiência comum."

Enquanto Nancy luta para libertar seus pés, Krueger não está muito atrás. Ele esmaga a janela da porta da frente, e tenta assustar a garota com uma abordagem decididamente mais psicológica — uma que pode surpreender os fãs mais antigos do filme. "Quando eu estou na escada tentando fugir, e Freddy arrebenta a janela, ele está usando uma máscara de Ronee, da minha mãe", revela Langenkamp.

Por algum tempo, ao que parece, ficou estabelecido que Krueger estava provocando Nancy com o rosto e a voz de sua amiga assassinada, Tina. "Não é o caso", diz Langenkamp, "Tina já está morta, e eu a vi assim duas vezes. Nesse ponto do filme, a única mulher da minha vida é a minha mãe. É ela que Freddy estava imitando."

Essa ideia também é confirmada pelo homem responsável pela criação do falso semblante. "Era uma máscara do rosto de Ronee Blakley. Nós não fizemos uma máscara do rosto de Tina para esse momento", admite Miller. "Definitivamente era a mãe, porque tínhamos um molde do rosto dela para fazer seus restos esqueléticos quando ela está morta na cama no final. A máscara na porta e a máscara no manequim de Marge são a mesma. No roteiro estava escrito algo como: 'Ela reconhece que não é Freddy, é a mãe dela.'" Quem também confirma a informação é a atriz cuja voz assombrou Nancy. "Eu nunca fiz esse molde. Foi Ronee", afirma Wyss. O que Craven tem a dizer quando pressionado por esclarecimentos? "Eu não faço ideia."

"Nós fizemos apenas uma tomada da cena dos degraus pegajosos", diz Langenkamp. "Não demorou quase nada, mas foi um pouco para o final, e estávamos fazendo as coisas muito rápido, pelo que lembro: 'Certo, vamos fazer isso, aquilo e mais isso.'" Haitkin lembra a pressão no local de filmagem para concluir as coisas dentro do tempo e do orçamento. "Pressão? Com certeza", ele diz, "porque não tínhamos muito dinheiro e era um projeto extremamente ambicioso. O filme teve uma tonelada de trabalho personalizado."

Ele revela ainda que pelo menos dois terços do filme foram resolvidos à medida que avançavam, principalmente porque não havia nada verdadeiramente padronizado sobre isso na época. "Cada tomada tinha que ter um certo aspecto, cada tomada tinha que ser parte desse todo", diz Haitkin. "Então era necessário planejar e preparar tudo. Não havia dinheiro, não havia tempo, e era uma espécie de desafio."

Sem os fundos para um dia adicional de filmagem, e com a necessidade de concluir tudo, Craven recordou as múltiplas unidades que trabalhavam no mesmo espaço, quando ele passou de uma para a outra "configurando enquadramentos e tomadas, e depois indo para o próximo grupo", ele comentou sobre os acontecimentos frenéticos ao seu redor. "Pelo que sei, a cena de Freddy construindo sua luva, Nancy afundando os pés nos degraus, a mãe sendo sugada pela porta da frente, e acho que o lençol de Rod se enrolando em seu pescoço na cela da prisão foram filmadas simultaneamente com a principal cena de diálogos."

Perto do final do filme, com tantas unidades trabalhando, as pessoas tinham que ter cuidado para não entrar — e potencialmente arruinar — em outra tomada no que poderia parecer um circo de configurações. "Havia cenários agrupados como se fosse um Cubo Mágico", ri Diers. "Um pedaço desse cenário, uma inserção deste outro, e algo de mais deste, e alguém da iluminação estava filmando com as pessoas da terceira unidade em um canto. Estávamos tentando terminar no prazo, devolver o equipamento e tirar a equipe da folha de pagamento. E eu só me lembro de como era cômico: 'Em qual unidade você está? Em qual tomada vocês estão trabalhando?'."

Foto de referência de efeitos especiais usada para criar o molde do rosto de Blakley para o momento em que Freddy atormenta Nancy usando a face de sua mãe.

O molde de gesso também proporcionou a Miller a capacidade de criar uma segunda máscara para usar em outro efeito no final do filme.

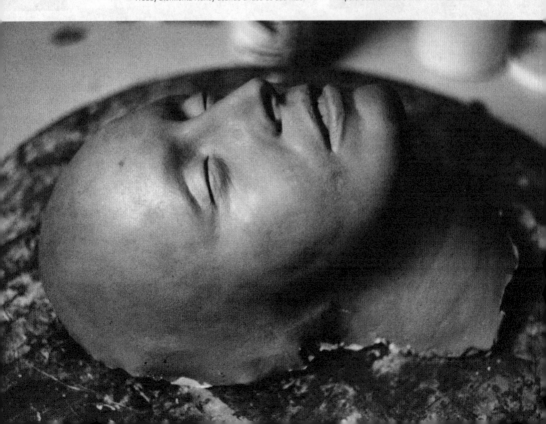

Englund é todo sorrisos enquanto Miller (que finge um susto) retoca sua maquiagem.

O elenco aproveita um momento para se divertir com cabelo, maquiagem e efeitos.

Foi a atitude de 'temos que terminar isso' que aparentemente causou outra rusga — ainda que superficial na época — entre Shaye e Craven. "Uma das grandes brigas que eu me lembro entre Bob e Wes foi sobre os degraus pegajosos", diz Talalay, "e a minha lembrança, que talvez seja imprecisa, porque realmente foi há muito tempo, é que Bob estava obcecado com essa imagem da escada pegajosa. Wes não estava particularmente interessado nisso, e não havia tempo sobrando para filmar em um dia extra, então acabou sendo Bob quem nos forçou a filmar", diz ela.

"Wes e eu tivemos um pequeno desentendimento sobre quem deveria fazer o que", admite Shaye. "Ele queria que eu me limitasse ao meu papel de produtor." E Shaye fez isso, até chegar um momento em que o tempo e o dinheiro estavam acabando. "Na última noite, a equipe de operadores de câmera estava ameaçando sair do local de filmagem e estávamos filmando todo o material da escada", lembra Shaye.

"Bob normalmente ficava em Nova York, mas ia nos visitar ocasionalmente", disse Craven, "e estávamos filmando a cena da escada; inclusive já tínhamos colocado a aveia nos degraus, pelo que lembro. E eu disse: 'Bob, por que você não dirige esta cena?', e ele disse essencialmente 'Ação' e 'Corta', mas eu estava no cenário e ficamos filmando o dia todo." Risher também estava presente, e lembra que Shaye "chegou no final, quando estávamos filmando os degraus com aveia porque Wes queria que ele dirigisse a cena, e foi o que Bob fez."

"Bob estava cuidando desta cena. Ele estava ajudando porque era a ideia de seus sonhos", diz Langenkamp. Seja devido a uma disputa de comando ou algo simplesmente necessário pelas circunstâncias, Shaye diz: "Não havia muita direção para fazer, mas Wes finalmente se dignou a me deixar dizer 'Ação', pelo menos". "Foi um gesto de boa vontade", admitiu Craven.

REFLEXOS DO MAL

Com Craven, a equipe técnica e o elenco sobrevivendo ao perigo das escadas pegajosas, a cena que trouxe Shaye temporariamente de volta à cadeira de diretor terminou com a personagem de Langenkamp correndo para seu quarto. "O clássico momento de medo de Wes Craven é quando Nancy está de pé diante de um espelho e diz: 'Isso é apenas um sonho, não é real!'", diz o montador Shaine. "E, no tempo perfeito, Freddy salta para fora do espelho." É uma cena que ele admite rever sempre porque "é um susto perfeitamente cronometrado, e ninguém faz isso melhor do que Wes".

Também pode ser dito que talvez não fosse jamais feito, já que esse momento não constava em rascunhos anteriores do roteiro. Em vez disso, Nancy chega ao seu quarto, aparentemente em segurança, até Freddy atacar, conforme é descrito no roteiro de 30 de abril de 1984, onde "o assassino mergulha pela janela e a agarra em uma chuva de vidro quebrado".

A ação mudou para Krueger irrompendo através do espelho da porta do quarto de Nancy. "Esse é um exemplo de, provavelmente, Jacques e Wes decidindo que eles tinham esta oportunidade de experimentar uma ideia do tipo *Alice no País das Maravilhas* ou *Alice Através do Espelho*, porque apenas atravessar a janela não teria sido tão interessante", Langenkamp diz, acrescentando: "Também tenho certeza de que Jim Doyle teve muito a ver com isso."

"O espelho que se quebra quando Freddy atravessa a porta, a partir do reflexo de Heather, permitiu que Wes dissesse algumas coisas interessantes", comenta Doyle. "O fato de que Freddy estava vindo a partir do reflexo dela, através de seu rosto, era importante para ele do ponto de vista estrutural."

Refletir sobre o conceito de Nancy estar ou não em um sonho, e se a personagem sabia diferenciar isso, é intrigante para Langenkamp. "Além da referência a *Alice no País das Maravilhas*, ou quando as pessoas atravessam espelhos, a outra questão é se toda a metáfora do sonho significa que um sonho é um reflexo da nossa vida", ela afirma. "Quando Nancy está dentro do sonho, ela às vezes não sabe dizer se o que está vendo é real ou não. Ela diz: 'Isso é apenas um sonho, é apenas um sonho', e então Freddy surge estilhaçando o espelho. É apenas um dos exemplos de como Nancy está sempre verificando: 'Estou acordada ou estou dormindo?'."

As preocupações de saber se ela estava consciente ou adormecida seriam rapidamente colocadas de lado, com Nancy sendo sacudida quando Krueger explode através do seu próprio reflexo. "Aquele era eu", revela Cecere. "Fui eu que atravessei o espelho e depois lutei na cama com Heather." O dublê prossegue explicando sua participação na cena eletrizante, admitindo que uma dublê foi usada para Langenkamp quando ela está diante do espelho com as mãos no rosto. "Eu não queria correr o risco de algum estilhaço de vidro entrar em seus olhos", diz Cecere, "portanto em alguns momentos era a dublê, em outros era a Heather."

Embora Langenkamp não tivesse qualquer objeção em ter uma dublê a substituindo para os efeitos e em alguns momentos na cena, Englund tinha, segundo Cecere. "Robert não ficou particularmente satisfeito com o fato de eu substituí-lo porque eu não era do tamanho dele", ele diz, embora o dublê admita livremente que isso não é muito incomum. "Muitos atores não gostam disso. Eles encontram todas as falhas que um dublê tem. Basta você me ver lado a lado com ele, ou mesmo em algumas das tomadas; com certeza eu não tenho um físico como o de Robert e eu entendo a importância disso."

Também era imperativo o simples fato de fazer funcionar o efeito do espelho, que provou ser um tanto inovador. "Pelo que eu soube na época, ninguém havia tentado atravessar um espelho daquele tamanho antes", afirma Doyle. Mas esse não foi o seu único problema com o efeito, pois ele descobriu que "quando você pega um vidro para estilhaçar e coloca um espelho sobre ele através de pigmentos metalizados a vácuo, você precisa usá-lo, dentro de algumas horas, porque a superfície revestida a vácuo encolhe ligeiramente. E quando isso acontece, o vidro racha".

Johnny Depp, com a jaqueta de seu personagem **(no alto)**, experimenta uma das máscaras de Freddy. Robert Englund, totalmente preparado para filmar, espera pacientemente a sua deixa.

Ficar de prontidão significava, para pessoas como Haitkin e sua equipe de operadores de câmera, coordenar antecipadamente com o pessoal dos efeitos especiais e outros departamentos para garantir que tomadas complicadas como a do espelho se quebrando fossem realizadas sem qualquer empecilho.

"Não existe improviso no local de filmagem para determinadas sequências de ação, efeitos visuais ou efeitos mecânicos. Essas coisas devem ser planejadas", diz Haitkin. "E quando temos departamentos que trabalham independentemente um do outro, preparando todas essas sequências, é necessário trabalhar com imagens porque as pessoas interpretam as palavras de diferentes maneiras. E a única maneira de manter todos pensando igual é com um *storyboard*, então, quando Freddy estava atravessando pelo espelho da porta, era algo que estava predefinido e tudo funcionou."

De fato, como Doyle recorda: "Nós pegamos o espelho e dissemos: 'Agora', e eles estavam prontos para agir. Eles fizeram um excelente trabalho." Foi também um trabalho que, caso fosse feito de forma incorreta, poderia levantar a questão: o que aconteceria se não conseguissem a tomada?

"Nós pensamos nisso cerca de cem vezes por dia nesse filme!", admitiu Craven. "Certamente quando era uma cena com dublê ou algo assim. E eu estava preocupado com cacos de vidro atingindo os olhos de alguém ou todo tipo de coisas. Mas foi um daqueles casos em que funcionou da primeira vez e você diz: 'Obrigado, vamos prosseguir agora.'"

Krueger estilhaçando o espelho e pulando em cima de Nancy ofereceu a primeira oportunidade para Langenkamp demonstrar fisicamente que sua personagem era, de fato, uma lutadora. Foi algo que a atriz apreciou. "É raro nos filmes modernos e, certamente, nos filmes que vi ao longo da minha vida, onde o protagonista e o antagonista estão tão claramente definidos. Onde eles realmente representam o bem e o mal, sem qualquer equívoco", diz a atriz. "Robert Englund e eu conversamos muito sobre o simbolismo oculto de nossa batalha."

O homem por trás de Krueger também achou seu relacionamento na tela interessante e complicado. "Há algo de *A Bela e a Fera* (1946), de Jean Cocteau, entre Heather e eu, e não sei o que é, mas existe uma dança entre nós que se tornou arquetípica", diz Englund. "O público responde a isso em um nível subliminar."

Langenkamp opina sobre o que Englund vê em seu relacionamento na tela: "Robert é uma pessoa muito inteligente e um ator altamente treinado, então, de muitas maneiras, ele me encorajou a pensar na batalha em um nível muito mais alto, como se estivéssemos falando de uma tragédia grega". Englund, por outro lado, afirma isso em termos mais simplificados, talvez devassos. "O público não quer nos ver juntos, mas gostaria de nos ver discutindo. Acho que gostariam de ver Freddy forçar um beijo nela."

A atriz avalia a receita de sucesso entre os dois personagens, aceitando o elemento sexual, mesmo sendo unilateral. "Eu sempre pensei que uma das chaves de seu relacionamento é que há essa ambiguidade. Não acho que Nancy ama Freddy, mas acho que Freddy ama Nancy", sugere Langenkamp. "Ela não está apenas lutando contra ele para salvar a sua própria vida, ela também está lutando contra essa abordagem desagradável por parte de um homem." Seja esse cara chegando muito perto, colocando o rosto em seu espaço ou inclinando o corpo sobre o dela, Langenkamp imagina que seja algo que quase todas as garotas e mulheres já sentiram. "De um menino na escola ou um tio assustador, para um colega de trabalho ao lado do bebedouro. Se você é mulher, já passou por isso", diz ela.

É também uma das características que fazem de Nancy um símbolo de feminilidade para a atriz, mesmo quando outros ainda vejam a personagem de forma diferente. "Quando ficam dizendo: 'Ah, ela tem essa qualidade muito masculina', eu realmente não entendo isso", considera Langenkamp. "Eu sinto de verdade que ela é muito inocente e está enfrentando Freddy em todos esses aspectos diferentes." Filmado no final de uma jornada de dezoito horas, o encontro entre lençóis — platônico e quase mortal — de Nancy e Krueger, tinha "todas aquelas penas voando para todo canto", lembra Langenkamp, quando Freddy rasga o travesseiro que Nancy segura diante dela.

Craven lembrou que Risher estava no local de filmagem, com quase oito meses de gravidez, sentada num canto. "Ela tinha uma grande máscara de ar no rosto para não respirar penas, porque alguém nos disse que era possível inalar penas e morrer." Risher confirma o momento: "Sim, eu tinha ouvido que a inalação de penas era prejudicial, então cobri a minha boca", ela ri.

Graças a um despertador, Nancy acorda aparentemente menos assustada por seu encontro com Krueger e seus avanços mortais, e mais frustrada com aquele que deveria beijá-la — e que supostamente a estaria vigiando: Glen. Encarregado de despertá-la caso parecesse que ela estava tendo um pesadelo, essa foi uma das primeiras grandes cenas do novato Depp e, a exemplo de seu personagem, o ator confessou que naquele momento ele estava "assustado e perdido", completando: "Felizmente, Wes foi muito paciente e gentil. Ele não se importava quando eu fazia perguntas idiotas como 'O que quer dizer ação?'."

Craven se lembrou de Johnny como "sendo muito imaturo", e completou: "Mas ele aprendeu muito rápido e estava ansioso para participar do processo. Ele parecia entender automaticamente o que era atuar e o que era criar um personagem".

Se Depp estava trabalhando duro para se acostumar à vida em um ambiente de filmagem e encontrar seu personagem, Blakley admite que ela também estava trabalhando duro em sua própria caracterização, chegando ao ponto de não apenas usar seus talentos, mas a sua própria pessoa, para trazer Marge à vida. "Na condição de atriz, eu usei meu cabelo como suporte da personagem, e comecei com um penteado muito arrumado e depois soltei o cabelo, deixando-o cada vez mais desarrumado conforme o filme avançava, para simbolizar que ela se descontrolava", diz Blakley.

"Ela queria que seu cabelo ficasse de uma certa maneira", confirma Woodrum. "Então deu muito trabalho fazer o cabelo parecer bem, mas foi o que Ronee adorou. E quando

Langenkamp e Englund ensaiam a batalha. Nancy luta contra Freddy usando sua força para evitar que as garras dele a rasguem.

o cabelo dela ficava bonito, ela era uma pessoa muito confiante e ótima, embora sua personagem não fosse. Mas isso só demonstra o quanto ela era boa."

Embora Craven possa ter admirado a adrenalina da atriz para se aprofundar em sua personagem, além da experimentação de cabelo feita por Blakley, ele acrescenta educadamente que "ela nunca ficava devidamente satisfeita com a maquiagem, então ela costumava mexer nela depois que os departamentos de maquiagem e penteado terminavam de prepará-la; então, por causa disso, nunca sabíamos exatamente como ela estaria quando chegasse ao cenário".

É algo que as mulheres encarregadas de tais tarefas se lembram bem. "Eu fiz sua maquiagem e ela não ficou muito satisfeita com o resultado, embora eu tenha que dizer que todos acharam que ela estava fabulosa, inclusive eu", diz Logan. "Ela foi ao seu quarto e colocou um monte de maquiagem laranja. Sombra de olho laranja, pó compacto laranja, batom laranja; tudo laranja. E ela seguiu para o cenário sem o meu conhecimento."

Logan foi informada quando um segundo assistente de direção a convocou para o cenário para conferir com Craven. A artista de maquiagem viu Blakley e, sem dizer uma palavra, deixou claro ao diretor que a aplicação cosmética que ela testemunhou na atriz não era a que ela havia feito. "Wes mais tarde me disse que a expressão no meu rosto quando a vi pela primeira vez o levou a acreditar que eu não tinha ideia de que ela tinha feito aquilo, e certamente não era trabalho meu", lembra Logan. "Então peguei o meu estojo e refiz sua maquiagem. Wes estava de pé ao lado, eu olhei para ele pedindo sua aprovação, ele fez sinal de positivo e disse que estava ótimo."

Aquela não foi, observa Logan, uma ocorrência única. "Foi o que aconteceu todo santo dia. Eu tinha que descobrir como não deixar isso acontecer", diz ela. E foi exatamente o que ela fez. "A primeira coisa que eu fazia pela manhã, quando Ronee chegava, era tirar todos os cosméticos de sua bolsa, na frente dela, então devolvia a bolsa e guardava tudo em uma gaveta na sala de maquiagem, que ficava trancada depois que eu saía", afirma Logan. Fleetwood também não era imune à situação. "Ela estava constantemente mudando o cabelo, e nem sempre dava para saber o que ela iria fazer", afirma. "Foi um desafio para a continuidade, mas eu ficava constantemente atenta. O cabelo se move, e quando você tem alguém movendo o cabelo para você, ele vai mudar ainda mais. Foi um dos maiores desafios para mim no filme."

No entanto, a situação pareceu funcionar. Pelo menos para Logan. "Ela me deu um presente fabuloso no final da produção", ela ri. Langenkamp parece ter uma compreensão da situação, revelando que ela e seus outros colegas de elenco mais jovens usavam pouca maquiagem. "Ronee provavelmente passou mais tempo sentada na cadeira de maquiagem do que a maioria de nós. Nós ficamos com nosso frescor alegre depois de cerca de cinco minutos", diz ela. "E agora que estou com a idade que Ronee tinha quando ela desempenhou o papel, se você estiver cercada por adolescentes maravilhosos, se estiver ao lado de Johnny Depp, eu só posso simpatizar com Ronee querendo ter a melhor aparência."

O que quer que Blakley estivesse fazendo, particularmente com o cabelo dela, pareceu funcionar, acrescentando mais uma camada à personagem da mãe de Nancy. Em nenhum outro aspecto o começo do descontrole de Marge ficou mais aparente do que quando ela entrou subitamente no quarto de Nancy (forçando Glen de volta à treliça de rosas de onde ele veio), claramente embriagada, e ostentando as noções de cabelo despenteado da atriz.

> "EU ACHO QUE O QUE ESTAVA ACONTECENDO ERA TÃO TORTUOSO, UM TORMENTO, QUE ELA PROCUROU CONSOLO ONDE PODERIA ENCONTRAR: NA GARRAFA."
> **— Ronee Blakley, sobre a relação da personagem com o álcool**

"Eu acho que Marge beber era um problema para ela", admite Blakley. "O fato de ela beber demais não ajudava em nada sua filha. E acho que o que estava acontecendo com ela era tão tortuoso, um tormento tão grande, que ela buscava consolo onde poderia encontrar: na garrafa."

PENDURE FIRME

Assim como Depp aceitava os conselhos daqueles ao seu redor, seu personagem também daria ouvidos a Nancy, que o força a ir com ela verificar Rod. A partir de seu pesadelo anterior, ela se dá conta que seu amigo pode mesmo ser visitado por Krueger, o que só pode significar encrenca. Quando Nancy e Glen se dirigem para a delegacia, eles são interrompidos por um Garcia com pouca disposição para ajudá-los. "Era tarde da noite em uma delegacia no subúrbio. Eu trabalhei no turno da madrugada em outros empregos antes e tem muita fadiga envolvida. Você só quer que aquilo termine logo", observa Unger. "E quando jovens histéricos chegam agitados, especialmente quando uma dessas crianças é a filha do seu chefe, você não sabe como lidar com isso, sabe?"

Tentando convencê-lo de que precisam ver Rod em sua cela, Nancy e Glen em seguida enfrentam o pai dela. Saxon lembra seu encontro com Depp na tela. "Johnny continuava se referindo a mim como 'sr. Saxon', então falei: 'Ei, vamos, apenas me chame de John'", diz ele. "Quero dizer, quem iria imaginar que um dia ele seria o 'sr. Depp'?"

Embora Saxon não tivesse muitas cenas com o "sr. Depp", até mesmo ele percebeu a capacidade do futuro astro para entender e absorver o que estava acontecendo ao seu redor. "Mesmo eu não tendo muita coisa para fazer pessoalmente com ele no filme, estava claro que ele sempre ficava prestando atenção. Foram apenas algumas coisas que eu o vi fazer", diz o ator veterano.

Langenkamp também ficou impressionada com a capacidade de Depp de estar atento ao que precisava fazer e ao que não entendia. "Lembro-me de Johnny ser muito sério quanto a não fingir que sabia o que estava fazendo quando, de fato, não sabia, e também quanto a ouvir, não apenas Wes, mas todo mundo no ambiente de filmagem", diz ela. "Ele era muito verdadeiro e, como resultado, também muito reconfortante. Era tímido e modesto, não se jogava diante da câmera. Não exigiu nenhum tratamento especial. Foi muito bom ter alguém assim como coastro."

"Ele ficava encantado com tudo o que estava acontecendo ao seu redor", diz Logan. "E sempre queria aprender e melhorar a si mesmo." Craven também elogiou o ator debutante pelo seu empenho e ética no trabalho. "Seus padrões eram muito, muito altos", disse ele.

Quando Nancy implora que seu pai vá verificar Rod, Craven ficou feliz com o desempenho que Saxon estava dando ao personagem, o pai que há muito tempo estava sofrendo em silêncio. "John fez um trabalho maravilhoso como um tipo de cara que realmente se importava com sua filha, mas achava que ela talvez estivesse ficando louca, ou que se comportava de maneira totalmente esquisita ou o que quer que fosse", disse ele.

"Você precisa de um personagem que seja assim, que também ache inacreditável", acrescenta Saxon. Craven considerava que havia muitas nuances na interpretação de Saxon. "Ele não é um simples policial estúpido, o que é muito comum nesses filmes", opinou ele.

Levando sua filha a sério ou, pelo menos, fazendo a vontade dela, Thompson pede para Garcia as chaves da cela de Rod. Quando ele não consegue encontrá-las, o momento oferece tensão à medida que o público está ciente de algo que os adultos não estão: para Rod, cada segundo importa. "Nós encenamos aquela coisa de 'Onde estão as chaves?' e Wes foi direcionado para esse ponto enquanto eu ficava olhando para os lados", diz Unger. "Eu não sabia que o cara estava sendo enforcado, entende? Isso aumentou o suspense desse momento."

À medida que a cena avançava e se encaminhava para a tentativa de salvar Rod em sua cela, Corri recorda que, na cabeça dele, a morte de Rod deixou muito a desejar. "Eu acho a minha morte idiota. Eu morro enforcado, sabe? Tina enfrenta o inferno na cama. E então esse cara me asfixia na minha cela e eu grito como uma garotinha. Eu era exatamente como esse cara valentão gritando 'Não!', mas Tina o enfrentou. Sei lá...", diz ele, brincando, "eu adoraria poder refazer isso."

Englund tem uma opinião diferente sobre por que Freddy ainda permeia a narrativa, mesmo quando não está visível na cena do crime. "Há algo de maravilhoso na medida em que é como aquele antigo jogo de telefone que você brinca no acampamento com copos de plástico e barbante", diz ele, "e dá pra ouvir o sussurro de todo mundo ao redor e ver como a história muda. Freddy pode ser um pouco diferente no sonho de cada um. Às vezes você o vê, às vezes não. Mas ele está sempre lá."

O ator também é rápido para esclarecer que foi Krueger, de fato, que matou Rod. "Freddy o estrangula com seus próprios lençóis. E eu simplesmente adoro isso porque era uma desculpa para outro tipo de morte, uma morte mais criativa que mostra como Freddy pode se manifestar", diz Englund. "E eu sempre adorei isso. É bastante eficaz, mesmo que eu não esteja em cena, porque parece muito adequado que seja algo da imaginação de Freddy, ou uma ferramenta que ele usaria, ou uma espécie de matança cruel. É um tipo maligno de sarcasmo próprio a ele. Creio que de fato se sustenta, essa morte. E ainda hoje perdura."

Mesmo com um ponto de vista diferente sobre esse assunto, Corri faz grandes elogios para algumas das equipes que provocaram seu final sem a presença de Freddy, mas primeiro demonstra seu ressentimento com pelo menos uma pessoa envolvida: a maquiadora. "Ela colocou muito pó branco em mim, como se eu perdesse sangue depois de morrer. Isso ficou meio estranho", admite ele, mas prossegue: "Os sujeitos dos efeitos eram incríveis. Tudo foi feito como nos velhos tempos, coisas reais, não como hoje em dia, em que há apenas tela verde e imagens geradas por computador. Quando estavam me enforcando, com aquela coisa que se enrosca no meu pescoço, eles filmaram normalmente e depois passaram de trás para a frente. Fizeram um nó e depois o desenrolaram."

Para melhor detalhar os segredos da morte de Rod nas mãos de um Krueger que não é visto, Doyle diz: "Era tecnicamente complicado porque havia muitas pequenas cenas que tinham de ser juntadas e, quando o lençol se enrosca no pescoço dele, se você olhar com atenção, dá para perceber que está sendo puxado e a cena está invertida". Doyle admite que, para evitar essa falha potencial, ele e sua equipe tentaram puxar o lençol para a frente, mas a linha de pesca puxando o tecido era muito óbvia. "Então puxamos lentamente para trás, e na versão final do filme talvez tenham acelerado ou retardado algumas partes. Foi cuidadosamente planejado com Wes e Jacques", diz ele.

Haitkin admite: "Havia muitas coisas diferentes acontecendo em relação a isso". O que não foi perfeitamente planejado foi a primeira tentativa de pendurar o personagem de Corri. A equipe lhe deu um colete de arreios com um fio para levantá-lo enrolado em toalhas e com um gancho atrás do pescoço. O ator lembra: "Eles estavam me puxando para cima e eu não tinha nada abaixo dos meus pés, e os arreios ficavam ao redor da minha virilha. Era como usar um traje de banho muito apertado".

O problema teve início quando a equipe de efeitos começou a levantá-lo pela linha para pendurá-lo. "O negócio arrebentou. O fio não era forte o suficiente. Então, da primeira vez, eu caí e me arrebentei. Despenquei da altura de um metro", lembra Corri. "Eles então refizeram com arreios, que levantam você e o mantém seguro. Mas eram os velhos tempos."

Também repensando o efeito, Carlucci ecoa o sentimento de Corri sobre a maneira como foi executado. "Repito, aqueles eram os métodos de antigamente para conseguir esse tipo de efeito. Hoje em dia pode ser mais conveniente gerar por computador e ter uma aparência diversa", diz ele.

Técnicas da velha escola ou não, Corri é firme em um aspecto do efeito: "Eu queria morrer depois de Johnny Depp para que pudesse ficar no filme por mais tempo. Eu adorava atuar e não queria ser morto".

O descarte do personagem de Corri na tela teve um impacto na vida real de Langenkamp. "O estranho sobre estar nesses filmes é que você vê coisas que os atores fazem que talvez nunca veja na vida real", diz ela. "Eu estava lá sentada, olhando um homem enforcado e pensando: 'Será que é mesmo assim que se parece um homem enforcado?'. Você, você mesmo, realmente não sabe, então agora a minha imagem de um homem enforcado é Nick pendurado por um lençol."

Unger, cujo personagem ajuda a cortar o lençol e baixar Rod, lembra um momento dele que foi alterado e, por fim, eliminado. "No roteiro, havia uma frase, quando encontramos o corpo, que o meu personagem diz em espanhol", revela. Esse diálogo, em rascunhos iniciais do roteiro, era: "Maldito garoto *loco* — não devia fazer isso — *Madre dios*!".

"Não sou hispânico nem cresci entre hispânicos, mas não vi nenhum motivo para mudar o nome, porque na América as pessoas têm sobrenomes e origens diferentes", diz Unger. "Eu conheci muitas pessoas com sobrenomes espanhóis que não eram fluentes em espanhol. E eu tentei, mas para mim não estava funcionando. Conversei com Wes e ele disse: 'Não se preocupe com isso', então acabamos mudando."

DESCANSO PARA LANE

Agora com Rod Lane como mais uma vítima de Krueger, sua amiga Nancy comparece ao funeral, silenciosamente tentando encontrar algum sentido em tudo aquilo. Quem interpretou o padre encarregado do serviço funerário foi Jack Shea, um ator que na época estava procurando um gerente de talentos, e não necessariamente por uma participação em *A Hora do Pesadelo*. "Eu morava em Los Angeles, tentando alavancar minha carreira de ator, e fui ver uma pessoa recomendada", lembra Shea. "Ele ficou interessado. Na época, eu participava de uma peça em Los Angeles chamada *Bleacher Bums*, e ele enviou sua assistente para ir me ver atuar." Essa assistente era a esposa de Craven, Mimi, que levou o marido junto. "Depois conheci os dois. Eles foram muito amáveis, muito gentis, e acabei sendo chamado por Wes para uma audição. Foi assim que consegui o papel."

Filmar a cena, lembra Langenkamp, começou com uma discussão "sobre se Nancy teria ou não um vestido preto", diz ela, e isso explica por que ela está trajando um vestido azul brilhante na cerimônia, algo que claramente faz a jovem se destacar. "Quando você é inocente e jovem, a ideia de ir a um funeral é a última coisa em sua mente. Particularmente, não acho que tive alguma peça de roupa preta até me mudar para a Califórnia, porque lá o preto estava na moda", ri Langenkamp. "Mas um traje de luto é algo que uma pessoa jovem não teria. E esse funeral foi no dia seguinte ou dois dias depois da morte de Rod, então talvez eu não tivesse a oportunidade de comprar roupas novas."

Sobre a escolha da cor, Shea acrescenta: "Heather era a protagonista do filme, e acredito que eles estavam usando roupas e cores como uma maneira de destacá-la. As outras pessoas com aquele padrão de preto e branco monocromático desapareciam no fundo, enquanto que aquele azul a destacaria. Essa é uma das maneiras que os desenhistas de figurinos trabalham, através de cores e acessórios."

Langenkamp também comenta que com Marge em um estado de aparente negação geral, juntamente com seus ataques de embriaguez, a mãe de Nancy talvez não tenha se importado se a filha estava ou não vestida adequadamente. "Portanto, todas essas pequenas justificativas para usar o vestido azul fazem sentido e, no final, ele faz com que Nancy se destaque", afirma a atriz. E não foram apenas as roupas do funeral que fizeram isso. "Nancy se destacou muito com o seu figurino em geral. Ela não estava na moda e não se importava, e você percebia que, obviamente, a *Teen Vogue* não estava batendo na porta dela", brinca Langenkamp.

Jensen oferece sua opinião sobre o assunto e embora não tenha projetado a roupa, ela a entende e acha que funcionou a favor do filme. "Eram apenas pessoas reais. Jovens que andavam juntos, e eram vizinhos, e não pareciam estar por dentro da moda, nem um pouco. Não parece falso", diz ela. "Parecia que eles realmente eram um grupo de jovens que viviam e estudavam juntos, estavam na mesma escola e no mesmo bairro e, finalmente, no mesmo pesadelo."

Esse ponto de vista é ecoado por Langenkamp. "Um dos aspectos mais bem-sucedidos é ter essa espécie de guarda-roupa atemporal para esses jovens. Ninguém está de fato vestindo roupas da moda", diz ela. "Muitos filmes de horror modernos têm garotas com visual ótimo, usando roupas e joias muito elegantes, e eu acho que isso deixa o projeto muito datado. Lembro-me de falar com o pessoal do guarda-roupa: 'Nós não queremos fazer isso'."

Enquanto Langenkamp e Jensen se recordam das escolhas das roupas, a atriz também lembra o local bucólico onde filmaram. "Foi em um cemitério em Boyle Heights, na Califórnia. Era um cemitério muito velho, bonito e clássico de Los Angeles", diz ela.

"Filmamos com apenas algumas tomadas", lembra Shea, "e acredito que eu estava lá no primeiríssimo dia da fotografia principal. A filmagem em si foi muito tranquila e Wes foi muito agradável em relação a nós." Shaye recorda vividamente a cena, uma das primeiras a ser filmadas, por outro motivo muito importante, sendo uma lição sobre a interação com o elenco. "Nós estávamos filmando a cena do cemitério e eu tinha acabado de conhecer John Saxon. Ele veio até mim e disse: 'Quem é esse tal de Shaye? Que tipo de filme é este? Eu sei o que é, mas quem são as pessoas que estão juntando tudo isso?'", lembra o produtor. "Então fingi que eu não era eu e disse: 'Ah, eles são sujeitos muito bons'. Achei que resolveríamos tudo isso mais tarde."

Ele também relembra outro instante, desta vez com Craven. "A primeira ou segunda tomada do filme era de pessoas em pé em um cemitério. A tomada seguinte era um carro se afastando, e era para ter um reflexo na janela traseira ou algo assim", lembra Shaye. "Então, Wes faz uma tomada, duas tomadas, três tomadas, e então eu andei até ele e disse: 'Acho que temos o suficiente, não concorda?', e ele se virou e disse: 'Se você acha que vai começar a me dizer como fazer este filme, é melhor pensar melhor, porque vou fazer

Rod encontra seu fim por enforcamento, um momento que poderia ter sido um pouco mais emocionante, segundo Corri.

Haitkin e a primeira assistente de operador de câmera, Anne Coffey, preparam uma tomada na prisão.

Uma espiada nos bastidores da "mecânica" da morte de Rod.

Página lado: Trecho do roteiro descrevendo a original "morte por banheiro" de Rod.

NE3   CORRECTION GALLEY   64

                           NANCY
               Just go back and check -- <u>please</u>!

The man starts to pull her away, but her eyes have such
compelling urgency that he relents. He nods towards Garcia.

                         LT THOMPSON
                    Okay, Gerry.

                          SGT GARCIA
                    Okay, okay...
                         (feeling in his pockets)
                    Let me find the keys...

He mumbles back towards his desk. MUSIC BUILDS as we HOLD ON
NANCY'S FACE. She's shaken by a deep chill as we

                                                 CUT TO:

66   INT. ROD'S CELL. NIGHT.   66

With a terrible SNAP Rod's sheet jerks tight around his neck.
The boy is hauled upright -- eyes popping, face purple. He claws
at the sheet, but despite his strength, he can't get his fingers
between the noose and his windpipe. He's dragged backwards
across the cot.

ANGLE ON THE BARE TOILET -- a DEEP AQUATIC RUMBLE swells from its
porcelin throat, and suddenly it gushes forth with a thick jumble
of water and sewage.

Thrashing in pure panic now, Rod is hauled backwards across the
splashing floor, gasping and struggling in vain against the
powerful pull, untill he sees the filthy fountain he's being
dragged towards. Then he <u>really</u> goes berserk -- fighting it with
every ounce of strength in his body -- water is everywhere, a
giant stream shooting up and smashing off the ceiling, cascading
down the walls and rushing out through the bars into the
cellblock. And Rod is dragged forward despite all his struggle
not to be.

ANGLE ON THE TOILET -- the front of the sheet dives into its
column of water like a water snake, quick and strong, dragging
the helpless boy at its far end headfirst into the water. Rod's
arms brace on the edge of the bowl -- his muscles and veins pop
out in supreme struggle -- but the power of whoever it is pulling
on the far end is far superior -- his arms break their lock --
his head and shoulders are pulled under water and held solid as a
rock.

His feet kick and spin and thrash, but it only earns him an even
harder jerk, that seems to crush his shoulders right down into

                       CORRECTION GALLEY

isto do jeito que você deveria fazer. E você é o produtor, basta ficar parado ali quieto.'"
O momento talvez tenha sido o que preparou o terreno para as tensões que estavam
prestes a vir à tona entre o produtor e o diretor. Shaye prestou atenção e, agora dando
uma risada, lembra de responder a Craven com um "Certo, entendi".

À medida que a cena se desenrolava, logo ficava claro para os pais de Nancy que ela
está ligada a algo em relação ao assassino; algo sobre o qual Donald e Marge não estão
entusiasmados. "O que eu gosto muito na história e no retrato de John Saxon e Ronee
Blakley", diz Langenkamp, "é que você realmente não entende no início por que esses
dois adultos têm essa relação conspiradora. Você tem a sensação de que ambos estão
chateados com Nancy, mas no momento em que ela menciona Freddy Krueger eles per-
cebem que os pecados do passado talvez possam retornar."

Claro, tanto Donald como Marge estão carregando com eles a verdade tácita e terrível
do que fizeram. "É quando ele percebe que está relacionado a Freddy", diz Saxon. "Ela
matou Freddy. Ela é uma assassina", diz Blakley pesarosamente sobre sua personagem.
Saxon também sentiu isso. "Eu lembro um pouco mais sobre o relacionamento. Foi a
primeira cena que fiz com Ronee e Heather, que era o funeral", diz ele, admitindo que
a "relação entre marido e mulher não era boa. E, ao mesmo tempo, acho que Heather
estava dizendo algo sobre 'Freddy, Freddy', e eu queria impedir esse tipo de coisa, para
que ela soubesse que não fazia o menor sentido."

A reação dos pais de Nancy não era necessariamente algo que Langenkamp sentiu que
sua personagem percebia. "É um bom exemplo de Wes subitamente contar a história
através de um olhar. Marge apenas deu um suspiro e o tenente Thompson franziu o
cenho. Basicamente, não é uma grande revelação", ela opina, "mas essa foi a maneira que
Wes conduziu essa situação. E nesse ponto Nancy ainda é muito inocente e não acha que
seus pais possam ter alguma ideia do que ela estava falando. Isso torna sua traição mais
tarde muito mais devastadora."

Antes que Nancy descobrisse a verdade que existe por trás dos olhos mentirosos de
seus pais, ela reconheceria que, ao contrário do que seu pai esperava transmitir, Freddy
Krueger era tudo menos bobagem. "O pai não estava disposto a admitir que Nancy está
tendo sonhos reais, mas sabe que ele está de alguma forma envolvido, e acontece o mesmo com a personagem de Ronee Blakley", diz Langenkamp. "Ronee se torna um *yin* muito
importante para o meu *yang*. Quero dizer, eu só quero que alguém acredite em mim e
entenda que estou nesta circunstância terrível com um cara nos meus sonhos que está
tentando me matar. E então a minha mãe também começa a me puxar duramente nesta
direção, de proteção e fuga." Blakley entendeu a motivação de sua personagem: "Tivemos
que interpretar dessa maneira, é claro. Negamos isso, mas sabemos que pode ser verdade".

Quando Nancy é levada por sua mãe, resta a ela apenas olhar, desamparada, para o pai,
que se mantém calado. "Eu mesmo, tendo vindo de uma família divorciada, na verdade
gostei de lidar com os sentimentos de uma criança que precisa que os pais estejam juntos", disse Craven. "E, em vez disso, eles estão lutando um contra o outro."

SE NÃO SONHAR, VOCÊ ENLOUQUECE

Pouco depois do funeral de Rod, a personagem de Blakley decidiu que sua filha precisava de alguma proteção. E também dormir. Para ver isso acontecer, ela leva Nancy para uma clínica chamada "Escola de Medicina da UCLA — Instituto de Estudos de Distúrbios do Sono", de acordo com o rascunho de 5 de maio de 1984 do roteiro, mas que teve o nome mudado para "Instituto Katja" no filme (o nome foi inspirado em uma das filhas de Shaye). É nesse local que Marge tem esperanças de que alguém possa responder as perguntas sobre o que sua filha tem sonhado.

Foi um momento importante para a personagem de Blakley, porque em sua mente ela acreditava que Marge sentiria a necessidade de "fazer qualquer coisa para ajudar a minha filha. Qualquer coisa para deixá-la bem. Qualquer coisa para fazer esse horror parar", diz ela. "Não pode ser real. Mas e se fosse?" A cena também tem um fã na equipe técnica. "Eu gosto da sequência de sonhos em que Nancy vai à clínica do sono, porque começa como uma cena normal, científica e reconfortante, e então tudo sai de controle", diz o montador Shaine, "e você fica meio que como o 'técnico' de sonhos, que começa a surtar conforme a cena avança."

Esse "técnico de sonhos", dr. King, foi interpretado por Charles Fleischer, um ator que trabalhou regularmente na televisão em séries como *Welcome Back, Kotter* (1975-1979) e *Laverne & Shirley* (1976-1983) antes de seu papel em *A Hora do Pesadelo*. Após sua aparição no filme de Wes Craven, ele se tornaria mais conhecido, poucos anos depois, por seu trabalho como a voz do personagem principal em *Uma Cilada para Roger Rabbit* (1988).[3] Ele lembra que conseguiu o papel em *A Hora do Pesadelo* como muitos outros tinham feito antes dele. "Fui chamado para fazer uma leitura. Li para Wes, consegui o papel, fui lá e trabalhei com Ronee e Heather, e foi ótimo", diz Fleischer. Blakley também lembra de seu trabalho com o ator como um momento divertido. "Foi agradável. Uma boa relação de trabalho."

Craven e a equipe lembraram que ele fazia uma infinidade de vozes para mantê-los entretidos, entre outras coisas. "Ele era notável fazendo vozes. Era notável de várias maneiras", disse Craven. Meyer-Craven, que interpretou a enfermeira do dr. King, concorda com as constatações sobre os talentos de Fleischer — tanto diante da câmera como entre as tomadas. "Esse cara é hilário. Eu o chamo de 'dr. Charles'", revela. "Quando estávamos filmando, ele era como um médico normal na clínica, e parecia um sujeito muito profissional, mas no momento em que cortavam, e ele olhava em volta e tinha quarenta e cinco pessoas observando, mudava completamente. Ele criava personagens e vozes, e ficava completamente maluco. Mas quando gritavam 'Rodando! Ação!', ele voltava."

A atriz admite que as brincadeiras de Fleischer nos bastidores causaram um pequeno impacto em sua capacidade de interpretar a personagem. "Eu estava tentando ser a melhor profissional que poderia ser naquele momento. Mas, entre as tomadas, o dr. Charles era

---

3   Charles Fleischer voltou a trabalhar sob a direção de Wes Craven dois anos depois, em *A Maldição de Samantha* (*Deadly Friend*, 1986), dublando a voz do robô "BB". [NT]

A cena do enterro, filmada no cemitério de Heights Evergreen, é o único momento em que o público tem um breve vislumbre dos pais de Rod. Também mostra Nancy naquilo que muitos não considerariam uma vestimenta típica para um funeral.

Nancy olha para os pais quando começa a descrever seu torturador. A situação força Marge a agir para ajudá-la a acabar com o pesadelo.

simplesmente malvado", diz ela brincando. "Se você olhar com atenção, vai perceber que estou tentando me manter concentrada."

Controlar o riso era essencial. A cena era crucial porque é quando o espectador — juntamente com Nancy — descobre mais sobre o quão tangível são seus pesadelos. "Wes me deu muitas instruções nesta cena, pelo que me lembro", diz Langenkamp. "Como os meus olhos deviam se mover para trás e para frente para parecer o estágio do sono REM4 e um determinado movimento para os lados." Manter real era importante, incluindo as máquinas "ocupadas bipando e piscando, é claro, e então de repente simplesmente enlouqueciam!", acrescenta ela.

Foi nesse momento que a atriz se perguntou como ela poderia render o necessário. "Esse é outro exemplo, como a cena da banheira, onde você não tem a menor ideia de como vai fazer isso", diz Langenkamp. "Nancy tem de usar todos aqueles pequenos monitores e está com um cobertor, e era muito técnico. Eu fiquei pensando sem parar, pois nunca ensaiávamos nada. Nós nunca tivemos o dia anterior para ensaiar os diálogos, então apenas apareceríamos em nossos figurinos e todos faziam a cena. Às vezes Wes não pensava em alguns detalhes, mas outras vezes ele surgia com ideias realmente fortes sobre o que seria a ação."

Nesse caso, seria Nancy lutando de forma histérica, enquanto Krueger — que não era visto e estava dentro do sonho — a estaria atacando. "A parte dos movimentos bruscos foi tudo ideia minha", afirma Langenkamp. "Wes queria que fosse violento no momento em que o medidor ficava fora de controle. E devo dizer que as demonstrações físicas são um dos aspectos de Nancy que a tornam tão única. Todas as oportunidades que Wes deu para Nancy ter uma ação física, desde bater no lado da banheira e tentar alcançar o alto, até estar na cama lutando e tendo esses espasmos assustadores... eu confiei muito nele."

Langenkamp sabia que, com Craven, ela poderia "sempre ir para o máximo do exagero,, e se ele achasse que era demais sempre podíamos amenizar. Mas o que aprendi nesse filme é que com o horror você tem de ser exorbitante. Você não pode ser sutil", afirma. "Se você estudar Laurence Olivier ou quem quer que seja, eles são sutis. Eles faziam coisas com as sobrancelhas. Mas você não pode ser muito sutil com o seu corpo quando está em um filme de terror, porque você está lutando contra Freddy."

Fleischer sentiu que a grande ação na pequena cena seria crucial. "Eu tinha uma desconfiança de que isso seria importante, mas acho que ninguém poderia saber a profundidade que alcançaria", afirma. Essa extensão incluiria o toque chocante e inteligente de Nancy efetivamente trazendo algo de seu pesadelo para o mundo físico e desperto. "Eu não sei como Wes teceu tudo isso, as partes supostamente reais com as oriundas do sonho. Tudo se tornou disforme, de certa maneira", diz Blakley. "Esse foi um momento-chave e realmente assustou o público. Todo mundo soube imediatamente que, de alguma forma, aquilo era real."

---

4   O estágio do sono R.E.M. (Rapid Eye Movement, ou "movimento rápido dos olhos") é a fase em que ocorrem os sonhos mais vívidos. [NT]

Essa sensação de fluidez, trazida à vida por um gesto tão simples, foi algo que também ocorreu com o montador do filme. "Foi um toque maravilhoso tirar o chapéu debaixo das cobertas", diz Shaine. "Um simples adereço e, no entanto, no decorrer do filme, havia muito poder naquilo."

Englund concorda, acrescentando que, como Freddy "se manifesta nos sonhos e nos pesadelos, e é nesse ambiente que ele causar dano", seria sensato que, para Nancy encontrar uma maneira de detê-lo, ela deve trazê-lo para o mundo dela. "Essa parte para Heather era muito importante e ela teve de fazer seu trabalho e dizer: 'Certo, preciso fazer isso de maneira plausível'", diz Meyer-Craven. "É o único momento no filme em que Nancy prova a existência de Freddy. Ela prova que ele pode afetar os vivos. Se esse momento específico da história não funcionasse, bem, o filme inteiro realmente não funcionaria. Heather tira um chapéu do sujeito morto e o puxa para o mundo dos vivos, para que pudesse dizer: 'Espere um pouco, eu não sou louca, aqui está'. Fiquei muito impressionada com a dedicação de Heather."

"Eu lembro de tentar descobrir como dizer a frase: 'Eu arranquei da cabeça dele'", diz Langenkamp. "De vez em quando, na condição de atriz, você sente que acertou em cheio a maneira de dizer uma frase. Você dá exatamente o sentimento que quer, e é difícil de fazer isso às vezes."

Heather ficou satisfeita com seu desempenho, que pode ter sido resultado de várias sugestões dela e ideias do seu diretor. "Eu me lembro de sair dessa cena pensando: 'Era exatamente dessa maneira que eu queria dizer isso'", revela Langenkamp. "Era uma sensação de espanto, choque, compreensão, mas também de incredulidade. Havia todos esses pequenos aspectos na leitura dessa frase. E também a responsabilidade de demonstrar para a mãe que aquilo era real. Me lembro de ter todas essas emoções naquela frase, e me senti muito feliz com o resultado."

"Foi quando comecei a perambular com sonhos lúcidos, com essa ideia de que você pode entrar em um sonho e permanecer acordado", afirmou Craven, "e acabei criando esse pequeno conceito de que, se você estivesse segurando algo quando acordasse, essa coisa voltaria junto com você para a sua realidade." O escritor que existia em Craven admitia que ele precisava encontrar uma maneira específica para a sua heroína poder vencer um vilão poderoso o suficiente para matá-la nos sonhos, sendo que ela logo teria que adormecer. "Por fim, ocorreu-me que ela poderia trazê-lo para fora", disse ele.

"Primeiro, Nancy se queimando na sala da caldeira para poder acordar; e, finalmente, na luta na clínica do sono, saindo com o chapéu de Freddy e percebendo que ela poderia trazer o monstro para fora. Foram os momentos decisivos", comentou Craven. "Foi a partir dessas informações que poderíamos dizer: 'Certo, agora é possível pegar o que tem de maligno no sonho, e esmagador, e trazê-lo para o seu mundo e ter uma possibilidade de enfrentá-lo, porque Freddy não está familiarizado com o mundo desperto'. Esse foi o ponto decisivo para fazer a história funcionar no terceiro ato, e o terceiro ato é sempre o matador. É sempre o seguinte: 'Como fazer isso funcionar?'. E foi isso que fez funcionar."

A Pietà original que aparece no início do funeral de Rod. "Depois que terminou a produção, implorei à decoradora Anne Huntley para me dar a estátua de gesso", admite Diers, com quem a peça está agora.

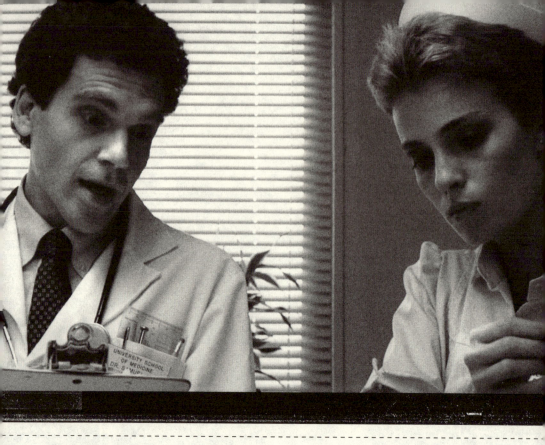

Fleischer como dr. King e Meyer-Craven como sua enfermeira preparam Nancy para os testes que serão realizados enquanto ela estiver dentro do pesadelo.

Fleischer também entendeu o conceito inerente em funcionamento quando se tratava do vilão de Craven. "Freddy Krueger representa uma visão antropomórfica do mal que de alguma forma se relaciona com todos. É um arquétipo no qual Wes apenas tocou", diz ele. "Até mesmo as roupas que ele usa, as listras e as garras; ele simplesmente acertou todas as notas. É meio mágico entrar no subconsciente e extrapolar dados que sejam aplicáveis a todos."

A pergunta feita por Marge sobre 'o que diabos são os sonhos, afinal?' recebeu uma breve resposta do personagem de Fleischer. Quando questionado se existe uma explicação, o ator afirma: "Acho que não. Os sonhos sempre serão um mistério, assim como a vida, mas creio que há algo que faz reverberar o gênio de Wes, que é Freddy Krueger transcender a atmosfera fantástica de determinados monstros. Frankenstein não vai realmente acontecer. E Drácula? Até parece. Mas esse personagem, Freddy Krueger, há algo nele que poderia ser real. Claro, é fantástico nos sonhos. Mas isso tocava um nervo arquetípico que transcendia uma criatura com parafusos no pescoço ou um sujeito sugando sangue. Então é tudo apenas um sonho e continua para sempre."

MATÉRIA CINZENTA

A habilidade de Nancy de compreender seu adversário aos poucos não era apenas psicológica, pois também resultava em consequências físicas. Além de ter seu braço cortado pelas lâminas de Krueger, ela descobriu que era possível que seu cabelo se tornasse branco de susto. Pelo menos uma parte dele.

"Por Heather ser tão jovem — e ela tinha muito frescor e beleza — era muito importante que, por causa de todos os sustos e as coisas que passou, o cabelo dela ficasse grisalho", afirma Risher. Mesmo nos rascunhos muito iniciais do roteiro, Craven descrevia que "o cabelo dela fica eletrificado, arrepiando-se e tornando-se grisalho diante de seus próprios olhos!"

"No roteiro, essa ideia soava brilhante e achamos que era ótima", afirma Risher. Em teoria, pelo menos. "Então, Wes a enviou para experimentar uma peruca e ela ficou ridícula com cabelos grisalhos. Ficou simplesmente horrível." Langenkamp lembra bem e não discorda. "Eles me enviaram para um fabricante de perucas, onde mediram a minha cabeça e fizeram uma peruca longa e branca", diz a atriz. "Então, com o tanto de cabelo que tenho, imagine tudo branco. E custou uma fortuna para fazer aquela peruca, mas eu a coloquei e simplesmente não combinou em nada comigo. Aquilo me fez parecer uma aberração total. De maneira alguma aquilo poderia ser usado no filme, porque eu parecia absolutamente, cem por cento, louca e vinda de outro mundo, alienígena e muito estranha."

Blakley concorda com essa avaliação, dizendo: "Uma coisa dessas tem que ser devidamente trabalhada, porque você não vai querer que fique engraçado, você quer que pareça aterrorizante".

Alguém com conhecimento de primeira mão — e que deixa claro que desaprovou a peruca no momento em que a viu — foi Fleetwood. "Eu não tive nada a ver com essa peruca, nunca", ela afirma enfaticamente. "Aparentemente, antes de eu ser contratada, uma peruca cinzenta apareceu do nada. Eles me entregaram na fase de preparação alguns dias antes de começarmos a filmar, mandaram eu colocar na Heather e ficou horrível. As cores estavam todas erradas; fazia a pele dela parecer verde. Não era uma peruca boa."

Craven também foi capaz de enxergar esse problema, conforme Risher lembra: "Então nos encontramos com ele e Wes disse: 'Ouça, eu tenho que mudar isso. Acho que vou apenas lhe dar uma mecha grisalha e ficará bonito'. E então todos concordamos".

A conversa foi aquela da qual Fleetwood aparentemente não apenas participou, como também assumiu o comando. "Eu disse: 'Você está tentando expressar o fato de que a falta de sono está causando algum tipo de choque no cabelo. Por que simplesmente não cortamos alguns pedaços da peruca, eu os prendo com clipes e será ótimo para a continuidade, porque posso simplesmente colocá-los e tirá-los?'", ela relembra. "Portanto essa foi a minha ideia e foi o que fizemos."

Parecia ser mais um momento de criatividade de um cinema independente preocupado com o tempo. "Eu cortei umas duas mechas grisalhas e fizemos os apliques. Era um simples aplique e foi outra daquelas soluções de três minutos", acrescenta Fleetwood. Em uma revisão do roteiro datada de 8 de maio de 1984, o dr. King fala para Nancy, enquanto a prepara para dormir: "Não se preocupe, você não vai se tornar a Noiva de Frankenstein ou qualquer coisa assim", o que, embora tenha sido cortado, acaba por ecoar de alguma maneira na personagem de Nancy com o icônico cabelo com mechas brancas do monstro clássico dos estúdios Universal.

"Acabamos ficando apenas com a mecha e as pontas quando eu saio do sonho", diz Langenkamp. "E eu acho que realmente ficou muito bom." A atriz reavalia como isso pode ter sido apenas um pequeno equívoco criativo, mas que financeiramente foi muito mais grave para o filme. "Eu acho que eles ficaram decepcionados, porque sempre que se gasta milhares de dólares em algo, e aquilo acaba não sendo utilizado, é um golpe arrasador em um orçamento baixo", acrescenta Langenkamp. "Mas o que acabamos fazendo realmente cumpriu com a ideia." O que é uma verdade, especialmente para a assassina de Krueger no passado, Marge. "Existe a percepção horrível de que isso é real e ele está de volta", admite Blakley.

RECOMENDA-SE ORIENTAÇÃO PATERNA

A nova mecha de cabelo cinza lembraria a Nancy do pesadelo que ela aparentemente não conseguiu escapar, mas foi o esfarrapado fedora marrom, inexplicavelmente puxado da cabeça de Krueger para o mundo real, que levou a jovem a chegar mais perto da verdade — e a encurralar ainda mais a sua mãe.

Uma cena curta, porém importante, entre as duas personagens sobre como Nancy encontrou o chapéu, e de quem ela o pegou, cresceria até se tornar uma verdade maior que teria que ser revelada. "Eu adorei a cena na cozinha onde confronto a minha mãe", Langenkamp diz sobre a personagem de Blakley tentando refutar a acusação de que ela sabe algo a respeito de Krueger. "Eu mostro para ela uma prova de que não sou louca e ela me trata como se eu fosse louca. Ela sabe que é Freddy, mas em vez de admitir isso, ela me dá um tapa." A atriz prossegue, lembrando a intensidade do momento: "Ronee realmente me deu uma bofetada. Ambas estávamos muito imersas naquela cena."

Além da mecânica de efetivamente coreografar e filmar o momento ("Wes, Ronee e eu precisávamos solucionar a movimentação", diz Langenkamp), Blakley lembra os aspectos emocionais. "Embora eu saiba que no filme elas estavam sempre uma pulando na garganta da outra, eu acho que Marge adorava a filha, mas com essas coisas terríveis acontecendo, existia uma pressão tão grande em seu relacionamento que não é de admirar que elas tivessem esses maus momentos", ela diz, observando que as especificidades da cena nem sempre eram fáceis de interpretar. "Você precisa se comportar como se apenas estivesse na cozinha da sua casa com sua filha em tal situação, escondendo uma garrafa e esbofeteando sua filha, o que é tremendamente horrível."

A atriz acrescenta que, embora ela e Langenkamp não tivessem qualquer problema em atuar juntas, o momento pareceu horrível. "Colocar-se naquele estado como mãe é uma situação terrível de vivenciar. Você tem que sentir pena de Marge por causa de todas essas coisas, mas ela não é admirável nessa cena. Talvez desperte alguma empatia", sugere Blakley, "mas ela é a vilã. Espero ter conseguido atribuir algum entendimento simpático para ela, para que possa ser considerada uma personagem e não ser vista apenas como uma completa vilã." No entanto, Nancy não aguenta mais. Marge sente que sua filha só precisa dormir um pouco, fazendo com que a jovem estilhace a garrafa de vodca da mãe no chão e grite: "Dane-se o sono!" Com isso, Nancy "finalmente está ficando forte o suficiente para enfrentar a mãe", diz Langenkamp, "e esse é um momento grande e importante". Foi algo que Craven planejou. "Na verdade, é uma inversão de papéis, onde Nancy deixa de ser a criança e se torna adulta, e a mãe deixa de ser a adulta para ser uma criança", ele afirmou.

"Muitos adolescentes realmente se encontram nessa posição, e os resultados muitas vezes são muito mais trágicos do que essa cena, mas, você sabe, os pais simplesmente enlouquecem às vezes", comenta Langenkamp. "Considero esta cena como uma das mais realistas de relacionamento entre pais e filhos em todo o filme."

PARA QUE ESTÁ LENDO ISSO?

Depois de Nancy sair bruscamente de casa, ela se encontra com Glen, que repara que sua exausta namorada está lendo Armadilhas e Dispositivos Improvisados de Defesa Pessoal, um livro sobre sobrevivência. "Uma das minhas frases favoritas está na cena em que eu digo: 'Encontrei isso em uma ótima livraria com livros de sobrevivência'", ri a atriz. Embora a frase apareça em um rascunho inicial do roteiro, ela posteriormente foi cortada.

A cena, que mostra Depp e Langenkamp em um plano geral sobre uma pequena ponte em Venice, na Califórnia, teve tomadas aproximadas dos atores filmadas em outro lugar. "Foi em cima do telhado no estúdio", afirma Langenkamp, "porque eles não tiveram tempo para fazer as tomadas na ponte de verdade." Outro detalhe interessante da cena é a palmeira vista balançando ao fundo. Embora eles tenham se empenhado muito para conectar visualmente tomadas em dois locais distintos, essas locações não coincidem necessariamente com o conceito de um visual e um aspecto da região Meio-Oeste que Craven estava buscando.

Na cena, ficamos sabendo que sempre que Glen fica nervoso, ele come ou dorme, algo que foi planejado por Craven para não ser inócuo. "Uma vez estudei com um professor oriental que disse que todo mundo procura diferentes portas de saída para se afastar do estado consciente, porque ele é muito doloroso. Algumas pessoas buscam sexo, outras buscam drogas, ou então comida, bebida e sono", ele afirmou, referindo-se aos personagens interpretados por Depp e Blakley, os dois que fracassaram na tentativa de proteger Nancy. Ao olhar para o conceito como um espelho da vida real, Langenkamp afirma: "Nós vivemos em um mundo onde todos ficam olhando para uma tela de vídeo o dia inteiro. Quero dizer, as pessoas estão perdendo a capacidade de olhar seus medos e enfrentá-los. É como um músculo que não está sendo exercitado. E somos muito bons em evitar as realidades da nossa vida, porque podemos nos ater a todas essas distrações. Ninguém sabe como enfrentar seus medos muito bem hoje em dia."

É algo que Nancy sabe que deve fazer e, promovendo essa linha de pensamento, Glen fala da tradição balinesa de sonhar, dizendo para Nancy que, para derrotar um monstro, "vira-se as costas para ele, tirando sua energia, e desta maneira ele desaparece". É um bom conselho, mas quando Nancy volta para casa, ela descobre que primeiro deve lidar com o que parece ser o horror na vida real: sua mãe mandou instalar barras em todas as janelas da casa. Diers comenta sobre como o departamento de arte deu à casa barras de ferro de aparência realista: "Não me lembro, mas desde então fiz esse mesmo truque outras vezes e costumamos usar madeira. Não podem ser muito pesadas, e o dono da casa não vai gostar se você as pregar em suas paredes." Talvez tenha sido este o procedimento em outros projetos, mas Diers admite que, "nos anos 1980, as pessoas eram um pouco mais ingênuas. Você entrava pela porta de suas casas como 'Hollywood', e as pessoas o respeitavam. Elas acreditavam que tudo ficaria bem. Pouco sabiam que era meio que 'estamos trabalhando em um filme, e o filme vem primeiro, sua casa é secundária' sabe?".

Seja qual tenha sido o processo utilizado, ele transformou o número 1428 de Elm Street em uma prisão improvisada, reforçando a ideia de que Marge não vai parar diante de nada para evitar que segredos terríveis e impressionantes escapem. "Ela também corta a treliça de rosas para impedir o acesso do namorado da filha", disse Craven, com Langenkamp acrescentando: "É como cortar sua juventude."

Para alguns, o conceito todo pode parecer louco, mas não para Blakley ou sua personagem. "Eu não acho que era. Ela estava fazendo o que era possível para proteger sua filha, e provavelmente perdendo um pouco de sua sanidade no processo", acredita a atriz. Langenkamp considera que aquele era um momento importante que significava o início do fim. "A cena com as barras nas janelas eu acredito que seja uma das primeiras partes do ato final", diz ela. "A minha personagem entra e percebe que sua batalha com Freddy está prestes a ser travada, e acontecerá em sua casa. E o que sua mãe fez ao colocar barras nas janelas foi assegurar que não haverá como escapar. Ninguém sairá daquela casa."

Blakley também sente que foi um momento em que, como mãe, Marge tentou ostensivamente de tudo, sem sucesso. Foi um passo um tanto ilógico, embora ela estivesse tomada pela preocupação com a filha. "Desesperadamente preocupada e maluca", diz ela. "Esses pais estão lidando com assassinatos. As crianças estão sendo mortas horrivelmente."

Foi um momento que Nancy teve que avançar rapidamente. "Ela tem que encarar aquilo e se preparar para derrotar Freddy", diz Langenkamp. "Eu acho que Nancy está tão espantada naquele momento, com a ideia daquelas barras, que ela simplesmente ignora aquilo e continua." A exemplo do espectador, Nancy não estava totalmente preparada para onde a história a levaria. Ou ao fato de que era uma jornada que só poderia ser conduzida por sua mãe.

Nos bastidores com Langenkamp enquanto ela posa para a continuidade de penteado e maquiagem **(no alto)**. Duas fotos marcadamente diferentes mostram os cabelos grisalhos que Nancy poderia ter usado no filme **(acima)**. Não era algo que Langenkamp tivesse saudade. "Os meus olhos azuis e todo aquele cabelo branco seriam uma combinação péssima", diz a atriz. Fotografia de continuidade dos cortes paralelos que Nancy sofre no pesadelo na clínica de sonhos **(acima, à direita)**.

15 16 17 18 19 20 21	13 14 15 16 17 18 19	10 11 12 13 14 15 16
22 23 24 25 26 27 28	20 21 22 23 24 25 26	17 18 19 20 21 22 23
29 30	27 28 29 30 31	24 25 26 27 28 29 30

THUR 24 — call Johnny Depp.

FRI 25 ~~Sat 9?~~ meeting wardrobe 10:00

SAT 26 Sat 3:00 wig

SUN 27

planted garden

A agenda de Langenkamp assinala quando ela falou mais uma vez com Depp fora das filmagens e também a data e o horário de seu teste com a peruca branca.

O manual de sobrevivência que Glen vê Nancy lendo, levando-a a revelar que ela está "interessada em sobrevivência" **(abaixo, à esquerda)**. Ela mal sabe o quanto as informações naquelas páginas se tornarão importantes.

Muitas das armadilhas vistas no filme foram retiradas de um legítimo Manual de Campo do Exército: FM 5-31, *Armadilhas* **(abaixo, à direita)**.

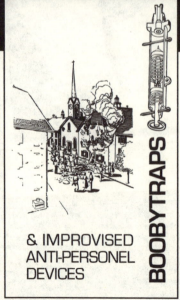

A VERDADE IRÁ LIBERTÁ-LA

"Marge, quando está na fornalha, na cena do porão, entra fundo nisso", afirma Blakley, revelando ainda que Craven não só sabia o que queria, como também ajudou a atriz a alcançá-lo. "Wes estava muito determinado naquele dia em seus conselhos como diretor. Ele se certificou de que o cenário estivesse absolutamente silencioso e quase dava para ouvir um alfinete cair", diz Blakley. "Ele realmente me ajudou com isso. Na condição de atriz, meu trabalho é tornar tudo plausível. E foi isso que tentei fazer."

Haitkin também acreditava que, em meio a tal horror e fantasia, o compromisso de Langenkamp com a cena "realmente ajuda a juntar tudo". A atriz também opina: "É um toque muito sutil para a história quando a mãe de Nancy a leva para o porão e lhe mostra a luva que ela tem mantido escondida na fornalha todos esses anos." Langenkamp acrescenta: "Quando Nancy vê a luva, aquilo lhe causa calafrios. E também deixa o público arrepiado".

Outra das suas cenas preferidas, a atriz apreciou o conceito de que a mãe entregava para a filha segredos terríveis que permaneceram ocultos durante anos. "Isso mostra a mãe de Nancy em sua fraqueza máxima, pois está revelando essa informação", comenta Langenkamp. Para Craven, o momento ajuda a ilustrar os medos que o filme abordava, assim como muitas de suas obras: "Viver em um mundo que tem adultos que ou estão mal informados que têm o pior, ao invés do melhor, interesse no coração, ou estão muito assustados para falar a verdade sobre como as coisas realmente são", ele explicou, o que é certamente o caso até a mãe de Nancy sentir que deve reconhecer os pecados de seu passado.

"Claro, Marge está carregando esse terrível segredo de ser uma assassina", diz uma pensativa Blakley. Esse assassinato foi a morte de Krueger, o homem que está assombrando os sonhos de Nancy e seus amigos, fato que é revelado ao público em um poderoso monólogo de Blakley que praticamente consolidou a condição de sua personagem como memorável, pelo menos para Langenkamp. "Interpretar a mãe pode ser um papel muito clichê nos filmes de terror", diz Langenkamp. "O pai ou a mãe é quase sempre um papel descartável que só tem que estar lá para ocupar espaço, só para que pareça que o adolescente tem alguém com quem ele vive. Mas o desempenho de Ronee é inesquecível, e quase extremo de certa forma, especialmente naquela cena do porão. Eu não acho que o filme teria sido o que se tornou sem que ela fosse um pouco mais intensa do que era um personagem normal de pai ou mãe naqueles dias."

Langenkamp elabora o motivo da cena expositiva ser cativante não apenas para o público, mas também para os personagens do filme: "Marge realmente tem o peso do mundo em seus ombros, porque ela cometeu o crime que criou Freddy Krueger há muitos anos. É como o calcanhar de Aquiles da personagem, mas ela deve enfrentá-lo para salvar sua filha, ou pelo menos tentar. É uma cena muito terna, e Ronee a interpretou lindamente."

O que pode ter ajudado no relacionamento afetuoso foi a ligação entre mãe e filha na tela quando elas foram escaladas. "Eu me senti muito próxima e amiga de Heather e a admirava um bocado", diz Blakley. Sobre o momento em que Marge revela tudo, Langenkamp avalia: "Ela era tão atenciosa, e ela apenas teve um grande sentimento materno de 'Eu quero cuidar de você', o que não aparecia em muitas outras cenas."

Com o conhecimento de que seus pais, ao estilo de vigilantes, queimaram Krueger vivo, Nancy pôde finalmente juntar as peças do motivo de seus pesadelos: vingança. Notavelmente não consta no filme um diálogo do roteiro datado de 8 de maio de 1984, que apoia ainda mais como Krueger escolhia as suas vítimas. Quando Nancy pergunta para sua mãe se os pais de Tina e Rod também estavam envolvidos, Marge diz para a filha: "Claro, e os de Glen também. Todos nós".

É um momento que foi cortado do filme, mas não das mentes dos personagens adultos, com o subtexto aparentemente se infiltrando no retrato de um grupo de pessoas ao mesmo tempo escondendo a verdade enquanto que também têm que enfrentá-la. "Eu acho que há muito disso, e é uma das coisas que torna esse filme tão cativante. Estas são pessoas aterrorizadas, e nenhuma delas está em sua plenitude mental em consequência de um acontecimento tão horrível", diz Woodrum. "E o que as pessoas fazem em situações tão extremas que ninguém vai acreditar nelas? Elas tentam reprimir isso. Tentam continuar com suas vidas."

Como Marge mostrou, também tentam tornar as coisas normais, o que talvez nunca mais seja possível. "As pessoas tentam voltar para como as coisas eram antes do ocorrido, mesmo que suas próprias famílias tenham sido destruídas, a sua própria psique tenha sido destruída, e agora descobrem que o que fizeram para tentar livrar-se desse monstro não funcionou. E agora ele está atrás do resto de seus filhos", afirma Woodrum.

Englund teoriza sobre o poder da mãe de Nancy de se limpar, e como isso aflige não apenas os personagens do filme, mas também o público. "Afeta o nosso subconsciente. É a grande história em torno da fogueira. 'Existe uma rua chamada Elm Street e algumas crianças foram mortas lá. Os pais então fizeram uma coisa indescritível'", ele sugere.

> "O SONO, POR DEFINIÇÃO, DEVERIA NOS REFRESCAR E RENOVAR. ELE NOS DÁ UMA FOLGA DA REALIDADE. E, NO MUNDO QUE WES CRIOU, ERA UMA PORTA PARA O INFERNO."
> — **Joe Unger, sobre o conceito de Craven**

Os eventos chocantes que se desenrolaram sob o olhar atento de Marge e dos outros pais, somente para voltarem para assombrá-los, é algo que Unger elogiou no filme de Craven. "Isso voltou com uma fúria vingativa. Colocar isso em um contexto de não poder dormir é algo muito horrível", diz ele. "Você não precisa de monstros de três cabeças ou alienígenas espaciais para seguir com esse conceito. O sono, por definição, deveria nos refrescar e renovar. Ele nos dá uma folga da realidade. E no mundo que Wes criou, era uma porta para o inferno. Considero essa uma ideia incrivelmente engenhosa, e ele a executou maravilhosamente."

O motivo da vingança dos pais é retratado de forma fictícia no filme, mas Langenkamp admite entender de onde os pais de sua personagem estavam vindo quando agiram dessa maneira. "Se houvesse uma pessoa machucando o meu filho na vizinhança, e os filhos de outras pessoas, e ninguém fosse capaz de colocá-lo atrás das grades, e o sistema judicial estivesse falhando conosco, e ele ainda estivesse solto, sim, é claro, eu acho que as pessoas resolveriam isso com suas próprias mãos", ela afirma. Comentando em cima de um motivo razoável, Langenkamp acrescenta: "Se eles não fizessem isso, estariam sendo irresponsáveis." É algo que Craven abordou quando disse: "Dadas as circunstâncias certas, penso que qualquer um de nós poderia se surpreender com o que somos capazes de fazer. E acho que precisamos passar pela vida preparados para isso".

"É realmente um comentário sobre a cultura da época e o que todo mundo atravessa tentando lidar com situações monstruosas em nossas vidas que são realmente insuportáveis", afirma Woodrum. "Nós apenas fazemos o melhor que podemos. Todos temos falhas, e às vezes fazemos o necessário, mas na maioria das vezes não." Sendo assim, Craven ponderou por que Marge deveria esclarecer as coisas para sua filha. "Em determinado momento é tão avassalador o que está acontecendo que ela precisa contar para a filha. Ela simplesmente precisa."

TACOS DE BEISEBOL E BICHOS-PAPÕES

Enquanto Nancy ainda estava tentando digerir o conto de vingança que sua mãe havia narrado para ela no porão do número 1.428 de Elm Street, ela telefona para Glen, que mora do outro lado da rua. "Nós filmamos em duas casas reais", lembrou Craven. Haitkin acrescenta que "filmar cenários combinados em locações reais" não era a norma. Localizar e assegurar a residência dos Thompson acabou sendo o mais fácil dos dois problemas relacionados à localização das habitações. "O que acabou sendo mais difícil do que encontrar a casa de Nancy, na verdade, era que precisávamos encontrar uma casa que estivesse diretamente do outro lado da rua dentro da distância da janela", diz Talalay, "para que Nancy e Glen pudessem conversar um com o outro através de janelas e realmente fazerem isso."

"Eu me lembro de estar no quarto do andar de cima da casa em Genesee — a rua onde a residência está localizada — olhando para Johnny pela janela. Essas casas realmente têm esse relacionamento na rua", diz Langenkamp, e revela também que ela e Depp estavam mesmo falando um com o outro ao telefone.

Ao telefone na vida real, sim, mas diretamente um diante do outro na rua, não exatamente. Foi algo que Talalay descobriu ser praticamente impossível. "Você tinha que olhar de uma casa de um lado da rua para a outra e ter janela para janela em ambos os sentidos. Essa é uma tarefa complicada para casas elegantes em Los Angeles. Foi realmente muito difícil e não havia uma quantidade muito grande de opções", diz ela. "Não fomos capazes de conseguir a casa diretamente do outro lado da rua, e Wes levou algum tempo para aceitar o fato de que a casa ficava um pouco de lado, em vez de diretamente em frente. Eu estava me sentindo realmente frustrada por ter que dizer: 'Não acho que vou conseguir algo melhor do que esta rua. Então podemos colocar isso em prática?'."

Craven aprovou e, repensando sobre a região, disse: "É uma rua histórica agora, não por causa de *A Hora do Pesadelo*, mas pelo que deu origem a isso. É uma impressionante rua com a aparência do Meio-Oeste em Los Angeles. Todas as árvores são gigantescos olmos e carvalhos". Langenkamp sugere algo mais direto sobre o uso de ambas as casas, assim como a própria rua, para fins fílmicos. "É o bairro mais amável do mundo!", ela ri. Na cena em que Nancy começa a explicar as coisas para o seu ainda incrédulo namorado, Langenkamp comenta a escolha do vestuário de Depp. "Eu acho que aquela camiseta de futebol com a parte inferior cortada foi uma ideia perfeita!", exclama ela. "Parece mesmo um tanto sedutor quando está nele", admite Jensen. "O que ele estava vestindo, se realmente fosse interpretar um atleta, era uma camiseta de treino de futebol americano. Você a veste por cima das proteções para os ombros, e ela é cortada assim quando é apenas para praticar, e para suar. É uma coisa autêntica."

Independentemente de seu guarda-roupa, Glen logo estaria ignorando o agora lendário aviso de Nancy: "Faça o que fizer, não adormeça!" ("A frase de definição do roteiro", afirmou Craven). Talvez por conta da base acadêmica de Craven, Nancy mencionou pouco antes para Glen que estava acordada havia quase sete dias, mas que ele não devia se preocupar, porque "o recorde é de onze". Ela estava — naquele momento — correta. Em 1965, um aluno da escola secundária de San Diego chamado Randy Gardner estabeleceu o recorde de período mais longo que um ser humano tinha intencionalmente ficado sem dormir: onze dias. Embora outros tenham alegado subsequentemente ter quebrado esse recorde, o experimento de Gardner foi o mais cientificamente documentado.

Infelizmente, para o personagem de Depp, tais fatos não puderam impedi-lo de dormir, permitindo que Freddy bagunçasse os lençóis. Craven observou que quando Nancy telefona para Glen na tentativa de mantê-lo acordado — um evento impedido pelos desaprovadores pais do rapaz — "é quase como Romeu e Julieta no sentido dos amantes desafortunados, em que, no último momento, se ela pudesse apenas acordá-lo, eles ficariam bem", disse ele. "Mas os pais se metem entre eles."

A mãe de Glen foi interpretada por Sandy Lipton, uma atriz que tinha em seu nome um punhado de créditos na televisão em séries populares como *CHiPs* (1977-1983) e *Knots Landing* (1979-1993) e, assim como aconteceu com Unger antes dela, conseguiu o papel depois de se encontrar e conversar com Craven. "Eu não fiz uma audição. Eu acho que o que me levou à reunião foi que eu parecia uma dona de casa. Não estava glamorosa quando entrei", diz Lipton. "Nós nos sentamos e conversamos por cerca de vinte minutos, talvez sobre a minha família. Eu não tive uma chamada de retorno. Ele apenas disse: 'É isso', e acho que recebi uma ligação do meu agente e me disseram que eu tinha ficado com o papel."

Embora o encontro tenha transcorrido bem e Lipton tenha conquistado o papel, ela não tinha certeza do tipo de filme para o qual havia sido convocada. Esse detalhe pode ter

Uma representação artística de um Krueger etéreo e sob custódia.

Página do roteiro detalhando momentos de diálogos de Marge que foram cortados da última versão. As palavras expressam a noção de que a mãe de Nancy teve uma participação muito maior na morte de Krueger.

Nancy escuta sua mãe confessar como os pais de Elm Street tomaram a justiça em suas próprias mãos e assassinaram Fred Krueger uma década antes. Foram cortados da versão final esses momentos que revelavam que Nancy teve um irmão assassinado por Freddy.

feito toda a diferença. "Se eu soubesse que era um filme de terror, acho que teria recusado. Tenho medo de filmes de terror", ri a atriz. Como muitos outros, Lipton aproveitou a liberdade que Craven lhe deu. "Eu não sentia que estava sendo dirigida ou cobrada excessivamente. Eu me sentia confortável com ele", diz ela. "Fizemos apenas uma discussão na varanda e outra no corredor antes que eu subisse as escadas para verificar o meu filho no quarto, tudo foi resolvido em pouquíssimas tomadas." No que diz respeito a ela ter ajudado a impedir que Nancy e Glen se encontrassem, a atriz lembra que seu marido na cena (interpretado pelo falecido Ed Call) provavelmente tinha um motivo muito lógico. "Nunca houve uma explicação sobre por que ele desligou o telefone daquele jeito", ela diz, sugerindo, "e eu sempre achei que ele fez isso porque era tarde da noite, e qual pai ou mãe quer que seu filho receba telefonemas tarde da noite? Essa era a minha opinião."

UM ÚLTIMO BEIJO

Com Glen um passo mais perto de sucumbir vítima de Krueger, o assassino dos sonhos se certificou de que Nancy saberia que seu namorado não iria durar muito neste mundo, e de uma maneira que ela jamais esqueceria. "Eu sempre gostei da língua saindo do telefone porque era uma das partes mais surpreendentes do primeiro filme", afirmou Craven.

O momento surreal ocorre quando o telefone arrancado da parede — e decididamente fora de funcionamento — de Nancy toca continuamente, forçando-a a atender. "Eu disse para Heather: 'Agora segure o fio do telefone para que possam ver que você o puxou da parede'", Craven lembrou, também dizendo para ela: 'Certo, agora enrole-o ao redor do telefone.' Quem estava do outro lado da linha aparentemente sobrenatural? Freddy Krueger, com sua memorável frase: "Eu sou o seu namorado agora, Nancy!".

"Wes descreveu isso como: 'Quero que a boca de Freddy apareça na extremidade do telefone e uma língua saia e entre na boca de Heather'", lembra o técnico de maquiagem Miller, cuja tarefa era criar o efeito. Como tantos outros aspectos do filme, era barato. "O efeito especial custou cinco dólares", revelou Craven. "Era apenas um telefone de princesa, e uma língua que colocamos em uma pequena alavanca, e bastava apertá-la que ela saía do telefone. Isso chocou muito as pessoas."

"Fico contente por não existirem telefones celulares naquela época, porque não consigo imaginar uma língua saindo de um celular. Existe algo muito bom que era um simples telefone sobre uma mesinha", diz Langenkamp. "O tempo passou desde então, com as pessoas usando telefones celulares para tantos momentos da trama e tantos aspectos diferentes de seus filmes de terror, mas há algo ainda muito refrescante no que temos em *A Hora do Pesadelo*."

Quando a ideia foi apresentada a Miller, ele pensou: "Está bem...", ele lembra, rindo. "Wes surgiu com a ideia no meio da filmagem e disse que queria filmar mais para o final. Eu tive que providenciar a prótese para o telefone que parecia a boca de Freddy, com uma pequena abertura mecânica e outro cabo que empurrava a língua para fora. E o cabo podia ser dobrado, então eu poderia fazer a língua sair do bocal do telefone e entrar na boca dela de verdade. Era uma coisa muito estranha de se ver, mas era muito eficaz."

Eficaz, sim, mas Langenkamp relembra as dificuldades que teve para dar a Craven o que ele queria no momento. "Demorou muito tempo para eu conseguir aquele movimento que faço com o olho", ela diz sobre o momento em que seu olhar aterrorizado se move para baixo enquanto ela apoia o rosto no telefone. "Primeiro de tudo, eu tinha que operar aquela coisa, então, como vou fazer isso parecer plausível? Como vou fazer esse adereço efetivamente dizer alguma coisa? E era muito técnico. Eu tinha que ficar com o meu rosto completamente imóvel, e os meus olhos indo para a esquerda e para a direita, e Wes queria que eu fizesse movimentos muito técnicos e precisos com o telefone."

Essa não era a única preocupação da atriz que, no geral, declarou: "O truque com a língua e o telefone não é o meu momento favorito do filme. Na verdade, é a parte mais perturbadora de ter atuado em *A Hora do Pesadelo*. Esse é o único pesadelo que tenho de verdade, é essa sensação de violação pela língua de Freddy. É um grande símbolo de violação e sempre pensei nisso dessa maneira."

O conceito da profanação de Nancy tampouco passou batido por Englund. "Existe algo nessa ideia da língua", diz Englund. "Há todo tipo de coisas que entram em conotação com isso, como o sexo oral e o beijo de língua. É uma ótima maneira de evocar todas essas imagens latentes para uma mente adolescente." É um momento que sublinha, sem ter que se esforçar muito para isso, a sexualidade de Freddy. A decisão de fazer Krueger dar um beijo de língua em sua vítima não é apenas um prenúncio do assassinato que está por vir, mas uma forma do mal se manifestar de uma maneira subtextual e vulgar. "Estamos além de *A Bela e a Fera* agora. A Fera quer macular a Bela. A Fera quer lamber a Bela", diz Englund, pontuando o que talvez seja a ideia definitiva por trás deste momento: "A Fera quer foder a Bela", ele acrescenta.

Com um conceito tão poderoso em jogo, as recordações de Langenkamp em relação ao dispositivo que Freddy usou para atacar Nancy são um tanto conflitantes com as lembranças de Miller. "Durante as filmagens da sequência do telefone com língua, Heather queria eventualmente levar aquela coisa para casa. E achamos que era um pouco estranho!", ele diz. "Eu não sei o que ela faria com aquilo, e não sei ao certo o que ela quis dizer quando falou que não queria fazer essa cena, porque ela queria levar o objeto para casa. Ela realmente queria."

"Talvez eu tenha falado para eles que queria aquilo de lembrança, mas era nojento. Era muito, muito nojento", opina Langenkamp. "O que eu percebi é que quando adereços desse tipo chegavam ao local de filmagem — e me refiro a qualquer coisa que envolvesse uma língua ou algo muito sexual —, os rapazes sempre ficavam mais entusiasmados com isso do que eu. E ficavam muito orgulhosos de si mesmos por terem concebido uma coisa tão horrenda."

"Eu não estava presente quando fizeram essa cena, pois a minha fala para Heather foi acrescentada na pós-produção, mas eu vi gente brincando com o adereço", lembra Englund. "Foi muito bizarro. As pessoas ficavam colocando na bunda, colocando na parte da frente, enfiando em suas orelhas. Todos nós brincamos com esse objeto." Desconsiderando o potencial de excitação lasciva da equipe ao redor, Langenkamp é firme em sua crença de que o item não estava em sua lista de lembranças do filme: "Não acho que eu adorava o telefone, e não acho que quisesse tão inflexivelmente levá-lo para casa porque o adorava", ela afirma. "Provavelmente eu só queria aquilo como uma lembrança do que considerei que foram dias difíceis."

Difíceis ou não, Englund insinua ser algo que se deve "simplesmente deixar rolar em um espírito meio rock and roll. Heather tem todas essas imagens nas quais está sendo violada em diferentes níveis por Freddy", diz ele. "Ele está na banheira com ela, está enfiando a língua nela por um telefone dos anos oitenta e todas essas coisas."

É também algo com o qual o ator sente que a atriz deve conviver, e carregar, por uma boa razão. "É seu ônus como uma garota sobrevivente", declara Englund. Com o seu desejo de levar para casa o objeto de cena sendo algo que talvez nunca fique esclarecido, Langenkamp admite — apesar da língua de Krueger — ter apreciado um momento na cena. "É quando percebo que Freddy vai matar Glen."

Se Marge poderia ou não ser considerada uma cúmplice inconsciente do assassinato de Glen, pelo fato de que foi decisão dela colocar barras na janela e trancar a casa, Blakley pensa por um momento e declara: "Eu acho que ela não poderia cuidar de tudo. Ela não sabia o que estava acontecendo com certeza, e provavelmente estava bêbada também."

"Isso explicaria a maluquice dos pais e sua despreocupação em como lidar com essa situação", comenta Woodrum. A cena permitiu que Blakley mostrasse a capacidade de sua personagem de estar no controle e, paradoxalmente, fora de contato com a realidade. "Tem uma frase que Ronee diz no filme quando Nancy chega em casa e tem barras em todas as janelas. Ela vai pedir as chaves para a mãe e esta responde: 'Trancado, trancado, trancado'", disse Craven, admirando a habilidade da atriz de imbuir na seriedade da frase uma maravilhosa extravagância. "É a minha frase favorita de Ronee Blakley. É incomum. É quase engraçado, mas é também assustador que uma mãe seja tão incompetente e meio doida."

Langenkamp admirou a cena por causa do distanciamento de Marge, que enfatizou o sofrimento que Nancy enfrentava naquele exato momento. "Ela sabia que Krueger havia matado o namorado dela, e não havia nada que pudesse fazer", diz a atriz. "Eu olho para cima, agarro o meu cabelo e simplesmente digo: 'Não!'. Eu simplesmente adoro isso."

MARAVILHA DE TOMADA ÚNICA

"Eu gosto da cena da morte de Johnny, e não porque ele é um astro agora", diz Corri, embora não estivesse presente na filmagem. "Ele está com fones de ouvido e de repente, 'glup', ele é engolido. Isso é muito legal." Lipton lembra suas interações com Depp quando do o personagem dele afirma que está assistindo "Miss América Nua". "Ele diz: 'Quem se importa com o que ela tem a dizer?', e, se me lembro bem, as sobrancelhas se levantaram um pouco. Um pequeno flerte presunçoso. Lembro-me de ficar muito encantada por ele. Sua atitude era muito fofa e a única palavra que consigo pensar é galanteador", diz Lipton. "Não comigo, mas sim com a mãe de seu personagem, e tirando um pouco de sarro. Ele era simplesmente adorável. Adorável!"

Depois da breve conversa com sua mãe, e pouco antes do momento efetivo de sua morte prematura, espectadores mais astutos talvez tenham ouvido que a estação de televisão que ele estava assistindo e que sai do ar — quando Glen está adormecendo — se chama KRGR, uma homenagem, é claro, ao assassino dos sonhos. A exemplo de Corri, Depp também achou que a morte de seu personagem ficou legal. "Eu adoro esse negócio", diz o ator. "O garoto adormece e tudo acabou. Ele é sugado diretamente para dentro da cama e cuspido como sangue."

Na verdade, o aparente prazer do ator chegou ao ponto de questionar a decisão da produção de usar um dublê, sendo que Depp se sentia mais do que apto para lidar com o efeito. "Ouvi alguns comentários sobre eles quererem usar um manequim, mas eu disse: 'Ei, eu quero fazer isso. Vai ser divertido'", diz o ator. Craven também se lembrou disso. "Ele ficava me dizendo o quanto aquilo tudo soava incrível. Ele realmente ficou desapontado quando lhe contei que traria um dublê para fazer o truque", disse ele. "Ele me implorou para que eu permitisse que ele fizesse a cena, e eu finalmente cedi e deixei ele fazer isso."

Para concretizar o movimento dos braços de Freddy que surgiam por debaixo da cama e puxavam Glen para dentro do colchão, Doyle empregou um dos membros de sua equipe que tinha "braços realmente muito longos. Ele ficou deitado debaixo de Johnny, com a cama cortada previamente, e tudo o que ele tinha que fazer era enfiar os braços através das aberturas, agarrá-lo pela cintura e arrastá-lo para baixo", diz ele. Após esse momento, ambos estariam em uma plataforma. "Isso era praticamente tudo o que havia, exceto pela televisão que bateu na cabeça do meu funcionário", Doyle acrescenta, rindo. "Ele não contava com isso!"

Craven também não contava, mas ele, Doyle e Haitkin observaram como era interessante ver a televisão permanecer acesa enquanto descia pelo buraco, seguida pelo aparelho de som. Quanto ao quarto em si, depois de Glen ter sido puxado para longe, "era o mesmo quarto que eles usaram para a cena da morte de Tina. Exatamente o mesmo quarto. Eles apenas o decoraram de maneira diferente e passaram pelo mesmo processo de fixar todos os objetos para que não se movessem", lembra Langenkamp.

Observando atentamente muitas coisas, incluindo as cifras, estava Talalay, que também apreciou a reutilização do quarto, mesmo tendo algumas preocupações. "O que eu lembro sobre a sequência foi que este quarto giratório, devido ao orçamento do filme, consumiu mais da verba do que qualquer outra coisa que fizemos", diz ela.

"Ah, sim, o quarto giratório e a morte de Johnny Depp, quando todo o sangue subiu pela parede e caiu", lembrou Craven, não imune às complexidades que ele e sua equipe estariam enfrentando quando chegasse a hora de Krueger se livrar de Glen. "Lá estavam eu e Jacques Haitkin; e eu, como diretor, dizendo: 'Não é perigoso. Eu estarei ao seu lado.' Então ficamos sobre dois assentos que foram literalmente pregados na parede e estávamos presos com arreios de três pontos", lembrou ele.

Haitkin comenta sobre como o efeito foi conseguido. "Quando você vê Johnny na cama e ele está assistindo TV, o quarto está em pé e tem um buraco na cama. Nós puxamos Johnny pelo buraco e o tiramos do caminho." O que foi bom para o ator iniciante, porque no momento em que ele é arrastado para fora do cenário, o quarto é girado cento e oitenta graus para que o buraco da cama fique agora no teto — tudo em tempo real. "E, como na outra cena, não é possível ver o quarto girando porque tudo está pregado. Toda a iluminação está presa, a câmera está fixada, então não se vê o quarto girando", diz Haitkin. Nos bastidores, mais uma vez, estavam "todos os homens, cada um segurando uma alça, empurrando o quarto, fazendo-o girar novamente", diz Langenkamp.

"O quarto rotatório foi projetado para que fosse possível decorar um ambiente nele e depois deixá-lo equilibrado", afirma Doyle. "Você literalmente poderia girar aquela coisa com um dedo. Os móveis colocados no quarto estão no chão, então, quando o quarto está nivelado, ele é mais alto do que você pensa que seria, e o eixo é mais baixo do que você pensa que seria. Portanto, quando você o gira, ele permanece equilibrado porque todos os móveis estão embaixo." O objetivo disso? "Quando o buraco na cama chegasse à posição vertical invertida, teria um cara esperando para despejar o sangue", diz Haitkin, "então ele desce pelo buraco, mas parece que está saindo da cama."

"E baldes e mais baldes de sangue foram derramados na calha", lembra Langenkamp. "Eu não sei quantos litros eles usaram, provavelmente muitas centenas, ao que parece."

"Havia um receio real de que só haveria uma tomada disso por causa da quantidade de baldes de sangue que seriam usados e para onde o sangue iria", diz Talalay. "O tipo de problema que você tem que lidar com um filme de muito baixo orçamento." Era uma situação que Langenkamp diz que prevalecia no cenário. "Era uma cena de uma única tomada", ela revela. "Simplesmente não teria como redecorar o quarto depois que todo o sangue tivesse sido bombeado." Havia, de fato, uma enorme pressão para fazer aquilo funcionar enquanto todos tentavam antecipar o que aconteceria — ou o que poderia dar errado. "Estávamos no alto com tambores para despejar todo aquele sangue no fundo da cama", conta Carlucci, explicando diretamente o que deveria acontecer, "e o sangue desceria e chegaria ao chão. A câmera foi virada de cabeça para baixo, então tudo pareceria normal uma vez que o filme fosse invertido."

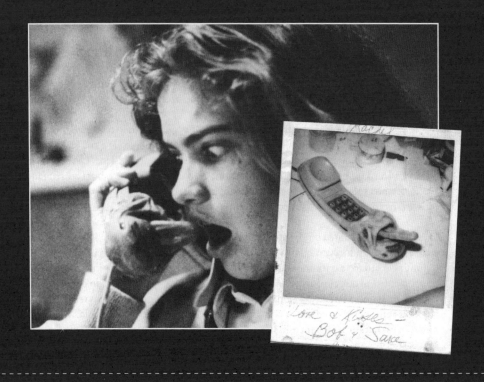

Nos bastidores, o telefone com língua aguarda seu momento. Miller encontrou uma maneira de transformar um simples telefone de princesa em uma arma usada por Krueger. Foi um efeito elogiado por Craven tanto pela eficácia como pelo custo. "O efeito especial custou cinco dólares", brincou ele.

O beijo do inferno. Nancy reage com terror e asco quando Freddy a avisa — como só ele é capaz de fazer — que seu namorado será o próximo.

Doyle acrescenta: "Nós equilibramos a coisa toda, e calculamos que aquela quantia de sangue iria pesar tanto, e então Charlie Belardinelli puxaria a tampa e todo o sangue desceria. E para fazer com que todo o sangue caísse, Wes estava amarrado a uma das cadeiras da câmera e diria 'Pronto', e você veria o sangue subir pela parede e chegar ao teto." Um plano fantástico, elaborado com preparação meticulosa, mas que poucos poderiam antecipar o que acabaria dando errado.

UM EFEITO CHOCANTE

"Foi um pesadelo e tanto com todos aqueles cabos elétricos e outras coisas assim", lembra Huntley. "Era realmente um cenário complicado. Eu o usei outras vezes em projetos diferentes, mas com um quarto estabilizado sempre existem muitos detalhes."

"Nós tínhamos litros e litros e litros de sangue que tinham que sair do centro dessa coisa", observa Belardinelli no início do que poderia ser chamado de momento mais eletrizante que a produção do filme encarou. "Eu lembro que estava segurando, em cima do ombro, um grande tubo onde ficava o tanque que iria despejar o sangue. À medida que o sangue ia escorrendo, ele atingiu algumas instalações elétricas em algum lugar no palco, ou naquele quarto giratório, e eu estava sendo eletrocutado."

Era leve o suficiente para que o espetáculo pudesse continuar, com Belardinelli rangendo os dentes durante o choque elétrico que durou os dez ou quinze segundos que a tomada exigia. "Foi selvagem", ele afirma. "Eu não estava rindo na hora, mas ri quando acabou. Todo o meu corpo ficou tremendo, e eu ficava dizendo: 'Ah, cara, isso dói'. Mas me mantive firme."

A expectativa anterior — e, subsequentemente, equivocada — de Craven de que tudo ficaria bem tampouco passou despercebida por ele. "Entrou água em todas as luzes, aconteceram uns enormes clarões e depois ficou tudo escuro, e ficamos girando no escuro com faíscas saindo", lembrou.

Como se uma leve eletrocussão e ficarem presos no quarto escuro não fosse o bastante, o efeito saiu errado também de outra maneira. O segundo acidente, no entanto, acabaria funcionando em vantagem do filme. Voltando mais uma vez ao tópico do sangue, Craven disse: "Nós colocamos muito sangue lá dentro. Não sei ao certo, mais de setecentos litros ou algo assim, que desequilibrou totalmente o peso e a coisa toda de repente simplesmente se moveu e girou."

Talalay comenta sobre como as coisas continuavam a sair do controle. "E quando chegou a hora de colocar aquele momento em prática, eles giraram o quarto no sentido errado, para começar. Eles o rodaram no sentido horário, em vez de fazer o inverso", diz ela. Doyle comenta que "uma pequena falha no cálculo resultou no sangue escorrendo para o outro lado do quarto e desequilibrando enquanto o estávamos destrancando". A consequência imediata foi o sangue falso literalmente se despejando por todo lugar. "Eles perceberam que haviam ferrado tudo e todo o sangue, em vez de escorrer pela parede, como deveria acontecer, desceu inundando a todos nós que estávamos assistindo", lembra Langenkamp.

Carlucci também lembra. "Nós estávamos lá em cima, saindo do caminho de cabos e cordas que estavam se rompendo porque o quarto estava agora girando sozinho, e não havia maneira alguma que pudéssemos parar aquilo. E todo aquele sangue simplesmente começou a escorrer pela janela do palco", ele conta.

De volta ao quarto, "ele rodou todo o trajeto e derramou sangue em todo mundo que estava trabalhando no ambiente, e Jacques fez um barulho que nenhum homem deveria fazer enquanto ainda está vivo", diz Doyle. "Mas nós não ouvimos um pio de Wes. E ele estava amarrado na cadeira da outra câmera. Havia apenas uma câmera operando, e Wes estava indo apenas para acompanhar. Ele ganhou uma espécie de passeio para toda a vida. E gostou. Não acho que Jacques tenha gostado muito."

Craven concordou, lembrando que o quarto parou de se mover em uma posição pouco desejável, quando ele e sua equipe ficaram "pendurados de cabeça para baixo por pelo menos vinte minutos" antes que a outra equipe pudesse colocar luzes no quarto e tirá--los de lá. "Lembro-me de que Wes e Jacques estavam amarrados nessas cadeiras com a câmera, virados de cabeça para baixo, e estavam pendurados lá", diz Cook. "E, claro, você não pode deixá-los pendurados por muito tempo, porque todo o sangue desceria para a cabeça. Portanto, havia essa ansiedade."

Quando haviam diminuído o alarme causado pelos inesperados acontecimentos, ficou claro que o que eles acabaram filmando poderia ter valido a pena. "Tinha mudado tudo na maneira como o efeito funcionou e todos ficaram tipo: 'Ah, meu Deus, está arruinado! Está arruinado!'. Mas, é claro, acabou ficando muito bacana. Então, parte do motivo pelo qual o efeito ficou daquele jeito foi por causa desse erro gratuito", acrescenta Talalay.

Na opinião de Doyle também resultou no melhor. "O sangue simplesmente escapa pelo teto e desaparece do quadro e você não sabe para onde ele foi. Mas se você observar bem no final da cena, assim que o sangue está quase batendo no teto, vai perceber que o líqui-do começa a se afastar, desviando do teto, saindo de lado, fora de quadro", diz ele. "E isso na verdade é o quarto girando, e o sangue escapando pela janela enquanto estávamos todos pulando loucamente para sair do caminho."

Alguns membros da equipe se prepararam vestindo casacos impermeáveis e sacos plás-ticos com furos cortados neles "porque aquele sangue se espalhava para todo lugar e era muito pegajoso, porque era feito de xarope Karo, que é a base da maioria do sangue usado no cinema", comenta Cook. "E acabei de me lembrar que foi uma coisa realmente empolgante e espantosa assistir aquilo sendo feito e depois ver na versão bruta da filma-gem diária." "Aquilo era", disse Craven, "a roda-gigante do inferno."

O quarto rotativo foi reutilizado para a morte de Glen, com um efeito chocante. Aqui, sua estrutura externa pode ser vista enquanto a equipe se prepara para uma tomada.

LÁ SE FOI O GLEN

Agora que o efeito da morte de Glen estava completo (com o filho de Burrows encarregado, pela soma principesca de cerca de dez dólares, de limpar o sangue que ainda restava no palco), chegou o momento de incorporar o que os cineastas queriam com o que eles efetivamente haviam conseguido. Isso significava uma ligeira alteração na dramática da cena e, mais especificamente, qual reação seria alcançada quando os restos (ou a sua falta) do personagem de Glen fossem descobertos.

"A intenção era colocarmos a mãe de Glen entrando no quarto e vendo seu filho espalhado pelo chão, como sendo aquilo que foi cuspido pela cama", lembra Doyle. "Mas acabou sendo decidido que seria uma tomada melhor ela entrar e olhar para cima e então vemos os pingos caindo diante dela. Isso funcionou de uma maneira incrível. Eu acho que ficou melhor."

A aversão de Lipton por filmes de terror também ajudou a fazer a cena funcionar de maneira realista. "Eu acho que isso tornou possível a minha reação tão verdadeira na cena do grito, porque não havia nada sendo mostrado para mim em relação ao que eu estava gritando. Isso foi acrescentado depois", ela revela. "Se eu soubesse o que estava vendo quando estava gritando, não sei se eu teria sido capaz de passar por isso."

Em vez disso, a atriz viu-se abrindo a porta para um quarto que não estava lá, olhando diretamente para a câmera com Craven a dirigindo. "Não havia nenhum quarto, nenhuma evidência de um quarto, nenhuma evidência de nada lá. Eu abria a porta e lá estava a câmera e eu começava a gritar. Eu acho que ele disse apenas: 'Você abriu a porta e encontrou o seu filho morto em cima da cama'", lembra Lipton. "Quando vi o trecho que filmei e vi o que foi feito depois da filmagem, não pude acreditar. Era simplesmente irreal para mim que o grito tivesse saído exatamente do jeito que deveria ter sido para o que estava sendo mostrado na tela."

O que não funcionou, no entanto, foi uma ideia que acabou não sendo utilizada de ver Glen voltar da cama. É um momento que aparece indicado em fotos e vídeos dos bastidores, mas a cena nunca foi realizada de forma completa. Na verdade, tornou-se algo mítico sobre *A Hora do Pesadelo* descobrir por que isso foi filmado e, talvez, quem filmou.

Ao tentar esclarecer o assunto com Craven, a resposta do diretor foi sincera, direta e interessante. "Não, não posso, não", ele afirmou, acrescentando: "Não estou negando nada, eu realmente não me lembro de algumas dessas coisas." Nessa seara também está Cecere, que admite abertamente: "Não me lembro de nenhuma parte com Johnny Depp saindo da cama".

Langenkamp, que não estava na cena, mas estava perifericamente a par dos acontecimentos, também não consegue recordar o momento. "Não me lembro de tê-lo visto coberto de sangue ou qualquer coisa assim, mas teria sido muito parecido com *Carrie,* a *Estranha* (1976)", diz ela. "Tenho certeza de que as pessoas também pensariam que parecia muito com Carrie."

Nem sequer o montador Shaine é capaz de dar uma resposta completa. "Se ele saiu pela cama, acho que pode ter sido o fim de alguma tomada, porque posso imaginar que ele voltaria e alguém poderia ter derramado sangue sobre ele em uma tomada que ficou de fora", ele diz, esclarecendo que "não foi qualquer coisa que usamos no filme. E não seria qualquer coisa que eu consideraria usar."

Com o diretor, o coordenador de dublês, a atriz e o montador inseguros, aparentemente sobrou para outras pessoas envolvidas com o filme preencher as lacunas — isso se, de fato, há lacunas a serem preenchidas. "Existe alguma dúvida de que talvez houvesse uma cena em que Johnny voltava da cama, mas pelo que me lembro, não havia tal cena", diz Haitkin, embora ele ofereça algumas explicações possíveis sobre por que existem filmagens e imagens do momento. "Pode ser que os assistentes rodaram essas imagens porque estavam fazendo o registro do ator. Portanto, se Johnny estava entrando e saindo da cama enquanto estávamos ensaiando, isso é captado no filme. Mas não havia uma cena roteirizada com Glen voltando da morte e se levantando da cama."

Talalay tem menos certeza, sugerindo: "Não me lembro de detalhes de Johnny saindo da cama, mas isso me parece vagamente familiar". Isso pode ser devido ao fato de que, como Haitkin menciona, não·havia uma cena específica no roteiro com Glen voltando, mas havia pelo menos a menção de que algo fosse cuspido de volta do poço na cama.

Algumas páginas de versões iniciais do roteiro fazem menção de "o que restou de Glen é vomitado do poço da cama do pesadelo, uma massa horrível de sangue, ossos, cabelo e fios fluindo para fora e sobre a cama". Cook parece lembrar alguns detalhes, mas não é algo inteiramente claro mesmo para ela. "Eu acho que filmaram essa cena com Johnny e todo aquele sangue e as vísceras, mas consideraram que era muito grosseiro para colocar no filme", ela diz, acrescentando com cautela, "mas não posso jurar isso. Talvez eu esteja me lembrando de uma conversa que falava sobre isso."

Embora ninguém consiga se lembrar de filmar Glen voltando, os técnicos de efeitos especiais Miller e Belardinelli lembram com clareza de terem trabalhado para fazer com que parte desse trecho acima mencionado do roteiro ganhasse vida. "Eu originalmente fiz uma cabeça falsa de Johnny Depp", revela Miller. "Acho que a cabeça dele iria sair da cama depois que ele foi sugado para dentro e então ele seria cuspido de volta. Eles cancelaram isso, mas eu ainda tenho esse molde. É bom ver o rosto dele jovem, com vinte anos de idade, e olhar para ele agora."

Indo mais além, Belardinelli lembra o momento interessante em que ele e Rideout se posicionaram embaixo da cama e "ficamos jogamos ossos para fora do buraco da parte de baixo, e parecia muito idiota", diz ele. "Ficou parecendo exatamente o que era, alguém atirando os ossos por baixo. Wes estava rachando o bico de tanto rir."

Fotos de referência de Depp foram tiradas para uma cabeça falsa do ator que foi criada e originalmente seria usada na cena da morte de Glen.

Embora Craven não tivesse uma lembrança clara dos detalhes, ele sugeriu: "Deve ter ficado muito ridículo. É uma daquelas coisas em que você pensa: 'Nós conseguimos o que precisamos e qualquer outra coisa só vai ficar bobo'". É um aspecto que, de certa forma, permeou o espetáculo. "Lembro-me de fazer coisas fajutas assim o tempo todo nesse trabalho", diz Diers. "Portanto, não me surpreende que, depois que o monstro o come e derrama seu sangue, alguns ossos ainda saiam dali. Isso é meio fajuto, mas também é apropriado para o gênero."

A grande questão então é: o que o homem da ocasião, Johnny Depp, efetivamente achou de sua grande cena de morte, tanto a filmada quando a imaginada? "Bem, eu fui sugado para dentro de uma cama. Que tipo de avaliações você pode receber do lado oposto de Freddy Krueger? 'Johnny Depp estava bom como o menino que morreu'", ele afirma.

Quando perguntado se sua carreira decolou depois de seu período em Elm Street, Depp responde: "Não. A de Freddy decolou."

FREDDY KRUEGER FEZ ISSO, PAPAI...

Com seus amigos mortos nas mãos de Freddy, Nancy percebe que cabe a ela detê-lo antes que ela se torne sua próxima vítima. Com o conhecimento recém-adquirido do que os seus próprios pais fizeram, ela conta para o pai que está bem ciente de quem é Krueger e o que ela deve fazer, mesmo temendo que ele não compreenda.

"O meu personagem era alguém que sabia que Freddy podia estar envolvido nessas coisas, ou ele tinha visto ou protegido outras pessoas que haviam matado e queimado Freddy Krueger em uma fornalha", disse Saxon sobre o envolvimento de seu personagem e a aparente falta de disposição para acreditar plenamente, ou mesmo ajudar, Nancy. "Ele certamente era alguém que queria negar a presença ou a existência de Freddy, ou que tal criatura pudesse ter qualquer influência contínua sobre todos. Esse tipo de coisa. Então ele estava dizendo: 'Não, não, não, isso é bobagem! Ele está morto! Esqueça isso!', você sabe, como a maioria dos nossos pais diria."

Langenkamp concorda que a caracterização do pai de Nancy pode ter sido bem-intencionada, mas chama a atenção ao fato de que ele estava cego por sua incapacidade de admitir a verdade do que havia feito, o que tinha feito aos amigos de sua filha e, agora, a ela própria. "Todos os pais estavam agindo com o melhor espírito de proteger suas crianças e tudo isso", diz a atriz, "e eu acho que o filme tenta não fazer um retrato cínico disso, porque muitos filmes optam por um retrato cínico. Uma coisa boa em *A Hora do Pesadelo* é que tem uma espécie de descrição patética dos esforços que são feitos para proteger as crianças."

Foi um tema que Craven abordou. "São as crianças que sofrem, porque uma das piores ameaças para elas são os pais", disse ele. "As boas intenções dos pais." Foram, no entanto, essas boas intenções que deram início à onda vingativa de Freddy, conforme observa Englund. "É a classe média que se desintegra. Os pais divorciados e alcoólatras, os pais negligentes. Eu acho que Freddy é o padrasto ruim que toma tudo o que os jovens nos filmes tinham. Ele toma a cultura que todos vocês adoram. Pega o seu iPhone, a sua MTV, os seus namorados e suas festas do pijama, as suas reuniões de colegas, e ele simplesmente atinge você com isso. Freddy está punindo a classe média branca da América", diz o ator, acrescentando: "Eu acho que Wes foi o primeiro sujeito a fazer isso."

ELA ESTÁ PENSANDO EM SOBREVIVÊNCIA

O que de fato persistiu — pois Freddy estava se empenhando em puni-la — foi que Nancy sabia que algo deveria ser feito. Armada com o conhecimento de que, como o chapéu, ela poderia puxar Krueger para fora de seu pesadelo e para o mundo real, ela esperava ser capaz de machucá-lo — ou, melhor ainda, destruí-lo. Para conseguir isso, Nancy transforma sua atual prisão no número 1428 de Elm Street em um verdadeiro campo de guerra com a ajuda de itens domésticos e o manual de dispositivos de autodefesa.

"Eu acreditei que era o momento em que Nancy se tornava mais proativa e realmente percebia seu poder na cena. Até então ela estava seguindo pistas e tentando juntar tudo", diz Langenkamp. "Mas ela realmente leva muito a sério o seu papel de soldado nesta batalha contra Freddy. Ela realmente assume que pode fazer isso."

Craven deu à personagem de Langenkamp as ferramentas que ela precisaria para começar sua luta. "Quando ela pega o manual pela primeira vez, aquele que Glen tira sarro por ela estar lendo, ela percebe que, sendo uma criança, é tudo o que ela tem", afirma Langenkamp.

"Eu li um manual do Exército chamado Armas Improvisadas, e era sobre como fazer armadilhas, e acho que essas armadilhas surgiram diretamente desse manual", disse Craven, lembrando que as coisas que Nancy fez eram muito reais. "Fiquei preocupado por anos que algum adolescente pudesse explodir a própria casa."

Desde marretas penduradas como pêndulos até lâmpadas explosivas, Carlucci lembra que "todas as armadilhas preparadas contra Freddy foram armadas pelo departamento de efeitos mecânicos. Nós íamos até lá e ajudávamos a descobrir o que funcionaria, e o que realmente pegaria Freddy quando ele entrasse em contato com o que estávamos criando."

Tudo preparado para Langenkamp fazer o que precisava ser feito. "Muitos dos elementos das armadilhas foram filmados como inserções, mas sou eu mesmo em cena", afirma a atriz orgulhosamente. "Eu me lembro de encher o vidro da lâmpada com pólvora e posicionar o fio que faria a lâmpada explodir, além de pendurar a marreta, que era um objeto mais leve para eu conseguir levantar." Craven sabia disso, pois a marreta ficou, em

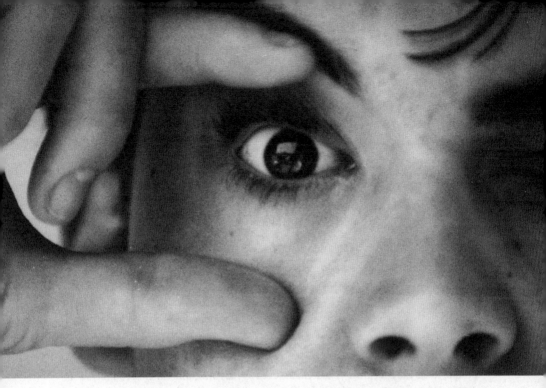

Depp em mais uma foto tirada para inspirar a cabeça falsa do ator que seria usada na cena da morte de Glen.

Johnny Depp sentado na cadeira de maquiagem depois de ter feito um modelo de seu rosto.

um determinado momento, pendurada acima da porta do estúdio. "Aquilo pesava quase um quilo", admitiu. Langenkamp acrescenta que, durante a filmagem, "Wes me dizia: 'Faça com que pareça mais pesado, Heather! Faça com que pareça mais pesado!'", ela ri.

Doyle concorda com a ideia de fazer com que tudo parecesse o mais realista possível — porque de fato era. "Nós apenas consultamos os livros e dissemos: 'Vamos tentar isso e vamos tentar aquilo', como a coisa da marreta balançando", diz ele. Para realizar todos os momentos separados, Doyle afirma: "Eu basicamente tinha um cara cuidando daquele equipamento e mais um contrarregra por cerca de uma semana. Ele preparava a coisa e nós chegávamos e filmávamos, então o primeiro grupo voltava ao que estava fazendo e os caras preparavam outra coisa. Eles estavam montando uma ou duas armadilhas por dia". Ele acrescenta que tudo foi testado antes que as câmeras rodassem porque eram armadilhas reais em um cenário efetivo e ao vivo. "Cada um desses pequenos truques saiu de um livro sobre como fazer armadilhas."

Escolhendo cerca de cinco ou seis tomadas de detalhe com Nancy preparando as armadilhas na casa para sua briga com Krueger, Langenkamp não se divertiu com os preparativos apenas no momento da filmagem. "Todas as armadilhas que foram preparadas eram muito engenhosas, e vou sempre me lembrar de todas elas caso eu tenha que criar armadilhas, porque todas vão funcionar", ela declara. "Com apenas um conhecimento rudimentar de eletricidade e física, você pode usá-las. Eu me tornei uma sobrevivente depois de ler aquele livro, no meu tempo livre, sentada no local de filmagem. É tipo como ser um espião e escapar de uma situação perigosa. Eu li muitos deles e prenderam a minha atenção."

A atriz compreende a necessidade de Nancy fazer o que deve ser feito, mesmo que no contexto de sua situação, ela admita: "Parece muito ingênuo e doce que ela pense que esse pequeno panfleto de armadilhas possa ajudá-la, mas seu compromisso com aquilo é absoluto, e é isso que eu adoro. Não há cinismo, é realmente sincero. Ela perdeu tanto, e não tem muito mais a perder, é isso que está passando por sua cabeça. Nesse ponto, ela realmente está se salvando e provando o que ela sabia o tempo todo, que Freddy é real."

Craven sentiu que era certo para Nancy usar essas ferramentas para lutar contra seu algoz em seu território, mas que talvez ele logo precisasse se afastar um pouco do conceito. "Em vários filmes que fiz havia armadilhas", riu o diretor. "Até mesmo em *Quadrilha de Sádicos* tivemos algumas armadilhas bem elaboradas, incluindo uma que usa a mãe como isca. Eu apenas achava que eram divertidas. Mas depois de um tempo eu pensei: 'Você não pode mais usar armadilhas, Craven, porque parece que você sempre teve isso!'."

PREPARANDO-SE PARA A BATALHA

Depois de notificar o pai a respeito de suas intenções, e com as armadilhas preparadas, Nancy finalmente estava pronta para colocar o seu plano de batalha em ação. Primeiro ela vai ver Marge, a mãe que deveria protegê-la, mas que é cuidada pela própria filha.

Foi mais um passo no que seria uma parte importante da jornada de Nancy. "Uma vez que Marge revelou que ela e seus comparsas, os outros pais, essencialmente causaram a morte de seus próprios filhos", afirmou Craven, "ela começa a beber muito até chegar ao ponto em que, quando Nancy está prestes a enfrentar o seu pior desafio, sua mãe está ausente e tem que ser colocada na cama como se fosse uma criancinha."

"Você sabe, a sociedade em que vivemos, infelizmente, exige que as crianças cuidem de seus pais às vezes. E esse é o tema sobre o qual as pessoas costumam conversar em relação ao filme *A Hora do Pesadelo*", ressalta Langenkamp, embora ela não esteja inteiramente convencida de que Nancy estava se tornando a mãe. "O que eu acredito, na verdade, é que Nancy estava se tornando adulta, e crescendo em um momento em que, você sabe, os pais não querem ver isso acontecer. A tensão não é tanto Nancy cuidando de seus pais, é apenas ela se tornando adulta com eles."

Blakley considerou este um ponto de vista interessante, dizendo: "Eu acho que Marge está no limite de seu juízo, mas Nancy está mantendo sua força, não está bêbada, e está de alguma forma conseguindo superar todos os ataques surreais, oníricos ou reais contra ela. Então, ela mantém sua força e maturidade, e sua mãe está perdendo a dela no processo de sua dor, tristeza e alcoolismo."

Langenkamp considera um acontecimento importante no filme e, embora Nancy não tire a garrafa de bebida de sua mãe, ela "a coloca para dormir uma noite", diz a atriz. "Mas, para mim, era uma espécie de preparação para a batalha. Ela apenas precisava levar sua mãe para um lugar seguro, porque sabia que estava prestes a entrar nesse sonho, onde toda a casa se tornaria o campo de batalha."

É uma distinção significativa para a atriz, que sempre considerou que tanto a casa quanto a mãe de sua personagem não eram apenas elementos icônicos do primeiro filme, mas também necessários. "A maneira como Nancy lida com tudo, e como ela controla tudo, eu acho uma das partes mais geniais do roteiro de Wes", afirma Langenkamp.

"Nancy viu algo acontecendo com base em um crime de seus pais. Os pais conspiraram para escondê-lo", disse Craven. "Os amigos dela estavam em negação, recorrendo a todo tipo de coisas para se afastarem da realidade. Bebida, drogas, sexo, seja o que for, e ela foi a única que teve coragem de dizer: 'Eu vi isso, e tenho que descobrir como enfrentá-lo'. Esse é um autêntico herói com o qual todos podemos nos relacionar."

Englund olha para Nancy como "a mulher guerreira; era isso que Wes pretendia. Uma mulher sempre derrota Freddy", diz Englund. "E Nancy, especificamente, encarna isso." Como uma extensão de sua preparação física e psicológica, Langenkamp acredita que sua roupa desempenhou um papel importante. "A minha peça de guarda-roupa favorita é o meu pijama. Vestir o pijama era quase como se ela colocasse sua armadura de batalha", ela propõe. "E quando ela se prepara para ir para a cama, torna-se mais e mais séria toda vez que vai dormir."

Pensando na vestimenta, a atriz chama a atenção para os detalhes que têm mais significado do que se poderia pensar. "Eles são realmente simples pijamas chineses feitos em Xangai, mas as rosáceas, para mim, são muito doces. As roseiras remetem à história da treliça de rosas, então há algumas semelhanças temáticas. E os frisos azuis eu adoro por causa dos meus olhos azuis", admite Langenkamp.

"Eu me lembro de rosas cor-de-rosa sobre um fundo creme. Eles eram amarrados e abotoados na frente e serviram muito bem, mas não deixavam o corpo à mostra", diz Jensen. "E eu concordo totalmente que era uma armadura."

"Eles eram realmente ótimos", diz Langenkamp, mencionando que eram confortáveis, ela podia correr com eles e eram graciosos. "Mas não graciosos demais", pondera. "Não é que eu ache que eles pensaram conscientemente sobre todas as maneiras pelas quais os pijamas iriam tornar Nancy ainda mais heroína, mas nos vinte a vinte e cinco anos que passaram, eu penso frequentemente no pijama e no excelente vestuário que ele acabou sendo."

Quando Nancy se prepara para fechar os olhos e entrar no pesadelo, ela recita 'Agora que me deito para dormir', a clássica oração feita por crianças ao pé da cama, cuja versão impressa mais antiga aparentemente surgiu em 1711. "Foi a primeira oração que eu ensinei", admitiu Craven. Ao terminar as palavras, Nancy olha para seu relógio, ajustando a contagem regressiva para dez minutos. O que muitos tendem a lembrar, no entanto, é que era um relógio digital, algo não muito comum em 1984. "Era muito chique ter algo eletrônico", ressalta Langenkamp. "Aquele era o meu relógio", revelou Craven, "e custou duzentos e cinquenta dólares! Eu juro por Deus, é o quanto custavam quando foram lançados."

Ao se posicionar para dormir (uma tomada, os espectadores notarão, usada para um dos cartazes do filme), Nancy está pronta para entrar no covil de Krueger. "Sempre gostei muito de como eles decoraram o local onde ele morava", diz Langenkamp. "Todas aquelas Barbies nuas e brinquedos estranhos de criancinha." Huntley ficou satisfeita pela atriz perceber os toques que foram dados à morada de Krueger na sala da caldeira. "O mais divertido era o covil de Freddy, com os tubos e a sala de vapor com sua cama pequena e todas aquelas coisinhas", diz ela. "Não dá para ver muito disso, mas havia todo tipo de penduricalhos, pedaços de papel e pequenas correntes e era apenas o mundo dele. É sempre divertido estar em cenários estranhos, incomuns e característicos como esse."

DERRUBANDO UM PESADELO

"Gostei muito de planejar e lutar de forma séria", diz Langenkamp. "Eu não queria que parecesse feminino em nada. Eu queria que Nancy fosse a primeira adolescente que realmente pula em cima do cara ruim." De fato ela fez isso, depois de encontrar objetos remanescentes de seus amigos enquanto procurava por Krueger em sua sala da caldeira ao longo do pesadelo final. E quando Nancy está pronta, Langenkamp diz: "Eu me viro na frente da casa e simplesmente pulo em cima de Freddy, porque eu quero puxá-lo para fora do meu sonho. Esse sempre foi o meu plano".

Entre as tomadas, Lipton observa enquanto Saxon presta muita atenção à direção.

Uma carta enviada por Craven para Lipton, na qual o escritor e diretor elogia o desempenho da atriz (e seu grito).

Uma estratégia que, de acordo com a atriz, fez Nancy se tornar uma lutadora muito ativa, algo que ela afirma ser uma raridade. "Existem muitas heroínas femininas no cinema, mas é muito incomum que elas, sem uma pistola ou alguma arma realmente poderosa, simplesmente ataquem de mãos vazias. E é isso que Nancy faz. Eu adoro essas cenas", diz Langenkamp.

Aparentemente Freddy também adora, ostensivamente recebendo Nancy com os braços abertos quando ela corre na direção dele, os dois caindo juntos na treliça de rosas quebrada — "e eram rosas e espinhos de verdade", esclarece Langenkamp. A briga dura pouco quando Nancy desperta em sua própria cama, aparentemente fora do pesadelo. "Quando Nancy acorda no quarto naquele cenário, tínhamos a treliça com as rosas em cima dela, e então a puxamos para do quadro e fora do cenário antes de voltarmos para a cena aberta", Craven explicou sobre a transição. "É bastante subliminar."

Seria um precursor para o que Craven considerava "um salto lindamente programado" quando, depois que Nancy pensa que seu plano falhou, e que ela está "louca, afinal de contas", Krueger faz uma aparição surpreendente. Ao atacar Nancy, começa o penúltimo confronto entre heroína e vilão — agora em forma corporal.

Essa fisicalidade entre os dois personagens foi um aspecto que proporcionou uma compreensão mais profunda sobre por que Freddy admirava Nancy. "Ela é esperta, bonita e forte", diz Englund. "Para Freddy, isso é tanto ofensivo quanto sedutor", acrescentando que ela também deve lidar com isso. "Esse é o castigo, matar aquela criança, ou fazer com que a criança se mate, ou morra em seu sono. Para punir aqueles pais pelo que aconteceu com ele, Freddy quer entrar no cérebro dela e voltá-lo contra ela. É por isso que penso que ele considerou Nancy uma adversária digna."

"As cenas físicas foram as mais satisfatórias para mim. Eles eram realmente precisos e o momento tinha que ser exato", diz Langenkamp. "Eu tive treinamento de dançarina e, para mim, era como uma enorme dança que precisávamos coreografar e executar." O responsável por essa ação planejada foi Cecere, que faz os mais altos elogios não só para a habilidade de Langenkamp, mas também por sua compreensão de quando era hora de ficar de lado. "Ela sempre ouvia", diz Cecere. "Sempre foi perfeccionista sobre o que queria e, no entanto, ouvia todos os detalhes de segurança que falávamos. Se achávamos que não era seguro ela fazer algo, ela diria, por certo: 'Deixe outra pessoa fazer isso.'"

> "AS CENAS FÍSICAS FORAM AS MAIS SATISFATÓRIAS PARA MIM. ELAS ERAM REALMENTE PRECISAS E O TEMPO TINHA QUE SER PERFEITO."
> — **Heather Langenkamp**

Langenkamp recorda os dublês usados em muitas das cenas, incluindo as dela. "Lembro-me de Tony Cecere, quando ele estava procurando pessoas para as cenas de perigo, e sempre ficava me mostrando os traseiros de todas aquelas mulheres dublês, dizendo: 'Muito bem, aqui está uma para você'", a atriz lembra com uma risada.

BATA FORTE NELE!

Conforme Nancy e Krueger se enfrentam em um jogo de gato e rato cuidadosamente planejado, a heroína encontra-se implorando ao sargento Parker — encarregado de vigiar atentamente a garota e a casa — para que chame seu pai. Para o desalento de Nancy, mas, posteriormente, para o deleite do público, ele não se empenha rápido o bastante.

"Foi uma cena feita tarde da noite que levou três ou quatro dias para ser completada. E isso leva, é claro, ao meu personagem passando e dizendo a minha famosa frase: 'Não se preocupe, está tudo sob controle'", ri Whipp. "Nancy me chama de babaca e foi rotundamente aplaudida quase todas as vezes que vi o filme junto com uma plateia. Eles gostam de me ver sendo idiota."

Langenkamp lembra que, no roteiro original, "Nancy falava muito mais palavrão, mas acabamos deixando ela praguejar tanto", afirma. O motivo para cortar a linguagem chula, segundo Craven, foi porque "quando ela realmente falou, ficou muito forte". Ele também mencionou que o momento entre Nancy e Parker "era um favorito do grande público, pelo que sei".

Quanto ao seu personagem e o momento, Whipp acredita que ele deveria ter voltado para pegar Thompson, "mas aí não haveria esse tipo de tensão no filme", pondera. Unger não apenas gostou de trabalhar com Whipp, como também afirma que o momento era muito parecido com aquele que seu personagem teve anteriormente com Nancy e Glen, reforçando a noção de adultos que não atendiam aos gritos de seus filhos. "Éramos adultos e não estávamos prestando atenção nessas crianças!", ele exclama. "O pensamento era: 'Eles deveriam estar na cama à esta hora', ou algo assim. 'O que estão fazendo aqui fora?' E isso fazia parte da tensão que Wes criou entre as pessoas mais jovens e as pessoas mais velhas."

O ator compara o conceito (visto em muitos filmes do gênero) ao clássico *A Bolha Assassina* (1958), estrelado por um jovem Steve McQueen. "O tema também abordava, no que se refere aos adultos e jovens colegiais, uma falta de confiança mútua", acrescenta Unger. Essa tensão deu resultado na tela, mas também houve momentos de incerteza de outro tipo nos bastidores. Craven revelou que, embora Langenkamp tenha concordado em desempenhar com cuidado suas cenas mais orientadas para a ação, houve momentos em que ele questionou o quão segura sua equipe de dublês realmente era. "Tony Cecere fez quedas muito difíceis", admitiu o diretor. "Tem uma cena em que Freddy é golpeado pela marreta e cai para trás por cima da grade. Eu tinha certeza que Cecere havia quebrado o pescoço porque o corpo dele girou, e ele virou a cabeça de lado apenas por uma fração de segundo e atingiu aquilo como uma tonelada de tijolos."

Craven sempre achou que as cenas de proeza eram perigosas, com Cecere aterrissando em um colchão (em algumas cópias do filme, olhos mais atentos podem vê-lo na parte inferior da tela) em cima de madeira compensada de dois centímetros de espessura. Por que Craven se preocupava com seu dublê? "A madeira compensada estava rachada ao meio quando a retiramos", disse ele. "Era simplesmente de arrepiar as coisas que ele fazia, e depois saía andando. Nunca o vi se machucar uma única vez." Fiel à tradição, a cena de proeza foi concretizada sem ferimentos e a batalha climática continuou, desta vez movendo-se para momentos mais explosivos.

"Eu acompanhei Heather o tempo todo e fiz a tomada em que Freddy passou pela luz e ela explodiu", diz Cecere. "Eu estava presente quando Heather andou em meio a essas coisas, porque tivemos que mostrar para ela o quão grande seria a explosão da lâmpada." Felizmente para Langenkamp, a explosão não era grande a ponto de precisarem substituí-la para o efeito. "Lembro-me de correr pela sala, Freddy tropeçando no fio e a equipe de efeitos criando a explosão. Muito disso era realmente eu", revela.

Quem não teve tanta sorte foi Krueger, que a esta altura tinha sido golpeado com uma cafeteira de vidro e uma marreta, desabado por um lance de escadas e também sido vítima de uma explosão nem um pouco insignificante. Os ferimentos que o personagem sofreu no mundo real foram sutilmente criados por Miller. "Fizemos diversas coisas com sangue na cabeça dele, algumas contusões etc., mas era apenas maquiagem sobre a máscara", diz ele. "Não era algo fora do comum como próteses especiais ou algo assim. Eles não tinham tempo para esse tipo de coisa."

KRUEGER REACESO

Agora que Nancy provou para Krueger — e para a plateia — que ela era uma força a ser considerada, chegou a hora de colocar em prática a última parte de seu plano, que era destruir Krueger. E ela iria derrotar Freddy da mesma maneira que seus pais haviam feito há muito tempo: com fogo. Para fazer isso, Craven e sua equipe estavam prontos para trazer o calor. "Ah, meu Deus, todo mundo do corpo de bombeiros — e até suas avós — estava lá naquele dia", brinca Woodrum, que também estava presente para assistir a filmagem. "Tomaram muita precaução. Deve ter custado uma fortuna, mas a segurança da equipe técnica e do elenco era primordial na mente de Wes, e foi simplesmente brilhante como eles fizeram esses efeitos."

"Nancy carregou previamente o frasco no porão com combustível, e então, quando Freddy a perseguiu até lá, ela pôde atirá-lo nele e acendê-lo", lembra Doyle. O 'ele' neste caso seria Cecere, mais uma vez fazendo o papel de Krueger como dublê de Englund. "Foi uma das melhores cenas de queimadura completa que eu tinha visto até então", admite Doyle. "Wes conhecia Tony de seus trabalhos anteriores e disse: 'Este cara vai fazer um incêndio corporal que você não vai acreditar'. Toda a sequência de Freddy sendo incendiado no porão, depois girando, subindo as escadas, caindo e rolando escada abaixo, foi feita em uma única tomada. Foi uma tomada só."

Doyle não estava sozinho em seu assombro de que alguém pudesse queimar por tanto tempo, o que criou um dos visuais mais fantásticos daquela produção independente.

"Aquilo nunca tinha sido feito em um filme antes", revelou Craven. "Era um efeito enorme, e o calor do fogo era tão intenso que todos da equipe técnica se afastaram daquela sala."

Percebendo que o calor das chamas combinado com o espaço reduzido poderia ser um potencial problema, Doyle assegurou-se de tornar o cenário inteiro à prova de fogo. "O problema aqui era que a queimadura do corpo ocorria em uma sala fechada com um teto de dois metros e meio, portanto, se ele fizesse o tipo de queimadura que costumava fazer, ele iria incendiar o cenário todo", diz ele.

"Tony estudou tudo com muito cuidado", disse Craven. "O truque todo com o fogo é usar uma chama que não é tão quente quanto outras chamas costumam ser. Por exemplo, se você se encharcar com gasolina ou algo assim, a chama teria, digamos, mil e trezentos graus Celsius. Mas se você colocar cimento de borracha, que acredito ter sido o que Tony usou, ele queima a quatrocentos graus. É uma diferença bastante drástica."

O truque, portanto, era Cecere encontrar o que ele poderia colocar sobre si mesmo que queimaria, mas manteria seu corpo protegido, claro, e ainda assim ficasse bom. O dublê experimentou várias coisas diferentes antes de desenvolver a receita definitiva. "Ele preparou um gel com um ingrediente secreto que colocou sobre sua pele", revelou Craven. "E ele praticou, segundo me disse, antes de entrar em ação, colocando várias coisas em si mesmo, se incendiando e correndo em volta da piscina de sua casa até que ficasse intenso demais para suportar, e então mergulhava na piscina. Ele era um sujeito muito corajoso."

"Você fareja o fogo e sente o cheiro dos produtos químicos", diz Englund. "E, em tempo real, o dublê parece continuar e continuar. Tony realmente encarou isso."

"Eu já havia feito tanto trabalho com fogo na indústria do cinema que, como coordenador de dublês, decidi fazer eu mesmo essa cena de queima em particular. Eu realmente caí pelo lance de escadas em chamas, e ninguém havia feito isso antes", diz Cecere. "Eu disse a eles que, se fôssemos fazer isso, teríamos que construir os degraus de uma forma específica, para que quando eu rolasse as escadas pegando fogo as chamas não rasgassem o traje protetor. Então forrei os degraus com borracha e depois cobri com um pano preto, para tornar a escada segura para que eu caísse."

Depois de descobrir a logística de como isso poderia ser feito, chegou o momento de fazer o que seria a primeira e única tentativa. "Depois de ter feito a tomada com Heather jogando o combustível sobre mim, que era apenas água, eu me preparei para a queima com fogo, quando de fato colocamos combustível ao redor dos meus pés e derramamos o líquido inflamável sobre mim", lembra-se Cecere.

Foi depois que Craven filmou uma tomada de detalhe com Langenkamp acendendo os fósforos e jogando-os sobre Freddy, interpretado naquele momento por Cecere, que o verdadeiro calor começou. "Ele fazia muitas cenas loucas de proezas, mas o truque mais insano de todos foi o do fogo", diz Langenkamp. "Ele tinha a personalidade daquelas crianças na escola que comeriam qualquer coisa, fariam qualquer coisa, se sujeitariam a

Nos bastidores, Freddy posando em sua sala da caldeira.

qualquer coisa para Wes. E eles tiveram uma amizade e parceria leal por um longo tempo por causa disso. Eu acendi o fósforo, joguei nele e depois corri. Então eles colocaram a dublê subindo as escadas correndo. O tempo era crítico porque ele estava em chamas, e ninguém podia ficar perto do fogo."

Incapaz de saber quanto fogo estava queimando nele, "à medida que as chamas subiam e se espalhavam em mim, os seguranças lá embaixo deveriam me avisar quando eu estivesse completamente engolido", diz Cecere. "Então eu me girava e começava a correr; a dublê de Heather iria pular na minha frente e subir as escadas, e eu iria atrás dela até chegar à porta."

Quando chegava no topo da escada, um Freddy ardente tentava puxar a porta para sair, a qual estava realmente sendo puxada para trás do outro lado, não por Langenkamp, mas por duas pessoas da equipe de dublês. Esses dublês foram necessários, diz Cecere, porque "eu não conseguiria dar um comando verbal para a próxima ação começar, que era Nancy empurrando a porta para derrubar Freddy escada abaixo. Então eu lhes dei uma contagem de três, e depois de eu puxar a porta três vezes, eles a empurraram para dentro, e eu caí e rolei pelo lance de escadas." Mas as chamas e a cena não acabaram por aí. "Uma vez que eu estava no fundo, eu realmente tive tempo para começar a subir de volta. E quando eu estava a meio caminho da escada, eu me dei conta que, se eu chegasse até o topo novamente, eu simplesmente não teria ninguém para me apagar lá em cima", afirma Cecere. Os protocolos de segurança tinham que vir primeiro e, ele continua: "Embora pudesse ter resultado em uma tomada melhor, eu parei a meio caminho na escada".

"Eu não teria acreditado que alguém poderia queimar por tanto tempo, cair, e então voltar a subir as escadas novamente. Nós apenas ficamos lá de pé, admirados", lembra Doyle, "esperando esse cara nos fazer o sinal para podermos apagá-lo. Mas ele seguiu em frente e eu, e eu continuava pensando que o cenário iria pegar fogo. Finalmente, ele se deitou e nós o apagamos."

Cook também ficou surpresa, se não um pouco chocada, com o trabalho de Cecere naquele momento. "Lembro-me de perguntar a Tony, que era um cara muito doce: 'Por que está fazendo esse trabalho com queimadura?'. Ele me disse: 'Porque ninguém mais faz isso. É um serviço especializado e eu meio que dominei o mercado. Estou fazendo queimas de corpo inteiro e, portanto, é uma ótima maneira de ganhar um dinheiro extra'", ela revelou. "E, pelo que me lembro, ele recebeu dois mil dólares além de um dia de pagamento para fazer essa cena de queimadura, o que, para mim, não é suficiente para se incendiar, mas, ao que parece, esse era o valor de tabela!"

"Eu acho que ele era fuzileiro naval no Vietnã, e quando voltou decidiu que iria entrar no ramo das cenas de perigo, e ele se especializou em fogo", disse Craven. "Ele fazia cenas de queima muito boas." A cena de perigo, que durou vinte e sete segundos na tela, ganhou um Prêmio de Dublê na categoria de Melhor Dublê de Especialidade. "Eu participei dos Prêmios de Dublê para entregar o prêmio para Tony naquele ano", revela Englund. "Foi na Warner Bros. Lembro-me muito claramente porque tive que ajudar quando dois dos

Freddy em um dos cenários.

Talalay relaxa na cama de Krueger. O cenário bem elaborado é pouco visto no filme. Um vislumbre disso pode ser notado no primeiro pesadelo de Tina e quando Nancy procura Krueger perto do final.

apresentadores, David Carradine e Jan Michael Vincent, ficaram bêbados de tanta tequila, vestidos com seus smokings, e não conseguiram continuar fazendo a narração e apresentação. Eu tive que subir ao palco e substituí-los, embora eu só estivesse presente por causa de Tony."

Olhando para trás, Cecere traz à mente a noção de que Englund nem sempre ficava satisfeito com o fato de que ele era substituído por um dublê, algo que quem faz esse trabalho entende muito bem. "Eu não tenho a mesma compleição de Robert, mas em uma cena como a da queima", ele diz, "a minha teoria é: 'Ei, isso acontece tão rápido que ninguém vai perceber a diferença do quanto o sujeito é alto, ou o quanto ele é grande. Só que ele está em chamas'."

Embora isso possa desanimar os olhos de águia de alguns astutos fãs do gênero, Cecere é mais confiante quando fala sobre a cena do fogo: "Não, Robert não teve nenhum problema comigo fazendo isso!".

MARGE SE QUEIMA

Embora Nancy tivesse feito o seu melhor para despachar Krueger em chamas pela segunda vez, e seu pai tenha corrido para resgatá-la — apesar de ter chegado tarde demais —, o demônio dos sonhos estava à solta para provar que não se pode derrubar um bom assassino. Nesse caso, significava que Freddy iria atrás da próxima melhor vítima, a mãe de Nancy.

Seguindo diretamente o calor da cena anterior, o trabalho com fogo continuou. Desta vez, Nancy seguiria as pegadas flamejantes de Krueger. "Enquanto Heather estava andando pela casa olhando os passos em chamas, eu estava presente no cenário, porque ela corria em meio ao fogo", diz Cecere. "Tínhamos algumas pequenas labaredas causadas pelo vento que soprava." Foi um momento de que Craven se lembrou com carinho. "É uma das minhas tomadas favoritas, um daqueles efeitos especiais e truques de fotografia que funcionaram lindamente", afirmou. Foi também um caso de tomada única. "Estávamos com medo de que Heather se queimasse", acrescentou o diretor, com uma risada. "Nunca me ocorreu que era perigoso ou assustador fazer aquilo!", confessa Langenkamp.

Seguir essas pequenas labaredas levaria Nancy a testemunhar um Freddy ainda em chamas em cima de sua mãe, prestes a matá-la (em rascunhos muito iniciais do roteiro, um momento muito mais sombrio é revelado porque Krueger também está "transando pra valer com ela" quando Nancy e seu pai entram no quarto.

Langenkamp sente que atribui um poderoso e, talvez, muito necessário impulso para a emoção de Marge na sequência. "Isso leva o filme ao ponto final porque Nancy já perdeu Glen, e agora vai perder outra pessoa extremamente importante em sua vida, que é sua

A dublê de Langenkamp se prepara para uma longa queda. É o momento no pesadelo em que Nancy salta de um cano na caldeira de Krueger e acaba caindo no quintal da frente de sua própria casa. Na versão final, o tecido da almofada de pouso, cercado pela treliça de rosas desmontada, pode ser visto ondulando quando a cena do dublê é finalizada.

mãe", diz ela. "Então, na hora em que você sente que não há mais para onde o filme ir emocionalmente, de repente trazemos o perigo para a mãe, de quem até esse ponto as pessoas não gostam tanto. Mas Nancy a ama. E isso meio que salva Marge de ser uma caricatura, porque ver a reação de Nancy ao fato de que pode perder a mãe de repente faz desaparecer todas as coisas ruins que Marge personifica ou representa; porque se Nancy a ama, isso é o suficiente." Mas não para Freddy, que está inclinado a exigir sua vingança.

"Sim, era eu como Freddy em cima dela", diz Cecere. "Nós levamos a atriz para fora e eu fiz uma queima completa. Havia também uma dublê de Heather para entrar e me bater com a cadeira. E depois outro dublê que substituiu John Saxon entrando e jogando o cobertor sobre mim para apagar o fogo. Foi quando eu pude desaparecer da tomada."

Blakley não estava na cena que acabou sendo utilizada no corte final do filme, mas a atriz lembra-se de estar presente no ataque de sua personagem por parte de Krueger. "Eu estava lá naquele dia, sim. Eles usaram o fogo perto de mim, mas acredito que Wes não utilizou essa tomada", lembra. "A cena em que a minha mãe morre em uma espécie de fogueira de luz é o fim perfeito para ela, porque Marge queimou Freddy e, portanto, ela também é queimada", acredita Langenkamp. Craven acrescentou: "É uma questão de justiça poética. Havia um elemento na história sobre colher tempestade. Se você semear o vento, vai colher tempestade."

Langenkamp sente que a cena é também uma das mais fantásticas. "É um momento sem limites, porque tem Freddy, tem a minha mãe, tem o meu pai e também eu estou lá. E nada realmente faz sentido nesse ponto", diz ela. A atriz (e o público) talvez tenha achado a sequência alucinatória, mas essa não foi a palavra que muitos membros da equipe, responsáveis por fazer o momento ganhar vida, teriam escolhido. "O final, com Ronee Blakley carbonizada desaparecendo dentro da cama, me causou muitos problemas. Wes teve muitos problemas. Todos tiveram muitos problemas tentando descobrir como terminar esse filme e como trazer o espaço dos sonhos de volta ao espaço real", diz Doyle.

"Usaram um elevador hidráulico de algum tipo encaixado no suporte da cama, e aquela não era Ronee, mas um manequim", lembra Langenkamp. O encarregado de criar o doppelgänger de Blakley foi Mark Shostrom que, sob a orientação de Miller, trabalhou nisso por alguns dias. "Foi muito influenciado pelo trabalho de Dick Smith em *Histórias de Fantasmas* (1981), um grande fantoche decomposto com seios podres e outras coisas. Por algum motivo, a escultura acabou não sendo usada e Dave teve de juntar alguma outra coisa", diz Shostrom. "Infelizmente, não tenho fotos da escultura que fiz. Na época, eu não tinha ideia de que seria um filme tão grande. Não me preocupei em tirar fotos."

"Ele trabalhou no esqueleto e tinha algum tipo de carne nele, um pouco de material de látex e espuma de poliuretano, mas eles o queriam menos esquelético e mais feminino", afirma Miller. "Ronee veio para fazer um molde do rosto, que adicionamos ao manequim. Eram coisas minhas e de Mark, e outras coisas que adicionamos posteriormente, depois que Mark foi embora."

373

"Naquele momento, fui até a sala de penteados e peguei um monte de coisas para colar cabelos em um boné, e experimentei aquilo", diz Fleetwood. "E foi assim que conseguimos nos livrar daquilo entrando na cama. Foi uma daquelas coisas de última hora, do tipo 'vamos inventar algo e filmar'."

Até hoje a cabeleireira lembra o momento como um de seus melhores. "Foi a primeira vez que realmente fui capaz de ajudar, e foi maravilhoso; eles gostaram de como ficou, e funcionou", diz Fleetwood. "Foi um dos meus primeiros grandes trabalhos criativos, em uma fração de segundo. Quando Wes estava se virando e pensando numa solução, eu a entreguei para ele. Eu já tinha feito. Foi um bom momento na minha carreira."

Doyle, por outro lado, lembra que "mesmo com o manequim de substituição, colocar uma Ronee Blakley queimada na cama e jogá-la dentro daquilo foi uma tomada com a qual nunca fiquei feliz. Não tivemos tempo suficiente para trabalhar adequadamente com David a fim de animar aquele esqueleto, ou fazer efeitos ao redor do esqueleto para cobrir o equipamento. A iluminação ainda não era boa. O efeito de iluminação não estava preparado."

Haitkin revela como eles finalmente o fizeram funcionar. "Usamos um soldador de arco, em vez de efeito de iluminação", ele afirma. É algo que Miller não esqueceu. "Eles não entregaram óculos de sol nem nada assim", diz ele. "Era como olhar para uma luz de soldagem, o que é perigoso. Mas não acho que tenha acontecido alguma coisa ruim."

Mesmo com Haitkin satisfeito, Carlucci concorda com Doyle que não era o que esperavam. "Nós usamos nitrogênio líquido, de modo que teríamos um efeito de nuvem branca que acabaria se dissolvendo no lençol, e ela se afundaria nessa nuvem", conta ele. "Não foi um dos melhores truques do filme, em termos do que eu sinto que poderíamos ter feito. Claro, hoje eles teriam optado por um efeito gerado por computador."

Doyle concorda, dizendo: "Hoje eu acho que muitas coisas de *A Hora do Pesadelo* teriam sido feitas com imagens computadorizadas. Isso, no entanto, teria tirado um pouco do apelo do filme, especialmente entre os fãs de horror, que entendem como essa arte é criada. O fato de termos feito essas coisas ao vivo, e diante das câmeras, e ainda conseguido resolver tudo com uma ou duas tomadas, faz parte do romantismo do gênero."

Sem o benefício das imagens computadorizadas, os atores e a equipe de efeitos deram o seu melhor, especialmente por conta das limitações. Doyle lembra as dificuldades de tentar fazer acontecer todas as coisas exigidas com um curto cronograma e justo no primeiro filme que coordenou. "Tivemos oitenta efeitos ou sequências rodadas em um filme de noventa minutos que realizamos em vinte e seis dias. Não havia como utilizar tudo. E a coisa mais estressante para mim era que não havia descanso", diz ele. "Na maioria dos filmes, você tem algum tempo de folga. O primeiro grupo começa a cuidar de algo e depois você assume e termina. Mas eu só tinha cinco caras na minha equipe. Portanto, abastecer o pessoal e fornecer tudo para todos os dias foi problemático. Havia uma enorme quantidade de coisas a ser feitas."

Jensen faz ajustes detalhados na aparência de Englund para a câmera.

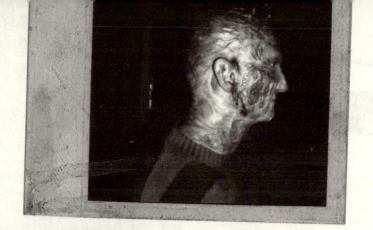
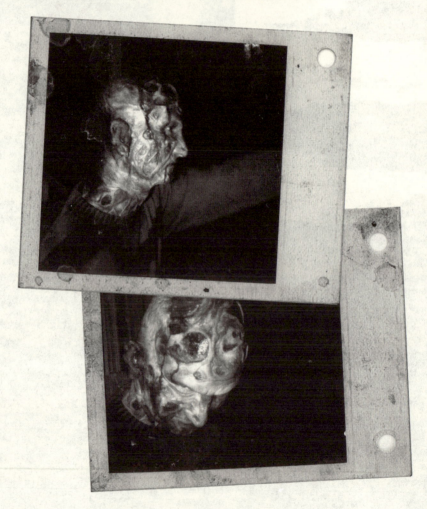

Para a continuidade, Englund mostra os ferimentos que seu personagem sofre nas mãos das armadilhas de Nancy. Krueger encontra-se envolto em chamas novamente. A queima de corpo inteiro foi uma conquista memorável para o filme de baixo orçamento, valendo inclusive um prêmio ao "perito de corpo queimado".

Até os últimos dois dias, e precisando fazer a tomada com o cadáver de Marge afundando na cama, "foi isso que conseguimos fazer", diz Doyle. "Se eu tivesse que voltar e fazer tudo novamente, essa é provavelmente a única sequência à qual eu realmente dedicaria mais tempo. Começaria muito mais cedo no processo, e tentaria desenvolver algo que fosse um encerramento melhor para o que se tornou, de fato, um ótimo filme."

"Lembro que não ficou tão grotesco ou assustador quanto Wes queria que ficasse", diz Miller. Craven não tinha receio de admitir que o considerava "um dos efeitos especiais menos bem-sucedidos no filme", mas manteve seu senso de humor sobre o conjunto, acrescentando: "John não estava chateado com o fato de sua esposa ter morrido; foram os efeitos especiais da cena que o deixaram arrasado!".

Como atriz, Langenkamp entende esse sentimento. "Eu acho que o que nós percebemos com *A Hora do Pesadelo* foi que alguns dos efeitos podem não funcionar na nossa era moderna tão bem quanto funcionavam antes", diz ela. "Mas a realidade é que, quando você pode realmente estar junto com o efeito, ou com o monstro, isso faz muita diferença no desempenho de um ator."

Langenkamp também está ciente de que "às vezes, seu desempenho é secundário quanto aos efeitos especiais funcionarem ou não, particularmente em um filme de terror". Se um ator não está feliz com uma tomada que foi aprovada, às vezes é uma questão de azar. "Você não pode fazer tudo com preciosismo, do tipo 'oh, é a minha cena, e eu vou fazer isso certo'", acrescenta a atriz. "É assim: 'Tem um cara correndo atrás de você que está pegando fogo e eles só vão fazer isso uma vez'."

Langenkamp dá créditos a Craven por saber o que queria e como conseguir isso, mesmo que o elenco nem sempre estivesse feliz com seu trabalho. "Wes era um grande diretor que tinha a capacidade de esconder todas as coisas ruins que você fazia com seu desempenho", ela ri. Além disso, é enfática em um ponto muito saliente: "Não havia nada falso no primeiro filme. Estávamos todos lá, no mesmo quarto, atuando juntos, fazendo tudo juntos, e é por isso que, como um todo, o filme ainda funciona hoje".

Mesmo assim, a atriz encontrou algumas dificuldades para atuar no momento em que a mãe desapareceu. "A parte na qual tive mais problemas naquela cena foi que Nancy fica observando por muito tempo. Lembro que eu e John tivemos de ficar sentados lá por um minuto e meio enquanto os efeitos estavam ocorrendo, e manter esse olhar de horror por tanto tempo foi pura tortura", admite Langenkamp. "E eu só queria muito ter alguma coisa para fazer, porque Nancy é uma personagem de ação. Mas ter que ficar lá sentada, com John por cima do meu ombro, e nós dois olhando para a cama, achei apenas agonizante."

ELA SABE O SEGREDO AGORA

Após lidar com a perda de seus amigos, e agora com a de sua mãe, Nancy fica sozinha para contemplar se foi ou não bem-sucedida em sua tentativa de destruir Krueger. "Até mesmo seu pai é dispensado como alguém que não pode ficar com ela", disse Craven. "É um desses momentos em que você percebe que é algo que precisa enfrentar sozinho. É um ótimo momento para um personagem em um filme."

A questão de saber se Nancy tinha ou não vencido seu algoz seria rapidamente respondida quando Freddy fez seu retorno, chamuscado e enfurecido, logo atrás dela, usando um efeito manipulado momentos antes para o fim ardente de Marge. "Quando Freddy sai da cama, usamos o mesmo equipamento de quando descemos Marge", diz Doyle. "Era o oposto nesse ponto, então podíamos elevar Freddy, e fazê-lo subir pelo lençol e cortá-lo. Acabou se tornando um bom truque." Foi uma imagem eficaz a de Krueger se levantando e esticando os lençóis antes de cortá-los, e que foi possível, conforme Craven afirmou, "graças a mais elastano, se não me engano".

Uma vez que Freddy retorna, resta a Nancy dar sua cartada final, buscando forças de dentro. Mas, para fazer isso, Langenkamp sentiu que precisava de uma pequena ajuda de fora. "Há os primeiros trechos de ação e então esse interminável momento, com Nancy e aquela sua aparência de loucura no rosto", diz ela. "Lembro-me muito bem de tentar encontrar uma aparência para aquilo com a maquiagem e o cabelo. Nós então decidimos: 'Vamos apenas colocar bolsas sob os olhos e frisos nos cabelos, o mais frisado possível.'"

"Nós optamos pelo 'cabelo triste e angustiado' naquele momento porque ela havia chegado ao limite. Sua personagem já havia aguentado o suficiente de Freddy", diz Fleetwood. "Ele a empurrou para seus limites e realmente estávamos tentando mostrar isso com seu cabelo e sua maquiagem." O visual final levou cerca de trinta minutos para ficar pronto, ao que Fleetwood diz: "Queríamos que ficasse bom porque ela está no final do filme, e enfrentando Freddy. Você leva o tempo necessário porque essa é a tomada do herói". Langenkamp concorda, acreditando que o visual que conseguiram funcionou a favor do filme. Ela, no entanto, faz uma brincadeira, opinando que não era o seu melhor visual. "A *Teen Vogue* não bateu na minha porta por causa daquele figurino", ela acrescenta.

Agora que o efeito, o cabelo, a maquiagem e os desempenhos estavam ao gosto da equipe, parecia haver algum questionamento sobre como Nancy iria efetivamente destruir Freddy. Como havia feito no passado, Craven voltou-se para o conceito de compreender a verdade para que ela pudesse libertar. "Eu acho que o melhor ato de heroísmo em um filme, digamos apenas nos meus próprios filmes, é enfrentar a verdade", disse ele. "Em primeiro lugar, enxergando a verdade, o que outras pessoas também são capazes de fazer, mas depois admitir e assumir a responsabilidade por isso. Agir a partir dessa verdade, não importa o quão doloroso ou assustador possa ser."

"O que o final de *A Hora do Pesadelo* original significa simbolicamente, com Nancy dando as costas para Freddy, é 'eu não vou compactuar com o medo'", diz Englund. "Esse medo que Krueger gera em todas as suas vítimas — sejam as crianças de Elm Street, seus parentes, ou as próprias pessoas que o assassinaram muito tempo antes — é algo a que infelizmente sucumbiram", acredita ele. "O medo, todos ficaram presos nisso. E Nancy finalmente percebe isso no final. Ela percebe que para deter o medo você não deve se render a ele. E esse é realmente um final muito satisfatório."

No entanto, Langenkamp sente que sua eficácia pode ter acabado se mostrando ambígua. "Eu sempre achei essa cena difícil de aceitar, porque é uma solução simples demais. Eu dou as costas, e então supostamente tudo desaparece", afirma. "Freddy desaparece em um estalo de luz ou energia." Compreendendo que a direção que Craven estava seguindo para solucionar toda a história ("Dê as costas para o seu medo e então isso — ou, neste caso, Freddy — não terá mais nenhum poder", afirma Langenkamp), a atriz sente que o momento em que Nancy se afasta poderia ter sido o final mais apropriado. Ela não nega a sua própria perplexidade — e, possivelmente, também a do público — com o que considerou uma solução muito simples, mas que poderia ser vista como uma possível decepção.

"É uma cena confusa porque, com o final que temos agora, não faz sentido", diz Langenkamp. "Se eu der as costas e isso supostamente for uma resolução acertada, então o fato de que Freddy retorna significa que eu falhei. O retorno de Freddy não me agrada, porque acho que a solução original de Wes foi genial."

TENTANDO DERRUBAR UM HOMEM BOM

Com o poder de Freddy sendo retirado dele e o horror aparentemente terminado, Nancy abre a porta para um novo dia brilhante, tendo de volta sua mãe e seus amigos. A questão, no entanto, rapidamente veio à tona: o final funciona? A resposta para isso, pelo menos uma parte dela, vem de Risher. "Nunca houve um final no roteiro. O céu ficava preto. Muitos pássaros surgiam. Era apocalíptico", diz ela, sobre os rascunhos iniciais do roteiro, antes das revisões serem feitas.

Esse suposto dia do julgamento que Craven havia imaginado tinha pelo menos um problema que Talalay recorda. "Eu lembro que era para ter um nevoeiro estranho surgindo no final", diz ela. "Wes usou a palavra 'tule'. Ele queria névoa. Lembro-me de pensar: 'Do que ele está falando?' e 'O que ele quer dizer?'. Fazer a névoa era uma tarefa complicada."

Não obstante os aspectos técnicos da névoa, foi essa ambiguidade original que levou, para muitos aficionados por *A Hora do Pesadelo* e Craven, a tão falada disputa sobre qual seria o final do filme, qual deveria ter sido e qual de fato se tornou. A diferença de opinião parecia estar com Craven e Shaye. "Foi o nosso momento de maior conflito", admitiu o diretor. "Ele queria um grande gancho no desfecho para que pudessem ter uma sequência. E eu achava que ele estava maluco. 'Nunca haverá uma sequência.' Rapaz, como eu fui burro."

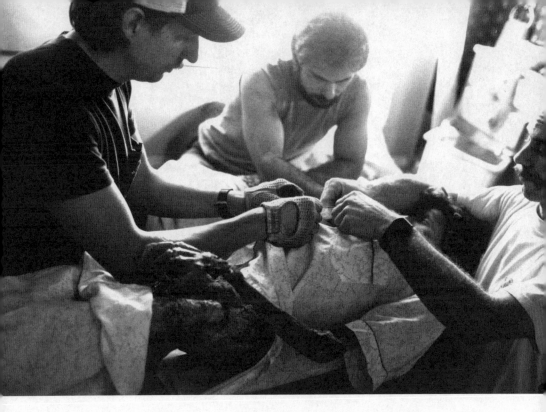

A equipe de efeitos especiais prepara o cadáver de Marge para seu desaparecimento ardente na cama.

Saxon pula na cama para cobrir as chamas.

Freddy atacando a mãe de Nancy na cama. Mais uma vez, Cecere fez a cena com fogo, enquanto Blakley foi substituída por um manequim.

A equipe técnica se certifica de que o fogo está extinto e Cecere seguro.

Langenkamp, que admirava o conceito original de Craven, diz que ela seria negligente se não reconhecesse o que Shaye estava procurando. "Posso entender ambos os lados. Talvez desejassem ver Freddy continuar, a possibilidade para uma sequência", diz a atriz, "mas, na época, nunca pensamos que haveria uma sequência. Parecia que somente o produtor tinha esse desejo. Para nós, foi algo como 'Certo, vamos agradá-lo'." Corri se coloca firmemente ao lado de Langenkamp no que diz respeito a falar de uma continuação no momento em que filmavam. "O conceito inicial não era uma franquia, para começar. Era uma única história", afirma o ator.

"Não creio que tenham conversado sobre uma sequência", comenta Haitkin. "Quando estávamos debatendo o final, no entanto, percebi que uma sequência poderia ser uma possibilidade. E foi então que essas questões entraram em jogo entre Wes e Bob. Acho que a ideia de Bob era dar-lhe algum tipo de final que acenasse com a possibilidade de continuação, só que Wes não estava muito preocupado com isso."

Shaye tende a olhar para o assunto sob uma luz diferente. "Fui acusado de lutar por um filme que pudesse ter sequências, mas na verdade não foi o que aconteceu", revela. "Eu apenas achava que o final do filme não deixava o público muito empolgado. Wes queria que o final fosse com Heather acordando pela manhã, o sol brilhando lá fora, e ela apenas ia embora." O produtor deixou claro para Craven suas impressões. "Nós discutimos muito por causa disso. E Wes levantou as mãos em um ponto, porque tivemos um desacordo enorme." Risher revela: "Definitivamente havia uma diferença entre Bob e Wes. Bob queria um final mais chocante".

Mesmo com opiniões diferentes, Craven e Shaye entenderam que o desejo de ambos, afinal, era o melhor desfecho para o filme. Quanto aos membros da equipe técnica, eles sabiam quando se envolver, mas também quando era melhor se afastar. "Eu na verdade não me envolvia nesse tipo de coisa. Quando tem um produtor e um diretor discutindo esse tipo de problema", diz Haitkin, "você tem grandes questões comerciais em jogo, tem a visão artística de Wes em jogo. Para um diretor de fotografia, não é uma boa ideia intervir e tomar partido."

Doyle também ficou por perto, pronto para entregar o que fosse necessário, de quem viesse a ordem. "Não me lembro especificamente, mas acho que Wes era mais favorável a um encerramento confortável, e Bob queria deixar um pouco mais aberto, obviamente pensando na possibilidade de uma sequência", diz ele. "Mas o argumento de Wes era que, se o filme funcionasse, a sequência já estaria lá. Eu acho que Bob estava um pouco menos confiante de que tudo funcionaria do jeito que aconteceu. Acabamos filmando uma série de finais diferentes por causa disso." Craven acreditava que não era necessário ter um gancho em qualquer filme. "Se um filme for muito popular, você pode criar uma sequência que fará sentido e não precisa ter um gancho idiota no final", disse ele.

O BOM, O MAU E O FEIO

As discussões — e alguns talvez digam as brigas — entre diretor e produtor resultaram em "pelo menos três finais diferentes sendo filmados", lembra Risher. Decidir o que esses finais seriam "foi rápido e apressado, e as pessoas estavam dando ideias a torto e a direito para ver como poderíamos resolver, você sabe, a existência de Freddy no final", diz Langenkamp.

Sobre as ideias que tentaram, muitas surgiram naquele momento ("Houve muita conversa. Todos nós tínhamos nossos próprios palpites", diz Englund), com uma considerada o "final feliz", na qual os jovens simplesmente "iam embora no carro", lembra Shaine, com Risher acrescentando: "Nós filmamos sem o capô do carro descendo". Talvez não de maneira surpreendente, esse era o favorito de Langenkamp. "Mesmo tendo um monte de 'vamos tentar isso, vamos tentar aquilo', no meu coração, eu realmente gostava daquele em que Nancy vive", afirma, admitindo que esse desfecho talvez não fosse o que deixaria Shaye ou Risher mais felizes, porque "definitivamente não permitia sequências".

Enquanto Langenkamp tem lembranças específicas sobre o final que prefere, além de como foi filmar aqueles que ela não gostava, a lembrança de sua colega Wyss sobre a filmagem do encerramento era menos clara. "Lembro da cena do carro se afastando, mas não lembro de toda a conversa sobre isso. Na verdade não tenho nada para dizer sobre isso porque não sei. Não é uma loucura?", admite ela.

Uma opção mais acentuada mostrava o carro que eles estavam dirigindo. "Gostei muito dos jovens entrando e o carro se transformando em torno deles, porque acho que isso tornou um pouco mais claro sobre o que eu achava que o filme tratava", diz Englund. Os jovens entravam no carro e "em uma das tomadas a capota do conversível se fechou em cima de nós, e é óbvio que o veículo está nos levando embora", diz Langenkamp. "Parecia haver uma sensação de que Freddy era o carro."

Para ilustrar melhor a questão, esse capô conversível seria pintado com cores muito específicas. "A ideia não era apenas o carro se afastando, e sim a capota descer e ser da mesma cor do suéter de Freddy", diz Risher. Pelo menos para Doyle, era um efeito com o qual ele não precisava se preocupar muito. "A capota se erguia e se fechava, o que já fazia mesmo. Nós nem sequer precisamos planejar isso. Era um pouco tosco dessa maneira, com as cores do suéter pintadas em cima", diz ele. O aspecto aparentemente bobo logo deu lugar a um choque real, embora de curta duração, porque os atores não esperavam que a capota descesse com tanta força. Quando isso aconteceu, os olhares de surpresa e susto foram bastante reais para o elenco dentro do veículo.

"Todo truque era assim. Em geral, havia uma ou duas tomadas envolvidas que eles nunca haviam experimentado antes, porque nunca fazíamos ensaios", afirma Langenkamp. "Mas essa também era a beleza disso. Muitas dessas reações foram reais porque nunca havíamos experimentado aquelas coisas. Foi muita sorte ninguém ter se machucado,

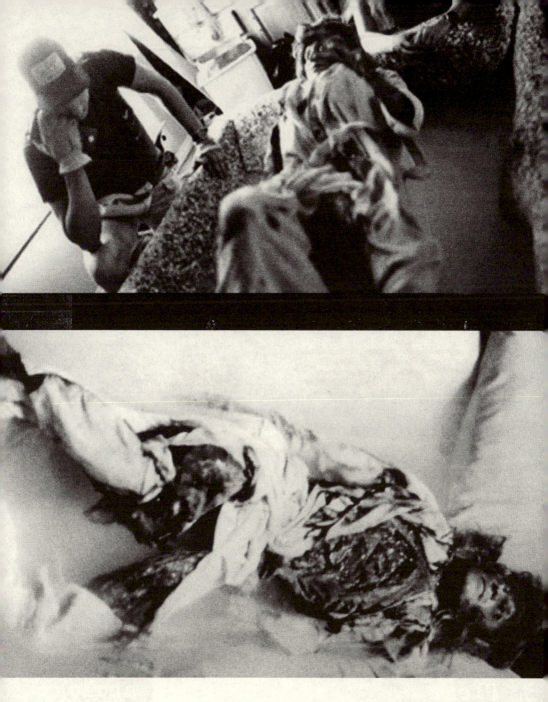

Doyle contemplando o efeito e como ele funcionará.

A aparência final do cadáver de Marge após o ataque de Krueger.

```
TO:    A Nightmare on Elm Street              DATE:  July 17, 1984
       All Production Personnel

FROM:  Jim Doyle
       Effects Contractor

       Please accept my profound apology for the episode which
occurred during the photography of Marge's corpse on Monday
evening, July 16.  Such an outburst is well outside the limits
of professional behavior for anyone, especially those who
handle noxious, dangerous materials while placing cast and
crew in potentially dangerous situations as a daily part of
the job.  Any loss of control under any circumstance is
absolutely unforgiveable and will not be repeated.

       You may have every confidence that your safety is my
first concern; therefore, pressure, exhaustion, and whatever
else goes on will not be allowed to build again to such a
level that I may not be expected to act prudently and quickly
in any given situation, emergency or otherwise, during the
remainder of this production.

                                     Thank you,

                                     Jim Doyle
```

Uma carta escrita por Doyle para se desculpar por um acontecimento durante as filmagens. Um membro da equipe causou algum problema e, diz Doyle: "Eu o demiti na hora. Ele se recusou a sair. Nós ainda somos amigos". **Abaixo**, o esqueleto que foi construído para parecer Marge.

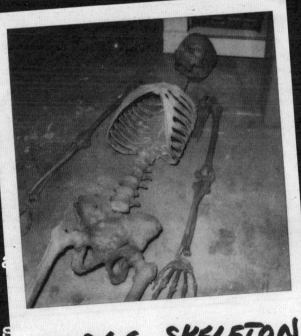

MARGE SKELETON

porque o mecanismo da capota tinha muita força, e simplesmente desabou sobre nossas cabeças. Eles ainda nos disseram: 'Mantenham suas cabeças dentro', mas não esperávamos que fosse um tranco tão violento."

A terceira ideia levou o conceito anterior a um final mais literal, e foi aquele com o qual Shaye chegou à conclusão que esperava. "Bob conseguiu o gancho que queria. Nós ficamos fazendo concessões", disse Craven, com Risher acrescentando: "Wes filmou o final que Bob queria, que era Freddy dirigindo o carro". Langenkamp comenta que o final deveria parecer feliz, mas fica bastante óbvio que "era Freddy, e não Glen, quem estava dirigindo", diz ela.

Foi um desenlace que Englund gostou bastante. "Heather olha, vê o namorado dirigindo e desvia o olhar. Quando ela olha de novo, sou eu", diz ele. "E eu abro um sorriso doentio." Haitkin concorda com o vilão na tela: "Considerando os diferentes finais que tínhamos, a minha preferência era por Freddy levando as crianças embora e sendo o motorista maligno", diz ele.

"Só lembro que passamos muito tempo fazendo essas cenas do carro", diz Langenkamp. "Indo embora no carro, a capota do conversível batendo, e depois não batendo, e depois já estava levantado quando entro no carro. Você sabe, essas coisas sempre demoram muito", diz ela.

Enquanto alguns membros do elenco e da equipe técnica consideram que esse encerramento era o mais apropriado, Corri não concordava, embora ele seja rápido para refletir: "Mas é uma franquia, então o que eu sei?".

A opção final foi a que causou a agitação mais interessante entre o elenco e a equipe técnica: Marge acenando, despedindo-se da filha, pouco antes que a mão de Freddy com suas garras quebrasse o postigo da porta da frente e a puxasse para dentro. A plateia ficava então com uma tomada de encerramento das meninas pulando corda e recitando sua rima agora famosa.

"O final com a minha mãe sendo espremida através do postigo foi uma completa surpresa. Eu estava na sala de maquiagem quando me disseram que simplesmente puxaram a boneca, uma réplica de Ronee, através da janelinha", diz Langenkamp. "Acho que a princípio fizeram a cena para um carretel de erros de filmagem."

Para provocar risos ou não, Englund acha que o efeito final funcionou no filme, "mas quando o filmamos, era uma porcaria muito boba. Parecia meio bobo no cenário", diz ele. "Claro, você tenta imaginar isso acelerado, ou mais violento, e com o som e o grito, e quão rápido eles vão fazer isso. Mas até você ver editado, foi meio engraçado durante a filmagem. Lembro-me do dia em que fizemos, e ficamos pensando se aquilo funcionaria."

Era uma dúvida apropriada, e Englund não estava sozinho. "Nunca achei que isso funcionaria. Quero dizer, tínhamos aquela ridícula mulher de borracha e simplesmente a puxamos através daquela abertura pequenina", diz Risher. "Não era para ela morrer assim, na verdade", diz Fleetwood, "mas já estávamos no fim e precisávamos nos livrar de Ronee."

Foi outra ocasião em que o penteado, o figurino e os efeitos visuais trabalharam juntos, com pouco tempo e restrições orçamentárias, para elaborar algo que agradaria a Craven. "Queríamos mostrar uma saída física dela. Lembro-me que Wes perguntou: 'Dá para fazer um manequim bem rapidinho?'. Então dissemos: 'Vamos dar um jeito'. E todos pulamos juntos nisso. Colocamos uma meia-calça dentro dela. É por isso que, quando você vê no filme aquele manequim atravessando a janela, é algo pavoroso porque o fizemos em dez minutos para que pudéssemos matá-la e tirá-la do filme", ri Fleetwood. "Não estou mentindo."

Jensen lembra que não foi exatamente a tomada mais suave de se fazer. "Eu acho que quando passou pelo buraco umas duas vezes, a cabeça ficou presa, ou as pernas ficaram presas. Não foi um puxão perfeito em todas as tomadas", diz ela. "Lembro que realmente parecia um manequim de borracha de espuma algumas vezes. Acho que a peruca caiu em algum momento. Foi meio cômico o processo de filmar isso."

Uma pessoa que considerou esse efeito intrigante foi Talalay, que, em vez de questionar se iria ou não funcionar, simplesmente se perguntou como ele foi feito. "Lembro de ir até a Sara e dizer: 'Como eles fizeram isso?', porque era pré-digital", diz ela.

"O manequim de Ronee Blakley que atravessava o postigo foi outra dessas coisas improvisadas de última hora", diz Miller. "Eu fiz uma cópia do manequim que construímos para a cena em que Freddy está em chamas em cima dela." Essa versão de Marge, no entanto, era diferente porque tinha de ser macia para poder atravessar uma janelinha. Haitkin admite que achou a ideia "cafona quando a filmamos", mas prossegue dizendo que a equipe de efeitos "criou um manequim de espuma que era como uma almofada de sofá. Mas tudo estava pintado, com cabelos e tudo, e você podia puxá-la através da porta porque era feita de espuma. Foi por isso que ficou parecendo tão fajuto".

Blakley lembra bem o processo. "Eles fizeram um manequim de mim. Eu estava de pé, diante da porta, e depois cortaram para o manequim sendo puxado pela janela", diz ela, lembrando que Craven "me falou que eu tinha espírito esportivo, porque tinham que quebrar o vidro falso, que era feito de açúcar, enfiar a mão pela janela, me agarrar e me fazer gritar".

"Quem puxou o manequim de Ronee através do postigo foi um dos meus assistentes que tinha um metro e oitenta e braços muito longos", diz Doyle, observando que o efeito era tecnicamente difícil devido às correntes que passavam por dentro do manequim para segurá-lo. "Nós amarramos uma corda ao redor das correntes na parte de trás do ombro, e eu tinha o maquinista e outro de seus assistentes corpulentos agarrando a corda. E quando eu disse 'Pronto!' eles correram pelo corredor o mais rápido possível, e o manequim foi 'sugado' pela janela."

Doyle revela que o postigo não pertencia à porta daquela casa. Era um que já havia sido utilizado na filmagem. "Fizemos uma duplicata para a cena de perseguição com Nancy anteriormente, então tiramos a janelinha da porta e a reforçamos, para que a única coisa que pudesse acontecer era o manequim se espremer e passar pela janelinha." Haitkin, apesar de toda a preocupação de que não funcionaria tecnicamente — ou pior, que não ficaria bom — fez a sua parte. "Nós também reduzimos um pouco a velocidade de filmagem para ajudar a fazê-la passar mais rápido pela porta."

"É um manequim fajuto atravessando aquele vidro. Foi o que pudemos fazer", diz Fleetwood. Depois que tudo foi falado e feito, a mulher por trás da personagem no centro de toda a atenção acredita que o efeito, particularmente para a sua época, funcionou muito bem. "Hoje o efeito não é muito impressionante porque temos diversas técnicas avançadas que surgiram desde que *A Hora do Pesadelo* foi realizado", observa Blakley. "Mas na época foi um efeito brilhante."

Ainda assim, algumas pessoas do elenco e da equipe técnica não estavam inteiramente convencidas do mérito do final. "Nós não pensamos que isso seria usado no filme. Era cômico demais", diz Miller. Até mesmo Langenkamp admite ter ficado "bastante chocada" quando viu a cena na versão final. "Ficou muito falso e cafona. Não estava à altura do resto do filme. Não sei o que aconteceu na edição, mas, o que quer que seja, esse final certamente confunde o público."

Embora não tenha ficado necessariamente claro para Blakley, ela sugere uma ideia interessante para a sua personagem. "Por conta da maneira como Wes escreveu e dirigiu o filme, você nunca sabe se Marge voltaria. Em outras palavras, será que esse trecho teria sido um sonho?", ela provoca. "Nós supomos que é real Marge ter morrido. Então ela morreu duas vezes, é o que estou dizendo: foi incendiada na cama e depois puxada pelo postigo."

Confuso ou não, Shaye é capaz de ver todos os lados da questão em que esteve envolvido desde o início, levando tudo na esportiva. "Funcionou bem o bastante, não há dúvida. No entanto, quando você vê isso hoje, é um pouco bobo. Mas e daí?" Craven tinha uma visão mais filosófica, talvez um pouco humorística, da morte da personagem: "Eu achava que, uma vez que a mãe nunca fez as pazes com a realidade, ela merecia morrer".

Depois de seu encontro ardente com Marge, Krueger surge das profundezas para destruir Nancy. Mais uma vez, o efeito foi alcançado de forma econômica. "Usando mais elastano, se não me engano", lembrou Craven.

Doyle prepara a arma que ajudou a trazer à vida, usada para cortar o lençol estendido na cama.

E O VENCEDOR É...

"Embora parecesse estar envolvida em tanta coisa, eu não estava a par das questões em relação ao fim, e, quando vi a versão final, fiquei bastante surpresa", diz Talalay. Essa surpresa não se deve apenas ao fato de o final ser diferente do que estava no roteiro, ou o fato de que várias versões foram filmadas. Em vez disso, foi a decisão de utilizar uma espécie de combinação das três opções, algo que Langenkamp pôde entender com relação às duas forças criativas que, pelo menos naquele momento, estavam em desacordo. "Existe uma verdadeira dicotomia entre produtores e diretores", afirma Langenkamp. "Os diretores estão mais preocupados com a integridade de suas ideias, enquanto os produtores estão mais preocupados com o público. Alguns produtores talvez se preocupem um pouco mais com a produção de seu filme em um nível artístico. Não podemos nos enganar, *A Hora do Pesadelo* não é um desses. Mas Wes e o resto de nós abordamos com mais seriedade do que apenas pensar: 'Isso é só um papel em um filme de terror. Não precisamos nos esforçar'. Não creio que alguém do elenco tenha sido desleixado."

"A ironia é que a maneira com que finalizaram o filme, e isso foi decisão de Wes depois de exibições de teste e coisas assim, foi usando praticamente todos os desfechos", admite Shaye. "Portanto, foi bom que os experimentamos." Usando partes do final como Craven havia vislumbrado — com Nancy voltando de seu pesadelo para a luz do dia e reencontrando sua mãe e os amigos —, mas também dando a Shaye o choque e o potencial para uma continuação que ele estava almejando, "tudo funcionou", opina Risher. "Depois que finalmente foi montado, Wes ficou muito feliz com o resultado." Craven, no entanto, revelou algo que pareceu ser mais melancólico. "Na verdade, havia um lado espiritual para isso, acredite ou não, que Nancy meio que representava a pessoa, a alma, que está disposta a encarar a verdade. E a verdade é perigosa, a verdade é dolorosa", comentou ele. "Mas a jornada do herói e da heroína é enxergar como as coisas realmente são. E, no final, eu não queria que o mal vencesse, porque Nancy passou por essa jornada e dissipou Freddy dando as costas para ele." Reavaliando a decisão de filmar as diferentes versões, Craven acrescentou: "Eu na verdade me senti muito mal por ter feito isso. Mas também achava que Bob era a única pessoa capacitada para fazer esse filme, e ele o defendeu. Então eu lhe dei o gancho que ele queria".

Esse gancho, é claro, deixaria a porta aberta para uma continuação, embora Craven tenha revelado que a mera noção de uma sequência nunca passou pela sua mente. "Não pensei nisso. Não até Bob dizer que queria um gancho. Antes da estreia do filme, não fazíamos ideia. Talvez Bob tivesse pensado nisso, mas eu não fazia ideia de que funcionaria", admitiu. "E eu tinha preconceito com as sequências em geral. Era meio que o meu lado de artista. Eu achava que era melhor deixar a história como estava. É a história por si só." Shaye novamente admite que a ideia de uma continuação não foi algo que ele tentou fazer desde o início. Na verdade, se não fosse por outra pessoa, essa possibilidade talvez nunca lhe tivesse ocorrido. "Nunca pensei nisso", afirma. "Não pensei em absoluto, nem sequer passou pelo meu cérebro fraco até que alguém do nosso departamento de vendas disse: 'Sabe, temos que fazer uma sequência disso', e foi isso que gerou a continuação. Na verdade, houve muito pouco cinismo envolvido na realização deste filme."

A última coisa que é mostrada à plateia na história de Craven é uma aparição final das sinistras garotinhas pulando corda, cantando a rima de Elm Street, embora Adri-Anne e sua irmã Coye não tenham reaparecido. "Eles na verdade não nos informaram por que usaram diferentes grupos de crianças para a abertura e para o final", diz Adri-Anne, "mas estávamos ansiosas para poder aparecer naquela cena de abertura. Naquele momento, não sabíamos nada sobre a outra cena, com outras meninas no final." Rusoff, no entanto, retornou. "Foi a mesma coisa que a primeira cena, no sentido de que teve pouca direção", relembra. "O que me lembro bem foi que havia muita máquina de neblina. Eles ficaram passando com aquela máquina pra cima e pra baixo, fazendo isso de novo, e de novo, e de novo, a cada tomada. E eu lembro de ter achado aquilo legal."

Juntando-se a ela temos Lauren Lepucki, outra jovem que não se lembra de ter recebido muita direção, e também acha que qualquer comando dado pode não ter sequer vindo de Craven. "Honestamente, eu conhecia pouco da indústria, nem sabia quem ele era!", admite. "Mas outra coisa é que não havia nenhum ator principal lá. Era uma tomada de segunda unidade, então não sei se Wes esteve presente na minha cena." Lepucki acrescenta: "Acho que alguém da equipe de segunda unidade ficou dirigindo o carro passando por nós algumas vezes na rua enquanto pulávamos corda. Não lembro dos adolescentes no carro". Conseguir o papel foi uma questão de Lepucki e sua família serem amigos e vizinhos de dois membros da equipe técnica que comentaram com eles que o filme precisava de garotas de 7 a 9 anos, embora ela acabasse descobrindo outra conexão. "Eu sabia que era um filme de terror, porque quando fomos ao escritório de produção eles nos contaram sobre o enredo do filme, e mostraram um retrato do ator que iria interpretar o vilão. Minha mãe disse: 'Ah, meu Deus, esse é um dos melhores amigos do meu marido!'", lembra ela. "Mas isso foi apenas uma coincidência, porque eu consegui o papel não por Robert, mas pelas mulheres no escritório."

> "NO FINAL, EU NÃO QUERIA QUE O MAL VENCESSE, PORQUE NANCY ENFRENTOU AQUELA JORNADA E DISSIPAVA FREDDY VIRANDO AS COSTAS PARA ELE."
> — **Wes Craven**

Lepucki é uma das meninas segurando a corda, "mas não dá para ver o meu rosto no filme — tem uma flor de cerejeira na frente, pendurada da árvore", ela afirma. Por mais que possa não ter sido intencional Lepucki não ficar claramente visível, o fato de as garotinhas não estarem muito em destaque, mas ainda assim ser impressionantemente memoráveis, pode ter sido uma ligeira adição ao mistério das jovens personagens. Rusoff acha a ideia interessante. "Nossas personagens nunca foram totalmente explicadas. Nunca foi dito de forma definitiva, mas acredito que somos crianças que perderam a vida, de uma forma ou de outra, por causa de Freddy Krueger", diz ela. "Acho que somos fantasmas ou espíritos dessas vítimas inocentes. Eu achei isso assustador e legal." Risher acrescenta que, com tudo o que aconteceu até aquele ponto, havia uma única coisa sobre a qual tinha certeza. "Sempre foi a ideia de Wes mover a câmera para mostrar as garotinhas pulando corda, porque é um final muito evocativo. Esse é o final real", diz ela. "E é brilhante."

Nancy se encontra no confronto final com um Krueger de carne e osso. Embora este momento não seja visto na versão final, representa a saga da jovem. "A personagem dela já aguentou tudo o que podia de Freddy", diz Fleetwood.

O elenco e a equipe técnica se preparam para rodar a cena final do filme. Foi algo que criou a maior tensão entre Craven e Shaye quando a grande questão da filmagem foi colocada.

Como o filme terminaria? Conforme lembra Langenkamp, "foi rápido e apressado, e as pessoas estavam dando ideias a torto e a direito para ver como poderíamos resolver a existência de Freddy no final".

Fotos tiradas durante um dos potenciais finais para o filme. Embora acabasse não sendo explicitamente usado, era um conceito defendido por Shaye: ver Freddy ao volante do carro, indo embora com os jovens.

Mesmo com o destino de seus personagens incerto, o jovem elenco é todo sorrisos com seu agressor (e um toca-fitas) nos bastidores.

Langenkamp e Craven se divertem com uma conversa alegre entre as tomadas.

A imagem final de *A Hora do Pesadelo*: as garotinhas pulando corda e cantando sua rima assombrada enquanto é deixada uma porta aberta para que Freddy volte.

5
PÓS-PRODUÇÃO
CINCO, SEIS, SEGURE A SUA CRUZ...

Agora que o filme havia (em mais de uma maneira) encontrado o seu final, era razoável considerar que estava na hora de decidir o que tudo aquilo significava.

INTERPRETANDO PESADELOS

"Eu vejo o filme todo como um pesadelo pré-cognitivo apenas de Nancy", propõe Englund. "Tudo nele vai acontecer, mas na verdade ainda não aconteceu. Ela apenas sonhou que aquilo aconteceria, e está tentando avisar a todos. E então começa bem pertinho do final, com a morte de Ronee Blakley, a única coisa que ela não sonhou."

Se for esse o caso, então o final do filme não é um sonho, mas, em certo sentido, a hiper-realidade como contraste com as sequências de pesadelo. "Freddy vai pegar todo mundo", continua Englund, "ele vai pegar aqueles jovens, sabe? Todos que morreram estão dentro do carro. Eles foram buscá-la para ir à escola, é um novo dia e dá para ouvir os pássaros cantando, e as cores são bonitas e brilhantes. Essa é a minha interpretação."

Blakley concorda com a análise de Englund, levando as coisas mais longe ainda e afirmando que, embora o filme termine, ainda restam perguntas. "E se, quando eles estiverem indo embora e o capô do conversível estiver subindo, e as meninas brincando de pular corda, e se houvesse outra cena e mais uma hora e meia de filme ali?", pergunta ela. "Porque, uma vez que você está lidando com sonhos e sequências oníricas, tudo pode se revelar mais tarde ser apenas um sonho."

"Ainda há alguns momentos no final que não sei se são parte do sonho ou se são reais, porque nunca termina", diz Langenkamp. "Nunca se chega ao fim desse sonho em particular. E eu adoro essa parte do filme."

Tendo como base os muitos rascunhos iniciais do roteiro de Craven, o conceito de que o final do filme era um sonho poderia ter ficado mais nítido se tivessem filmado as meninas pulando corda e sua rima assombrosa conforme ele havia escrito: "A música se mescla com essa canção, expandindo a melodia simples até grandes dimensões sinfônicas, enquanto as garotinhas desvanecem em pleno ar, e então a tela escurece totalmente."

Ver o desaparecimento das já etéreas meninas que pulam corda certamente daria uma mensagem mais clara de que a conclusão era um sonho, mas jamais saberíamos se isso teria impedido que o elenco, a equipe técnica ou membros da plateia desenvolvessem teorias a respeito. No entanto, as ideias apresentadas por Englund e Blakley — de que Nancy de alguma forma previu a morte de seus amigos e, talvez, até a dela mesma — são reforçadas por Wyss. "Sempre achei muito assustador você poder se envolver tanto em um pesadelo e fazê-lo parecer muito real, mas então, conforme todos vão se afastando, fica a questão: 'Será que é mesmo?'", pondera a atriz. "Foi assim que me senti. Sempre achei que era uma ótima observação sobre o quanto um pesadelo pode ser assustador, e também o quanto isso impactaria a nossa vida desperta. Mas eu pensava que era a psicologia disso. Aconteceu ou não? Penso que quando somos deixados por nossa própria conta, podemos nos assustar mais do que qualquer outra pessoa é capaz de nos assustar."

"Eu mostrei o filme para o meu pai", lembra Shaye; "ele assistiu e, depois da exibição, eu perguntei: 'O que você achou, papai?', e ele respondeu: 'Achei muito bom. Muito assustador'. E eu disse: 'Pois é, estamos tendo muitas dificuldades com o final. Não conseguimos decidir como encerrar o filme, então decidimos colocar todos os finais nele'. Ele retrucou: 'Você não pode fazer isso'. Respondi: 'Já fizemos, papai. O diretor falou que é assim que ele quer, e é o que estamos fazendo'. Ele disse: 'Você não pode fazer isso. É, absolutamente, uma coisa errada!'."

Shaye acrescenta que se lembra de estar sentado em um bar com o pai, que o agarrou pelos ombros. "Ele praticamente berrou comigo: 'Você vai foder esse filme!'. Por isso eu sempre me divirto quando ouço as teorias das pessoas sobre o significado do final. Significa que não tínhamos nenhuma pista sobre qual era a maneira certa para encerrar o filme", ri o produtor.

FAZENDO O CORTE

A fim de garantir que tudo o que Craven havia filmado pudesse ser combinado de uma maneira que ficasse ao mesmo tempo inteligente e assustador, era necessário um montador com habilidade e estilo consideráveis. A tarefa ficou com Rick Shaine e seus anos de experiência como editor assistente em filmes como *Um Lance no Escuro* (1975), *A Saga do Poderoso Chefão* (1977) e *Apocalypse Now* (1979), antes de começar a montar filmes sozinho. E, ao estilo típico da New Line Cinema, ele chegou à função por causa de alguém que já estava na família.

O editor Rick Shaine por volta da época em que foi escolhido para montar *A Hora do Pesadelo*. Ele editou o filme usando duas máquinas Moviola verticais. O sistema, inventado em 1924 por Iwan Serrurier, foi o primeiro usado para fazer a montagem de filmes.

"Acredito que eu tinha, naquele momento, montado um filme de terror chamado *Olhos Assassinos* — um filme de 1981 que foi apenas o segundo papel para uma jovem Jennifer Jason Leigh, que em seguida fez *Picardias Estudantis*) — e também trabalhei com Jack Sholder, que estava radicado em Nova York", diz Shaine. "Ele tinha trabalhado com Bob, e eram bons amigos, então acredito que Jack me recomendou, além de Bob ter visto o meu trabalho."

Depois que Shaine expressou seu entusiasmo, ele e Shaye fizeram uma reunião na qual se entenderam bem o suficiente para que o produtor o recomendasse para Craven. "O que eu sabia a respeito de Wes na ocasião era que eu tinha visto *Aniversário Macabro* e ficado apavorado, o que era raro, sendo um montador de filmes, porque eu costumava observar como estavam fazendo as coisas, em vez de ficar concentrado no filme", diz Shaine. "Mas senti que ele conseguiu tocar meu inconsciente de uma maneira que outros filmes de terror não tinham tocado."

A visão de Craven e a disposição de ir para qualquer lugar que o material o levasse (sem importar o quão escuro fosse esse lugar) era algo que Shaine apreciava. "Era um talento incrível que ele tinha. E por ter visto *Aniversário Macabro* e lido o roteiro de *A Hora do Pesadelo*, senti que era uma ideia que se relacionava com essa habilidade, e fiquei muito ansioso para fazer o trabalho", afirma o montador.

Também não era nada ruim que a pós-produção fosse feita em Nova York, onde a New Line Cinema e Shaine estavam. De volta à Costa Oeste, Craven concordou com a necessidade de contratar um montador de Nova York. "Wes e eu tivemos uma boa conversa por telefone e fui contratado", lembra Shaine. Craven sugeriu uma razão mais bem humorada sobre por que o processo de pós-produção foi realizado em Nova York: "Bob Shaye queria estar lá pra encher o nosso saco", disse ele, de brincadeira.

MONTANDO UM PESADELO

Devido às restrições de tempo e ao fato de que muitos sentiam que o futuro sucesso da New Line Cinema dependeria do êxito do filme, Shaine foi encorajado pela empresa a começar a fazer ajustes no filme e nos diálogos para manter as coisas em movimento — mesmo que Craven ainda não estivesse presente.

"Eu estava no início da minha carreira, ainda era um pouco ingênuo, e isso não é realmente algo que um editor deva fazer sem que o diretor saiba", admite Shaine. "Então, quando Wes viu o filme pela primeira vez, eu já havia cortado um pouco dos diálogos, tentado começar a dar um formato ao filme, porque nosso tempo era curtíssimo no processo de pós-produção. Vir para Nova York, no terreno da New Line Cinema, por assim dizer, e assistir a um filme que já tinha passado por alguns cortes colocou-o em estado de alerta. Wes ficou muito irritado por eu ter feito isso sem esperar que ele chegasse."

Craven afirmou, com naturalidade: "Isso acontece com qualquer corte bruto de um montador. Eles sempre querem fazer seu corte primeiro e, em alguns casos, é quase 100% da maneira que você faria. Em alguns casos não é, mas não havia nada de ruim entre a gente."

Shaine alega que seu objetivo era contar a história e deixar o material respirar, mas ele não queria colocar uma marca pessoal no filme que fosse contrária ao que Craven havia filmado. "Sei que há uma longa sequência de sonho na qual Nancy termina na prisão onde Rod está encarcerado, e lembro que era uma viagem muito, muito longa para ela chegar até lá. Lembro-me de pensar como era maravilhoso entrar nesse clima um tanto onírico, mas existe um limite para isso", diz ele. "Wes havia estabelecido que não era para sabermos onde estamos, e ela não sabe onde está, mas estava na hora de chegar a algum lugar para levar a história adiante e ver algo escabroso acontecer."

> "WES TINHA UMA ÓTIMA COMPREENSÃO DO PROCESSO DE EDIÇÃO, MUITA PACIÊNCIA, E ELE SURGIA COM SOLUÇÕES INVENTIVAS DE COMO RESOLVER DETERMINADOS PROBLEMAS DE EDIÇÃO."
> — **Rick Shaine**

Na condição de editor, Shaine reconhecia que era seu trabalho julgar quanto tempo ele achava que a plateia seria capaz de tolerar uma jornada onde não sabia para onde estava indo. Craven estava de acordo: "O filme precisava de um bocado de concisão e de uma formatação para funcionar. E era um filme complicado, porque tinha esse elemento que poderia muito facilmente se tornar tão irreal que não seria assustador", admitiu ele. "Eu sabia apenas que era o tipo de filme que poderia ter morrido na praia se não fosse montado adequadamente." Para Shaine, "tem que ser o bastante para deixar todo mundo ansioso e antecipando, 'Ah, meu Deus, o que vai acontecer?', mas não tanto que você fique entediado com aquilo. Mas uma vez que Wes e eu começamos a trabalhar lado a lado, e relaxamos um com o outro, percebemos que ambos estávamos pensando de forma parecida e podíamos fazer um ótimo filme juntos." Colaborar com

Craven para empreender o corte do filme que o diretor queria era algo que Shaine descreve como "excelente". Ele continua: "Wes tinha uma ótima compreensão do processo de edição, muita paciência, um excelente dom para comunicar suas ideias, e surgia com soluções inventivas de como resolver determinados problemas de edição".

Um desses problemas, claro, era o final, algo em que Shaine lembra ter gastado muito tempo. "Nós continuamos alternando os três finais diferentes que eles haviam rodado", diz ele. "Não consigo lembrar qual final era o favorito dele, mas em algum momento Wes me disse: 'Ouça, esse final ou aquele final é bom, talvez esse com o capô do conversível, ou aquele com a mãe sendo puxada pela porta. Brinque com esses elementos. Tenho de voltar para a Califórnia'."

Com as tensões aparentemente colocadas de lado em relação ao final, a ausência de Craven para cuidar de outros assuntos colocou em jogo a única coisa que ninguém poderia controlar: o tempo. "Eles começaram a filmar em junho e o lançamento deveria ser no Halloween, então era um prazo muito, muito curto para fazer tudo corretamente", afirma Shaine. "E sei que Bob estava muito nervoso para poder cumprir o cronograma."

Outro problema que o montador encontrou foi saber o quanto o público deveria ver Freddy Krueger. Parte dessa resposta veio da cinematografia. "Até certo ponto, em termos de iluminação, nós nos certificamos de que não veríamos seu rosto no começo, que ele era apenas uma forma ou um contorno", admite Haitkin.

"Robert Englund era um ator fantástico, e ele estava fazendo coisas divertidas de se assistir, mas havia também o receio de que, se mostrássemos muito Freddy Krueger e ele ficasse muito engraçado ou agradável, isso eliminaria completamente seu poder de aterrorizar", pondera Shaine. "E então, por fim, conseguimos definir como mostrar o suficiente para provocar medo e, de alguma forma, causar certo fascínio por ele, mas não o bastante para que parecesse exagerado."

Englund, no entanto, considera que a diminuição da presença de Krueger talvez tenha ido um pouco mais longe do que ele gostaria, potencialmente eliminando a centelha da personalidade do monstro que todos aprenderiam a adorar.

"Durante as filmagens, havia mais cenas minhas envolvido com Heather e nossa relação como adversários. Cada vez que Freddy perseguia Nancy e ela fugia, ele fazia um gesto reconhecendo-a como uma oponente digna, e essa constatação se tornava um aspecto de sua personalidade", explica Englund. "Era como se ele começasse a gostar desse relacionamento, e talvez até a respeitasse um pouco. Eles deixaram isso para o desempenho de Heather, mas cortaram um pouco da minha parte."

Englund também sentiu falta da improvisação de gato e rato que Craven permitiu que ele e Langenkamp fizessem, mas entende que "pode ter havido um receio de que Freddy acabasse desenvolvendo mais personalidade que o desejável, mas eu gostaria de tê-lo vis-

McMahon, que havia trabalhado com Shaine antes de *A Hora do Pesadelo*, foi trazido para a produção do filme como coeditor.

to como mais que apenas uma personificação abstrata do mal", diz ele. "Eu ainda estava tentando encontrar Freddy e imbuí-lo com algum tipo de personalidade, o que senti que Wes queria, porque ele não existe na realidade. E isso é uma coisa libertadora para um ator desempenhar, algo que na verdade é formado pela imaginação de outras pessoas. Era o que eu estava tentando descobrir."

Uma análise cuidadosa revela que, no estado do sonho, manipulando objetos ou em qualquer forma corpórea, Freddy Krueger está presente na tela por cerca de escassos oito minutos, dos noventa e um minutos de duração do filme, algo particularmente curioso. Essa constatação confirma a avaliação de Englund de que talvez devessem ter mostrado mais Freddy, embora a história tenha comprovado que o seu diminuto tempo de tela não impactou na colossal capacidade de o personagem se conectar com o público.

"Você também poderia dizer a mesma coisa sobre a criatura alienígena em *Alien, o 8º Passageiro* (1979), se decidir realmente cronometrar seu tempo de tela", sugere Englund. "Mas, com relação a Freddy, nesse primeiro filme, eles queriam poupar o público de vê-lo." Outra razão para manter Krueger nas sombras poderia ser atribuída à aparência do personagem, e à preocupação de saber se a maquiagem — que todos concordavam ser fantástica — efetivamente funcionaria no filme. "Eu lembro que eles preparavam a iluminação para Johnny, e depois faziam a iluminação para Heather, e eu entrava na iluminação deles e não funcionava, porque você veria demais", diz Englund, declarando que também tinha uma tendência para parecer muito rosado ou juvenil. "Então, em certo ponto, eles começaram a iluminar para mim, e isso levou mais tempo. Seria bom poder ver apenas um pouco de luz nos meus olhos, ou apenas metade do meu rosto. Às vezes, untávamos apenas metade do meu rosto para que a outra metade não pegasse luz. E Bob estava realmente preocupado. Acho que ele e Wes pretendiam revelar Freddy muito lentamente."

O resultado foi o personagem sendo visto principalmente nas sombras ou em silhueta. Em essência, poupar a revelação de Freddy renderia mais impacto, uma vez que sua presença permeia o filme, mesmo que ele seja visto apenas em intervalos e, mesmo assim, apenas em vislumbres.

"Houve grandes debates", admite Englund. "Você tem que definir isso no roteiro se quiser fazer dessa maneira. E não me lembro de o roteiro ter sido planejado desse jeito. Nós não sabíamos quando revelaríamos como Freddy se parecia. E tenho certeza, editorialmente, que eles passaram por muitas discussões em relação a isso."

Precisando de ajuda para resolver essas questões, para não mencionar as restrições de tempo causadas pelo apertado cronograma de pós-produção, Shaine trouxe Patrick McMahon para auxiliá-lo, creditado na versão final como coeditor. "Eu sabia que tínhamos uma data definida para lançamento no outono e, como eles começaram a filmar em junho, isso me dava muito pouco tempo para fazer o que precisava. Era um cronograma muito, muito curto", lembra Shaine.

Tomar a decisão de trazer ajuda possibilitou que Shaine conseguisse o primeiro corte para quando Craven chegasse a Nova York, apenas alguns dias depois de encerradas as filmagens. Escolher quem trazer a bordo para editar *A Hora do Pesadelo* se mostrou uma decisão fácil. "Pensei em Pat porque eu admirava seu trabalho de edição e havíamos colaborado no passado", diz Shaine. Essa colaboração foi na série dramática da CBS *Nurse* (1981-1982), na qual McMahon, como supervisor de edição, trouxe Shaine como montador. Pouco depois, McMahon foi montar o longa de comédia canadense *Cerveja Maluca* (1983) e, ao completar a montagem, recebeu uma ligação de seu antigo colega para trabalhar para ele no filme de terror de Wes Craven. "Rick me ligou e disse que tinha sido contratado para fazer *A Hora do Pesadelo* e que o cronograma era muito apertado", lembra McMahon. "Ele me disse também que perguntou para Bob Shaye se ele poderia ter outro editor, e Bob respondeu que sim, então ele quis saber se eu gostaria de montar o filme com ele. Eu disse: 'Claro'."

Chegando ao filme após o final da primeira semana de filmagem, McMahon diz que o processo foi tranquilo, com ele e Shaine trabalhando em Nova York enquanto a filmagem prosseguia na Califórnia. "No final de cada semana, pegávamos nossas cenas cortadas e as juntávamos em um vídeo no estúdio Magno Sound, em Nova York", lembra McMahon, "e enviávamos o vídeo para a Califórnia, onde eles olhavam o material e nos diziam o que aprovavam ou não, ou quaisquer outras anotações."

"Pat ficou até o final das filmagens e fez um excelente trabalho em tudo que editou", afirma Shaine. "Ele foi de muita ajuda para que conseguíssemos esse primeiro corte." O teste derradeiro, no entanto, seria quando Craven e Shaye assistissem ao primeiro corte completo. Conforme McMahon lembra: "Rick e eu estávamos, é claro, muito nervosos em termos de como aquilo seria recebido por Bob e Wes".

"A primeira vez que vimos o filme, Bob, Rick e eu nos sentamos em uma sala de projeção", lembrou Craven. "O filme terminou, acenderam as luzes e houve uma longa pausa, e então Bob virou-se, colocou os braços sobre a cadeira e — nunca vou esquecer disso — disse: 'Você acha que tem mesmo um filme nisso?'. Respondi: 'Sim'. Acho que depois cortamos durante quatro ou cinco semanas e, de repente, esse fantástico filme emergiu, embora ele estivesse completamente convencido de que não funcionava de maneira alguma."

"Bob estava muito envolvido", afirma McMahon. "Lembro que naquela exibição havia um pouco de tensão sobre quanto do filme era bom. Eu achei que tinha ficado fantástico, mas eu não conhecia o gênero. Na época, não era tão onipresente como agora."

Meyer-Craven lembra que uma das maiores preocupações de Craven era que ele fosse lembrado como "alguma espécie de diretor de filmes de terror apelativos, mas ele tratava cada um de seus filmes como se fosse uma criança. Era um filme de horror, mas ele tinha integridade. Ele sempre estava lutando pelo filme".

Craven observou que o filme foi feito tanto na sala de edição como em qualquer outro lugar, algo que (inclusive Shaine observou) ele tinha noção, com o seu próprio passado como montador. "Como disse alguém que me ensinou a editar: 'Você tem que jogar a merda fora'", revelou o diretor. "Simplesmente não pode parar de tentar melhorar."

Rick Shaine lembra da primeira vez que exibiram o filme para uma plateia no laboratório que estavam usando, sem saber exatamente o que tinham em mãos. Ele utilizou o pensamento de Craven, de que se deve continuar trabalhando o material para melhorá-lo. Devido a essa atitude e ao trabalho árduo dos montadores, o diretor e a empresa ficaram satisfeitos com o produto acabado. "Eu não sabia que tínhamos algo tão forte", admite Shaye. "Rick fez um excelente trabalho editando o filme", acrescentou Craven. "Ele era um profissional muito empenhado."

AGORA VOCÊ VÊ, AGORA NÃO VÊ MAIS

O filme que logo acabou emergindo não chegou ao seu resultado final plenamente ileso, pois alguns de seus momentos (muitos deles sendo alguns dos favoritos do elenco e da equipe técnica) acabaram sendo excluídos da versão final que foi lançada. "Tem tanta coisa captada em um filme em termos de tomadas e estilos diferentes, mas muito disso termina no chão da sala de montagem", diz Langenkamp. "Nós rodamos algumas cenas que nunca foram aproveitadas, como quando eu entro na casa e tem um banquete com todo mundo morto. Estou andando pela casa e tem apenas esses cadáveres rodeados por moscas, comida velha e coisas assim", lembra a atriz.

Haitkin concorda sobre terem filmado mais do que precisavam. "Às vezes, o que você tem não funciona visual e contextualmente. Então, se na verdade precisa de cinco coisas para o corte final, você vai acabar filmando oito ou dez", diz ele. Um exemplo seria o material filmado quando Nancy se prepara para enfrentar Freddy. "Eu me lembro de rodarmos inúmeras tomadas de Nancy se preparando na sala de estar e no porão, e todo tipo de coisas", recorda Haitkin. "Havia muitos trechos extras com Nancy se preparando para derrotar Freddy, mas acabaram não sendo utilizados, principalmente por causa da questão do ritmo. Algumas coisas funcionam, outras não. E por diferentes razões."

A cena em que o médico-legista mostra ao personagem de Saxon uma das lâminas de Krueger na cena da morte de Glen foi eliminada por um motivo específico. "O legista encontra as facas, e acho que ele as estava segurando como a arma usada no assassinato, e então ele fala com o delegado", diz Doyle. "O interessante para mim era que isso indicava, e pode ser por isso que a cena foi cortada, que nesse ponto o personagem de John talvez soubesse quem era o cara." Jeffrey Levine, o homem que interpretou o personagem eliminado (mencionado no corte final do filme somente quando o tenente Thompson pergunta se o legista já olhou a cena do crime), entende a situação. "Foi uma questão de lógica", admite ele. Outra cena cortada foi a que Wes Craven pediu para Levine dar uma fala de forma diferente da que estava no roteiro. "Eu achei engraçado quando Wes me pediu para falar uma das frases para uma versão para a televisão", recorda-se. "Em vez de dizer: 'Lembra daquele escroto do Freddy Krueger?', ele me pediu para substituir o adjetivo. Então, quando rodamos, eu disse: "Lembra daquele imprestável do Freddy Krueger?" e houve um momento de absoluto silêncio na sala. Comecei a me encolher e então todos explodiram numa gargalhada."

No final, não havia necessidade de se preocupar com o uso de tal substituição, embora Levine admita que não sabia que seu personagem havia sido removido. No entanto, Craven ficou grato por sua participação. "Eu não sabia que o personagem havia sido cortado até que fui a uma exibição do filme, mas Wes era uma das pessoas mais bondosas e adoráveis que você poderia conhecer", declara Levine. "Ele arrumou um tempo durante a montagem em Nova York para me escrever um bilhete à mão me agradecendo, e fiquei lisonjeado. Continua sendo, até hoje, um dos gestos mais bonitos que alguém fez para mim."

8.15.84 NYC

Jeff:

I want to thank you for all the help on 'Elm Street', both for your fine work in coaching Johnnie, and for your equally fine acting. You created a very real character and moment. You've got talent, boy!

Hope all goes well for you. I'm in the Big Apple in the cutting room now, and the pictures looking good!

Regards,

Wes

Durante o processo de pós-produção, Craven enviou este bilhete manuscrito para Jeffrey Levine. Embora o personagem do médico-legista tenha sido cortado do filme, Craven elogiou o trabalho do ator, tanto na tela como por ter ajudado Depp.

Blakley também lembra que alguns momentos foram abreviados na cena logo após o enterro de Rod. "John e eu estávamos andando pelo cemitério enquanto eu fumava, e me lembro da intensidade, e também que a minha personagem estava brava", diz a atriz. A conversa deletada prossegue com Marge observando: "Isso me lembra demais o que aconteceu dez anos atrás" — mais uma ocorrência demonstrando que os pais no filme sabem mais do que admitem sobre suas acusações perturbadoras.

Outro trecho do roteiro — do rascunho datado de 30 de abril de 1984 — que não foi usado no corte final é quando Marge conta para Nancy sobre a morte de Krueger de uma forma muito mais elaborada. Nessas páginas, ela explica que Freddy não queimou em silêncio; em vez disso, Marge afirma que ele "debateu-se como uma *banshee*,[1] completamente em chamas, sacudindo aquelas lâminas em toda direção e gritando que iria nos pegar matando todos os nossos filhos". A personagem prossegue dizendo o que de fato deu fim a Krueger, algo que ninguém, nem mesmo o pai policial de Nancy, teve coragem de fazer: pegar a arma do tenente Thompson e matar a tiros o assassino de crianças. E foi exatamente o que Marge fez.

Também é revelado, nessa mesma cena, que cada um dos amigos de Nancy tinha um irmão ou irmã, presumivelmente assassinados por Krueger. Marge prossegue dizendo para a filha: "Você também, Nancy. Você nem sempre foi filha única". É um momento revelador que pontua por que Marge e a horda de pais fizeram com Krueger o que consideraram ser necessário tantos anos atrás. As considerações de Blakley sobre esses momentos e os cortes feitos? "Era tão significativo que fiquei chocada quando eles excluíram algumas dessas revelações."

O personagem de Johnny Depp também teve um momento removido, o qual mostrava que não foram apenas seus pais que o impediram de ir encontrar Nancy para colocar em prática o plano dela para acabar com Freddy. Em determinado ponto, Glen veste sua jaqueta, mas, quando não vê nenhum sinal de Nancy do lado de fora de sua casa, diz para si mesmo: "Bem, não vou me arriscar a sair escondido antes que ela saia".

Mais adiante no filme, um diálogo entre o tenente Thompson e o pai de Glen revela ainda que Krueger não está apenas na mente de seus filhos. Quando Thompson pergunta quem poderia ter sido responsável pela morte de Glen, o sr. Lantz afirma calmamente: "Foi ele que fez isso". Em seguida, fala sem rodeios o nome de Krueger como sendo o assassino (e fortemente corroborando a confissão anterior de Marge). Thompson olha com incredulidade, e o pai de Glen então abaixa a cabeça e declara: "Deus está punindo todos nós". É uma referência nada sutil ao seu ato violento uma década atrás.

Langenkamp aponta um conceito interessante sobre o fato da sua personagem entrar no porão, ou na sala da caldeira, e gostar "dessa coisa de descer, descer e descer", como se Nancy estivesse indo fundo na questão, em busca da verdade e justiça. "Tivemos um

---

[1] Entidade sobrenatural da mitologia irlandesa e escocesa, uma criatura que se acreditava surgir como o prenúncio de uma morte iminente, e cujo grito podia ser ouvido a longas distâncias. [NT]

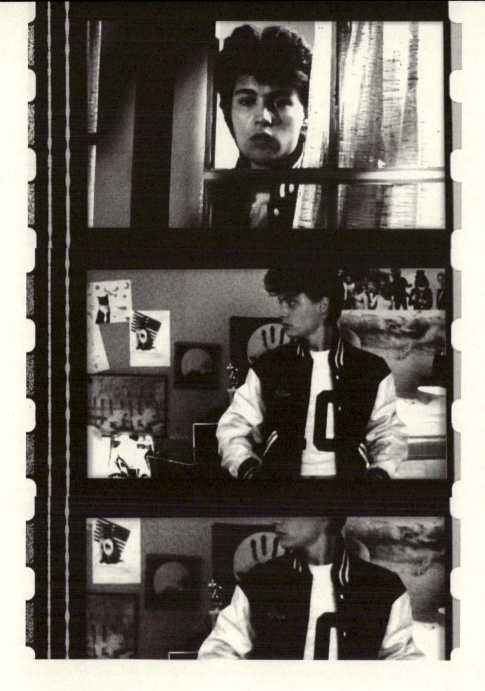

Mais cenas deletadas: Glen toma
a decisão de não ir encontrar Nancy
à meia-noite como haviam planejado.

Tarde da noite, Thompson vai até a delegacia
para falar com Garcia. O tenente Thompson não
consegue acreditar que o legista encontrou uma
das lâminas de navalha de Freddy na cena do
assassinato de Glen.

bocado de cenas escada abaixo, quando estou passando pela sala da caldeira, virando à esquerda e à direita." Na verdade, a locação da caldeira tinha apenas dois níveis, mas, como admitiu Craven, "usamos todas as escadas que eles tinham". Enquanto Craven dirigia a atriz através de tantos passos quanto ele conseguia providenciar, Langenkamp diz: "Era um material muito bom e interessante, que contribuía com a tensão, mas Wes escolheu o que ele achou melhor, e funcionou".

O tema de se aventurar cada vez mais fundo nas profundezas remete a um dos primeiros rascunhos do roteiro de Craven, que incluía um momento "no final da sequência, quando Nancy sai da sala da caldeira e despenca de uma grande altura", disse o diretor. Esse segmento excluído, que foi filmado com a atriz contra uma tela azul, pode ser conferido no rascunho do roteiro de 5 de maio de 1984: "Tomada aproximada de Nancy enquanto ela se curva como um cisne em seu apogeu", e que culminaria mostrando o "reluzente emaranhado de luz" do Vale de San Fernando (uma sugestão interessante, uma vez que o filme sempre teve a intenção de ter uma aparência decididamente do Meio-Oeste).

"Lembro-me disso", diz Langenkamp. "Estávamos do lado de fora na locação, e Jim Doyle tinha um furgão completamente abarrotado de ferramentas e outras coisas, e ele simplesmente disse: 'Venha aqui, quero tentar algo com você'. E ele pegou um arreio, eu o coloquei, e serviu bem. Lembro de subir com uma corda. No estúdio Desilu tinha uma grande sala parecida com uma caverna onde experimentamos isso." Com a cena descartada da versão final, Nancy iria, em vez disso, simplesmente saltar da sala da caldeira para a treliça de rosas caída no gramado da frente.

Outra coisa que poderia ter ficado interessante, mesmo que fosse somente pelo efeito visual, foi uma tomada do ponto de vista de Tina enquanto ela era arrastada pelo teto em seu último — e mortal — pesadelo. "Lembro que usamos a esposa de Jacques para essa sequência porque Amanda não podia operar a câmera", lembra Englund. "A esposa de Jacques simplesmente tirou a calça e ficou só de shortinho, ou era uma calcinha, então colocamos sangue nas pernas dela, do joelho para baixo. Ela pegou uma câmera de mão e eu a arrastei pelo teto."

A tomada teria sido intercalada com o que Corri, como o namorado da garota, via enquanto observava Tina lutar. "Claro, quando ele olha para cima, vê apenas ela, não vê Freddy. Somente Tina vê Freddy", diz Englund, acrescentando que a filmagem pegou várias tomadas e terminava com um momento bastante arrepiante. "Era complicado tentar me manter no quadro com o teto falso e tudo aquilo. E eu me lembro de improvisar um beijo com as minhas garras, como um beijo da morte", diz Englund. "E por eu estar segurando os tornozelos da operadora de câmera, que estavam cobertos de sangue cenográfico, aquela coisa melecou as minhas mãos e as lâminas falsas que eu estava usando na luva. Quando eu soprei um beijo, lembro-me de ver o sangue viscoso formando como que teias de aranha nas garras. E aquilo formou uma pequena bolha de sangue. Não chegou a ser usado no corte final, e não tenho certeza se vi a cena nos *dailies*, ou em algum projetor, ou foi apenas o fato de estar lá naquele dia, mas lembro disso como sendo um acidente esquisito e feliz."

Englund tem uma opinião sobre por que a cena acabou sendo excluída, algo que sempre foi um problema considerável na carreira de Craven, tanto no passado como posteriormente. "Talvez Wes tenha mostrado aquilo aos censores, sabendo que a cena nunca entraria no filme, porque ele costumava filmar coisas muito violentas e mostrá-las a esses caras, sabendo que jamais permitiriam que fossem usadas", diz ele.

> "NÓS NÃO SABÍAMOS QUANDO FINALMENTE
> REVELARÍAMOS COMO FREDDY SE PARECIA.
> E TENHO CERTEZA, QUE ELES TIVERAM
> MUITAS DISCUSSÕES SOBRE ISSO."
> — **Robert Englund**

O motivo, portanto, seria Craven poder colocar algum material (seja por fins artísticos, seja para alavancar a história, ou ambos) que de outra forma poderia ter sido cortado — caso o comitê de classificação não tivesse visto algo considerado ainda mais inapropriado e o fizesse remover. De qualquer forma, "o momento do beijo da morte, para mim, era esquisito, maravilhoso e estranho", afirma Englund. "Era definitivamente um momento muito assustador e macabro", admite Wyss.

O PESADELO DE CRAVEN

As batalhas por classificação etária de seus filmes são um assunto que assombrou Craven durante décadas, e no âmago desses conflitos está a Motion Picture Association of America. Fundada em 1922, a MPAA administra as classificações dos filmes com base nos temas e na adequação de seu conteúdo para determinados públicos. Embora as classificações da MPAA sejam voluntárias — aplicadas apenas aos filmes submetidos à associação — e não tenham qualquer força de lei local, estadual ou federal, a maioria dos proprietários de cinemas concorda em aplicar as classificações conforme determinado pela agência. Assim, muitos cinemas se recusavam a exibir filmes não classificados, o que acabava obrigando todos os cineastas — que esperavam pelo maior e mais divulgado lançamento possível — a enviar seus filmes para o que muitos consideravam uma prática arbitrária, monopolizadora e intolerante.

Para diretores de filmes de horror, como Craven, cuja arte muitas vezes pode depender de momentos aterrorizantes e de violência desenfreada, a discussão entre o que um diretor quer que seu filme mostre e o que a MPAA permitirá que seja mostrado pode ser irritante. "Era bastante comum, e todo o sistema era muito arbitrário. Por causa do modo como as leis foram escritas, eles só podiam dizer-lhe se você recebeu ou não um R",[2] disse Craven. "Mas eles não tinham permissão de dizer o motivo, e isso porque eles não podiam ser censores, embora obviamente fossem censores. Eles não podiam dizer

2   De rated, restrito. Filmes cuja classificação indica o acompanhamento de um adulto, mas não proíbe a entrada de menores. Filmes com cenas semiexplícitas de sexo e bastante violência. [NT]

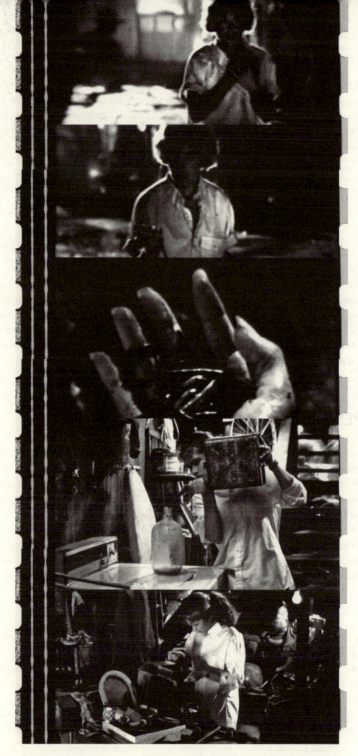

Tina descobre um punhado de vermes no beco atrás de sua casa antes que Krueger apareça durante seu segundo pesadelo.

Momentos dos pesadelos e do mundo desperto que ficaram no chão da sala de montagem para melhorar o ritmo do filme ou esclarecer a história, ou ambos: Nancy se prepara ainda mais para a batalha contra o assassino dos sonhos.

'Corte isso', então, na melhor das hipóteses, eles diriam: 'Sabe, entre os fotogramas mil e trezentos e mil trezentos e cinquenta, tentem suavizar um pouco'."

O cineasta revelou que o processo de não querer cortar cenas — e, mais especificamente, de não saber o que cortar — podia se tornar uma agonia. "Você não ia querer cortar mais do que precisava, então tentaria um corte onde lamentaria: 'Isso é muito doloroso, mas vou fazer isso'", explicou Craven. "Você submetia o filme, e às vezes tinha de esperar duas semanas para que o vissem. Aí eles diziam 'Não' e você perdeu essas duas semanas, e estava cuidando da mixagem, mas agora tem de reconfigurar todas as faixas. Isso podia se tornar um verdadeiro pesadelo."

Antes de fazer os cortes determinados, a versão de Wes Craven de *A Hora do Pesadelo* recebeu a classificação X.[3] Naquela época, essa classificação em particular também era usada para indicar conteúdo pornográfico. Foi somente a partir de setembro de 1990 que foi substituída pela NC-17, utilizada pela primeira vez em *Henry & June: Delírios Eróticos*, um filme que foi indicado ao Oscar. Na opinião dele, aqueles que defendem que o horror deve ser diluído ou suavizado para consumo público podem estar jogando pedras de uma casa de vidro. "Veja a violência perpetrada pelo nosso próprio governo", disse ele. "Nós somos o maior fornecedor de armas do mundo. Os censores rotularem a arte como ameaçadora é algo que eu acho realmente irônico."

Craven também acreditava que os filmes de gênero servem como um propósito para os espectadores mais jovens. "Eles são um espelho, uma maneira de as crianças lidarem com um mundo extremamente violento", opinou ele. "Eu sempre chamei os filmes de terror de campos de treinamento da psique. Eles são uma maneira pela qual as crianças podem se fortalecer e se testar."

"A censura é muito estranha, em todos os níveis", expressa Englund. Por ter partido para seus próprios projetos, ele conhece muito bem o árduo processo de classificação. "Já falei com essas pessoas, e elas são muito boas. É apenas o trabalho delas. Elas têm essas regras."

Infelizmente para Craven, foram essas regras que forçaram sua mão a fazer um dos cortes mais difíceis do filme, um do qual ele sempre se arrependeu. "O corte mais cruel, por causa dos censores do filme, foi o de Amanda caindo do teto e batendo na cama. Havia uma espécie de *splash* bonito e sonoro, em câmera lenta, porque deixamos a cama ensopada de sangue", lembrou. "E os censores implicaram com essa cena inteira. Logo que ela começava a subir pela parede, eles queriam que a cena fosse cortada, e eu lutei, lutei, lutei e lutei, e, finalmente, consegui que eles a deixassem cair. Mas, como você pode ver no

3   Os filmes com classificação X eram estritamente proibidos para menores de 18 anos. Em 1990, a classificação X foi substituída pela classificação NC-17 porque, com o passar dos anos, a classificação X absorveu a conotação de filme pornográfico. Por isso a necessidade de distinguir os filmes apenas não recomendados para menores de 17 anos, porém não pornográficos, dos filmes pornôs. Hoje, filmes com a classificação NC-17 podem conter violência, uso de drogas, comportamentos considerados anormais e sexo, apesar de não serem considerados filmes pornográficos. [NT]

filme, parece apenas uma edição ruim, porque assim que ela bateu na cama não tínhamos permissão para mostrar qualquer tipo de *splash* que fosse."

Além da queda de Tina sobre o sangue ter sido minimizada, Craven sabia que o momento em que o peito dela era cortado abruptamente poderia apresentar outro problema. Espectadores atentos perceberão que quando Tina é cortada o modelo do peito de Wyss não mostra nenhum mamilo. Craven estava ciente de que mostrar tanto sangue como mamilos na mesma tomada teria sido um problema para conseguir a desejada classificação R.

Outro segmento sangrento que a comissão de avaliação informou a Craven que não lhe permitiria conseguir um R se fosse mantido foi o gêiser de sangue que esguicha da cama de Glen após sua morte. Para vencer essa luta, Craven teve de deixar claro um ponto importante: não era o sangue de Glen. "Eu tive de explicar isso para a comissão de classificação da MPAA. Como que quatrocentos e cinquenta litros poderiam ser o sangue de uma pessoa?", disse Craven. "Em *A Hora do Pesadelo*, muito pouco do sangue realmente vem dos personagens", acrescentando que isso é um símbolo da vida e da essência da humanidade, até mesmo apontando seu uso como um símbolo religioso.

O que incomodava Craven em relação ao processo não era apenas a falta de diretrizes concretas ("Não existe nada publicado a respeito, nada!", queixou-se), mas também que seu trabalho muitas vezes era censurado pela intensidade. "O que eles estão dizendo é que não importa se você tem ou não uma cena sangrenta, não importa se tem ou não membros sendo arrancados, o que importa é que eu sou simplesmente muito intenso", explicou.

Tendo chamado os censores de "a perdição da minha vida", Craven sempre se perguntou como outras pessoas se safaram com as coisas que fizeram, enquanto ele não teve tanta sorte. E não está sozinho; Englund, também, ficou perplexo. "Eles são muito arbitrários, mas são arbitrários porque começaram fazendo de um jeito, as pessoas os questionaram, eles não souberam definir e não tem como equilibrar isso", acrescenta Englund. "Ou é censura, ou não é." No final, Craven desabafou: "Eles arruinaram alguns momentos incríveis, e não havia nada que eu pudesse fazer".

A MÚSICA DO PESADELO

Enquanto Craven se dedicava a abrandar as questões que seu filme tinha com a MPAA, outra importante categoria a ser cuidada era a trilha sonora do filme. A tarefa era garantir que a música de *A Hora do Pesadelo* fosse equilibrada para ser interessante, evocativa e, claro, assustadora. A responsabilidade ficaria com Charles Bernstein, um estabelecido compositor com quase cinquenta créditos em seu nome e que não era desconhecido do gênero — tendo anteriormente criado as trilhas sonoras para *O Enigma do Mal* (1982) e *Cujo* (1983) — quando Craven entrou em seu caminho.

film rating system too secretive, doesn't work, says former rater

No topo, uma manchete sobre o processo de classificação da MPAA ser um tanto secreto e pouco eficaz. Para Craven, um dos cortes mais dolorosos de *A Hora do Pesadelo* aconteceu quando ele foi forçado a reduzir o trecho do cadáver de Tina batendo na cama encharcada de sangue. **Acima**, Langenkamp é filmada diante de uma tela azul para uma cena na qual Nancy seria vista caindo de um ponto alto no céu noturno depois de saltar da sala da caldeira. **À direita**, a página do roteiro detalhando a cena 124A, que foi cortada da versão final do filme.

"Eu estava de férias quando meu agente me telefonou e disse: 'Sabe, tem um cara que faz uns filmes de terror. É um filme pequeno, nem sei se alguém vai vê-lo, mas é um trabalho. Você quer se envolver nisso?' E eu disse: 'Claro'", lembra Bernstein. Depois que seu agente descreveu Craven como um intelectual com quem seria muito divertido trabalhar, Bernstein concordou em se encontrar com ele, quando o diretor descreveu seu filme àquele que seria o compositor de sua trilha. "Depois disso, eu disse para Wes: 'Claro, vamos fazer isso'", relembra.

Curiosamente, não foi conseguir Bernstein para o filme que se mostrou a tarefa mais difícil; foi garantir que ele permaneceria. "Tem uma história incrível", revela Talalay, "sobre o fato de que alguém da equipe da música roubou dinheiro." Risher lembra-se bem disso, afirmando: "Charles era um cara muito bacana com quem trabalhar, e para conseguir que ele participasse foi preciso primeiro contratar um supervisor de música". Era responsabilidade da pessoa nesse cargo pagar para Bernstein metade do dinheiro adianta-

do para ele compor toda a música e, quando chegou o momento, Risher conta: "A New Line pagou a segunda metade ao supervisor, que ficaria com a sua taxa e faria o pagamento final a Bernstein".

Como todos logo ficariam sabendo — incluindo Risher, que havia acabado de ter um bebê e ainda estava no hospital —, não foi exatamente o que aconteceu. "Esse cara se envolveu em algum acidente de carro fatal e deu o fora da cidade. Ele não queria ir ao tribunal, e suponho que tenha sido culpa dele, não sei, mas ele foi embora da cidade com o nosso dinheiro", diz Risher. "Então tive que telefonar para Charles do meu leito e dizer: 'Ele fugiu com o seu pagamento, mas nós iremos conseguir o dinheiro para você. O problema é que não podemos fazer isso agora'."

Depois de pedir para Bernstein que confiasse na resolução do imbróglio, e para que ele, por favor, enviasse a música que eles precisavam para mixar o som e terminar o filme, ninguém tinha certeza do que o compositor faria. Até que ele concordou, para o alívio de todos os envolvidos. "Ele foi um dos parceiros que ajudaram o filme a ser feito. E somos muito agradecidos até hoje", diz Risher. "Nós nos encontramos há não muito tempo e falamos sobre o episódio. Ele disse: 'Bem, como eu poderia dizer não? Você tinha acabado de ter um bebê! O que eu poderia fazer? Eu não queria ouvir você chorar!'."

Bernstein lembra o impacto criativo que os fundos perdidos tiveram em seu trabalho. "O orçamento já era muito, muito pequeno. E então perdemos vinte e cinco por cento do orçamento", diz ele. "Naquele momento, eu pensei: 'Caramba, não temos dinheiro suficiente aqui para fazer isso da maneira que pretendia', e tive de reimaginar a trilha sonora com um orçamento menor." Craven não hesitava em chamar o trabalho de "maravilhoso", e revelou que Bernstein fez "por praticamente nada, mas ficou muito, muito assustador".

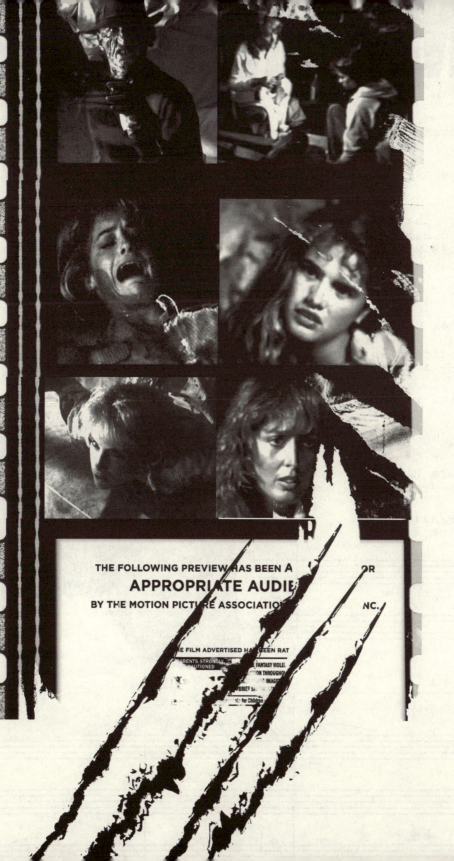

NEW LINE CINEMA

December 5, 1984

RETURN RECEIPT REQUESTED

Mr. Charles Bernstein
c/o Bart-Milander Associates
1488 North Kings Road
Los Angeles, CA 90069

Re: A NIGHTMARE ON ELM STREET

Dear Charlie:

Enclosed is the signed copy of the Composer's Agreement for A NIGHTMARE ON ELM STREET.

Kind regards,

Sara Risher
Co-Producer

SR/all
Encl.

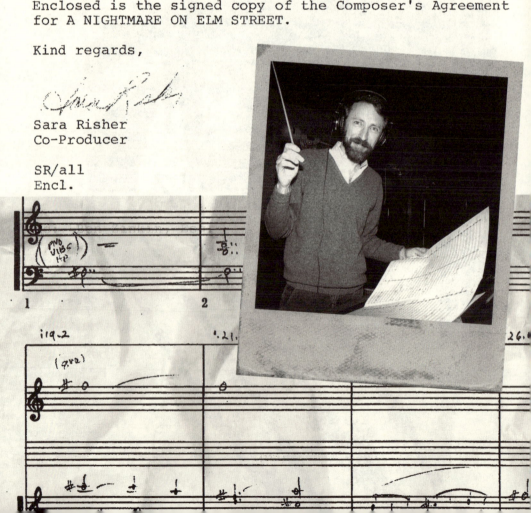

Uma carta de Risher para Bernstein sobre o seu acordo para ele compor a trilha musical do filme.

Bernstein em seu ambiente por volta da época de *A Hora do Pesadelo*.

As partituras das composições de Bernstein para *A Hora do Pesadelo*.

A penúria orçamentária não era a única coisa com a qual a música do filme teve de lutar. Mais uma vez, o tempo (ou a falta dele) foi um problema, o que afetou Shaine. "Eu não tinha contato com Charles, e preciso receber dicas. Geralmente há uma sessão para definir isso na sala de montagem. Mas não havia tempo para esse tipo de coisa", diz o montador. "Nós na verdade recebemos os rolos com a trilha musical quando já estávamos mixando o som. Os pacotes da FedEx com as indicações de cada rolo chegaram na manhã da mixagem!"

Shaine estava ouvindo a música final pela primeira vez enquanto ele a colocava no filme, mas ficou feliz em dizer que tudo funcionou. "Eu nunca havia passado por algo assim antes, e foi uma mixagem tensa, mas Charles acertou em cheio. Foi um daqueles milagres do cinema, e deu muito certo."Para concretizar essas pequenas maravilhas musicais, Bernstein observou que a "severa restrição no orçamento", juntamente com o fato de que, na época, ele não tinha como simular uma orquestra, o levou a tentar coisas diferentes do que normalmente faria. "Simulei elementos orquestrais porque não podíamos replicar uma orquestra, e uma trilha sintetizada era automática", revela Bernstein. "Havia elementos orquestrais, mas o estilo da trilha foi ditado de certa maneira por essa limitação monetária."

O compositor admite ter se sentido encorajado pelo fato de que estava lidando com um pequeno filme que não seria visto por muita gente. "Na época, as pessoas me disseram: 'Bem, sabe de uma coisa? Isso pode nunca ver a luz do dia. Esse filme talvez nunca chegue aos cinemas'", lembra Bernstein. Isso era uma obviedade em uma época na qual muitos filmes de baixo orçamento não conseguiam ser lançados ou eram relegados ao mercado de vídeos. "E eu pensei: 'Talvez eu possa me aventurar aqui e fazer algumas coisas realmente interessantes e estranhas'." Sua abordagem para a trilha de *A Hora do Pesadelo* não teve como base, segundo Bernstein, outras partituras de filmes. "Quando abordo uma partitura musicalmente, estou mais ou menos em comunhão com o filme, tentando sentir de verdade o que o diretor está tentando fazer", diz ele.

Neste caso, um componente importante foi o medo e, especificamente, o medo de Freddy Krueger, um personagem que o compositor conseguiu ver muito antes das massas. "Eu fui uma das primeiras pessoas a ver Freddy Krueger, você sabia? E eu pensei: 'Unhas de navalha? Esse cara tem uma aparência bizarra'. Por causa disso, o meu primeiro pensamento foi que tínhamos de assustar as pessoas. E ele era assustador", admite Bernstein.

O compositor também é cuidadoso ao mencionar que não se limita a trazer o pânico para a superfície. "Às vezes, são outros tipos de emoções inquietantes, e a música teve de lidar com inúmeros fardos", explica Bernstein. "Tinha de ser assustadora e evocar determinados aspectos emocionais ao longo do filme. Estamos lidando com sonhos nesse filme, e com relacionamentos, e a família. A música tinha muitos pontos diferentes para abordar." Bernstein tece elogios a Craven por ter sido maravilhoso na criação de sequências que influenciam na criação musical de um compositor: "O começo foi assim, o final, a clínica do sonho, a cena em uma ponte em Venice, na Califórnia. Teve muitas cenas assim".

O compositor comenta que muitas vezes ele precisa pensar de maneira objetiva quando aborda uma cena específica, pois até mesmo os efeitos sonoros e o design de uma cena afetam o seu trabalho. "A sequência em que Tina está sendo morta é uma cena muito barulhenta", comenta. "E sei que a música precisa fazer algo que encontre espaço entre os efeitos sonoros. Então, em uma cena como essa, estou ciente de que a música, para poder dar pulso e movimento, precisa evitar ser engolida pelos efeitos sonoros. Nesse caso, fiz algo pungente e meio nervoso que dava andamento à cena."

Bernstein ressalta: "Você quer seguir com o horror e às vezes quer dar uma pequena roupagem pop. Eu queria criar uma espécie de elemento de 'cultura jovem' e ainda honrar todo o resto. Há um elemento religioso ali, há muitos elementos de sonho e elementos espirituais, então tentei atingir todas essas bases". De fato, ele teve a capacidade de cobrir tantas ideias aparentemente díspares, que há poucas sequências musicais no filme com as quais Bernstein diz não estar satisfeito. "Na verdade", repensa ele, "nem vou dizer que tenha alguma. Gostei da maneira como a música funciona no filme."

"É uma das melhores coisas, como diretor, quando algo está totalmente nas mãos de outra pessoa e, quando aquilo volta para você, é simplesmente fantástico", disse Craven. "Você fica praticamente segurando a respiração o tempo todo até que apareça." Ele de fato respirou fundo, esperando para ouvir como a música casaria com seu filme. E ficou satisfeito. "Foi simplesmente 'Uau!'. Ficou ótimo", exclamou Craven.

MOTIF OPERANDI

Além da trilha sonora em geral, o que muitos recordam da música do filme é o tema principal incrivelmente assustador e enganosamente simples. Formado por dez notas, o *leitmotiv* — um termo que se refere a uma frase musical recorrente associada a uma pessoa, lugar ou ideia — era algo que Bernstein acreditava ser útil para criar a atmosfera de Elm Street. "Eu pensei: 'Vamos ter um tema, vamos fazer uma melodia envolvente aqui', o que me levaria além do que o filme estava fazendo e além do que eu normalmente faria", diz Bernstein. "Conversei com Wes e ele se mostrou aberto à ideia, e quando ouviu o tema ele o aprovou imediatamente."

Bernstein observa que, ao contrário de determinadas peças musicais populares e memoráveis — como os trechos de *Tubular Bells*, de Mike Oldfield, usados em *O Exorcista* (1973) —, que você não consegue simplesmente cantarolar, porque são mais uma textura conceitual, ele se empenhou em criar uma melodia para o filme que não fosse apenas lembrada, mas que pudesse ser assobiada. "Algo que tivesse um contorno melódico", descreve ele, "como as grandes trilhas instrumentais do cinema. E não estou dizendo que isso a coloca em qualquer classe dessa natureza, mas sempre adorei filmes cuja melodia representava algo importante sobre o filme e que podia permanecer com você."

Craven concordava, lembrando-se de algo que lhe disseram quando ele estava no início de sua carreira. "O segredo de uma boa trilha sonora é ter um tema, e então você o repete infinitamente. Às vezes, isso é verdade", disse ele. "Se você conseguir pelo menos a frase musical certa e então tocá-la de um milhão de maneiras diferentes — de trás para a frente, de cabeça para baixo e com uma instrumentação diferente — isso unifica o filme inteiro."

Outra parte significativa da composição da música foi o uso da voz. "Há o elemento melódico e, então, tinha algo que soava como uma voz feminina assustadora. E esse era eu", revela Bernstein, admitindo que cantou em falsete usando um pedal de guitarra Boss. "Só me pareceu importante que na sequência de abertura houvesse um som humano, o que ajudaria a incrementar o horror. Eu queria me certificar de tocar o sobrenatural, o que eu acho que a voz ajudou a fazer e, repito, Wes deu luz verde quanto a isso. Não tem nenhuma voz ou qualquer som no filme que eu não tenha cantado ou tocado pessoalmente."

As vozes não foram ouvidas apenas como parte da trilha musical, mas também na rima infantil que se tornou sinônimo do filme, algo que Wes Craven usou para evocar uma sensação de estranheza e pavor. "Eu tinha escrito aquela pequena rima infantil, mas não fazia ideia de como ela poderia ser ajustada para a música", confessou Craven. Bernstein sabia que a rima das menininhas pulando corda já havia sido trabalhada, mas foi Langenkamp que veio com a solução. "Eu acho que foi o namorado dela que bolou a melodia", diz Risher.

O namorado da atriz na época era Alan Pasqua, um músico que se tornou pianista de jazz, professor e compositor do tema do programa Evening News, do canal CBS. "Nós estávamos sentados ao redor do piano uma vez, e eu disse: 'Sabe, eles têm uma rima infantil que precisa ser transformada em música, e não sei como vamos cantá-la'", lembra Langenkamp. "Então ele fez aquela coisa em tom menor. Era muito curto, mas ajudou-me a pensar nas linhas que eu tinha que dizer. Você sabe, o 'Um, dois, Freddy vem te pegar...'"

"Eu mantive esse elemento e meio que o trabalhei na trilha em alguns lugares, porque parecia ser importante que servisse ao filme", diz Bernstein.

E as menininhas responsáveis pelo canto? "Fizemos isso em um estúdio de gravação muito pequenino. Eles tinham um microfone e três fones de ouvido", lembra Rusoff, uma das meninas que pulam corda. "Nós chegamos e eles nos deram a rima, e nós ensaiamos algumas vezes. Então gravamos. Eu na verdade estava meio confusa com a coisa toda e não pensei nada sobre as palavras ou o que estava dizendo."

O público fez com que a rima se tornasse uma parte crucial do filme. "Todo mundo se lembra disso. Qualquer um que tenha visto o filme pode cantá-la para você", disse Craven. "E peça às pessoas para cantarem uma frase da trilha sonora da maioria dos filmes e dirão: 'Eu não consigo. A música era boa, mas não consigo lembrar como era'. Mas essa você consegue lembrar. Simplesmente capturou o filme." A rima assombrosa também atingiu Shaye. "As coisas icônicas acontecem por seu próprio encanto", comenta ele. "Ver aquelas meninas pequenas de vestido pulando corda e cantando no contexto do filme é muito assustador."

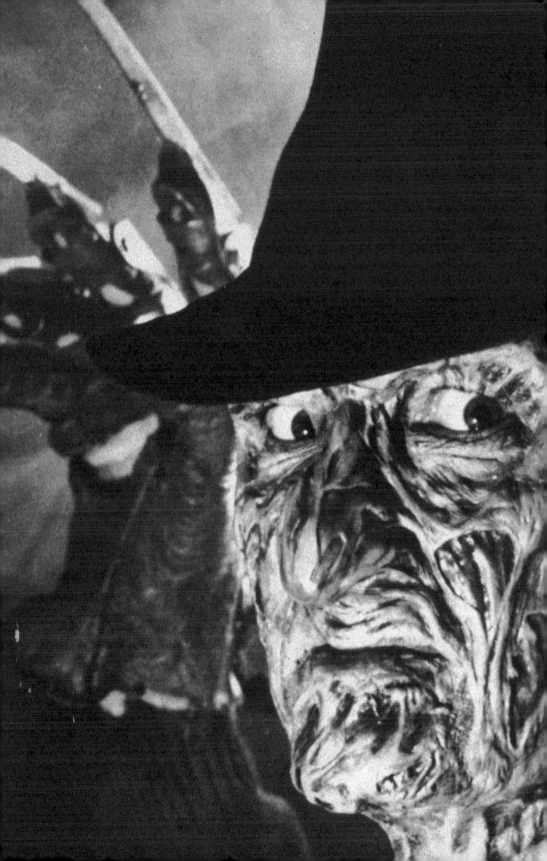

6

O LANÇAMENTO

SETE, OITO, FIQUE ACORDADO...

Com a filmagem, trilha sonora, montagem e mixagem concluídas, e Craven recebendo a classificação R pela qual ele e Shaye estavam torcendo, a próxima tarefa era encontrar um distribuidor.

VENDENDO O HORROR

Embora a New Line Cinema tenha começado suas atividades nesta função (chegando inclusive a conseguir pequenos êxitos com suas duas primeiras produções originais), o compromisso de encontrar para *A Hora do Pesadelo* a melhor — e mais lucrativa — casa possível era uma tarefa que parecia quase hercúlea.

Era um aspecto do projeto que aparentemente começou como uma nuvem sombria que pairava sobre um diretor, um produtor e uma empresa que tinham muita coisa em jogo, mas sem muita certeza do que poderia retornar para eles. No entanto, sem que ninguém na época pudesse ao menos imaginar, o resultado final de seus esforços acabaria por se revelar algo épico, inesquecível e, para a New Line Cinema, uma sensível mudança para melhor.

"O advogado da New Line naquela época, que posteriormente se tornou meu sócio, Michael Lynne, representou Sean Cunningham na venda de *Sexta-Feira 13* para a Paramount. E ele disse: 'Acho que posso conseguir 2 milhões de dólares pelo filme'", disse Shaye. "E então nós lhe mostramos. Lembro-me nitidamente da projeção do filme em um sábado. Na verdade, mostramos o filme com o final errado e tivemos que mandar o montador correr para a sala de edição para pegar o final certo."

Com Craven já de volta à Califórnia, a disputa foi um evento do qual Shaine se lembra bem. "Frank Mancuso apareceu com vários executivos da Paramount. Eu peguei o final sem a mãe sendo puxada através do postigo e começamos a projeção", relembra o montador. "Bob me chamou no decorrer da exibição, provavelmente por volta do terceiro ou quarto dos dez carretéis, e sussurrou ao telefone: 'Qual final mostraremos?', então eu lhe disse, e sua resposta foi: 'Não, não, não, eu contei ao Frank Mancuso sobre o outro final com a mãe e ele adorou! Então, o que podemos fazer?'."

A única coisa que poderia ser feita era Shaine mandar seu assistente pegar um táxi e buscar a cena correta para que ele pudesse montar o final enquanto a sessão prosseguia, deixando-o com cerca de meia hora para fazer isso. "Eu tive que, de memória, remontar o tal final com a mãe no pequeno sincronizador, com a coladeira que eles tinham disponível. Enquanto isso, era uma corrida contra o relógio, porque os carretéis estavam chegando ao fim e Bob cada vez mais nervoso lá atrás", afirma Shaine.

"Tivemos de parar o filme porque ele não conseguiu terminar o processo", explica Shaye, "então todos os executivos, Frank Mancuso e o pessoal da publicidade ficaram sentados na sala de projeção quando a tela ficou escura bem no momento derradeiro." Shaye entrou para pedir desculpas e logo os executivos da Paramount puderam ver o fim do filme. "Eles saíram, me agradeceram muito e me ligaram algumas horas depois dizendo: 'Nós não queremos esse filme'", conta o produtor, rindo. Os problemas da Paramount em relação ao projeto ironicamente eram semelhantes aos que o criador de *Sexta-Feira 13* havia mencionado quando Craven mostrou-lhe o material inicialmente. "Eles o descartaram porque não acreditavam que filmes sobre sonhos eram suficientemente assustadores", admite Shaye, que aponta mais um motivo: "Outro filme sobre sonhos tinha acabado de estrear e fracassou". Esse outro projeto, como Craven sabia muito bem, era *A Morte nos Sonhos* (1984).

Sempre otimista, e apesar da decepção com a Paramount (ou qualquer outro grande estúdio) por não aceitar distribuir *A Hora do Pesadelo*, Shaye decidiu fazer a aposta derradeira: a própria New Line Cinema iria — como tinha feito com tantos outros títulos — lançar o filme. Mas primeiro eles testariam o terreno com compradores internacionais, em Milão. "Fizemos uma sessão em uma pequena sala de projeção", diz Shaye, "e ficou lotada. O cara que investiu o dinheiro, ou parte do dinheiro, me enviou uma caixa de chocolates, então percebi que nós meio que estávamos rumando para algo grande."

ESTE ASSENTO ESTÁ OCUPADO

Agora que a New Line Cinema havia decidido tomar as rédeas e lançar o filme pelo mundo, aqueles que trabalharam no projeto estavam ansiosos para ver os frutos de seus esforços. Mas o que eles talvez não tenham imaginado é que sua primeira experiência em ver o filme seria um pouco menos glamorosa do que uma estreia de luxo de um grande estúdio de Hollywood — embora não fosse menos emocionante.

"Não houve pré-estreia", admite Langenkamp. "Naquela época, não era sofisticado", explica Corri, revelando outro motivo que foi uma fonte constante de estresse. "E eles não tinham dinheiro, cara. Acho que estavam falidos."

Falida ou não, a New Line Cinema alugou uma pequena sala de projeção na Warner Bros. para mostrar o filme finalizado para o elenco e a equipe. "Mas a sala era muito pequena", lembra Langenkamp. "Quero dizer, talvez coubessem duzentas pessoas. Quando chegamos lá, quando a projeção estava para começar, não havia assentos, então pensamos em sentar no chão do corredor." Era um plano bom, exceto pelo fato de que, quando mais pessoas apareceram, como Johnny Depp e seu amigo Nicolas Cage, eles também não tinham assentos.

"Ninguém nos reservou os assentos. Eles chamaram o corpo de bombeiros, e os bombeiros ameaçaram fechar o local, a menos que pudessem possibilitar que as pessoas saíssem", lembra Langenkamp. "Portanto, ver *A Hora do Pesadelo* naquela primeira noite na sala de projeção causou pouca ou nenhuma impressão em mim. Lembro-me mais de ter sido expulsa pelo departamento de bombeiros do que o que foi mostrado na tela."

> "ALGUMAS PESSOAS TIVERAM DE SAIR, E ALGUMAS TIVERAM DE SE LEVANTAR PARA PODER FUGIR DEPRESSA. ERA TÃO ESTRANHO, E TODOS ESTÁVAMOS RINDO, MAS ELES NÃO NOS DEIXAVAM SENTAR."
> — **John Burrows, sobre a primeira exibição de *A Hora do Pesadelo***

Burrows comenta: "Um cavalheiro chegou olhando para todos e então pensamos: 'O que ele está fazendo aqui e quem é ele?'. Finalmente, ele ficou na nossa frente, virou-se e disse: 'Há pessoas demais aqui, eu não tenho nenhuma cobertura, e isso não é permitido'. Wes chegou e falou com ele, e finalmente deixaram a projeção rolar. No entanto, algumas pessoas tiveram que sair, outras ficaram de pé para poder fugir depressa. Foi muito estranho e todos estávamos rindo muito, mas eles não nos deixaram sentar".

Foi um momento que Wyss também se lembra vividamente, exceto que sua experiência começou — e continuou — do lado de fora. "A primeira vez que exibiram *A Hora do Pesadelo* foi em um estúdio. Cheguei pouco antes de começar", diz Wyss, "mas o bombeiro não me deixou entrar. Eu disse: 'Eu sou, tipo, a estrela do filme!', e ele respondeu: 'Eu não sei quem você é, mas não vai entrar'. E não consegui entrar, eu não vi o filme naquela noite."

"Hollywood hoje é um lugar diferente do que era em 1984", avalia Langenkamp, "e lembro de entrar no escritório do meu agente e perguntar se ele já havia assistido ao filme. E ele olhou para mim, tipo 'Você está brincando, certo?'. Eu sei que as pessoas nunca acreditam em mim, mas foi um filme de baixa renda."

Matthew Peak, o artista que fez o cartaz de *A Hora do Pesadelo*, é filho de Bob Peak, que muitos chamam de "O Pai dos Cartazes de Filmes da Moderna Hollywood", cercado por algumas de suas imagens.

O CARTAZ DE KRUEGER

Mesmo que a primeira exibição não tenha realizado os sonhos de brilho e glamour de ninguém, a questão mais importante era se o filme funcionava ou não na tela. Para Craven, Shaye, o elenco e a equipe, que trabalharam e viveram tudo aquilo, a resposta viria quando a New Line Cinema lançasse o filme para um público com fome de horror.

Um item usado para atrair espectadores era o cartaz do filme, uma ferramenta que estava em uso desde a primeira exibição de entretenimento filmado. Começando como cartazes colocados do lado de fora do cinema para simplesmente listar a programação, geralmente filmes de curta-metragem, o primeiro cartaz projetado para efetivamente promover um filme individual pertenceu a *O Regador Regado* (1895), um curta francês de comédia, em preto e branco e mudo, também conhecido como *Tables Turned on the Gardener* nos Estados Unidos. Era um instrumento para fazer as pessoas entrarem no cinema e, embora o conceito do cartaz tenha evoluído de forma significativa, o objetivo final continua sendo o mesmo: atrair interesse. Esse fato não passou despercebido para Shaye ou Craven, mesmo que as primeiras tentativas deixassem uma impressão menos do que espetacular.

Enquanto diretor e produtor estavam mixando o som de *A Hora do Pesadelo* em Nova York, uma arte conceitual foi preparada para anunciar o filme: ela mostrava uma casa em uma rua com um corte atravessando a imagem. Atrás do corte, uma mulher podia ser vista gritando. Parecia, em teoria, ser evocativo do filme. "Eu olhei para aquilo, e então Wes olhou para aquilo, e eu disse: 'O que você acha?', e ele respondeu: 'Bem, eu acho que está bom. O que você acha?'. Eu retruquei: 'Acho que está bom'", lembra Shaye. Na verdade, não estava. Quando o jovem mensageiro com o material se preparava para sair, Shaye, sempre atento aos gostos da plateia jovem, perguntou a opinião dele. "Ele disse: 'Eu achei uma droga. É um anúncio terrível'", conta Shaye que, na verdade, concordava com o menino.. Em seguida eles começaram a procurar alguém para criar o cartaz.

Entra Matthew Joseph Peak. Filho do famoso artista e ilustrador comercial Robert 'Bob' M. Peak (1927-1992), cujo trabalho estampou capas de revistas, selos postais e cartazes de mais de uma centena de filmes, incluindo *Amor, Sublime Amor* (1961), *007: O Espião Que Me Amava* (1977) e *Excalibur, a Espada do Poder* (1981), o jovem Peak deu prosseguimento à tradição artística do pai. Nascido e criado na Nova Inglaterra, ele recebeu seu treinamento artístico formal na Escola do Museu de Belas Artes de Boston, no Centro Artístico da Faculdade de Desenho da Califórnia, na Escola de Artes Visuais de Nova York, e também como aprendiz de seu pai. Aos 24 anos de idade, foi encarregado de criar a arte principal para *A Hora do Pesadelo*, seu primeiro cartaz de filme.

"Eu havia terminado a escola de arte pouco antes de *A Hora do Pesadelo* ser finalizado. Havia mostrado o meu portfólio para um diretor de arte, e um dia depois recebi um telefonema", lembra Peak. A ligação era sobre um trabalho para criar "uma garota dormindo, com monstros em sua cabeça", que foi a direção que Peak recebeu. "Não foi diretamente do estúdio, de Wes ou algo assim. Foi bastante aleatório", ele acrescenta sobre o estúdio de produção de cartazes de cinema que o chamou.

Uma vez envolvido, conforme estava de acordo com o procedimento, a questão tornou-se a rapidez com que Peak completaria o trabalho. Armado com apenas algumas imagens e a trama básica, foi a mão enluvada de Krueger e o conceito dos pesadelos que mais chamou atenção do artista. "Quando vi as fotografias de cena e li a sinopse, pensei: 'Uau! A mão vem até você através de um sonho de morte'."

Depois de apresentar seus cinco ou seis esboços, o projeto final foi decidido e, juntamente com a frase publicitária "Se Nancy não acordar gritando... ela nunca mais acordará", Peak começou a trabalhar. "O cartaz foi completamente baseado em Heather e sua personagem. Era basicamente o pesadelo dela. Foi isso. Seu pesadelo em Elm Street", diz Peak. "Esse foi o conceito central. A escolha de não representar Freddy foi intencional da minha direção. Não tive nenhuma interferência do estúdio no sentido de que queriam mostrar Freddy, porque ele ainda não estava estabelecido. Então era o pesadelo de Elm Street, o horror e o conceito disso." Uma vez que a arte foi aprovada e finalizada, Shaye ficou satisfeito. "Foi uma pintura que realmente ajudou a vender o filme", admite o produtor.

TUDO DÁ (MAIS OU MENOS) CERTO NO FIM

Na produção mais recente da New Line Cinema, as coisas sempre pareciam estar encaminhadas até que, em mais um momento crítico, Shaye e sua empresa tiveram que cuidar daquilo que ele esperava ser o último de seus problemas.

"Estava tudo pronto. Tínhamos uma data de lançamento. Publicidade, anúncios de TV e todo o resto havia sido feito. Foi um grande investimento para nós", diz Risher. "Mas, uma semana antes de quando deveríamos estrear o filme, o laboratório que estávamos usando não queria liberar os negativos porque não havia sido pago. Não tínhamos dinheiro para pagá-los. Bob de alguma forma conseguiu fazer algum acordo para cobrir todos os custos."

Shaye recorda o problema — e sua resolução — muito bem. "Fomos ao nosso laboratório, que também era um laboratório da máfia, eu acho, porque eles costumavam revelar filmes pornô durante a noite, e tínhamos uma linha de crédito com eles", diz o produtor. "E, por algum motivo, que eu nunca descobri qual foi, quando fui encomendar as cópias para o lançamento do filme, eles nos disseram que tinham encerrado a nossa linha de crédito, por algum tecnicismo."

Isso deixou a New Line Cinema sem dinheiro para pagar as cópias. Para liberar os negativos, o laboratório exigiu uma compensação pelo saldo pendente, deixando Shaye estupefato. "Depois de toda essa história inacreditável, estavam novamente atrás de mim. Fiquei maluco tentando conseguir dinheiro", admite ele.

Shaye pediu um favor para um de seus credores, dizendo-lhe que havia encontrado outro laboratório que assumiria os custos das cópias se ele tivesse o dinheiro. "Esse cara disse: 'Tudo bem', e nos emprestou o dinheiro que precisávamos para pagar a nossa conta e comprar uma carta de crédito para garantir o pagamento das cópias." Foi uma coisa boa, particularmente por causa do acordo de direitos de vídeo anterior que Shaye havia firmado com a Media Home Entertainment quando o filme precisava de financiamento. "Nós finalmente conseguimos providenciar as cópias, caso contrário Joe Wolf teria se apropriado de todo o maldito projeto e teria sido o fim", declara Shaye.

Através do que talvez pareçam ser todos os altos e baixos concebíveis no ramo do cinema, a tenacidade de Shaye e da New Line Cinema compensaram, para o deleite do elenco e da equipe técnica. "Finalmente, o filme foi terminado. Não me lembro de quanto tempo depois ele foi lançado, mas eu o vi sendo exibido em um cinema e levei o meu filho, que tinha 12 anos", lembra Saxon. "Nós nos sentamos e assistimos, e o meu filho me cutucou e disse: 'Papai, isso é muito bom!', e eu respondi: 'Sim, é. Também acho que é'. E eu falei sério."

Wyss achou a mesma coisa, embora tenha esperado muito mais para ver o filme pela primeira vez. "Estava estreando em Westwood, na Califórnia, e eu fui ver. Estava esgotado, então tive de ir embora", ela conta. "Eu fiquei pensando: 'Uau, fui expulsa da projeção particular, o cinema está lotado e tive que sair da cidade. Alguém pode me contar como é?'." A atriz finalmente conseguiu assistir ao filme em fita vhs. "Sabe de uma coisa? Eu fiquei completamente aterrorizada", afirma Wyss. "Eu me envolvi com a história e achei incrivelmente assustador, o que foi ótimo."

"Era apenas mais um filme de terror na época, mas lembro de vê-lo quando foi lançado e soube que era algo especial", diz Shostrom. "Dava para perceber pela reação do público que aquilo era grande." Blakley também lembra da primeira vez que viu o filme na Times Square. "Estavam todos comendo frango frito, e as pessoas ficavam gritando, foi um sucesso", afirma, embora admita: "Eu não consegui assistir muito. Tive de fechar os olhos porque sou medrosa. Aquilo me assustou. Não consegui ver o quarto girando com o sangue nele. Não aguentei ver Amanda sendo arrastada pelo corredor no saco de cadáver."

Miller teve uma reação semelhante. "Fiquei completamente espantado. E mesmo eu tendo trabalhado no filme, algumas partes me assustaram", diz ele. "Foi incrível porque eu sabia como tudo havia sido feito. Era uma montanha-russa. Acho que foi o que atraiu a maioria das pessoas."

"Eu realmente adorei", admite Burrows. "O filme tinha muitas coisas que funcionavam: as atuações eram muito boas, a filmagem era muito boa, e Wes conduziu tudo isso. Ele queria o melhor dos melhores, e conseguiu. Foi isso que fez o filme, penso eu." Benson relembra: "Eu o achei realmente assustador e inovador. Algumas cenas me chocaram e pensei: 'Wes é um diretor muito bom'. Eu gostei do filme."

Talalay também se sentiu cativada. "Eu sabia que realmente seria um sucesso porque quando vi o filme fiquei com medo. Apesar de eu ter estado no set do filme e me envolvido em tudo, sabendo como tudo foi feito, o fato é que foi muito eficaz. Muito poderoso e assustador", diz ela.

WES CRAVEN'S
A Nightmare ON ELM STREET ... THE PERFECT SLEEPER!
$6,511,320
7 Cities ... 24 Days

1st Week $1,456,000 ... 165 screens ... $8,824 per screen
2nd Week $2,051,700 ... 274 screens ... $7,488 per screen
3rd Week $1,873,290 ... 255 screens ... $7,346 per screen

$7,754 AVERAGE PER SCREEN

4th Week ... **FIRST 3 DAYS** ... $1,130,330 ... 230 screens

"REALLY SCARY! ... A HIGH-OCTANE SHOCKER...
THIS IS THE REAL THING." —Richard Freedman, Newhouse Newspapers

"*A SCREAM*, SHOULD GIVE
'HALLOWEEN' A RUN FOR ITS MONEY." —Rui Lindstrom, WNBC TV

"DELICIOUSLY TERRIFYING. GUARANTEED TO
MAKE YOU JUMP OUT OF YOUR SEAT." —Jerre Perrone, Theatre Times

"TINGLING, ONE OF THE BEST FILMS OF ITS
KIND ... 'NIGHTMARE' DELIVERS." —Lloyd Sachs, Chicago Sun-Times

"CRAVEN'S 'ELM STREET' DRILLS
FOR FRESH NERVES." —David Edelstein, The Village Voice

"FASCINATING SPECIAL EFFECTS...
A STATE-OF-THE-ART HORROR MOVIE." —Judith Crist, WOR TV

From NEW LINE CINEMA
New Line Cinema Corporation, 575 Eighth Avenue, New York, N.Y. 10018
Tel: (212) 239-8880 • Intl. Telex: 428407 NLCC • Cable: NEWLINECIN, NEW YORK

Os resultados esmagadores da bilheteria de *A Hora do Pesadelo*.

Marquise de cinema exibindo *A Hora do Pesadelo*.

"Com poucos recursos e tantos jovens atores que nunca haviam sido testados", diz Levine, "fiquei espantado com o filme inteligente, assustador e cheio de ideias que Wes criou."

Meyer-Craven expressa um sentimento semelhante. "Eu sabia qual seria a próxima cena, qual era o próximo momento. Eu sabia onde os corpos haviam sido enterrados e quem atirou neles, por assim dizer", afirma. "E sabe de uma coisa? Ele ainda assim me assustou. Fiquei muito impressionada. Morrendo de medo e inacreditavelmente impressionada."

A primeira vez que Lazzara viu o filme foi em um cinema depois de um período longe fazendo outro trabalho na África. "Fiquei fora por um período e esqueci do filme porque não pensei que seria grande coisa", diz ele. "Mas lembro de ter achado muito assustador, e acabou sendo surpreendente. Fiquei chocado, realmente chocado."

Para Bernstein, *A Hora do Pesadelo* funcionou não apenas pelo que era por si só, mas também por ser uma espécie de espelho de outras obras clássicas. "Fui tomado por um aspecto que me lembrou Fellini", diz ele. "Wes estava brincando com a realidade. 'Estamos em um sonho?' Às vezes, uma sequência começava e pensávamos: 'Bem, onde estamos?', e então, de repente, começam a acontecer coisas que não podem acontecer na realidade, e nós dizemos: 'Ah, estamos em um sonho'. De certa forma, Wes estava fazendo o que Fellini fazia, que é manipular o público."

"Estávamos apenas tentando terminar aquilo. Nós havíamos feito um bom trabalho em um projeto especial, mas nenhum de nós pensou que alguém iria vê-lo", admite Englund. "Um dos grandes aspectos de *A Hora do Pesadelo* é que não foi exaltado de maneira exagerada. Não enfiaram o filme pela sua goela."

Uma integrante do elenco se viu insegura sobre o que pensar quando por fim teve a oportunidade de digerir o filme que havia estrelado. "Eu nunca tinha visto um autêntico filme de 'horror', certamente não um filme de Wes Craven. Eu não conseguia enxergar o que as outras pessoas estavam vendo", diz Langenkamp. "Como muitos adolescentes, confiei nas reações dos outros para formar opiniões. Mais tarde, vi o filme em Oakland, em um cinema de verdade, e ouvi o público conversando com a tela, gritando para Marge enquanto ela tomava outro gole de vodca. Naquele momento, aprendi sobre o que se tratava um filme de horror. Demorou mais dez anos para eu ser capaz de ver o filme pelo que ele é."

Se demorou uma década para Langenkamp apreciar *A Hora do Pesadelo* em seus próprios termos, Corri gostou do imediatismo de ver o filme pela primeira vez. "Foi no cinema The Dome, em Hollywood. Eu me sentei atrás de algumas garotas e fiquei meio que espionando e conferindo", diz ele. "E então as meninas diziam: 'Ah, aquele é você. Que legal'." O ator se recorda de ter misturado aquele momento de empolgação com a verdade muito mais sóbria enfrentada por muitos atores. "Eu saí fumando um cigarro e tentando parecer maneiro, mas a verdade era mais do tipo: 'Qual será o meu próximo trabalho?'."

Englund relata o momento em que viu o filme e sentiu seu verdadeiro impacto, em um cinema perto da Universidade do Sul da Califórnia. "Ao que parece, todas as namoradas bonitas dos jogadores de futebol já haviam visto o filme, então dessa vez eles também levaram uns caras grandes e durões", lembra. Sentado no fundo do cinema, o ator não podia deixar de se divertir enquanto observava, conforme ele diz, "sujeitos de cento e vinte quilos pulando de seus assentos, gritando como garotinhas; e, claro, as mulheres, as namoradas, adoraram, porque sabiam onde estavam todos os sustos. Elas adoraram ver seus namorados pularem. Esse foi o meu primeiro sentido real disso. Houve um tipo de comunicação e resposta com a tela."

A fórmula estava funcionando. "Desde a primeiríssima vez, tivemos reações muito físicas, como gritos, pessoas se remexendo em suas poltronas, esse tipo de sensação de empolgação. E eu percebi: 'Rapaz, isso está tocando em algo que eu não imaginava'", afirma Shaine, lembrando o momento em que viu o filme na noite de estreia em um cinema na Broadway. "Parecia teatro ao vivo. As pessoas se levantavam, gritavam para a tela, ficavam nos corredores. Era diferente de qualquer coisa que eu já havia experimentado. Comecei a perceber não só que estava funcionando, mas que estava tocando em algo e atingindo um nervo no público que era mais do que eu esperava."

"Era um cinema enorme, tipo uma sala de mil lugares, e estava cheia", diz McMahon sobre quando viu o filme pela primeira vez com uma plateia. "As pessoas ficaram loucas. Eu nunca tinha visto uma plateia reagir daquele jeito, gritando para o filme. 'Não adormeça! Ele está embaixo d'água!', eles diziam coisas assim. Foi o filme mais interativo que já vi. Todos nós soubemos naquela noite que seria um sucesso."

> "ERA MUITO IMPORTANTE PARA AS NOSSAS VIDAS NA ÉPOCA, PORQUE A NOSSA EMPRESA PODERIA TER FALIDO."
> — **Sara Risher, sobre o sucesso de *A Hora do Pesadelo***

Mas não era apenas o elenco, a equipe técnica ou alguns espectadores avulsos que estavam gostando do filme. "Era o dia da estreia e John Waters foi a uma das primeiras exibições em Baltimore", lembra Risher, "em seguida ele nos telefonou e disse que tínhamos um sucesso. Foi quando eu soube, porque John sabia o que estava dizendo. Ele sabe o que funciona e o que não funciona."

Shaye admite sentir uma emoção quando lembra da estreia do filme na Times Square. Embora não fosse a primeira vez que um projeto seu conseguia despertar interesse na plateia, ele diz: "Quando eu vi aquela fila enorme dando a volta no quarteirão da Broadway, com pessoas esperando para entrar no cinema, percebi que o estopim fora aceso".

"A minha única lembrança do lançamento de *A Hora do Pesadelo* é que eu não tinha certeza se o filme se sairia bem e decidi ir embora", afirmou Craven. "Eu não tinha ouvido nada, e ele estreou. Em seguida, recebi um telefonema, acho que no terceiro dia, talvez o Bob. Quando você ouve esse tom e sabe o que vai acontecer, a sua credibilidade aumenta muito e você sente que está conectado com o público. É um sentimento ótimo."

O VEREDICTO É...

Risher lembra que a primeira vez que houve uma indicação de que eles talvez tivessem um pequeno sucesso em suas mãos foi quando, poucos dias antes de seu lançamento oficial, o filme foi exibido no Festival Internacional de Cinema de Hof, na Alemanha. "O filme foi exibido à meia-noite e o organizador do festival nos telefonou e disse que o filme foi ovacionado de pé", lembra Risher. "Foi uma tremenda surpresa. Havia muitas pessoas querendo ver o filme que tinha feito um enorme sucesso no festival."

O filme parecia agradar ao elenco, à equipe técnica e a uma ansiosa plateia de um festival internacional, mas em sua estreia original nos Estados Unidos ocorreu uma pequena falha técnica. O problema era que, em alguns dos cinemas maiores, as pessoas começaram a reclamar que o filme estava muito escuro. "Quando o meu bebê estava com um mês de idade, eu o prendi junto a mim e fui até a Times Square, que não era a Times Square de hoje. Era bastante barra-pesada", afirma Risher. Quando entrou em um cinema que estava, na época, atraindo principalmente o público de filmes de terror, ela viu o filme e concordou que "estava muito escuro, perdia muitas nuances".

Trabalhando para corrigir a falha, Risher foi à sala de projeção e percebeu que o problema não era o filme. Em vez disso, ela ficou sabendo que, para economizar dinheiro, alguns projecionistas não estavam usando a luz em sua potência total. Para garantir que o filme fosse visto da maneira que a New Line Cinema esperava, "clareamos as cópias porque sabíamos que isso iria acontecer no país inteiro", diz Risher.

Mesmo com o pequeno obstáculo, o filme, que teve uma estreia limitada em 9 de novembro de 1984, em cento e sessenta e cinco telas, conseguiu uma arrecadação no primeiro fim de semana de US$ 1.271.000.[1] Aumentando no fim de semana seguinte com mais cento e nove salas, o filme conseguiu figurar entre os dez primeiros lugares durante três semanas consecutivas, mesmo competindo com *O Exterminador do Futuro*, *A Noite do Cometa*, *Natal Sangrento* e o gigantesco *Os Caça-Fantasmas*.

Em cartaz nos cinemas ao longo de três meses, o filme arrecadou uma bilheteria doméstica final de US$ 25.504.513,[2] o que não era uma façanha pequena para a New Line Cinema e com o risco que eles admitiam ter assumido com *A Hora do Pesadelo*. "Foi muito importante para as nossas vidas na época, porque nossa empresa poderia ter falido. Éramos uma empresa pequena, acreditávamos na realização cinematográfica, queríamos criar entretenimento, fazer o melhor trabalho possível com o dinheiro que tínhamos", diz Risher. "Mas estávamos lutando, e teve momentos em que o filme poderia ter destruído a empresa. Mas fazer isso foi uma tremenda alegria. O fato de ter funcionado e sido bem-sucedido foi tão gratificante que obviamente é uma espécie de triunfo do azarão."

---

1   Em valores atualizados em 2017, considerando a inflação do período, pouco menos de US$ 3 milhões. [NT]
2   Em valores atualizados para a cotação de 2017, pouco mais de US$ 60 milhões. [NT]

ANOTHER CRAVEN FILM SOAKED IN BLOOD

Wed., Nov. 7, 1984

"Nightmare on Elm Street" (citywide), which has a very hard R rating, is as skillful as it is sickening.

Written and directed by maestro of ultragore Wes Craven, it has considerable style, some good performances and clever special effects. It probably will attract a cult following, as did Craven's "The Last House on the Left" and "The Hills Have Eyes."

But when a film is designed to drench the screen in blood—with maximum violence directed, as usual, mainly toward women—rather than to give a good, fun

fright, what does it finally matter how well it is made? There does come a point when form cannot sustain or justify content, and it arrives very early in this film when an unseen force slices up a high school girl (Amanda Wyss) as she sleeps and hurls her body around until the bedroom is covered with blood.

Craven envisions nightmares becoming real for Wyss and her friend, Heather Langenkamp. They dream of a hideous ghoul (Robert Englund) who attacks girls and boys in their sleep with a specially designed glove fitted with retractable knives in its fingers.

When Wyss dies so hideously, Langenkamp realizes she's next in line and becomes determined to fight back. Naturally, she's mainly on her own, because no adults, including her increasingly concerned but perplexed mother, Ronee Blakley, and tough-cop father, John Saxon, are going to believe her explanation of what's going on.

Both Langenkamp and Blakley have roles with more dimension than is usual in such films, and both are impressive. Which only makes you wish all the more that you were seeing them in something else.

—KEVIN THOMAS

FILM REVIEWS

A Nightmare On Elm Street
(Horror — DeLuxe Color)

New York — "A Nightmare O[n] Elm Street" is a highly imagin[]ative horror film that provide[s] the requisite shocks to keep fan[s] of the genre happy. Absence of [a] powerful dramatic payoff wi[ll] limit its breakout potentia[l], however.

Unlike the Summer releas[e] "Dreamscape," which posed [a] nightmare vision within a fa[r]fetched science fiction framewor[k], "Elm Street" relies upon supe[r]natural horror. Young teenagers [in] a Los Angeles neighborhood a[re] sharing common nightmares abo[ut] being chased and killed by a di[s]figured bum in a slouch hat who ha[s] knives for fingernails. It turns o[ut] that years ago, the neighborhood[] parents took deadly vigilante actio[n] against a child murderer, wh[o] apparently is vengefully hauntin[g] their kids.

HOLLYWOOD REPORTER, THURSDAY, NOVEMBER 8, 1984

'Nightmare on Elm Street' may bring sweet dreams to Craven

By KIRK ELLIS

Wes Craven's "A Nightmare on Elm Street" won't do much for Sominex sales, but its insomnia-inducing chills are likely to prove sweet box-office dreams for distributor New Line Cinema. This latest bedtime story from the writer-director of such latter-day horror classics as "Last House on the Left" and "The Hills Have Eyes" is an exceedingly well-crafted, disturbing meditation on the subconscious guaranteed to set nightlight electric bills skyrocketing nationwide.

Craven's penchant for discovering terror in everyday surroundings is well realized in his story of four ultranormal teenagers stalked in their dreams by a red-sweatered, facially disfigured ugly equipped with knifelike fingernails. When the kids start dying bloody deaths in their beds, it remains for the survivor (Heather Langen-

kamp) to confront the phantom in his own supernatural territory and thereby end his fatally rude awakenings.

Rarely has Craven so successfully blurred the line between the real and

A NIGHTMARE ON ELM STREET
New Line Cinema

Executive producers	Stanley Dudelson, Joseph Wolf
Producer	Robert Shaye
Writer-director	Wes Craven
Camera	Jacques Haitkin
Production design	Greg Fonseca
Special effects	Jim Doyle
Editor	Rick Shaine
Music	Charles Bernstein

Color/1.85/mono

Cast: John Saxon, Ronee Blakley, Heather Langenkamp, Amanda Wyss, Nick Corri, Johnny Depp, Robert Englund, Charles Fleisher, Joseph Whipp, Lin Shaye.

Running time — 93 minutes

MPAA Rating: R

the imagined, allowing the scares to materialize — quite often literally — out of production designer Greg Fonseca's painfully observant middle-class settings. Harmless images become downright ghoulish: a lethal

— continued on page 6

FILMS IN FOCUS

'Nightmare' a haunting chill-seeker

"Nightmare on Elm Street," starring John Saxon, Ronee Blakley and Heather Lagenkamp. A New Line Cinema film, rated R, opening today in Flagship theaters in New Jersey.

By RICHARD FREEDMAN

The really irksome thing about nightmares is that short of abstaining from lobster thermidor and baked alaska as midnight snacks, there's no sure-fire method of preventing them.

Fantasy borders on reality in 'Nightma[re]

By Glenn Lovell
Film Writer

ATTENTION, all fright fans: "A Nightmare on Elm Street" (opening today) is the year's most single-minded and ambitious horror outing. It is also thanks to super[]

"Nightmare," which co-stars John Saxon and Ronee Blakley as Nancy's useless, separated parents, is at its best when Craven allows his macabre imagination full rein. As was abundantly clear after his overlooked "Deadly Blessings," Craven has an uncommon knack for blurring the lines between real-

Craven's stock-shock ending, wherein Nancy stalks Freddie on his own turf, is crawling with missed opportunities.

Still, if you're of stout heart, check this one out. It'll remind you

of some of your most deli[] sinister dreams.

A NIGHTMARE ON ELM ST[REET]
Written, directed by Wes Cra[ven] (gory effects). ★★★

"This year's best film!"

The really irksome thing about nightmares is that short of abstaining from lobster thermidor and baked alaska as midnight snacks, there's no sure-fire method of preventing them.

This is the problem of a group of nice, only moderately promiscuous high-school kids in "A Nightmare on Elm Street," written and directed by Wes Craven, who made the cult horror classics "The Last House on The Left" and "The Hills Have Eyes."

His new one is the first really scary slasher flick in a long time.

In it, the kids seem to be suffering from a collective nightmare. It involves

by Piranesi), by a dirty old man wearing a battered hat, a red-and-green striped sweater, and glittering knife blades on each finger. He is an extremely unpleasant chap, as agile as he's murderous.

When he actually slaughters one of the girls, her rock musician boyfriend is jailed for the murder by cop John

---

Várias resenhas de *A Hora do Pesadelo*.
A maioria dos críticos achou que o filme era um exercício valioso no gênero, afirmando ser bem realizado, com caracterizações interessantes e, o mais importante, verdadeiramente assustador.

Shaye ecoa o sentimento. "É claro que sou eternamente grato a Wes por ter nos confiado o projeto e o material. E isso certamente ajudou a construir a New Line", diz ele, com uma referência à famosa frase de que a New Line Cinema é "A Casa Que Freddy Construiu".

"Antes de *A Hora do Pesadelo*, a New Line Cinema não era a New Line Cinema que conhecemos agora", acrescenta Meyer-Craven. "Mas Bob é muito inteligente. Desde o início, ele sabia que isso seria de alguma forma um filme que mudaria o jogo."

Se *A Hora do Pesadelo* não tivesse sido o sucesso que foi, tanto Shaye como Risher reconhecem, no mínimo teria sido muito mais difícil tocar outros projetos. "Todo o sucesso da New Line dependeu de Freddy Krueger. E a nossa reputação dependia do sucesso do filme, que acabou nos tornando cineastas confiáveis", diz Risher. "De repente, começamos a receber bons materiais, bem como o reconhecimento que uma empresa produtora de cinema precisa para chegar a algum lugar."

O sucesso financeiro não foi o único benefício para a empresa ou para o filme de Craven. A reação da crítica — apesar de ocasionais resenhas pouco entusiasmadas que criticavam de maneira enfadonha o aspecto sanguinolento ou, como alguns poderiam recear, o final bizarro — foi esmagadoramente positiva. O *Los Angeles Times* comentou: "Tão habilidoso quanto doentio. Escrito e dirigido pelo mestre da sanguinolência Wes Craven, tem um estilo considerável, alguns bons desempenhos e efeitos especiais inteligentes".

Na Costa Leste, Vincent Canby, do *New York Times*, também destacou os "efeitos especiais, que não são tão ruins". O jornal independente *The Village Voice* chamou atenção para o fato de que "o filme de Craven exige nervos fortes, pois existe um compromisso implícito entre o diretor e sua plateia de que os sonhos não matam", elogiando o filme como uma pequena obra-prima.

O periódico *L.A. Weekly* considerou em sua resenha que "se a conquista nesse gênero pode ser medida pela quantidade de sustos, então *A Hora do Pesadelo* é um sucesso empolgante". Até mesmo o crítico de cinema Leonard Maltin elogiou o filme de Craven por ter uma "premissa imaginativa". O *TV Guide*, uma das revistas de entretenimento há mais tempo em circulação nos Estados Unidos, afirmou que *A Hora do Pesadelo* é "um dos filmes de terror mais inteligentes e aterrorizantes da década de 1980", e que o "terror é quase ininterrupto".

A Hora do Pesadelo continua a manter uma classificação de quase 95% no Rotten Tomatoes, e tem sido considerado por muitos um dos melhores filmes de terror de 1984. Em 2003, Freddy Krueger foi nomeado o quadragésimo maior vilão cinematográfico na lista do American Film Institute de "100 anos... 100 heróis e vilões", e ficou na posição de número dezessete no especial "Os 100 Momentos Mais Assustadores dos Filmes", da Bravo TV, em 2004. Em 2008, a *Empire Magazine* listou o filme no número cento e sessenta e dois em sua lista de "Os 500 Maiores Filmes de Todos os Tempos". O jornal *The New York Times* também selecionou *A Hora do Pesadelo* em sua lista com "Os 1.000 Melhores Filmes Já Feitos".

O ranking das façanhas de Krueger se saiu ainda melhor em um experimento de 2013 sobre os efeitos fisiológicos dos filmes de terror e, mais especificamente, como os filmes desse gênero afetam as frequências cardíacas dos espectadores. O resultado? *A Hora do Pesadelo* foi considerado o terceiro filme mais assustador de todos os tempos (atrás de *O Iluminado* e *O Exorcista*), enquanto duas cenas do filme — as mortes de Tina e de Glen — fizeram os corações de plateia dispararem a uma média de 26% maior do que o normal.

Talvez o mais importante para Craven e a New Line Cinema, no entanto, foram as resenhas da indústria na época, que não foram decepcionantes. A revista *Variety* disse que era um "filme de terror altamente imaginativo que fornece os choques necessários para manter felizes os fãs do gênero" e acrescentou: "O diretor e roteirista Wes Craven combina de maneira tentadora os sonhos com a realidade do mundo desperto que se segue".

O *Hollywood Reporter* publicou uma nota semelhante. "Poucas vezes Craven foi tão bem-sucedido em borrar os limites entre o real e o imaginário", e que o filme era "uma meditação extremamente profunda e perturbadora sobre o subconsciente". Com tudo isso sendo dito, foi um bom momento para morar em Elm Street.

SAINDO DA OBSCURIDADE

"O primeiro foi o verdadeiro filme seminal", admite Shaye. "Ele ainda tem algumas cenas realmente geniais nele, não apenas no contexto de cenas geniais hoje, mas historicamente. Ele cumpriu o que prometeu." Esse carinho não é apenas por parte de Shaye, o homem que acreditou o suficiente no roteiro de Craven para pegá-lo quando ninguém mais queria, mas é algo compartilhado por todos que doaram seu tempo, talento e experiência para formar uma segunda família durante alguns meses e criar um pesadelo para os cinéfilos.

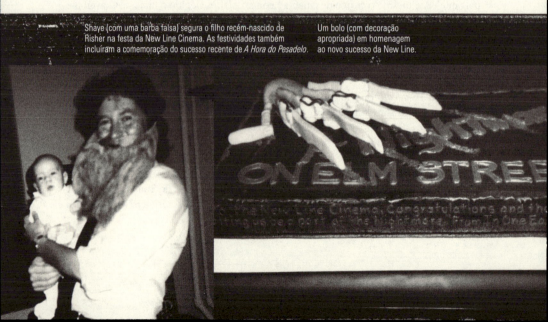

Shaye (com uma barba falsa) segura o filho recém-nascido de Risher na festa da New Line Cinema. As festividades também incluíram a comemoração do sucesso recente de *A Hora do Pesadelo*.

Um bolo (com decoração apropriada) em homenagem ao novo sucesso da New Line.

"Ele se sustenta por si só como um verdadeiro passo adiante em seu gênero", diz Doyle. "Tanto do ponto de vista da história como da forma como a equipe e o elenco se juntaram e trabalharam unidos, para concretizar a visão um tanto distorcida de Wes de como o mundo dos sonhos poderia ser."

"Eu adorei", afirma Haitkin. "Sabia que era uma peça comercial que, na superfície, empolgaria e assustaria a plateia. Mas sabia também ser mais profundo do que isso. Até hoje, veja como os filmes de terror são populares e bem-sucedidos. O apelo por trás dos filmes de terror é o medo."

"Todo mundo adora o primeiro filme, quase que por pura lealdade, eu acho", diz Langenkamp. "E eles estão certos. É especial. É onde eles foram apresentados a Freddy, Nancy e à batalha que eles travaram. O filme significava algo e dizia algo."

"Heather foi uma heroína excelente", acrescenta Meyer-Craven. "Você simplesmente não via meninas fazendo esse tipo de coisa. Freddy não podia ser ridicularizado, mas ela era a pessoa que o venceria e certamente faria o esforço valer a pena."

Talalay também entende que Craven queria mais de seu filme do que apenas outro festival sangrento com adolescentes. "Não quero soar repetitiva, mas queríamos que a plateia se preocupasse com os adolescentes, e que aprendesse a enfrentar seus medos e percebesse que poderia confrontar seus próprios terrores", diz ela. "E acho que realmente funcionou para o público. O filme simplesmente se sustenta em seu próprio brilhantismo."

Além dos personagens, havia uma história, algo que Corri percebeu cedo. "Se você não tiver uma ótima história, não tem nada. É por isso que é profundo", diz Corri, acrescentando que ele e o elenco queriam mais do filme do que o gênero tipicamente permitia. "Nós queríamos torná-lo meio Shakespeare naquela época. Tínhamos conversas sérias com Wes: 'Olha, não queremos que isso seja outro *Sexta-Feira 13*, onde vamos acampar e a faca atravessa pela cama, e tem apenas sangue e gritos. Vamos torná-lo psicologicamente perturbador e real'. Foi isso que o filme acabou se tornando."

A atriz Shaye resume a sensação que muita gente teve. "Não acredito que alguém tivesse ideia do quão poderoso isso se tornaria. É aquela coisa do momento em que uma plateia está pronta para algo, e essa coisa traz o que esperam, e então aquilo assume vida própria", diz ela. "Nós certamente não sabíamos que iria se tornar tão grande quanto se tornou."

Corri concorda que o derradeiro sucesso do filme foi algo imprevisto. "A gente ficava, tipo, 'Uau'", admite. "Qualquer pessoa que disser que calculou que isso aconteceria estará mentindo. Ninguém sabia. Exceto que fizemos isso por amor. Amor pelo trabalho. E achamos que era algo realmente legal. Wes sabia o que estava fazendo, mas o resultado ainda é algo chocante para mim." Parte desse poder veio daqueles que ficaram nos basti-

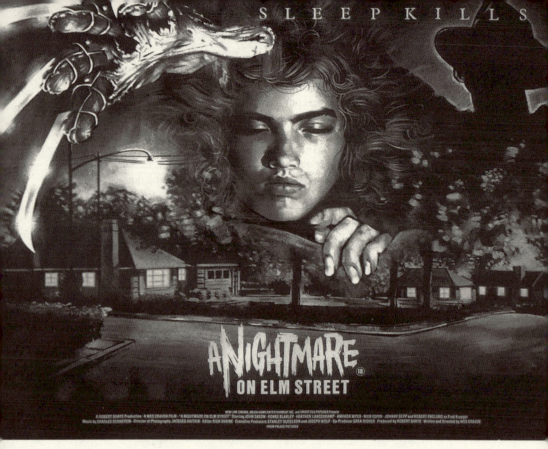

Comprovando que todo país pode ter uma Elm Street, o filme da New Line Cinema se espalhou por todo o globo.

Na página lado, cartazes estrangeiros do filme em lançamentos pelo mundo.

dores e que ainda se lembram de como foi fazer com que esses horrores ganhassem vida. "Continua sendo uma coisa gratificante ter feito parte da equipe, um dos profissionais criativos que originaram a franquia de Freddy, que tirou a sua luva do nada", admite Doyle. "David Miller tirou o rosto de Freddy do nada. Essas coisas simplesmente se materializaram pela primeira vez na nossa frente. Nós fomos os primeiros a vê-lo, e em sua forma incipiente."

"Todos pareciam se divertir muito e, claro, ninguém sabia o que ele iria se tornar", diz Miller. "Para a maioria das pessoas, inclusive eu mesmo, era apenas outro filme de baixíssimo orçamento, mas nunca pareceu isso. O clima era muito bom naquelas filmagens." Logan recorda vividamente a boa vontade entre a equipe. "Havia uma camaradagem em filmes não sindicalizados porque todos estavam sempre lá e ajudavam uns aos outros", ela proclama. "E a porta de todos também estava aberta", admite Jensen. "A porta do departamento de efeitos especiais, o departamento de maquiagem e de penteados, e eu poderia entrar e ver as coisas acontecerem quando eu tinha tempo. Tudo estava acontecendo lá e era muito comunitário. Foi incrível. Todo mundo estava cansado, mas todos estavam lá trabalhando e fazendo o que podia para que o filme funcionasse. Foi ótimo."

Shaine compara seu envolvimento com o trabalho que ele realizou. "Como qualquer edição, deu muito, muito trabalho e exigiu muita capacidade para resolver problemas", diz ele. "Mas teve uma recompensa por tudo isso."

"Eu achei assustador, e acho que vi metade do filme entre os meus dedos, com as mãos cobrindo os olhos", diz Huntley. "Mas fiquei orgulhoso. Eu sei por que se tornou uma grande obra-prima: porque é muito bem dirigido e bem realizado, e tem uma história ótima."

> "NÓS QUERÍAMOS QUE VOCÊ APRENDESSE A ENFRENTAR OS SEUS MEDOS E PERCEBESSE QUE PODERIA CONFRONTAR SEUS PRÓPRIOS TERRORES. E ACHO QUE REALMENTE FUNCIONOU PARA O PÚBLICO."
> — Rachel Talalay

Quem também achou assustador foi Diers, que ficou impressionado quando assistiu ao filme. "A imagem que lembro ter ficado em minha mente é quando os braços de Freddy ficam muito compridos, porque, apesar de estar envolvido nos bastidores, aquilo me deixou apavorado", diz ele. "Foi uma imagem de pesadelo; literalmente uma imagem de pesadelo. Então, nesse ponto, eu ficava tipo: 'Este é um filme assustador'. E fiquei impressionado com o trabalho de Wes." Pergunte para praticamente qualquer pessoa no filme e, embora concordem que a experiência foi agradável e memorável, poucos admitirão que foi fácil. "Bem, não era divertido quando as pessoas desapareciam por dias a fio. Isso nunca foi divertido", diz Rideout. "Particularmente quando eram membros da equipe de efeitos, porque fazia com que eu tivesse que encontrá-los!"

Sobre o motivo desses desaparecimentos súbitos, Rideout não hesita em esclarecer: "Uso de drogas. Eles ficavam desmaiados por dias. Estávamos tentando fazer um filme, e eu não tinha autoridade sobre a equipe", ela revela, "mas era responsável por encontrar essas pessoas, e às vezes não conseguia falar com elas, porque provavelmente estavam deitadas em estado de coma em algum outro lugar". Membros da equipe como Doyle e Talalay não toleravam o tipo de comportamento que pode ter ocorrido, mas oferecem uma explicação: "Havia certa ingenuidade infantil sobre como

estávamos fazendo esse filme", diz Doyle. "Éramos apenas um bando de jovens cineastas tentando passar por aquele processo todo e terminar com um produto do qual todos tivéssemos orgulho e satisfizesse nossas necessidades criativas."

Para fazer isso, o tempo era determinante, algo que Talalay explica. "Foram longas horas. Não havia sindicatos, então eles podiam trabalhar quinze, dezesseis, dezessete horas. Você ficava completamente exausto; era um trabalho realmente árduo", afirma. "Havia alguma atmosfera de festa, às vezes, como quando você ultrapassa os limites de tanto cansaço. Hoje em dia não é mais assim. Mas naquela época nem sempre eram muito responsáveis, ou diziam: 'Puxa! Ei! Temos que fazer um filme!'. Não, não. Era um trabalho muito puxado."

O ônus das longas horas e do baixo orçamento pode ter cobrado seu preço, mas, para muitos como Jensen, funcionou porque era necessário. "Éramos apenas um assistente de produção e eu; nem consigo imaginar como fizemos isso, mas fizemos", ela ri. "Você simplesmente tinha de fazer. E todo mundo estava com ótimo humor o tempo todo, por mais estranho que pareça, apesar do trabalho duro."

"Foi realmente um período maravilhoso em relação ao elenco e à equipe técnica", diz Risher. "Estavam todos trabalhando juntos, mesmo quando era mais difícil, e conseguimos porque adorávamos o que estávamos fazendo." Os fãs do filme também adoraram. "Eu me dei conta do fenômeno de *A Hora do Pesadelo* quando participei de uma convenção de ficção científica no antigo Hotel Roosevelt, em Manhattan", lembra Englund. "De repente, havia cada vez mais pessoas com roupas de couro preto na fila. Parecia a equipe de apoio dos Ramones. E havia muitos punks, e muitas garotas com colete de couro preto — e não muito mais que isso —, e muitas tatuagens, e muitas coleiras de cachorro. E eu estava lá, dando autógrafos em seios, e todos queriam Freddy."

Foi então que o ator soube que algo interessante havia despertado entre os espectadores. "Realmente foi inusitado aqueles ardorosos e radicais fãs de terror esperando em pé na chuva durante horas apenas para me conhecer. E, pouco depois disso, a coisa toda começou a crescer como uma bola de neve", diz ele.

Até mesmo Blakley é rápida em dizer que o filme e seu sucesso tiveram um efeito positivo nela. "Nunca é ruim estar em um filme de sucesso. Sim, eu aproveitei algumas vantagens desse sucesso, e ainda aproveito", diz ela, acrescentando: "Ele permitiu que eu comprasse a minha casa. Existem alegrias no trabalho que não podem ser expressadas em palavras. E quando você trabalha em um projeto único com pessoas especiais, isso se torna uma alegria eterna."

Langenkamp também viu o amor pelo filme e por seus personagens crescer constantemente ao longo dos anos. "Havia se passado um ano inteiro ou mais desde que o filme fora lançado quando percebi que mais pessoas o tinham visto. Em uma dessas convenções de terror que participei, vi muitos fãs de Freddy, muitos mesmo, e fiquei surpresa por também saberem quem era a Nancy na época. Acabei vendo tudo isso crescer", diz ela. "No que diz respeito ao sucesso do filme, acho que tem tudo a ver com o videocassete e a maneira como possibilitou comercializar as coisas repetidas vezes para novas gerações de pessoas." A atriz reconhece que a admiração dos fãs por ela, e pela personagem que ela interpretou, foi algo que surgiu mais lentamente do que o reconhecimento aparentemente imediato por Englund pelo desenvolvimento de Krueger. "Senti isso mais de dez anos depois que o filme foi lançado, algo mais intenso do que pouco mais de um ano após seu lançamento", acrescenta Langenkamp, admitindo que, no momento em que o filme estreou, ela não experimentou muitos elogios do tipo "ei, olha só, é aquela garota!".

"Eu queria ter passado por isso. Teria sido muito divertido", diz Langenkamp. "Voltei para a faculdade logo depois, na verdade. Me lembro de estar sentada em minhas aulas, e nem uma única pessoa, durante todo o tempo em que estive em Stanford, me reconheceu. Eu dizia aos meus professores, 'ah, sim, participei de um filme', quando me perguntavam por que não frequentei as aulas no semestre anterior. Você sabe, eu não poderia ficar falando disso toda hora, porque eu queria que as pessoas vissem que eu estava levando meus estudos a sério. Se tivesse mencionado que eu era 'a garota de Freddy', talvez fosse difícil ser tratada assim."

Corri também comenta a respeito disso, frisando que você quer ser visto por quem é naquele momento da sua vida, mas "é irritante, porque você quer que as pessoas conheçam o seu trabalho mais recente, mas você também não pode ser um babaca. Tem que entender e aceitar: 'Ei, essa garota ou garoto de 15 anos ficou impressionado', ou 'Esse cara estranho com um paletó de palhaço está se aproximando de mim agora e é melhor eu sorrir porque ele ficou emocionado por minha causa e pelo que eu fiz'. E esse é o nosso trabalho. Nosso trabalho não é fugir de coisas assim. A gente se coloca publicamente lá fora, então é melhor embarcar nessa e não ficar de frescura."

Englund, que nunca se esquivou do turbilhão promocional do filme, rapidamente viu como a base de fãs de *A Hora do Pesadelo* tinha ultrapassado as fronteiras. "Eu estava na Europa para uma cerimônia de premiação na época de *V: A Batalha Final*, e fui retirado da minha limusine e separado da minha companhia. Passei como se estivesse no meio de uma multidão de show de rock", lembra. "E eram todos fãs de Freddy que não conseguiram entrar no evento, o espetáculo em si. Foi então que percebi, que eu vi que Freddy era internacional." Langenkamp atribui grande parte do sucesso e da longevidade do filme ao retrato de Englund do personagem. "Robert trouxe algo tão atraente para Freddy Krueger que as pessoas não se cansam dele", diz a atriz. "Elas gostam de se identificar com esse mal. Não sei o que é isso."

"Foram escritos artigos sobre por que as pessoas são tão atraídas por Freddy Krueger, sobre a psicologia disso", diz a atriz Shaye. "O que é atraente em relação a esse homem para as pessoas? Não acho que alguém entenda isso, exatamente. As pessoas estavam interessadas em ver um filme de terror, e Robert lhes deu isso. Ele criou um personagem extraordinário que ninguém jamais irá igualar."

Englund manifesta sua compreensão de que a fama e a notoriedade que ele adquiriu foram provenientes de algo estigmatizado na época. "Naquela época, ainda era 'aquele filme de terror de baixo orçamento', mas Wes nos permitia usar a palavra *slasher*[3] no local de filmagem. Não havia outro verbo para descrever o que Freddy faria. Freddy não é realmente um personagem de filmes *slasher*, mas, se ele pegar alguém com essa garra, vai fatiá-lo todinho", opina ele. "Por isso, infelizmente, Wes Craven tornou-se um 'mestre do horror', 'diretor de filmes de matança', e eu me tornei 'Robert Englund, astro dos filmes de terror *slasher*'. Isso ficou associado ao meu nome por algum tempo."

Era um rótulo ao qual Englund não se opunha resolutamente, embora admita que não fosse algo que ele procurava na época. "Era uma espécie de cisão para mim, porque eu não sabia se tinha tomado uma decisão sábia. Obviamente, eu estava embaixo de toda aquela maquiagem e tive de confiar em Wes", diz o ator, acrescentando que Shaye tê-lo tratado tão bem, e como um igual, também foi algo agradável. "Lembro de reconhecer que Jacques Haitkin era muito talentoso e que Jim Doyle era especial, e que o diretor de arte e os projetistas eram jovens realmente talentosos. Eu sabia de tudo isso. Mas você tem que entender que o meu primeiro grande sucesso como celebridade foi em *V: A Batalha Final* e eu estava em um hiato. Enquanto fazia *A Hora do Pesadelo*, quando eu estava envolvido com Freddy, não ficava pensando: 'Esta é a minha grande oportunidade'."

O tempo certamente concordaria que talvez não tenha sido a grande oportunidade de Englund, mas isso o empurrou para o foco do horror mais do que nunca. O consolo foi que pelo menos essa luz brilhante veio por trabalhar com um diretor que estava continuamente tentando trazer algo inovador para o gênero. "Eu gostava muito de Wes, e eu o respeitava tanto que foi o que me fez passar por todo o processo", admite Englund. Blakley também menciona três razões claras para o filme ter feito sucesso e resistido à prova do tempo. "O número um é Wes, o número dois é Wes e o número três é Wes", afirma. O que Craven havia sonhado — sem que ele ou qualquer outra pessoa ao menos imaginasse no momento em que o filme era rodado — acabou dando origem a mais do que uma obra bem-sucedida. As façanhas de Freddy Kruger seriam vistas no decorrer das três décadas seguintes em uma franquia de imenso sucesso, contabilizando seis sequências, uma disputa entre Krueger e o adversário de longa data Jason Voorhees, da franquia *Sexta-Feira 13*, um programa de televisão sindicalizado e até mesmo uma refilmagem do clássico de Craven.

O que a New Line Cinema percebeu, é claro, era que havia mais para capitalizar do que apenas cópias do filme original e dos que se seguiram. Ao longo dos anos, as mercadorias relacionadas à franquia se tornariam campeãs de venda em uma variedade de campos diferentes, com Freddy Krueger e *A Hora do Pesadelo* rapidamente se relacionando a versões em livros e histórias em quadrinhos, jogos eletrônicos e de tabuleiro, brinquedos, peças de roupa e fantasia, e muito mais. Os produtos de consumo, no entanto, não foram o único alcance do filme na cultura de massa. Freddy, o título do filme e até mesmo seu

---

3   "Fatiar", "cortar", em inglês; refere-se, neste caso, também ao subgênero
    dos filmes de matança que estavam muito em evidência na época,
    como *Halloween, a Noite do Terror* e *Sexta-Feira 13*. [NT]

conceito seriam amplamente usados, incluindo menções em programas de televisão que foram desde *Cheers* até *Um Maluco na TV*, e filmes que começam em *Natal Sangrento* e chegam a *Transformers* e *A Coisa*, bem como sendo parte de tiras cômicas e de sátira social ou política. A criação de Craven ainda foi citada como um tópico partidário pelo presidente republicano Ronald Reagan. "Tudo o que for ruim é um pesadelo na Liga Nacional, um pesadelo na NFL, um pesadelo na NBA, um pesadelo no Vietnã, é um pesadelo no Iraque, um pesadelo no Golfo. Nós fazíamos parte do vernáculo", diz Englund. "Isso se tornou parte da nossa cultura."

Claramente, *A Hora do Pesadelo* havia chegado para ficar. Quanto ao porquê, Englund resume muito bem: "Nós reconhecemos as histórias grandes e clássicas. Isso é o que nos separa dos animais, as histórias que contamos", ele comenta. "E *A Hora do Pesadelo*, de Wes Craven, é simplesmente uma história danada de boa."

NO QUE OS SONHOS PODEM SE TORNAR

À parte os elogios da crítica, do elenco, da equipe técnica e dos fãs, a verdadeira medida de que o filme de Craven conseguiria fazer o que o cineasta esperava era algo que logo seria visto. "O fato de *A Hora do Pesadelo* ter sido um sucesso de crítica e também financeiro me ajudou imensamente", admitiu Craven. "Quando comecei a trabalhar no filme, eu estava completamente sem dinheiro. Tinha problemas financeiros sérios e terríveis por causa de três anos sem conseguir emprego. E eu procurava outros serviços durante esse período, enquanto trabalhava nesse roteiro tolo à noite."

Um artigo de jornal constata um fato sobre o que *A Hora do Pesadelo* fez pela produtora New Line Cinema.

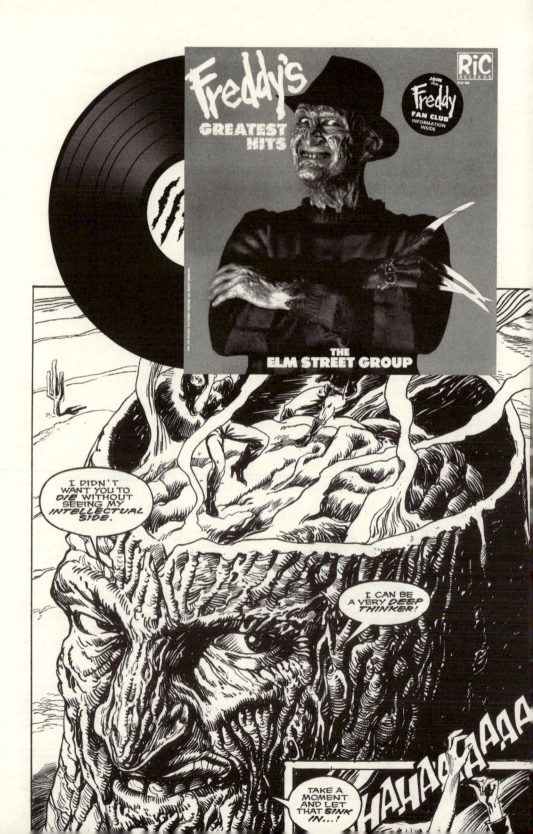

O roteiro tolo, é claro, transformou tudo para o diretor, que em seguida fez o suspense de horror *A Maldição de Samantha* (1986), embora ele tenha confessado não ter ficado muito entusiasmado. "Foi o primeiro filme que consegui, mas não achei que tivesse um bom roteiro. No entanto, meu agente disse: 'É um estúdio grande, vá fazer esse filme", disse Craven. "O que aconteceu foi que os produtores tinham ideias conflitantes quanto ao que deveria ser *A Maldição de Samantha*. Portanto, foi uma bagunça."

Curiosamente, Craven também trabalhou para o único estúdio que teria expressado algum interesse em *A Hora do Pesadelo* — a Disney. O projeto foi "Casebusters", um episódio da série *Disneylândia*, embora, ao que parece, ter conseguido esse serviço orientado mais para ação e aventura, e para o público jovem, talvez o tenha feito perder um projeto posterior muito ambicioso. "Não sei se alguém conhece essa história, mas, no decorrer da realização de *A Maldição de Samantha*, antes que fosse lançado, me ofereceram *Os Fantasmas se Divertem* (1988)", revelou Craven. "Eu estava fazendo reuniões com o estúdio e tudo mais. Eu havia feito o projeto da Disney, eles viram e não acharam bom, então me ligaram e disseram: 'Não queremos mais você!'."

Craven posteriormente descobriu que "o pessoal responsável por *Os Fantasmas Se Divertem* recebeu um telefonema da Disney dizendo que 'Wes Craven não consegue fazer comédia'", lembrou o diretor. "Foi isso, bum, eles foram embora." Posteriormente foi revelado que a mensagem misteriosa veio de ninguém menos do que Jeffrey Katzenberg, chefe de produção dos estúdios Walt Disney na época. "Eu liguei para ele e perguntei: 'Por que você fez isso?', e ele respondeu: 'Você está estabelecido no gênero e é um grande cineasta, mas eu apenas dei a minha opinião sincera'."

Outro potencial trabalho perdido, provavelmente devido à sua estreita associação com o gênero, poderia ter sido interessante. Se tivesse acontecido, Craven talvez pudesse ter ajudado a manter o "Homem de Aço" no ar em *Superman IV: Em Busca da Paz* (1987). Uma reunião aconteceu com o astro Christopher Reeve e, conforme Craven lembrou, "Eu fiquei com uma sensação muito distinta, uma constatação de que ele fazia parte de um mundo muito diferente, da alta classe. Eu acho que ele olhou para mim e disse: 'Ehrrr, acho que não'."

Apesar de Craven conseguir olhar para trás com leveza, ele admitiu: "Foi um ano horrível. Tudo o que você pode imaginar deu errado durante aquele ano. Eu também estava sendo processado por um maluco por causa de *A Hora do Pesadelo*. Isso durou uma eternidade". O caso envolvia um indiano que alegava que Craven reescreveu seu roteiro sobre uma mãe sendo aterrorizada por um culto de serpentes vivendo em cavernas debaixo de sua plantação. O caso era, Craven afirmou, "totalmente ilegítimo", e ele chamou os eventos de "um período extraordinariamente difícil na minha vida".

No entanto, as nuvens negras se afastariam, sob a forma de seu próximo projeto de longa-metragem. "Depois de tudo isso", disse Craven, "surgiu *A Maldição dos Mortos-Vivos* (1988). Esse foi um projeto fascinante e interessante, e eu meio que consegui subir mais um degrau." Como Craven se sentia em relação ao fato de que, mesmo após já ter razoáveis sucessos financeiros e de crítica em seu currículo, teve que dar um passeio por uma

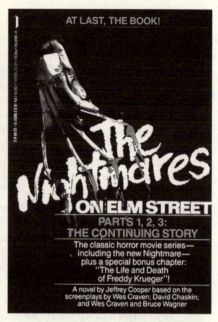

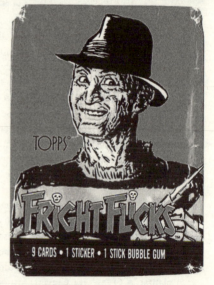

Promover Freddy Krueger e *A Hora do Pesadelo* se tornou uma parte importante do sucesso do personagem, dos filmes e da New Line Cinema.

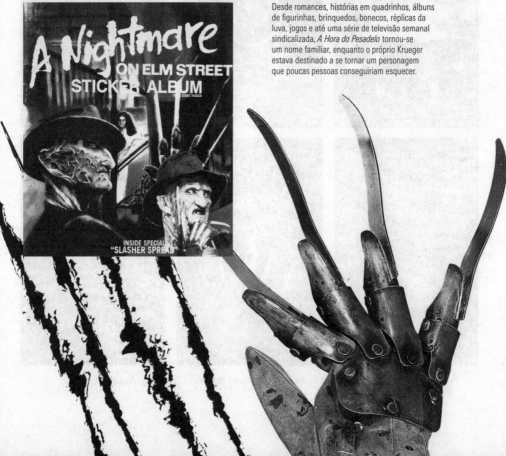

Desde romances, histórias em quadrinhos, álbuns de figurinhas, brinquedos, bonecos, réplicas da luva, jogos e até uma série de televisão semanal sindicalizada, *A Hora do Pesadelo* tornou-se um nome familiar, enquanto o próprio Krueger estava destinado a se tornar um personagem que poucas pessoas conseguiriam esquecer.

Cartazes originais de todos os filmes da série *A Hora do Pesadelo* da New Line Cinema, lançados entre 1984 e 2010.

rua suburbana cheia de segredos, pesadelos e um assassino de crianças para obter um reconhecimento generalizado? "Bem, acho que *A Hora do Pesadelo* me colocou no grande momento, por assim dizer. Isso me deu notoriedade, por eu ter escrito e também dirigido. Fui visto como alguém que era um tanto visionário", disse ele. "Nunca me fez sentir vergonha, eu sempre tive orgulho desse trabalho. Fiz algumas coisas que foram realmente inovadoras. E tive a oportunidade de trabalhar com pessoas tremendamente talentosas e maravilhosamente espirituosas. É maravilhoso conseguir realizar algo que faça as pessoas ganharem muito dinheiro, que lhe dê orgulho em olhar para aquilo e dizer: 'Isso é artisticamente interessante para mim, e fiz um bom trabalho', e ainda por cima lhe deixe feliz por ter uma oportunidade de trabalhar com esses atores. Muitas amizades surgiram a partir disso e foi ótimo. Foi realmente ótimo."

E aquele que acreditou o suficiente para apostar seu nome, sua empresa e sua carreira para garantir que Wes Craven pudesse fazer sua visão ganhar vida? "Mais do que qualquer outra coisa, Bob Shaye é um sujeito muito, muito inteligente, que estava disposto a apostar em algo em que ele realmente acreditava", revelou Craven. "E isso é o que um cineasta precisa."

"O que isso mostra é que se você tiver um espírito aventureiro e estiver disposto a arriscar algum dinheiro e algum tempo, então talvez tenha uma vantagem incrível. Esse é o espírito dos filmes independentes", expressa Langenkamp. "Se estiver disposto a arriscar seu sangue, seu suor e suas lágrimas, você simplesmente precisa ter esse espírito. E acredito que Bob simboliza esse espírito." Sobre Shaye ser um jogador disposto a fazer tudo isso e muito mais, Langenkamp acrescenta: "Ele jogou suas cartas direitinho".

"Sempre achei que os produtores tinham algo a oferecer além de angariar fundos", raciocina Shaye. "Não entrei nesse negócio porque queria ganhar muito dinheiro. Entrei no negócio porque queria divertir as pessoas. Em meu coração e na minha alma, principalmente da parte do meu pai, apesar de ser dono de supermercado do ramo atacadista, sempre tive um instinto em relação à publicidade. Às vezes você não acerta, às vezes acerta." Quanto a isso, ele acertou. Para Shaye, a New Line Cinema, e até mesmo Craven, Freddy Krueger provou, acima de tudo, que você nunca pode derrubar um bom vilão.

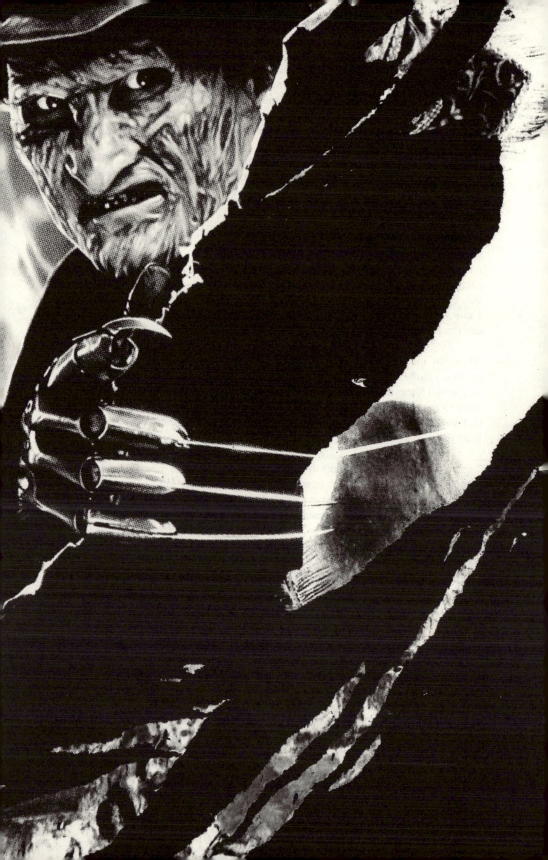

7
LEGADO DO PESADELO

NOVE, DEZ, NÃO DURMA
NEM UMA VEZ!

Dizer que *A Hora do Pesadelo* foi um sucesso absoluto talvez ainda possa parecer pouco. O que começou como um roteiro que ninguém queria acabou se tornando uma aposta vencedora para muitos dos envolvidos. O ditado de que "o lixo de uma pessoa é o tesouro de outra" pode ter sido comprovado de uma vez por todas no momento em que Robert Shaye deu uma oportunidade para a criação de Wes Craven.

Estas páginas foram elaboradas a partir de um filme que acabou ajudando a levar Shaye e a New Line Cinema para um nível de sucesso que talvez nunca tenham pensado ser possível. A carreira de Craven não apenas ganhou um novo impulso, mas uma propulsão de aceleração total rumo a conquistas dentro e fora das telas. O elenco alcançou êxitos profissionais e pessoais, com o filme dando início à carreira de um dos maiores astros de Hollywood na atualidade — Johnny Depp. Nos bastidores, membros da equipe técnica pegaram tudo o que conseguiram fazer com esse pequeno filme e foram realizar trabalhos empolgantes em centenas de outros projetos de cinema e televisão.

Tendo dito tudo isso, todas as pessoas que decidiram dar um passeio por Elm Street saíram de lá com algo que jamais poderá ser retirado delas... Lembranças que foram além de seus sonhos mais loucos.

"É realmente uma ideia muito original e forte, porque você pode controlar muitos dos seus medos em sua vida. Você pode fazer terapia, pode racionalizar que não há ninguém debaixo da cama, mas a ideia de que, assim que pegasse no sono — o que todos precisamos fazer para não enlouquecer — um monstro apareceria para pegar você, isso é um conceito genial", afirma Don Diers, que trabalhou no departamento de arte. "E tenho certeza de que por isso seu efeito é tão duradouro em tantas pessoas: todos sentimos medo. Se alguém lhe dissesse que você não pode dormir, isso seria petrificante. Eu diria que para um filme de terror tão divertido, pequeno e de baixo orçamento com uma ideia tão forte, eu me orgulho de ter participado disso."

"Fiquei totalmente surpresa que um filme tão pequeno tenha se tornado um grande sucesso", admite Anne Huntley. "Tantos filmes foram feitos desde então, e tive a sorte de fazer parte dessa equipe. Foi realmente uma honra. Todos nós sabíamos que havia algo especial nisso durante as filmagens, mas acho que, quando juntaram tudo, ficou ainda mais maravilhoso. Fico verdadeiramente orgulhosa de dizer às pessoas que trabalhei em *A Hora do Pesadelo*. Elas sempre ficam muito impressionadas, e também fico muito espantada e honrada por ter feito parte disso. É um ótimo filme."

"Foi um momento seminal na minha vida e naquele período. E foi maravilhoso de muitas maneiras, e tão fantástico quanto difícil, de todas as maneiras", comenta Christina Rideout, assistente de efeitos especiais. "Foi incrível, eu sempre serei grata por *A Hora do Pesadelo*, não só porque o meu casamento surgiu a partir disso, e os meus três filhos, mas porque me ensinou muitas lições de vida fantásticas, e me deu uma oportunidade que sempre irei valorizar."

"Eu listo Wes Craven como um dos meus dois diretores favoritos para trabalhar, o outro sendo David Lynch", diz a coordenadora de produção Lisa C. Cook. "Foi uma época ótima para trabalhar em Los Angeles, e esse filme foi uma espécie de epítome de como era ter muitas pessoas jovens e enérgicas forçando os limites no momento em que não havia soluções digitais para se fazer tudo isso. Leciono na Universidade Central da Flórida há quatorze anos, e quando os meus alunos, jovens o suficiente para serem meus filhos, descobrem que trabalhei em *A Hora do Pesadelo*, eles acham o máximo. Mal conseguem acreditar, ficam muito entusiasmados. E eu fico naquela, 'É mesmo? Vocês realmente assistiram a esse filme? É tão velho!', mas eles o adoram. Foi um dos destaques de uma carreira de vinte anos de trabalho no cinema e na televisão."

"Participar da equipe de cineastas de *A Hora do Pesadelo* foi mais um sonho do que um pesadelo. Foi um sonho fabuloso que se realizou ao trabalhar com todos eles", diz Lisa Jensen, do departamento de figurinos. "E o sonho foi simplesmente todo o trabalho em equipe, que definiu um padrão. Posso dizer que apenas alguns filmes de que participei na minha carreira me fizeram plenamente feliz durante o processo. E com *A Hora do Pesadelo* foi exatamente assim."

"Lembro-me de assistir a *Psicose* e de não conseguir tomar banho em uma casa se eu ficasse sozinha por muito tempo. E era um filme em preto e branco. Wes abriu a porta para um tipo diferente de gênero do horror", expressa a maquiadora Kathy Logan. "É por isso que as pessoas ainda estão falando sobre o filme. Foi uma experiência ótima."

"Olhando para trás, quem poderia saber que o pequeno filme que Wes estava escrevendo enquanto eu estava no andar de cima, me recuperando no sótão, continuaria sendo tão forte ainda hoje?", reflete a cabeleireira RaMona Fleetwood. "Foi uma verdadeira bênção ter feito parte disso e da história do cinema. Foi uma dádiva. Ótima filmagem, um excelente espetáculo no geral, e eu me diverti muito. Os momentos mais divertidos foram quando consegui criar coisas desesperadamente necessárias."

"As pessoas me dizem: 'Você é o meu herói! Ah, cara, você trabalhou nesse filme?! Como foi?!', e quando conto que as mãos nos créditos de abertura são minhas, eles mal conseguem acreditar, ficam embasbacados", diz o técnico de efeitos especiais Charles Belardinelli. "E isso foi muito bom para mim porque tem sido assim há mais de vinte e cinco anos. Toda vez que falo com as pessoas que perguntam sobre isso, elas ficam muito emocionadas, porque o filme tem um público muito fiel. Essa é uma das coisas mais divertidas. As pessoas até hoje ficam impressionadas com *A Hora do Pesadelo*. É maravilhoso ter sido parte disso."

"É uma honra ser considerada, de certa forma, parte da formação do filme", comenta a filha de Craven, Jessica. "O filme é um ícone cultural, portanto, sentir que tive alguma participação nisso é, claro, tremendamente gratificante. Mas, por outro lado, na verdade não fiz nada. O meu pai usou elementos da sua própria vida, e usou algumas coisas minhas, mas há algo de bom em saber que esse filme se tornou parte de um cenário cultural e que contribuí com a força de caráter que, na época, eu desconhecia completamente. Sinceramente, eu não poderia me sentir menos forte, mas o fato de que meu pai viu algo em mim e usou isso para criar uma personagem forte — e suponho que isso tenha inspirado outras mulheres — é maravilhoso. Então, de uma forma muito pessoal e egoísta, posso dizer que é comovente e inspirador. Quanto ao filme, é uma excelente obra de arte, uma grande obra de horror. Não consigo assistir a esse filme objetivamente, até certo ponto. Tem um pouco de história familiar nele. Portanto, para mim, o meu pai está lá e eu estou lá de maneiras que outras pessoas jamais poderão entender. Mas eu ainda o acho assustador e maravilhoso. Sinto tudo, desde confusão até uma admiração incrível, e satisfação por ter algo a ver com esse filme."

"Quando eu ficava em pé na garagem de Dave Miller, trabalhando durante aquela única semana em *A Hora do Pesadelo*, fazendo as peças de Freddy, olhando os moldes se desmanchando em minhas mãos e voltando a colá-los todos os dias, eu não fazia ideia de que estava trabalhando em um projeto que se tornaria um lendário filme de terror", diz o técnico de efeitos Mark Shostrom. "Um enorme sucesso de bilheteria. E eu nunca fui ao local de filmagem ou ao menos conheci Wes Craven. Impressionante. Foi incrível."

"É emblemático", afirma o técnico de efeitos de maquiagem Louis Lazzara. "Definitivamente, um clássico. O que Wes fez, como ele bolou os sustos, e Robert está incrível no filme. Heather, maravilhosa. Na verdade, o elenco inteiro é bom. Foi uma ótima experiência e adorei trabalhar nisso. Nós nos divertimos muito e fiz vários amigos, que ainda tenho. Na época, não pensei que seria algo especial. E é, realmente é."

"É ótimo ter estado envolvido com isso e relembrar do filme original. É um prazer enorme", afirma Lou Carlucci, assistente de efeitos especiais. "Não foi uma coisa que durou apenas uma noite; é um filme que simplesmente perdura. E há muita gratificação nesse ramo de trabalho quando você faz parte disso. Estou absolutamente satisfeito."

"Foi um prazer criar Freddy para o primeiro filme", revela o maquiador de efeitos David Miller. "Se tivesse de fazer tudo de novo, as coisas seriam um pouco diferentes, eu pla-

nejaria com antecedência e tentaria não perder o sono. No geral, foi um prazer trabalhar nesse projeto e conversar com as pessoas a respeito, vivenciá-lo. A principal coisa que sempre me lembro é que, apesar de ser um filme de baixo orçamento e não haver muito dinheiro para fazer tudo, todos foram muito profissionais. Wes fez com que todos se sentissem como se ele fosse uma espécie de tio. Ele era uma das pessoas mais bondosas do mundo. Foi a melhor experiência que eu poderia ter como um jovem artista iniciante de efeitos de maquiagem. Todos pensaram que *A Hora do Pesadelo* seria apenas outro filme de terror de baixo orçamento, e, do jeito que cresceu, acho que acabou se tornando o melhor e mais gratificante projeto no qual trabalhei."

"O que mais gostei foi trabalhar com Wes, um pessoa que nos permitiu usar a nossa própria imaginação para resolver as coisas", declara o coordenador de dublês Anthony Cecere. "Wes foi provavelmente o melhor diretor com quem já trabalhei, e a parte mais agradável desse filme todo foi ter compartilhado o espaço com ele."

"Sou incrivelmente agradecida por ter participado desse projeto icônico", diz Rachel Talalay, que recebeu crédito como assistente de produção, mas desempenhou inúmeras funções. "Sou grata a Wes Craven por ter me ensinado a essência do horror, e a Bob Shaye por me mostrar a verdadeira criatividade, por expandir a minha vida com o horror e por me convidar para esse passeio. Sinto a maior admiração por Wes e pelo filme — a compreensão elementar da necessidade de que o público torça por Nancy, para que ela seja inteligente e inventiva, e a importância do conteúdo psicossexual. Em outras palavras, ele se sustenta completamente, apesar das roupas e dos cortes de cabelo! É incrível como isso mudou a minha vida e o quão importante ainda é para as pessoas. Quando fui fazer *A Hora do Pesadelo*, jamais pensei que seria uma experiência que mudaria vidas e uma bíblia na minha vida. Aprendi muito sobre produção a partir dessas experiências. Aprendi sobre inovação e como ser criativa no ramo do cinema. Todo mundo deveria ter essas oportunidades de ser criativo."

"*A Hora do Pesadelo* foi um filme incrível e assustador, e foi uma honra selecionar seu elenco", diz Annette Benson, que cuidou da escolha dos atores. "Wes Craven criou um filme que, até hoje, é reverenciado como uma grande obra de terror e ainda assusta as novas gerações de jovens. Ele me abriu as portas para um relacionamento duradouro com a New Line Cinema, com Bob Shaye e Sara Risher, uma das melhores experiências da minha vida."

"*A Hora do Pesadelo* surgiu no ponto certo da minha carreira. Trabalhar com Wes e Jacques foi o que me permitiu expandir, me abrir e experimentar coisas", admite o criador de efeitos especiais Jim Doyle. "Desenvolvi uma enorme confiança durante o filme, e o arco da minha carreira tem muito a ver com *A Hora do Pesadelo*. E ainda é gratificante; as pessoas ainda se lembram que eu sou o sujeito que fez a luva original do Freddy."

"Na época, foi o melhor filme que eu havia feito", afirma o produtor associado John Burrows. "Tinha um ótimo humor, muitos sustos, tudo que uma pessoa deseja quando pensa em ir assistir a um filme que deve lhe provocar sustos. Eu o projetei não sei quantas vezes, assistindo-o com os montadores, e nunca me cansei de vê-lo. Tudo ficou bom no filme. Todos nós gostamos muito de ter feito essa obra."

"Tenho orgulho de ter participado de *A Hora do Pesadelo* por causa da integridade do filme em si", diz o editor Pat McMahon. "Também me sinto honrado em fazer parte disso, por ter sido o principal elemento de consolidação da New Line como companhia produtora, a qual passou a fazer muitas coisas maravilhosas ao longo dos anos. A cada passo ao longo do caminho, o filme parecia crescer e crescer em termos do quanto ele ficaria bom. Ele foi ficando melhor e melhor, mais e mais forte. Eu sempre me senti, e continuo me sentindo, orgulhoso de ter feito parte do projeto."

"Foi uma enorme emoção", reconhece o montador Rick Shaine, "saber que muitas decisões e detalhes tiveram um efeito sobre uma espécie de psique nacional. Foi ótimo participar disso."

"É um filme pequeno, muito completo e satisfatório", diz Charles Bernstein, compositor da trilha sonora. "E aconteceu de ser do gênero do horror, mas funciona como história e como filme. Estou muito, muito satisfeito por ter participado e contribuído com o aspecto musical."

"Wes tinha profundidade. Seu próprio caráter tinha profundidade, e seu sentido artístico tinha esse tipo de profundidade e compreensão do que o público quer. Eles precisam de ressonância nas histórias", comenta o diretor de fotografia Jacques Haitkin. "Não era superficial. Uma das coisas que fizeram com que os filmes de terror se tornassem grandes é que, em seu âmago, há algo realmente profundo, muito humano. Parte do grande argumento da história é a batalha entre o bem e o mal em pessoas decentes."

"Se existe uma força em *A Hora do Pesadelo*, na medida em que afeta as nossas vidas como pessoas envolvidas no projeto, é que tudo é muito inspirador e positivo", afirma o ilustrador do cartaz original, Matthew Peak. "Não tem como eu dizer: 'Poxa, não sou uma parte muito grande de *A Hora do Pesadelo*'. Tenho muito orgulho de ter ajudado a lançá-lo, a criá-lo. E isso é ótimo. Eu não faço muitos trabalhos para cartazes de cinema. Fiz um punhado de projetos diferentes, portanto isso é algo grande para mim."

"É ótimo poder dizer que você estava por perto quando algo tão bacana aconteceu neste ramo", diz o ator Jeffrey Levine. "Algo que é memorável o suficiente para que continuem falando a respeito tantos anos depois. E ter trabalhado com Wes Craven, que era um homem brilhante, caloroso e generoso."

"Participar de *A Hora do Pesadelo* original, para uma garota de 8 anos, provavelmente foi uma das coisas mais legais que eu poderia fazer na vida", confessa Adri-Anne Cecere, uma das garotinhas que aparecem brincando em uma cena icônica do filme. "Provavelmente até o dia em que eu morrer vou me lembrar de 'Um, dois, Freddy vem te pegar', e de toda aquela rima infantil até o fim. É algo que vou levar comigo para o túmulo."

"É uma sensação ótima no sentido de que muitas pessoas nos conhecem como 'as garotinhas assustadoras', o que eu acho muito engraçado", afirma Coye Cecere, irmã de Adri-Anne, outra das garotinhas que pulam corda em uma cena icônica. "Quando converso com as pessoas no trabalho, muitas delas falam sobre seus filmes favoritos, e é engraçado quando alguém menciona *A Hora do Pesadelo*. 'Pois é, aquela canção aterrorizante e aquelas meninas assustadoras', e eu acabo rindo porque, bem, era eu! Eu era uma daquelas 'garotinhas assustadoras'. É bom saber que a história ainda perdura. Fiquei feliz por ter sido parte disso. Mesmo que eu não compreendesse tudo, definitivamente foi divertido."

"Eu diria que foi uma experiência muito divertida para uma garotinha. Eu me sinto bastante especial por ter participado disso, e as pessoas ainda acham que é a coisa mais legal do mundo quando conto que sou uma das meninas que pulam corda em *A Hora do Pesadelo*", admite a atriz Annie Rusoff. "E todos querem que eu cante a música! É legal que ainda estejam falando sobre isso e saibam quem somos. Ver que eu deixei uma impressão sobre as pessoas e que ela permanece até hoje é muito divertido, e ótimo que as pessoas ainda estejam fascinadas. Sou um pouco tímida em relação a isso às vezes, mas, quando conto às pessoas, elas acham que é a coisa mais legal do mundo."

"Foi uma ótima experiência porque se tornou um filme muito conhecido e comentado", diz a atriz Lauren Lepucki. "Quando as pessoas perguntam como foi crescer em Los Angeles, eu conto a história de como fui parar em *A Hora do Pesadelo*. Isso resume o que é ser uma criança em Los Angeles: nunca se sabe, você pode acabar sendo figurante em um filme do qual as pessoas ainda estarão falando décadas depois! Stu incrivelmente feliz por ter participado de algo que se tornou tão grande. Sempre vou poder contar essa história sobre estar em algo que se tornou tão grande que as pessoas ainda adoram comentar."

"O que eu tiro disso é gratidão", diz a atriz Mimi Meyer-Craven. "Tenho orgulho de ter estado lá. Penso em mim mesma como a mãe de Freddy, porque o vi nascer e é legal comparar a pequena ideia embrionária com o Freddy Krueger de agora, com três metros e meio de altura e à prova de balas — esse era o bebê de Wes. Ele fez tudo sozinho. Ele teve a visão e fez com que todos seguissem o seu sonho, o seu sonho de 'pesadelo', e acho que isso mudou a forma como os filmes de terror são vistos e as expectativas que as pessoas têm de um filme assim. Ele elevou o nível. Portanto, eu sou grata, sou muito grata."

"Para alguém como eu, que comecei a carreira como educador, e agora continuo trabalhando como ator e diretor, é algo de que tenho muito orgulho", diz o ator Jack Shea. "*A Hora do Pesadelo* tem demonstrado um tremendo poder de permanência ao longo dos anos e encontrei muitas pessoas que pesquisam o meu nome na internet e dizem: 'Ah, meu Deus, você está em *A Hora do Pesadelo*!', e eu respondo: 'Sim, em um pequeno papel'. De todas as poucas coisas que fiz no cinema, essa é a única que tem esse tipo de poder de permanência. É um testemunho sobre Wes e acabou se tornando um dos melhores filmes do gênero. Foi muito bom ter feito parte de algo assim."

"Estou muito orgulhosa de estar nesse filme. Eu o adoro", afirma Donna Woodrum, que fez o papel da mãe de Tina. "Gostei de trabalhar com cada uma dessas pessoas. Wes

Craven foi um ícone da indústria cinematográfica. Eu guardo com carinho essa experiência, com todo o meu coração. Foi realmente maravilhoso."

"Toda vez que falo com alguém sobre o meu passado como atriz em Hollywood, sempre uso o fato de que interpretei a mãe de Johnny Depp no primeiro *A Hora do Pesadelo* para me identificar", admite a atriz Sandy Lipton. "Foi um papel importante que desempenhei, um filme importante no qual estive, e tenho muito orgulhoso do fato de que Wes decidiu me colocar nisso mesmo com minha pouca experiência. Eu havia atuado em Chicago, vários anos antes, e tinha pouca experiência na tela na época. Ele me deu a capacidade de trabalhar por quinze anos em Los Angeles, portanto devo muito a Wes Craven."

"Foi uma experiência excelente trabalhar com Wes, com o elenco e a equipe inteira para a única cena da qual tive a sorte de participar", diz o ator Don Hannah. "Fiquei emocionado, eu estava nervoso, e empolgado. Ensaiei até não aguentar mais o meu minúsculo papel. Isso me levou a ler Shakespeare, o que se tornou uma grande parte de mim após o filme. 'Um sonho por si só é apenas uma sombra' era a próxima linha de *Hamlet*, e acho que isso resume perfeitamente *A Hora do Pesadelo*."

"Quando eu estava trabalhando em *Pânico 2* com Wes, ele me contou que no primeiro *Pânico* ele próprio fez o papel do faxineiro e disse a frase: 'Onde está a sua dispensa?'", revela a dublê e atriz Leslie Hoffman. "A fala acabou sendo cortada do filme, mas por algum motivo essa frase é tão memorável quanto: 'Ei, Nancy, nada de correr no corredor'. É uma parte inesquecível do filme. E vou ser sempre lembrada!"

"Obrigada a Bob e Wes pela criação de uma obra poderosa e emblemática que é acessível ao público, assustadora, inteligente e que tem, penso eu, um alcance universal. Isso representa a realização cinematográfica no seu melhor", afirma Lin Shaye, que faz o papel da professora de inglês. "Esse filme tem seu lugar firmemente plantado na história do cinema."

"Tenho muito orgulho de ter sido escalado por Wes Craven e trabalhado com tantas pessoas boas", diz Joe Unger, o sargento Garcia. "Para um profissional, isso é um deleite. É o que deve ser seu objetivo: trabalhar em bons projetos, com pessoas boas, e trabalhar bem. Para mim, o que fez disso um sucesso é esse conceito do sono. Você está cansado. Está estressado. Quer ir dormir, mas não pode. É uma ideia fantástica e fico feliz por ter feito parte disso."

"Estou muito feliz por ter me envolvido com um filme constantemente listado como um dos dez melhores filmes de terror, um dos dez filmes mais assustadores", diz Joseph Whipp, o sargento Parker. "Foi uma experiência tremenda durante todo o tempo. O único arrependimento que tenho é que não peguei um autógrafo de Johnny Depp na folha de chamadas!"

"Tenho muito orgulho de ter participado de algo que se tornou um filme tão icônico de sua era e que tem uma narrativa realmente inteligente no gênero do horror", afirma a atriz Amanda Wyss, que fez Tina. "Ele também consolidou amizades duradouras para mim. Estou orgulhosa por ter feito parte da visão de Wes."

"Nós somos abençoados por ter participado desse projeto. Poder servir e ser ator. Nós somos artistas", admite Nick Corri, que fez Rod. "Quero agradecer a todos os fãs, porque de todos os meus trabalhos e filmes, essa coisa continua transcendendo. E, se o filme é algo que lhes dá felicidade, não tenho nada a dizer exceto obrigado. Fico feliz por ter participado de algo que é parte da cultura dos Estados Unidos. Cachorro-quente, hambúrguer, torta de maçã e *A Hora do Pesadelo*. É realmente bom saber disso." "Fiquei muito feliz por estar nele", diz Ronee Blakley, a intérprete de Marge Thompson. "É um clássico que se encaixa perfeitamente ao lado de *Drácula* e *Frankenstein*. Durará séculos."

"Eu agradeço por todo o sucesso", afirma John Saxon, o primeiro nome nos créditos do elenco, no papel do tenente Thompson. "Até mesmo na fase final eu estava um pouco cético, mas, quando ele ficou entre os grandes durante algumas semanas na bilheteria em todo o país, foi um sentimento muito agradável para mim. Entrei em um filme grande e agradeço por isso."

"À medida que envelheço, e olho para o filme que fizemos, admiro a sorte de ter atuado em um filme que as pessoas realmente gostam. Isso é muito raro", explica Heather Langenkamp, a Nancy Thompson. "Sempre digo para mim mesma: 'Se eu nunca mais tivesse trabalhado em Hollywood, não teria qualquer arrependimento'. Isso porque eu já consegui o que milhares e milhares e milhares de outros atores nunca tiveram a oportunidade de ver ou sentir. Ser Nancy foi o suficiente. Realmente foi, foi o suficiente. Tampouco posso enfatizar o bastante a importância de Wes Craven na minha vida. Ele me deu um papel para a vida inteira. Se eu nunca mais trabalhar, posso morrer feliz de ter interpretado uma personagem tão importante no cinema norte-americano."

"Para mim, em retrospectiva, o grande presente que Wes me deu, o enorme e excelente presente, além de ensinar-me a respeitar o horror e a olhar para a arte dentro dele, é que ele é igualmente um ingrediente para a história do cinema, como os filmes japoneses, os faroestes, os filmes de ação, as comédias românticas ou qualquer outra coisa", diz Robert Englund, que encarnou o vilão Freddy Krueger. "O filme de terror é tão importante para a história de Hollywood e para o cinema quanto a literatura cinematográfica. Eu ainda estou trabalhando na Europa por causa de Wes Craven e *A Hora do Pesadelo*, que foi abraçado internacionalmente. Esse é um excelente bônus para uma carreira que, tenho certeza, foi prolongada porque o filme me deu um público mundial, com fãs apor todo canto. É incrível."

"Gosto muito do trabalho que fizemos, e adoro relembrar como foi. Estou muito orgulhosa", admite a coprodutora Sara Risher. "Foi muito importante para nós na época, e a realização disso foi uma tremenda alegria. O fato de que funcionou e foi bem-sucedido é muito gratificante. É, obviamente, uma espécie de triunfo do azarão. Nós devemos muito a Freddy Krueger."

"O que eu digo aos fãs é: 'Obrigado'. E também é o que digo a todos que participaram", afirma o produtor Robert Shaye. "Sei que todos arrebentaram o pescoço ou suas costas para fazer o melhor que puderam. E foi uma experiência fantástica. Não por causa da quantidade de dinheiro que o filme arrecadou, mas porque fomos capazes de fazer o que sempre gostei de fazer: entreter as pessoas."

"Acho que foi o primeiro filme que fiz que de fato teve um público amplo, universal. Não era apenas um filme de carnificina ou algo assim, e não tinha cena de estupro. Era mais palatável para um público mais amplo", explicou o diretor e roteirista Wes Craven. "Construí uma espécie de base filosófica que atraiu alguns entrevistadores interessados nisso como algo mais do que apenas um filme de matança. E o fato de que se saiu tão bem e continuou gerando sequências me alavancou como diretor. Recebi ofertas para fazer filmes cada vez mais interessantes. E ainda é a primeira pergunta que alguém me faz quando estou em uma entrevista para dirigir um filme: 'Como foi fazer *A Hora do Pesadelo*?'. Portanto, tornou-se uma espécie de marca indelével na minha carreira."

"*A Hora do Pesadelo*", Craven continua, "foi algo que eu imaginei e escrevi, algo muito, muito pessoal. Penso que provavelmente é um dos filmes de mais destaque da minha carreira. Fiz algumas coisas que foram inovadoras, e tive a oportunidade de trabalhar com pessoas tremendamente talentosas e maravilhosamente espirituosas. Não tem como ficar muito melhor do que isso neste ramo de atividade."

1 - Don Diers, **2** - Kathy Logan, **3** - Mark Shostrom, **4** - David Miller, **5** - Annette Benson, **6** - Jeffrey Levine, **7** - Lisa Cook, **8** - Lou Carlucci, **9** - Anne Huntley, **10** - Rick Shaine

1 - Jim Doyle, 2 - Mimi Meyer-Craven, 3 - Matthew Peak, 4 - Louis Lazzara (with Arnold Schwarzenegger), 5 - Annie Rusoff, 6 - Jacques Haitkin, 7 - Joe Unger, 8 - Tony Cecere, 9 - RaMona Fleetwood

1 - Don Hannah, **2** - Leslie Hoffman, **3** - Amanda Wyss, **4** - Patrick McMahon, **5** - Sandy Lipton, **6** - Nick Corri (with John Roger and Jaime King), **7** - Robert Shaye, **8** - Heather Langenkamp, **9** - John Saxon

1 - Lisa Jensen, **2** - Joseph Whipp, **3** - Lin Shaye, **4** - Charles Bernstein, **5** - Ronee Blakley (with Anders Eriksen), **6** - Rachel Talalay, **7** - Wes Craven, **8** - Sara Risher, **9** - Adri-Anne Cecere (l) and Coye Cecere, **10** - Robert Englund

O elenco e a equipe técnica de *A Hora do Pesadelo*.

POSFÁCIO
POR HEATHER LANGENKAMP

Trinta anos depois, é talvez a única coisa que me assombra. Meu único arrependimento. O sentimento me corroendo por algo que nunca terei. Como cabelo vermelho ou pele escura. Tem algumas coisas na vida que você pode desejar infinitamente, mas que sabe, com uma certeza fatalista, que nunca vai poder desfrutar. É um sentimento profundo e sombrio, semelhante ao ciúme, que me visitou por muitos anos.

Ele geralmente é desencadeado quando vejo os rostos dos fãs de *A Hora do Pesadelo* discutindo o momento cataclísmico em suas vidas ao assistir ao filme pela primeira vez. Seus olhos dão lugar a uma animação vibrante e infantil quando falam sobre onde estavam, com quem estavam, quais regras estavam desafiando ao ver o filme. Na mente deles, ver *A Hora do Pesadelo* é um momento importante na sua história pessoal: se estavam escondidos atrás do sofá na casa do primo, tremendo ao lado de seu melhor amigo no cinema, ou entrando sozinho em uma matinê. Às vezes, vejo uma criança muito jovem anunciar com orgulho que sua mãe a deixou assistir no ano passado, como se tivesse ganhado um troféu por bravura.

A nostalgia emocionante com a qual as pessoas se lembram dessa "primeira vez" é positivamente arrebatadora, e novamente fico com o meu sentimento sombrio. Como uma criatura alienígena que visita um planeta cheio de deliciosos sabores, ela nunca entenderá isso porque não tem boca. Olhando através deste livro incrível, eu me diverti relembrando o trabalho, revisitando meus colegas de elenco e da equipe técnica. Mas eu não tenho o que você tem: uma lembrança de me sentar no escuro, experimentar o terror de Freddy e torcer por Nancy enquanto ela o enfrenta.

Nada pode mudar o fato de que nunca terei a oportunidade de ver *A Hora do Pesadelo* pela "primeira vez". Nunca desfrutarei do desfile implacável de choques, atos diabólicos, reviravoltas no enredo e o medo insondável que Freddy trouxe para você: empolgado além da medida, sentando-se cheio de expectativa em meio a uma plateia reunida, resistindo a essa tensão insuportável sem saber como tudo vai acabar para Nancy, Glen, Tina e Rod. Fale-me novamente sobre esse passeio de arrepiar a espinha, da emoção de se sentar na ponta da poltrona na sala escura! Quão alto você gritou? No braço de quem você estava cravando suas unhas? O que você gritou para a tela? Eu realmente vivo de forma indireta através de sua narrativa dessa experiência. Queria que fosse a minha!

Quão emocionante foi aquele momento em que a luva de Freddy emerge de dentro d'água enquanto Nancy toma banho? Quão chocado você ficou quando Freddy arrastou Tina para o teto e a eviscerou naquela que talvez seja a cena mais assustadora de todos os tempos? Ou quando Glen é sugado para dentro de sua própria cama e expelido feito um chafariz na forma de uma torrente de sangue? Em algum momento você pensou que as armadilhas de Nancy poderiam funcionar? E o tenente Thompson, estaria lá para ajudar Nancy depois que ela fosse dormir pela última vez? Tudo isso é tão maravilhoso. A originalidade é implacável. A história é magnífica. O filme é uma obra-prima.

Claro, tenho um relacionamento diferente com esse filme. Nostálgico e afetuoso. Repleto de calor e orgulho, o tipo de sentimento que você teria com o nascimento de uma criança. Quão afortunados somos por poder acessar essa compilação de histórias em um só lugar entre as capas de um livro encantador. Para mim, este relato cuidadosamente elaborado engloba essas memórias com uma beleza e uma profundidade que tornam a minha experiência ainda mais vibrante na minha memória.

Eu li as palavras de Wes Craven nas páginas antes que um único fotograma fosse filmado e tentei imaginar como aquelas mesmas palavras ganhariam vida na tela. Fiquei sabendo a conclusão da piada infame de Freddy Krueger antes de descobrir como seria o suéter que ele vestiria. E, claro, Robert Englund, o seu Freddy Krueger em pessoa, foi e sempre será meu amigo, o que naturalmente arruinou o filme para mim.

Ao longo das seis semanas de filmagem, almocei durante os *dailies* (a exibição das filmagens do dia anterior) e me maravilhei com a beleza do filme, a cor e a riqueza dos cenários, os figurinos, as texturas. Eu vi a história ganhar vida fora de ordem e em pequenos pedaços. Vi todas as tomadas. Eu vi Wes e sua equipe de artistas — Jacques Haitkin, o diretor de fotografia; Gregg Fonseca, o diretor de arte; Jim Doyle, o projetista dos efeitos especiais — tomando centenas de decisões por dia, mas não entendia o processo de elaboração do horror nem o resultado potencial. Nesses *dailies*, assistimos a todas as terríveis tomadas da cena da morte de Tina.

Ficamos observando enquanto Robert Englund desenvolvia o papel de Freddy Krueger, dia após dia, cena após cena, estabelecendo um personagem que personifica o mal e encontrando todas as expressões para isso usando uma luva com facas no lugar dos dedos. Nos *dailies*, você poderia ver os atores pouco antes de Wes gritar "Ação!" e logo depois que ele dizia "Corta": Robert brincando com seu chapéu, Ronee mudando a pegada em sua garrafa de vodca, Johnny ajustando seus fones de ouvido, Amanda bravamente suportando o saco de transportar cadáver com uma brincadeira improvisada, Nick fingindo dormir sem mover os cílios. Há algo de tocante na rotina de ver um ator se preparar nesse momento imediatamente anterior ao comando de "Ação!". E nenhuma quantidade de sangue ou música assustadora pode apagar da minha memória esses pequenos e encantadores momentos. Sim, admiro muito o filme por sua qualidade artística. Mas nunca ficarei com medo por causa dele. Por isso, meu sombrio ciúme persiste.

Suponho que as próximas perguntas que se seguem a esta meditação são: "Eu trocaria um pelo outro? Eu trocaria a oportunidade de ser Nancy Thompson pela capacidade de assistir *A Hora do Pesadelo* com os olhos renovados de um jovem fã de horror?"

Ao ler esta crônica, nunca tive mais certeza: a resposta é "Não". Apenas sei, pelo resto da vida, que você tem uma vantagem sobre mim.

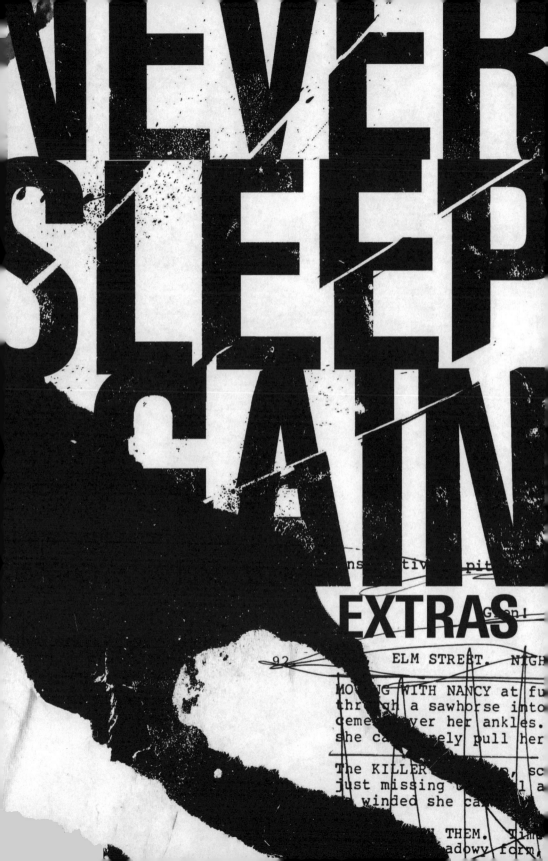

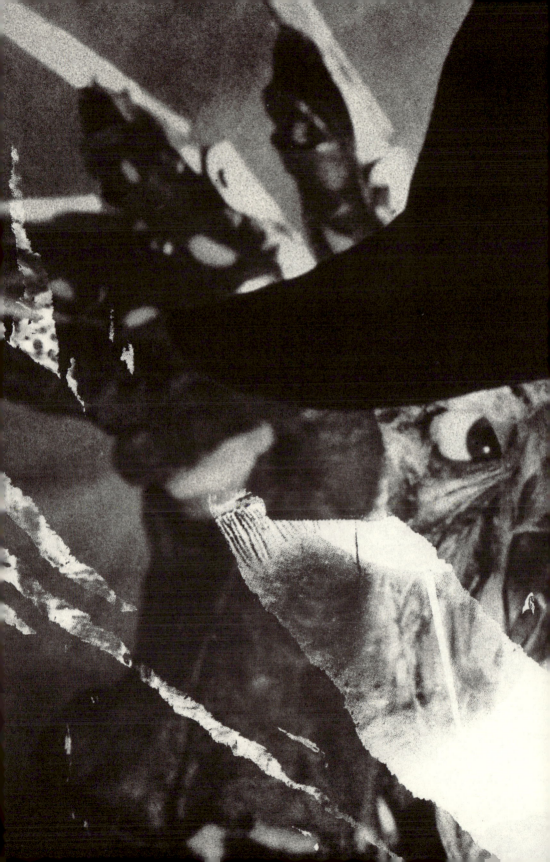

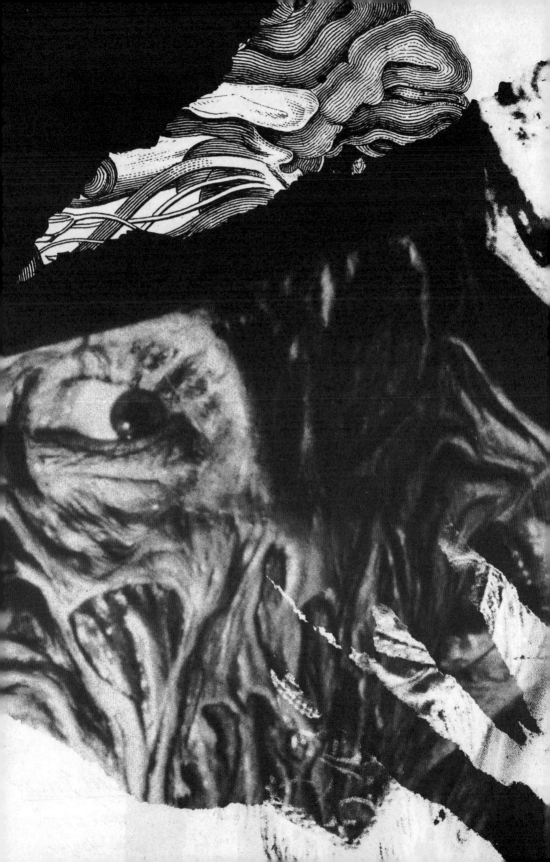

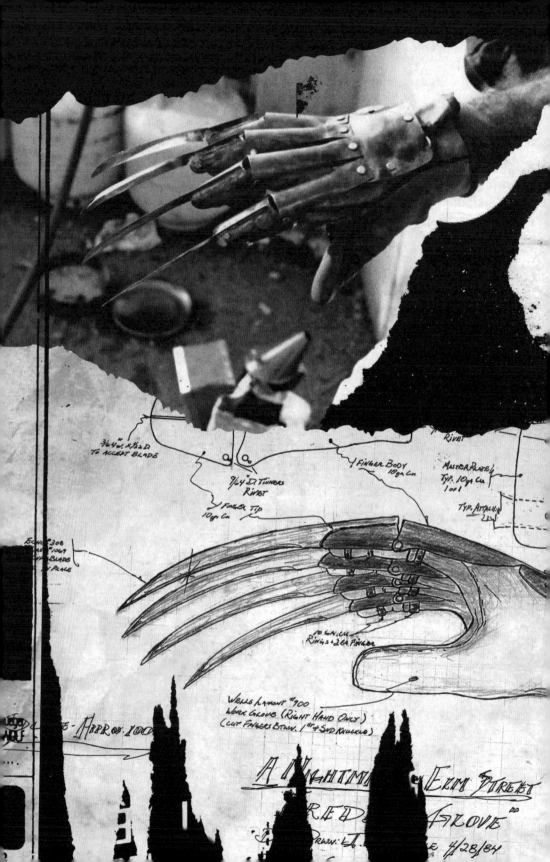

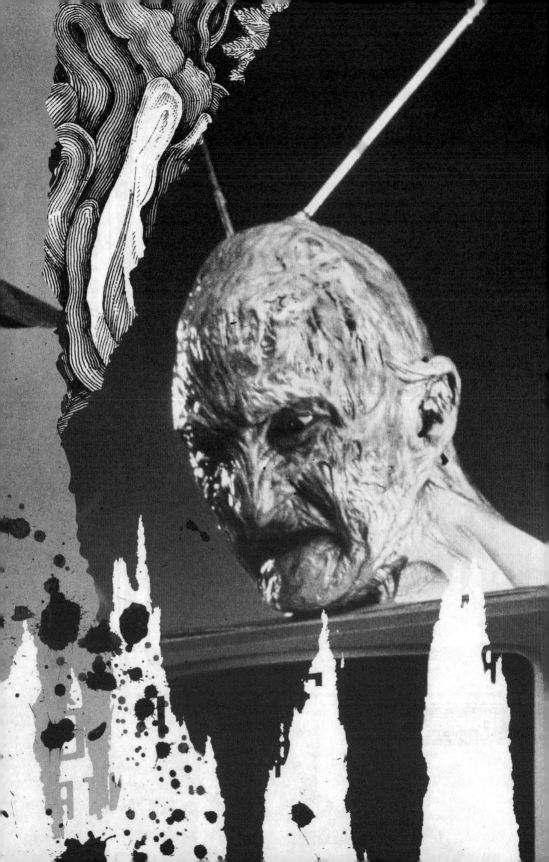

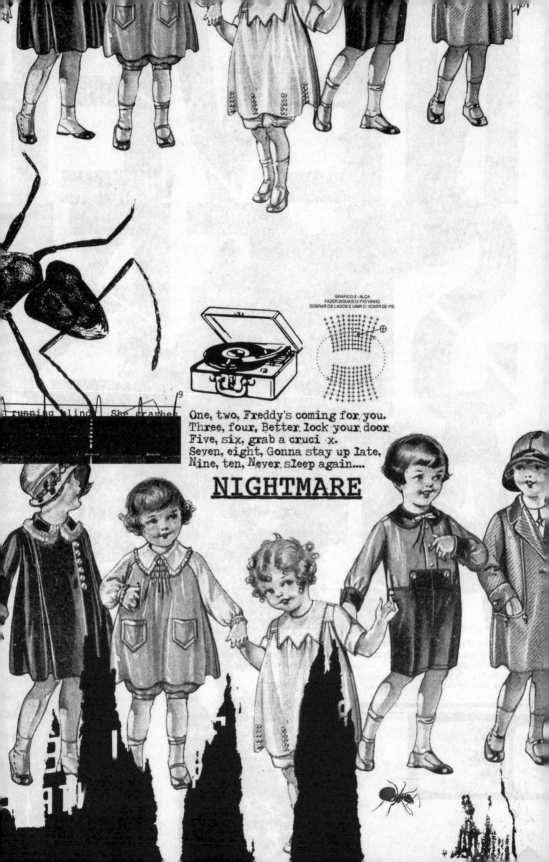

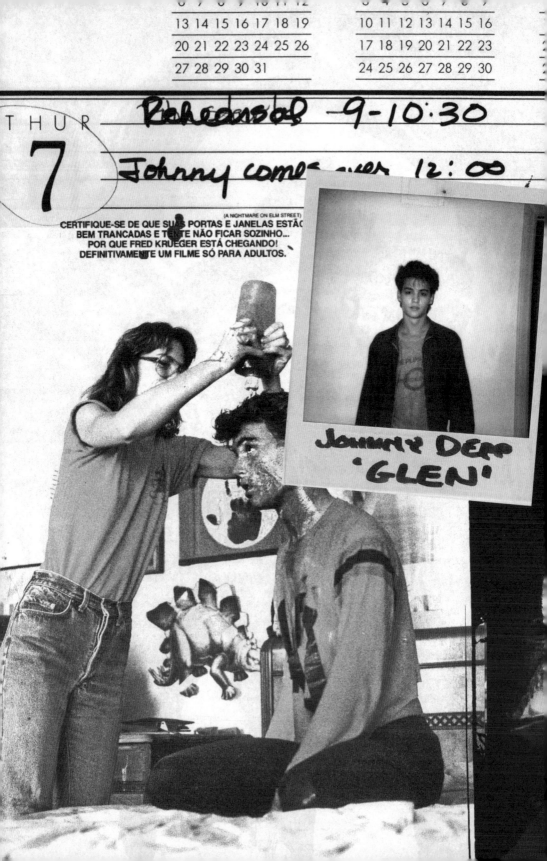

by Wes Craven

NEVER SLEEP... AGAIN.
Freddy's Nightmares
A NIGHTMARE ON ELM STREET
VISION
HS FAO 7972
M 15+

ROBERT ENGLUND
AS
FRED KRUEGER

"NIGHTMARE ON ELM ST."

A NIGHTMARE ON ELM STREET

by

Wes Craven

NEVER

IF NANCY DOESN'T WAKE UP SCREAMING
SHE WON'T WAKE UP AT ALL.

WES CRAVEN'S *A Nightmare*
ON ELM STREET

NEW LINE CINEMA, MEDIA HOME ENTERTAINMENT, INC. and SMART EGG PICTURES Present
A ROBERT SHAYE Production A WES CRAVEN Film "A NIGHTMARE ON ELM STREET"
SAXON • RONEE BLAKLEY • HEATHER LANGENKAMP • AMANDA WYSS • NICK CORRI • JOHNNY DEPP and ROBERT ENGLUND as Fred Krueger
LES BERNSTEIN • Director of Photography JACQUES HAITKIN • Editor RICK SHAINE • Executive Producer STANLEY DUDELSON and JOSEPH WOLF
Co-Producer SARA RISHER • Produced by ROBERT SHAYE • Written and Directed by WES CRAVEN FROM NEW LINE CINEMA

A NIGHTMARE ON ELM STREET

Directed by	Wes Craven
Produced by	Robert Shaye
Written by	Wes Craven
Starring	John Saxon
	Ronee Blakley
	Heather Langenkamp
	Amanda Wyss
	Nick Corri
	Johnny Depp
	Robert Englund
Music by	Charles Bernstein
Cinematography	Jacques Haitkin
Edited by	Patrick McMahon
	Rick Shaine
Production companies	New Line Cinema
	Media Home Entertainment
	Smart Egg Pictures[1]
Distributed by	New Line Cinema
Release date	November 9, 1984
Running time	91 minutes[2]
Country	United States
Language	English
Budget	$1.8 million[3]
Box office	$25.5 million (US)[4]

The Man of Your Dreams Is Back.

LINE CINEMA, HERON COMM... and SMART EGG PICTURES Present

A Nightmare

ON ELM STREET 2

FREDDY'S REVENGE

ROBERT S... NIGHTMARE ON ELM... ...Y'S REVENGE" Starring MARK PATTON · KIM MYERS
ROBERT... ...earances by CLU G... ...and ROBERT ENGLUND as FREDDY KRUEGER
...st... ...of Photography JA... ...e Producers STEPHEN DIENER and STA... ...UBERSON
...URPHEY and JOE... ...SARA RISHER · Written by DAVID CHAS...
...roduced by ROB... ...CK SHOLDER
FRO...

A NIGHTMARE ON ELM STREET

Directed by	Jack Sholder
Produced by	Robert Shaye
Written by	David Chaskin
Based on	Characters by Wes Craven
Starring	Mark Patton Kim Myers Robert Rusler Clu Gulager Hope Lange Robert Englund
Music by	Christopher Young
Cinematography	Jacques Haitkin Christopher Tufty
Edited by	Bob Brady Arline Garson
Production company	Heron Communications Smart Egg Pictures
Distributed by	New Line Cinema
Release date	November 1, 1985
Running time	85 minutes
Country	United States
Language	English
Budget	$3 million
Box office	$29.9 million (US & Canada)

IF YOU THINK YOU'LL GET OUT ALIVE, YOU MUST BE DREAMING.

A Nightmare 3
ON ELM STREET
Dream Warriors

A NIGHTMARE ON ELM STREET

.3

Directed by	Chuck Russell
Produced by	Robert Shaye
Screenplay by	Wes Craven Bruce Wagner Frank Darabont Chuck Russell
Story by	Wes Craven Bruce Wagner
Based on	Characters by Wes Craven
Starring	Heather Langenkamp Patricia Arquette Larry Fishburne Priscilla Pointer Craig Wasson Robert Englund
Music by	Angelo Badalamenti
Cinematography	Roy H. Wagner
Edited by	Terry Stokes Chuck Weiss
Production company	Heron Communications Smart Egg Pictures
Distributed by	New Line Cinema
Release date	February 27, 1987
Running time	96 minutes
Country	United States
Language	English
Budget	$4.5 million
Box office	$44.7 million (US & Canada)

TERROR BEYOND YOUR WILDEST DREAMS.
A Nightmare 4
ON ELM STREET
THE DREAM MASTER
NEW LINE CINEMA, HERON COMMUNICATIONS, INC. and SMART EGG PICTURES Present A ROBERT SHAYE Production
A RENNY HARLIN FILM ROBERT ENGLUND in "A NIGHTMARE ON STREET 4: THE DREAM MASTER"
Casting by ANNETTE BENSON, c.s.a. Director of Photography STEVEN FIERBERG Production Designers C.J. STRAWN
MICK STRAWN • Edited by MICHAEL N. KNUE and CHUCK WEISS CRAIG SAFAN
Characters Created by WES CRAVEN WILLIAM KOTZWINKLE BELGELAND Screenplay by
and SCOTT PIERCE • Executive SARA RISHER Produced by ROBERT SHAYE
R

A NIGHTMARE ON ELM STREET

.4

Directed by	Renny Harlin
Produced by	Robert Shaye Rachel Talalay
Screenplay by	Brian Helgeland Ken Wheat Jim Wheat
Story by	William Kotzwinkle Brian Helgeland
Based on	Characters by Wes Craven Bruce Wagner
Starring	Robert Englund
Music by	Craig Safan
Cinematography	Steven Fierberg
Edited by	Michael N. Knue Jack Turner Chuck Weiss
Production company	Heron Communications Smart Egg Pictures
Distributed by	New Line Cinema
Release date	August 19, 1988
Running time	93 minutes
Country	United States
Language	English
Budget	$13 million[1]
Box office	$49.3 million[1]

FREDDY DELIVERS.

A Nightmare
ON ELM STREET 5
THE DREAM CHILD

NEW LINE CINEMA, HERON COMMUNICATIONS, INC. and SMART EGG PICTURES Present ◆ A RO
A STEPHEN HOPKINS Film ◆ ROBERT ENGLUND in "A NIGHTMARE ON ELM STREET 5: THE
Starring LISA WILCOX as Alice ◆ Casting by ANNETTE BENSON, c.s.a. ◆ Visual Effects Super
Director of Photography PETER LEV ◆ Production Designer C.J. STRAWN ◆ Edited by CHUCK
Music by JAY FERGUSON ◆ Based on Characters Created by WES CRAVEN ◆ Written by
Executive Produc   MARIANNE MADDALENA and SARA RISHER ◆ Produced by ROBERT SHAYE and RUPERT HARVEY

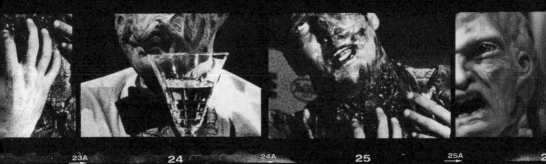

A NIGHTMARE ON ELM STREET

.5

Directed by	Stephen Hopkins
Produced by	Robert Shaye Rupert Harvey
Screenplay by	Leslie Bohem
Story by	John Skipp Craig Spector Leslie Bohem
Based on	Characters by Wes Craven Bruce Wagner William Kotzwinkle Brian Helgeland
Starring	Robert Englund Lisa Wilcox
Music by	Jay Ferguson
Cinematography	Peter Levy
Edited by	Brent A. Schoenfeld Chuck Weiss
Production company	Heron Communications Smart Egg Pictures
Distributed by	New Line Cinema
Release date	August 11, 1989
Running time	90 minutes
Country	United States
Language	English
Budget	$6 million (estimated)
Box office	$22.1 million (US & Canada)

THEY SAVED THE BEST FOR LAST.

FREDDY'S DEAD
THE FINAL NIGHTMARE

NEW LINE CINEMA ... ROBERT ENGLUND ... FREDDY'S DEAD: THE FINAL NIGHTMARE ... LISA ZANE ... SHON GREENBLATT ... LEZLIE DEANE ... KOTTO ... ... DAWN ... Director of Photography DECLAN QUINN ... Composed by BRIAN MAY ... and BONNIE GREENBERG ... and JILL MEYERS ... ... TALALAY ... Screenplay by MICHAEL DE LUCA ... Produced by ROBERT SHAYE ... AARON WARNER ... Directed by RACHEL TALALAY

NEW LINE CINEMA

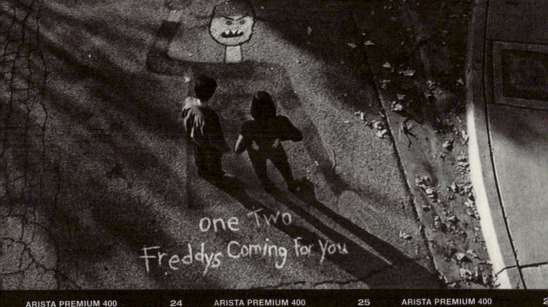

A NIGHTMARE ON ELM STREET

Directed by	Rachel Talalay
Produced by	Michael De Luca
	Michael N. Knue
	Robert Shaye
	Aron Warner
Screenplay by	Michael DeLuca
Story by	Rachel Talalay
Based on	Characters by Wes Craven
Starring	Robert Englund
	Lisa Zane
	Shon Greenblatt
	Lezlie Deane
	Yaphet Kotto
Music by	Brian May
Cinematography	Declan Quinn
Edited by	Janice Hampton
Distributed by	New Line Cinema
Release date	September 13, 1991
Running time	89 minutes
Country	United States
Language	English
Budget	$11 million[1]
Box office	$34.9 million (US & Canada)[1]

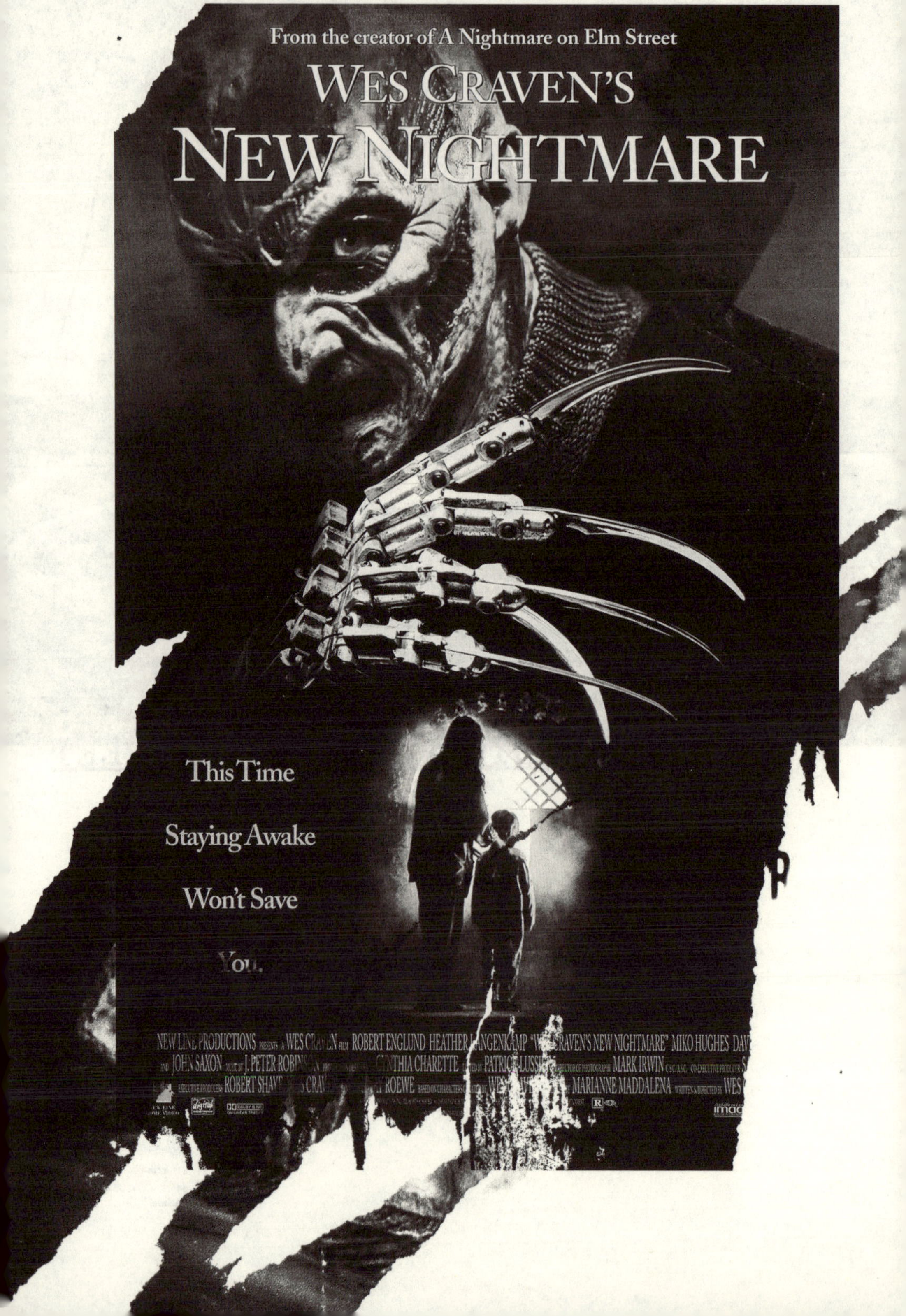
From the creator of A Nightmare on Elm Street
WES CRAVEN'S
NEW NIGHTMARE
This Time
Staying Awake
Won't Save
You.
NEW LINE PRODUCTIONS PRESENTS ROBERT ENGLUND MIKO HUGHES
JOHN SAXON MUSIC BY J. PETER ROBINSON THIA CHARETTE DIRECTOR OF PHOTOGRAPHY MARK IRWIN C.S.C., A.S.C. CO-EXECUTIVE PRODUCER
EXECUTIVE PRODUCERS ROBERT SHAYE ROEWE MARIANNE MADDALENA WRITTEN & DIRECTED BY

A NIGHTMARE ON ELM STREET

Directed by	Wes Craven
Produced by	Marianne Maddalena
Written by	Wes Craven
Based on	Characters by Wes Craven
Starring	Robert Englund Heather Langenkamp Miko Hughes John Saxon
Music by	J. Peter Robinson
Cinematography	Mark Irwin
Edited by	Patrick Lussier
Distributed by	New Line Cinema
Release date	October 14, 1994
Running time	112 minutes[1]
Country	United States
Language	English
Budget	$8 million[2]
Box office	$19.7 million[3]

FREDDY VS. JASON

NEW LINE CINEMA PRESENTS A SEAN S. CUNNINGHAM PRODUCTION... A RONNY YU FILM "FREDDY VS JASON" MONICA KEENA · KELLY ROWLAND · JASON RITTER · CHRISTOPHER GEORGE MARQUETTE · LO
AND ROBERT ENGLUND AS FREDDY KRUEGER CASTING BY MATTHEW BARRY, C.S.A. AND NANCY GREEN-KEYES, C.S.A. COMPOSED BY GRAEME REVELL EDITED BY MARK STEVENS PRODUCTION DESIGNER JOHN WILLETT DIRECTOR OF PHOTOGRAPHY F
EXECUTIVE DOUGLAS CURTIS EXECUTIVE ROBERT SHAYE STOKELY CHAFFIN · RENEE WITT PRODUCED BY SEAN S. CUNNINGHAM BASED ON CHARACTERS WES CRAVEN AND VICTOR MILLER WRITTEN BY DAMIAN SHANNO

AUGUST 2003

NEW LINE

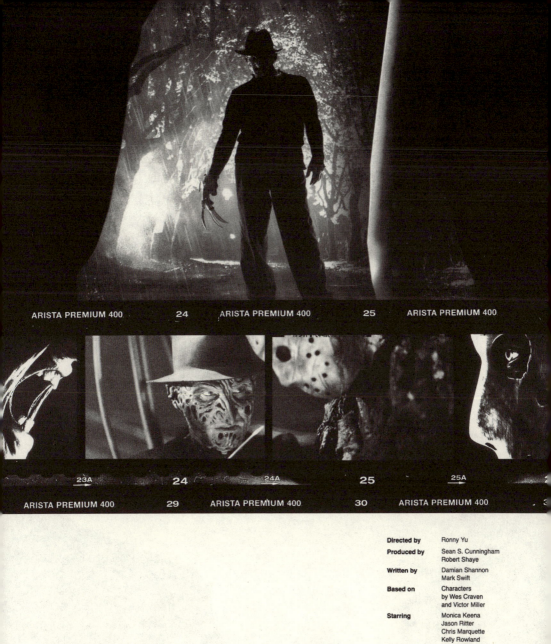

Directed by	Ronny Yu
Produced by	Sean S. Cunningham Robert Shaye
Written by	Damian Shannon Mark Swift
Based on	Characters by Wes Craven and Victor Miller
Starring	Monica Keena Jason Ritter Chris Marquette Kelly Rowland Lochlyn Munro Robert Englund
Music by	Graeme Revell
Cinematography	Fred Murphy
Edited by	Mark Stevens
Production company	New Line Cinema Crystal Lake Entertainment
Distributed by	New Line Cinema
Release date	August 15, 2003
Running time	97 minutes
Country	United States
Language	English
Budget	$30 million[1]
Box office	$114.9 million[1]

NEVER SLEEP AGAIN

One, two, Freddy's coming for you.
Three, four, Better lock your door.
Five, six, grab a cruci x.
Seven, eight, Gonna stay up late,
Nine, ten, Never sleep again....

AGRADECI-MENTOS

AGRADECIMENTOS

Gratidão. Consideração. Reconhecimento. Crédito. Elogio.

Eu poderia continuar com muitas maneiras diferentes de expressar as duas simples palavras que devo dizer a tantas pessoas que foram inestimáveis para mim ao longo da escrita deste livro. O que está em suas mãos é o resultado de anos de pesquisa, entrevistas, telefonemas e mensagens eletrônicas, perguntando, persuadindo e, quando necessário, implorando. Tudo o que está contido neste livro nunca teria sido possível se não fosse uma multidão de pessoas que, direta ou indiretamente, ajudaram não só na criação desta obra, como também garantiram que o meu sonho de escrevê-la não se transformasse em... bem, você adivinhou: um pesadelo.

Embora a lista a seguir não esteja — e provavelmente nunca poderia estar — completa, estou absolutamente em dívida com as muitas pessoas com quem me encontrei neste projeto, como:

Wes Craven, de quem eu e tantos outros sentiremos muita falta. Ele foi um roteirista, diretor e produtor incrível, tanto quanto era um ser humano amável, engraçado e inteligente. Tive a imensa sorte de poder conhecê-lo mais do que eu jamais teria esperado. Wes e sua obra sempre serão uma inspiração para mim. Também devo mencionar que foi ele quem me ajudou a identificar o pequeno visitante do lado de fora da minha janela enquanto eu trabalhava: um pássaro da espécie Western Scrub-Jay. Toda vez que o vejo, penso em Wes.

Bob Shaye, por acreditar em Wes e em tantos outros, e por ter encontrado tempo para compartilhar comigo tanto sobre sua vida (e com tamanha franqueza). Ele provou que se você se propuser a entreter o mundo, é possível não apenas fazê-lo, como também aproveitar todo o processo. Sei que eu aproveitei.

Sara Risher, pelo maravilhoso apoio e pelas palavras de encorajamento, indispensáveis para mim. Estou em dívida com sua constante gentileza e sinceridade. Ela também foi muito além, encontrando materiais fantásticos e passando informações interessantes que tornaram este projeto algo muito especial.

Robert Englund, que aterrorizou o público na tela, mas é a pessoa mais gentil, caridosa, generosa e divertida fora dela. Ninguém é capaz de contar uma lorota como ele, e tive a sorte de conseguir alguns novos tópicos para este livro. A atenção dedicada a mim e ao meu trabalho ao longo dos anos é surpreendente, e eu a apreciei mais do que ele jamais saberá.

Heather Langenkamp, um poço de positividade, que sempre me ofereceu palavras de sabedoria e me orientou na direção certa. Sua crença em mim nunca foi abalada, mesmo quando eu fraquejava. Ela é uma companheira de viagem, uma ótima conselheira, provocadora, confidente e, acima de tudo, uma amiga que mostrou ao mundo e a mim que o bem pode derrotar o mal.

Todos os entrevistados nestas páginas, por seu tempo, suas recordações e sua sinceridade ao me explicar tudo o que eu desejava saber sobre Wes Craven, Bob Shaye, New Line Cinema e *A Hora do Pesadelo*. Esta é a história deles, e eu me sinto honrado por me permitirem voltar ao passado em sua companhia para que eu pudesse contá-la.

Michael L. Wilson, Hannah Yancey, Katie Dornan, Gavin Caruthers, Matthew Baugh e todos na Permuted Press: seu apoio constante a este livro e a mim foi incrível.

Peter Bracke, por seu olho afiado, sua fantástica estética editorial e sua paciência para encontrar uma maneira de fazer este livro parecer incrível. (E por não ficar louco ao lidar com todas as minhas perguntas e preocupações.)

Michael Perez e Lito Velasco, que continuaram a me ajudar a montar esta edição, com mais leituras, mais pesquisas, mais entrevistas e, no geral, em tudo mais.

Daniel Farrands, que originalmente disse que eu deveria escrever este livro. E por sempre me deixar fazer com que ele desse risada.

Todos os agentes, empresários, publicitários, advogados, amigos ou conhecidos do elenco e da equipe que ofereceram sua ajuda na obtenção de entrevistas. Quando digo que qualquer coisinha ajuda, isso está comprovado neste livro.

A equipe envolvida na realização do documentário *Never Sleep Again: The Elm Street Legacy*, por ter enfrentado longos dias de produção, noites sem dormir, sonhos loucos e, para aqueles que vivenciaram tudo isso, a cantoria de "Reproduction", de *Grease 2*. (Sim, você pode ficar com ciúme por esta última parte.) Os muitos jornalistas e cineastas que anteriormente criaram material sobre Wes Craven, Bob Shaye, New Line Cinema, Freddy Krueger e *A Hora do Pesadelo*. Vocês foram pioneiros e continuaram a luta para manter vivo o gênero. Meus pais, que nunca descartaram nenhuma das minhas ideias ou noções loucas, tanto quando eu era criança como agora, já adulto. Vocês me amaram, não importava o que eu fizesse (e teve um monte de "o quê!?"). Por isso, e muito mais, eu também amo vocês e sempre amarei. Meu marido, por aproveitar o tempo para nutrir e apoiar todos os meus esforços. Eu não poderia ter feito isso sem você, e eu te amo.

As pessoas a seguir, por tudo o que fizeram para ajudar na criação deste livro. Agradeço a todos mais do que possam imaginar: Susan Allenback, Clive Barker, Steve Barton e DreadCentral.com, Justin Beahm, Harlan Boll, Anthony Brownlee, Chris Carbaugh, Galena Cecere, Aimee Chaouch, David Chaskin, Sean Clark, Jessica Craven, Jonathan Craven, Mimi Craven, Crash Cunningham, Izzy Donnelly e The Grosse Pointe Historical Society, Jim Doyle, Nancy Englund, Anders e Asia Eriksen, Daniel Farrands, Carly Feingold, Michael Felsher, Stacy Fountain, Roy Frumkes, Mike Fulop, Lee Gambin, Mick Garris, Ted Gerdes, Michael P. Griffin e a Universidade de Clarkson, Jacques Haitkin, Philip Hallman, Michelle Hanson, Kathleen Dow e a Universidade de Michigan, Biblioteca de Coleções Especiais, Beverly e Clayton Hartley, Maria Hernandez, Robert Hornsby e a Universidade de Columbia, Del e Sue Howison e Dark Delicacies, Thomas Hummel, Laurence Keane, Tuesday Knight, Iya Labunka, Diandra Lazor, Kara Lindstrom,

Elvira Lount, Adam Lovell, Derek Spinei e a Sociedade Histórica de Detroit, Robert Lucas, Gloria Martel, Brenna McCormick Thompson e o Departamento de Impressões, Fotografias e Coleções Arquitetônicas da Sociedade Histórica de Nova York, Mark Miller e AintItCool.com, Mark Miller e Seraphim Films, Brad Miska e Bloody-Disgusting.com, Tim Noakes e Coleções Especiais, Universidade de Stanford, Dorothea Paschalidou, Brian Peck, Michael Benni Pierce, Richard Reimer e ASCAP, Joe Robinett, Zade Rosenthal, Jeffrey Schwarz, Lin Shaye, Steve Sévigny, Jack Sholder, Sociedade de Estudos de Cinema e Mídia, Jonna Smith, Ashley Swinnerton e Centro de Estudos Cinematográficos no Museu de Arte Moderna, Nina Tarnawsky, Rachel Talalay, April A. Taylor, Ryan Turek, Jennifer Velasco, Fred Vogel, Christine Walther e Internationale Hofer Filmtage, Penny White e o Departamento de Coleções Especiais e Arquivos, Bibliotecas e Serviços de Mídia da Universidade Estadual de Kent, Will Watson e NightmareOnElmStreetFilms.com, Valeria Yaros, Molly Youker, Terri Zaneski e Larry Zerner.

Agradeço, por fim, a vocês, leitores. Espero que tenham gostado de ler esta obra tanto quanto gostei de criá-la. Isso foi feito porque, como deve ter acontecido com vocês, esse filme mexeu muito comigo. Acredito que esta era uma história que valia a pena contar. Tomara que estejam de acordo. E não esqueci aquelas duas palavras simples que devem ser explicitamente endereçadas a todos que me ajudaram com este projeto.

Elas podem parecer tão antigas quanto o próprio tempo, mas na verdade podem ser rastreadas até meados do ano 1000, quando o ditado começou a formar seu significado atual. A raiz da expressão veio da palavra "think" [pense] e originalmente significava "Eu me lembrarei do que você fez por mim". Embora não seja exatamente assim que a frase é interpretada hoje, eu certamente não posso negar que é como me sinto. Por uma questão de clareza, vou seguir em frente e dizer isso em termos leigos:

Muito obrigado.
Thommy Hutson

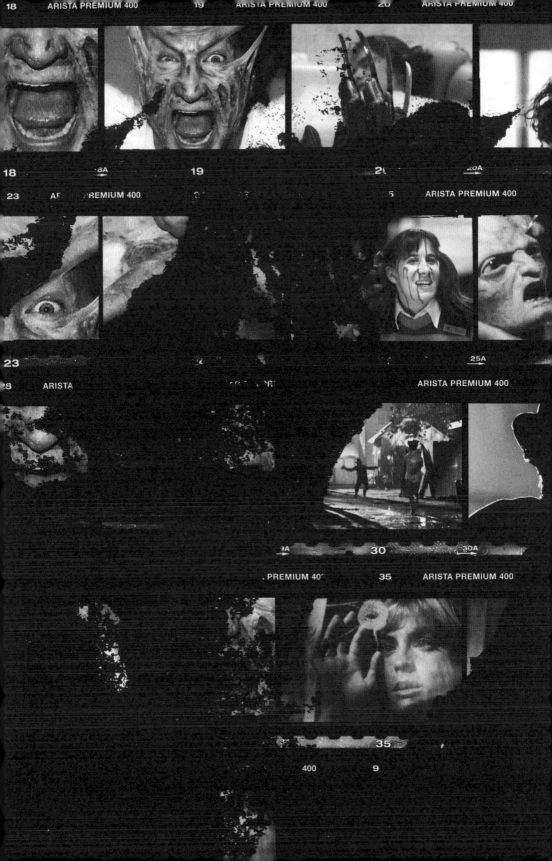

BIBLIO-
GRAFIA

BIBLIOGRAFIA O material deste livro foi extraído de mais de cinquenta entrevistas novas e exclusivas do autor com o elenco e a equipe de *A Hora do Pesadelo* e outros filmes nos quais Wes Craven e Robert Shaye trabalharam. Além disso, foi utilizado o material das dezenas de transcrições de entrevistas exclusivas – as já publicadas e as inéditas – do documentário definitivo *Never Sleep Again: The Elm Street Legacy*. Outros materiais citados, fatos e dados históricos foram selecionados a partir de várias publicações impressas, livros, produções filmadas, programas de televisão e fontes online.

ENTREVISTAS

Adrienne Barbeau, Charles Belardinelli, Ronee Blakley, Janus Blythe, John Burrows, Joanna Cassidy, Adri-Anne Cecere, Anthony Cecere, Coye Cecere, David Chaskin, Lisa Cook, Nick Corri, Jessica Craven, Wes Craven, Don Diers, Jim Doyle, Robert Englund, RaMona Fleetwood, Roy Frumkes, Jacques Haitkin, Don Hannah, Anne Huntley, Lisa Jensen, Heather Langenkamp, Louis Lazzara, Lauren Lepucki, Sandy Lipton, Peter Locke, Kathy Logan, David Miller, William Munns, Gerald Olson, Lee Purcell, Christina Rideout, Sara Risher, Annie Rusoff, John Saxon, Rick Shaine, Lin Shaye, Robert Shaye, Charlie Sheen, Marc Sheffler, Jack Sholder, Mark Shostrom, Rachel Talalay, Joe Unger, Dee Wallace, David Warner, Joseph Whipp, Donna Woodrum, Amanda Wyss

PERIÓDICOS

Anderson, John. "Horror Revisits the Neighborhood", *The New York Times*, 12 mar. 2009. // **Canby, Vincent.** "Swamp Thing Fun and Fright", *The New York Times*, 30 jul. 1982. // **Canby, Vincent.** "Screen: Nemec's 'Martyrs of Love'", *The New York Times*, 4 fev. 1969. // **Clarke, Frederick S.** "New Line Cinema on Working with Wes Craven", *Cinefantastique*, v. 18, n. 5, jul. 1988. // **Collins, Keith.** "Showmen 2004: A Brief History", *Variety*, 22 ago. 2004. // **Cosford, Bill.** "Johnny Depp Turns Street Smart", *US Magazine*, 13 ju. 1988. // **Crowther, Bosley.** "The Screen: Czechoslovak Showcase: Center, Museum Join in Festival Project", *The New York Times*, 19 jun. 1967. // **Cziraky, Dan e Szebin, Frederick C. e Linaweaver, Brad.** "Heather Langenkamp: Freddy's Babe", *Femme Fatales*, v. 8, n. 7, nov. 1999. // **D'Angelo, Carr.** "My Breakfast with Freddy", *The Bloody Best of Fangoria* #6, 1987. // **Ebert, Roger.** "Last House on the Left", *Chicago Sun-Times*, 1º jan. 1972. // **Farrell, Mary H.J.; Alexander, Michael.** "After *A Nightmare on Elm Street*, Director Wes Craven Dreams Up Shocker's Maniacal Killer", *People Magazine*, 13 nov. 1989. // **Ferrante, Tim.** "Meet Freddie Krueger!", *Fangoria* #47, ago. 1985. // **Finn, Robin.** "Despite Its Charms, Horror Can Pale", *The New York Times*, 2 jan. 1997. // **Gambin, Lee.** "They Are Still His Children, Part One", *Fangoria* #293, maio 2010. // **Garcia, Chris.** "One Last Scream", *Fangoria* #16, mar. 1997. // **Georgiades, William.** "An American in Paris", *Detour*, dez 1999/jan. 2000. // **Gire, Dann.** "Bye, Bye Freddy! Elm Street Creator Wes Craven Quits Series", *Cinefantastique*, v. 18, n. 5, jul. 1988. // **Heath, Chris.** "Johnny Depp: Portrait of the Oddest as a Young Man", *Details*, maio 1993. // **Kutzera, Dale.** "Wes Craven's New Nightmare", *Imagi-Movies*, v. 2, n.1, outono 1994. // **Lofficer, Randy e Jean-Marc.** "Wes Craven's Deadly Friend: Building a Better Monster", *Fangoria* #56, ago. 1986. // **Lupton, Aaron.** "Freddy vs. Freddy", *Rue Morgue* #99, abr. 2010. // **Martin, R.H.** "Wes Craven's Triple Play", *Fangoria* #38, out. 1984. // **Martin, R.H.** "David Miller: Fred Krueger's Main Man!", *Fangoria* #44, maio 1985. // **Maslin, Janet.** "Movie Review: Deadly Blessing", *The New York Times*, 15 ago.1981. // **Maslin, Janet.** "Movie Review: Alone in the Dark", *The New York Times*, 19 nov. 1982. //

McDonagh, Maitland. "Still Giving Us Nightmares", *Fangoria* #284, jun. 2009. // **McKeown, Matthew.** "Nightmare on Our Street?", publicação desconhecida, s.d. // **Oppenheimer, Jean.** "Welcome to His Nightmare", *LA Village View*, 28 out./3 nov. 1994. // **Pond, Steve.** "Depp Perception", *US Magazine*, 26 jun. 1989. // **Rickey, Carrie.** "Movie Review: Deadly Blessing", *Village Voice*, 20 ago. 1981. // **Scapperotti, Dan.** "Film Ratings: 'The Hills Have Eyes II'", *Cinefantastique*, v.16, n.1, mar. 1986. // **Schilling, Mary Kay.** "Johnny Depp Rocks", *YM Magazine*, mar. 1988. // **Autor desconhecido.** "Johnny Depp: The Secret of His Success!", *16 Magazine*, set. 1998. // **Redação** *Variety*. "Review: 'Stunts'", *Variety*, 31 dez. 1976. // **Redação** *Variety*. "Variety Reviews: The Hills Have Eyes", *Variety*, 31 dez. 1977. // **Waters, John.** "Johnny Depp, by John Waters", *Interview Magazine*, abr. 1990.

LIVROS

Bracke, Peter. *Crystal Lake Memories: The Complete History of Friday the 13th*. Sparkplug Press, 2005.

Críticos de Cinema de *The New York Times*. *The New York Times Guide to the Best 1,000 Movies Ever Made*. St. Martin's Griffin, 2004.

Lamberson, Gregory. *Cheap Scares!: Low Budget Horror Filmmakers Share Their Secrets*. McFarland, 2008.

Muir, John Kenneth. *Wes Craven: The Art of Horror*. McFarland & Company, Inc., 1998.

Robb, Brian J. *Screams & Nightmares: The Films of Wes Craven*. The Overlook Press, 1998.

Szulkin, David A. Wes Craven's Last House on the Left: The Making of a Cult Classic. FAB Press, 2000.

Schoell, William e Spencer, James. *The Nightmare Never Ends: The Official History of Freddy Krueger and the "Nightmare on Elm Street" Films*. Carol Publishing Group, 1992. Wooley, John. *Wes Craven: The Man and His Nightmares*. Wiley, 2011.

TV, DVD E VÍDEO

1986 Fangoria's Weekend of Horrors (D: Mike Hadley, Kerry O'Quinn; Media Home Entertainment)
1989 This Is Horror (D: Rick Marchesano; Atlantic Releasing Corporation)
1999 The Directors: The Films of Wes Craven (D: Robert J. Emery; Fox Lorber)
1999 Trilha de comentário em áudio de *A Hora do Pesadelo* (New Line Home Video)
2002 Forbidden Footage: "Last House on the Left" (D: David A. Szulkin; MGM)
2002 Making of "Last House on the Left" (D: David A. Szulkin; MGM)
2006 Looking Back at "The Hills Have Eyes" (D: Perry Martin; Anchor Bay)
2006 Never Sleep Again: The Making of "A Nightmare on Elm Street" (D: Jeffrey Schwartz; New Line Home Video)
2007 Charlie Rose: A Discussion About the 40th Anniversary of New Line Cinema (D: Mike Jay; PBS)

INTERNET

Abrams, Simon. "Wes Craven: I Always Encouraged Robert Englund to Make Freddy Krueger His Own", RiverFrontTimes.com, 17 jan. 2014. // "AFI's 100 Years... 100 Heroes & Villains", Afi.com, jun. 2003. // "A Nightmare on Elm Street (1984)", RottenTomatoes.com, s.d. // **Erickson, Hal.** "Kent State (1981) Review", NewYorkTimes.com, s.d. // "The 500 Greatest Movie of All Time", EmpireOnline.com, set. 2008. // **GeekChicDaily.** "Scream Engine: Wes Craven Talks Ghostface Origins, and the Challenges of the Fourth Film", NerdistNews.com, 13 abr. 2011. // **Laukhuf, Adam.** "Q&A with Sam Raimi", Esquire.com, 1º ago. 2005. // **Marc, David.** "Katzenberg, Jeffrey 1950–", Encyclopedia.com, 2005. // **Meetbrandon.** "Is Freddy Krueger Real? The True Story Which Inspired A Nightmare Before Elm Street", MeetBrandon.Hubwpages.com, 17 abr. 2010. // **Murray, Rebecca.** "George Romero Talks About 'Land of the Dead'", Movies.About.com, 21 jun. 2005. // **Pardy, Robert.** "Summer of Fear: Review", TVGuide.com, s.d. // **Primalroot.** "Don't Fall Asleep: A Nightmare on Elm Street Revisited", FromDuskTilCon.com, 6 abr. 2010. // **Shaye, Robert.** "Some Tools I've Taken Away", Law.Columbia.edu, 22 maio 2003. // **Tina.** "Wes Craven Says Johnny Depp Owes His Success To Daughter Jessica", AllielsWired.com, 17 out. 2007. // **Tobias, Scott.** "Interview: Wes Craven", Avclub.com, 11 mar. 2009. // **Weiner, Robert.** "Johnny Depp's '21 Jump Street' Days", Etonline.com, 16 mar. 2012. // **Wikipedia.** "The McMartin Preschool Trial", Wikipedia.org, ago. 2004. // **xxnapoleonsolo.** "Robert Englund Exclusive interview Part One – Star Wars, Willie and V, a Role in New V and Listening to Monty Python with Mark Hamill", ScyFiLove.com, nov. 2009.

CRÉDITOS DAS IMAGENS

Agradecemos enormemente a todos pelo uso de suas imagens, usadas originalmente para propaganda, promoção e publicidade das obras cinematográficas que elas ilustram. Todos os direitos reservados. Todos os esforços foram envidados para localizar os detentores dos direitos autorais de tais imagens; todas as omissões serão corrigidas em futuras edições.

© 1428 Films; © ABC Entertainment; Courtesy Anne Ahrens; Courtesy ASCAP; © Baby Fat, Inc. & Woodacres, Inc.; Courtesy Ryan Baxter|Wikimedia Commons|CC-BY-SA-2.0; Courtesy Charles Belardinelli; Courtesy Annette Benson; Courtesy Charles Bernstein; Courtesy Peter Bracke; Courtesy Anthony Brownlee; Courtesy John Burrows; Courtesy Chris Carbaugh and Stacy Fountain; Courtesy Lou Carlucci; Courtesy Joanna Cassidy; Courtesy Adri-Anne and Coye Cecere; Courtesy Anthony Cecere; © Chevy Chase Films Limited Partnership; Courtesy of David Chaskin; Courtesy Clarkson University Archives; © Cleveland Plain Dealer; © Comic Images; Courtesy Lisa Cook; Courtesy Jessica Craven; Courtesy Crash Cunningham; Courtesy Detroit Historical Society; © Dallas Morning News; Courtesy Don Diers; Courtesy Jim Doyle; Courtesy dpade1337|Wikimedia Commons|CC-BY-SA-2.0; © Elektra; Courtesy Nancy Englund; Courtesy Robert Englund; Courtesy Anders Eriksen; Courtesy Anders and Asia Eriksen; Courtesy RaMona Fleetwood; Courtesy The Roy Frumkes Archives; © Film Funding; Courtesy Mike Fulop; Courtesy Jsu Garcia; Courtesy David Greenstone; Courtesy The Grosse Pointe Historical Society; Courtesy Jacques Haitkin; © Handmade Film Partnership; Courtesy Don Hannah; Courtesy Michelle Hanson; © Hills Two Corporation; Courtesy Leslie Hoffman; Courtesy Anne Huntley; © Thommy Hutson; Courtesy Lisa Jensen; Courtesy Karl Josker; © Laurence Keane, Courtesy of Utopia Pictures Ltd.; Courtesy Heather Langenkamp; © Carlos Latuff; © Lawrence Journal-World; Courtesy Diandra Lazor; Courtesy Louis Lazzara, Louis; Courtesy Jeffrey Levine; Courtesy Sandy Lipton; Courtesy Kathy Logan; © The Los Angeles Times; Courtesy Gloria Martel; © Marty Toy, Inc.; Courtesy Patrick McMahon; Courtesy Mimi Meyer-Craven; © MGM-UA Entertainment Company; Courtesy David Miller; © Courtesy Nathan Thomas Milliner; © Milwaukee Journal Sentinel; © Moonlight Productions II; Courtesy Mumford High School; © New Line Cinema; © New Line Cinema Corporation, New Line Distribution, Inc. & New Line Productions, Inc. and Chemical Bank, as agent; © New Line Productions, Inc.; © The Night Company; © NMD Film Distributing Co, Inc.; © the Passions Joint Venture; Courtesy Matthew Peak; Courtesy Lisa Peterson; Courtesy John Poer; © PolyGram Pictures, Ltd.; Courtesy Geoffrey Rayle, Geoffrey; © Ric Records; Courtesy Sara Risher; Courtesy Joe Robinett; © Nicole Rivelli, Courtesy of Wes Craven; Photo by Joyce Rudolph. Courtesy of Alan and Joyce Rudolph Archive, University of Michigan, Special Collections Library; Courtesy Annie Rusoff; Courtesy John Russo; Courtesy Doug Saquic; Courtesy Saxon, John; Courtesy Steve Sevigny; Courtesy Rick Shaine; Courtesy Lin Shaye; Courtesy Robert Shaye; Courtesy Jack Sholder; Courtesy Mark Shostrom; © David Slade, Courtesy Iya Labunka and Nina Tarnawsky; SqueakyMarmot|Wikimedia Commons|CC-BY-SA-2.0; Courtesy Amy Steel; © St. Martin's Press; © Stunts Film Partnership; Courtesy Rachel Talalay; © April A. Taylor; Courtesy Utopia Pictures Ltd.; © Variety; Courtesy Lito Velasco; © Getty Image; © Video University; Courtesy Videvo; Courtesy Amanda Wyss; Photo by Steve Yeager; © New Line Productions; © Charm City Productions; © Molly Youker; © Alamy; © Shutterstock; © New Line Cinema/Time Warner.

Copyright do texto original
© 2016 Thommy Hutson

Documentário Never Sleep Again: The Elm Street Legacy © 2010 1428 Films LLC.

Never Sleep Again: The Elm Street Legacy—The Making of Wes Craven's A Nightmare on Elm Street não tem relação nem é patrocinado pelos produtores de A Nightmare on Elm Street, New Line Productions, ou Warner Bros.

Diretor Editorial
Christiano Menezes

Diretor Comercial
Chico de Assis

Diretor de Novos Negócios
Marcel Souto Maior

Diretora de Estratégia Editorial
Raquel Moritz

Gerente Comercial
Fernando Madeira

Gerente de Marca
Arthur Moraes

Gerente Editorial
Bruno Dorigatti

Capa e Projeto Gráfico
Retina 78

Coordenador de Diagramação
Sergio Chaves

Revisão
Marlon Magno
Retina Conteúdo

Finalização
Sandro Tagliamento

Marketing Estratégico
Ag. Mandíbula

Impressão e Acabamento
Gráfica Geográfica

"A Nightmare on Elm Street" e "Freddy Krueger" são marcas registradas da New Line Productions, Inc.

A NIGHTMARE ON ELM STREET © 1984
New Line Productions, Inc.

The views and opinions expressed by interviewees in this book are not necessarily those of Thommy Hutson, Hutson Ranch Media, Red Rover Books, or any of their employees, assigns, licensees, or heirs. Thommy Hutson, Hutson Ranch Media, Red Rover Books, or any of their employees, assigns, licensees, or heirs accept no responsibility for inaccuracies or omissions and specifically disclaim any liability, loss, or risk, whether personal, financial, or otherwise, that is incurred as a consequence, directly or indirectly, from the contents of this book. All interview material, quotes, facts, verbiage, stills, photographs, or other materials are used in the spirit of publicity.

As opiniões e os pontos de vista expressos pelos entrevistados neste livro não são necessariamente as de Thommy Hutson, Hutson Ranch Media, Red Rover Books ou qualquer um de seus funcionários, cessionários, licenciados ou herdeiros. Thommy Hutson, Hutson Ranch Media, Red Rover Books ou qualquer um de seus funcionários, cessionários, licenciados ou herdeiros não se responsabilizam por imprecisões ou omissões e, especificamente, negam qualquer responsabilidade, perda ou risco, seja pessoal, financeiro ou de outra forma, incorrida como consequência, direta ou indiretamente, do conteúdo deste livro. Todo material de entrevista, citações, fatos, palavreado, stills, fotografias ou outros materiais são utilizados no espírito da publicidade.

Todos os esforços foram feitos para localizar os proprietários de direitos autorais e reconhecer créditos específicos sempre que possível. Se ocorrerem omissões, a editora ficará feliz em dar crédito total em reimpressões e edições subsequentes.

NOTA DO AUTOR: Para manter a clareza e a consistência, as citações novas e de arquivo são usadas no tempo verbal presente. (As poucas exceções são daqueles que faleceram antes da impressão da obra). Além disso, o elenco e a equipe são nomeados como foram creditados no filme.

Tradução para a língua portuguesa
© Carlos Primati, 2017

Título original: Never Sleep Again: The Elm Street Legacy—The Making of Wes Craven's A Nightmare on Elm Street

---

DADOS INTERNACIONAIS DE CATALOGAÇÃO NA PUBLICAÇÃO (CIP)
Angélica Ilacqua CRB-8/7057

Hutson, Thommy
A hora do pesadelo : Never sleep again / Thommy Hutson ; tradução de Carlos Primati. — Rio de Janeiro : DarkSide Books, 2017.
528 p. : il.

Bibliografia
ISBN: 978-85-9454-061-4
Título original: Never Sleep Again: The Elm Street Legacy — The Making of Wes Cravens' A Nightmare on El Street

1. Cinema 2. Filme — Never Sleep Again — Produção 3. Filmes de terror I. Título II. Primati, Carlos

17-1340   CDD 791.43675

Índice para catálogo sistemático:
1. Filmes de terror

[2017, 2024]
Todos os direitos desta edição reservados à
DarkSide® Entretenimento LTDA.
Rua General Roca, 935/504 – Tijuca
20521-071 – Rio de Janeiro – RJ – Brasil
www.darksidebooks.com

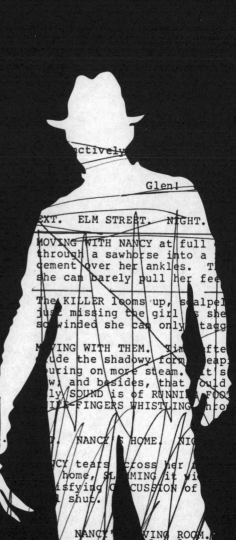

WES CRAVEN

1939-2015

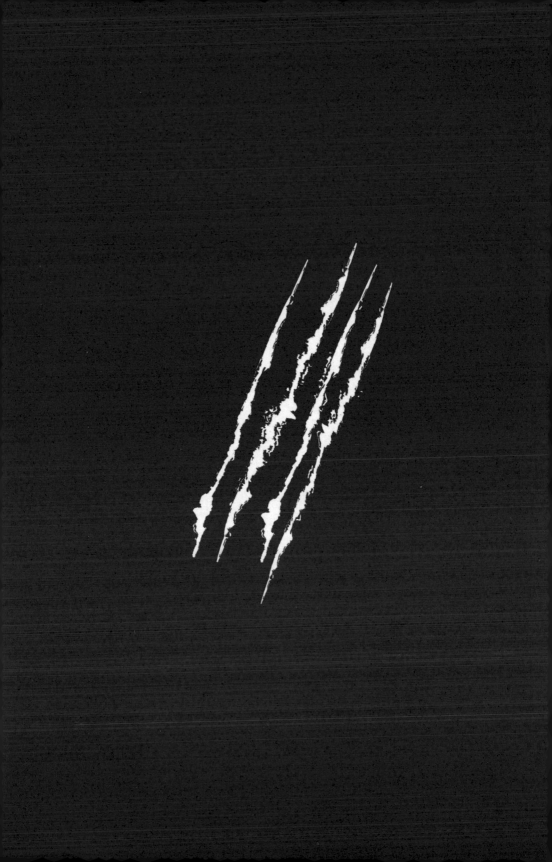